스프링 프레임워크
첫걸음 [개정판]

기초 이론부터 웹 애플리케이션 제작까지,
그림과 실습으로 배우는 스프링 프레임워크 완벽 입문서

스프링 프레임워크
첫걸음 개정판

기초 이론부터 웹 애플리케이션 제작까지,
그림과 실습으로 배우는 스프링 프레임워크 완벽 입문서

지은이 키노시타 마사아키

옮긴이 트랜스메이트

펴낸이 박찬규 **엮은이** 전이주, 이대엽 **디자인** 북누리 **표지디자인** 아로와 & 아로와나

펴낸곳 위키북스 **전화** 031-955-3658, 3659 **팩스** 031-955-3660

주소 경기도 파주시 문발로 115 세종출판벤처타운 311호

가격 30,000 **페이지** 464 **책규격** 188 x 240mm

초판 발행 2025년 02월 12일
ISBN 979-11-5839-570-4 (93000)

등록번호 제406-2006-000036호 **등록일자** 2006년 05월 19일
홈페이지 wikibook.co.kr **전자우편** wikibook@wikibook.co.kr

KAITEISHIMPAN SPRING FRAMEWORK CHONYUMON YASASHIKU WAKARU WEB APURI KAIHATSU
by Masaaki Kinoshita
Copyright © 2024 Masaaki Kinoshita
All rights reserved.
Original Japanese edition published by Gijutsu-Hyoron Co., Ltd., Tokyo
This Korean language edition published by arrangement with Gijutsu-Hyoron Co., Ltd., Tokyo
in care of Tuttle-Mori Agency, Inc., Tokyo, through Botong Agency, Seoul.

이 책의 한국어판 저작권은 Botong Agency를 통한 저작권자와의 독점 계약으로 위키북스가 소유합니다.
신저작권법에 의해 한국 내에서 보호를 받는 저작물이므로 무단 전재와 복제를 금합니다.
이 책의 내용에 대한 추가 지원과 문의는 위키북스 출판사 홈페이지 wikibook.co.kr이나
이메일 wikibook@wikibook.co.kr을 이용해 주세요.

스프링 프레임워크 첫걸음

개정판

기초 이론부터 웹 애플리케이션 제작까지,
그림과 실습으로 배우는 스프링 프레임워크 완벽 입문서

키노시타 마사아키 지음 / 트랜스메이트 옮김

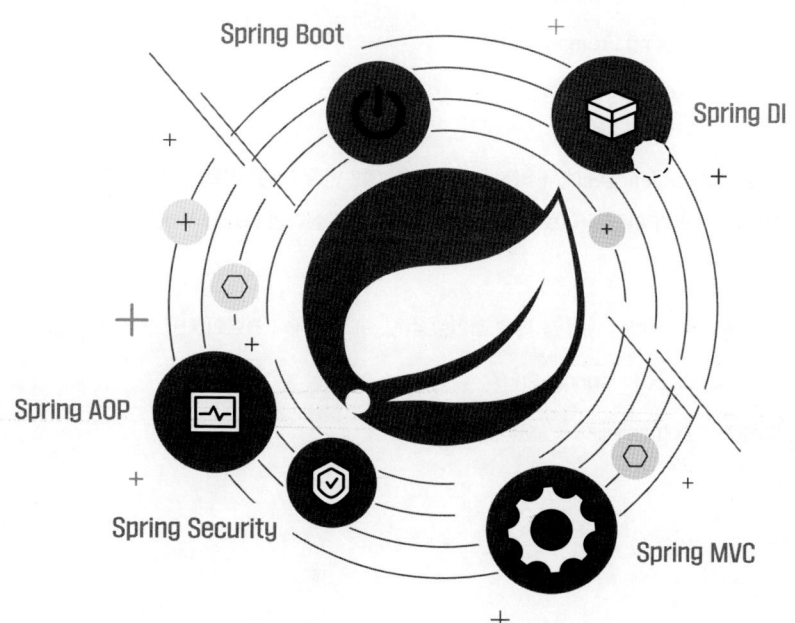

위키북스

사용 설명서

- 이 책에 나오는 내용은 정보 제공만을 목적으로 합니다. 따라서 독자의 책임과 판단에 따라 이 책의 내용을 이용하기 바랍니다. 이 책에 있는 정보의 활용 결과에 대해서는 출판사와 저자는 어떠한 책임도 지지 않습니다.

- 이 책의 내용은 2024년 2월을 기준으로 작성됐습니다. 이후 내용이 변경됐을 수 있습니다. 소프트웨어에 관한 설명은 특별한 언급이 없는 한 2024년 9월 시점의 최신 버전을 기준으로 합니다. 소프트웨어는 버전이 변경될 수 있으며, 이 책의 설명과 기능 내용이나 화면도 달라질 수 있습니다. 이 책을 구입하기 전에 반드시 버전 번호를 확인하기 바랍니다.

- 개발 환경은 다음과 같습니다. 이 책의 내용은 다음 환경에서 동작을 확인했습니다.

항목	버전
운영체제	Windows 11
IDE	IntelliJ IDEA Community 에디션(2024.2)
JDK	JDK 21
스프링 부트	Spring Boot 3.3.3
스프링 프레임워크	Spring Framework 6.1.12
롬복	Lombok 1.18.34

`build.gradle` 파일의 dependencies에서 버전을 지정하지 않으면 스프링 부트의 의존성 관리 기능이 자동으로 적절한 버전을 선택합니다. 만약 특정 라이브러리의 버전을 변경하고 싶다면 build.gradle 파일에 해당 버전을 명시적으로 지정해야 합니다.

- 이 책의 홈페이지와 예제 코드는 다음 URL을 통해 확인할 수 있습니다. 예제 코드의 사용법은 388쪽을 참고하세요.

  - 홈페이지: https://wikibook.co.kr/spring-2nd/

  - 예제코드: https://github.com/wikibook/spring-2nd

개정판 서문

IT 세계는 새로운 용어가 많아 처음 접하는 사람들에게는 어렵게 느껴질 수 있습니다. 그래서 많은 사람이 도전의식을 가지고 시작하지만 어려운 전문 용어나 배경 지식의 벽에 부딪혀 중도에 좌절하는 경우가 많습니다.

이 책은 그런 도전자들을 응원하기 위해 집필한 책으로, 자바의 기초를 배운 지 얼마 되지 않은 사람도 '스프링 프레임워크(Spring Framework)'라는 새로운 기술의 세계로 한 발짝 더 나아갈 수 있도록 알기 쉽게 설명했습니다.

이 책에서는 복잡한 기술을 간단한 그림과 실제 사례를 통해 설명하고, 스프링을 사용해 웹 애플리케이션을 만드는 방법을 학습합니다. 어려운 용어가 나오면 그때마다 쉬운 말로 무슨 뜻인지 설명하기 때문에 학습이 진행됨에 따라 자연스럽게 이해하는 바가 깊어질 것입니다.

이 책은 초보자들이 스프링 프레임워크의 기초를 제대로 이해하고, 스스로 웹 애플리케이션을 만들 수 있게 되는 것을 목표로 합니다. 배우는 과정에서 중요한 것은 처음부터 모든 것을 완벽하게 이해하려고 하지 말고, 새로운 지식을 조금씩 흡수하는 즐거움을 느끼는 것입니다. 이 책이 배움의 가이드맵이 되어 여러분이 기술의 세계에서 한 걸음 더 나아가는 데 도움이 됐으면 좋겠습니다.

이미 스프링 프레임워크에 대해 잘 알고 있는 사람들에게는 이 책이 매우 쉽게 느껴질 수도 있습니다. 하지만 초보자들도 중간에 좌절하지 않고 끝까지 즐겁게 학습할 수 있도록 만들었습니다.

많은 독자의 성원에 힘입어 이 책의 개정판을 낼 수 있게 되어 정말 기쁘게 생각합니다. 이번 개정판에서는 좀 더 알기 쉽게, 그리고 실제로 사용할 수 있는 지식을 습득할 수 있도록 개선했습니다. 그리고 끝까지 열심히 공부해준 독자들을 위해 특별한 보너스도 준비했습니다.

이 책이 IT 세계에 새로운 발걸음을 내딛는 여러분에게 도움이 되길 바랍니다. 함께 배우고 함께 성장해 나갑시다.

키노시타 마사아키

01장 스프링 프레임워크 알아보기

1-1 스프링 프레임워크 개요 ... 2
- 1-1-1 프레임워크란? ... 2
- 1-1-2 스프링과 스프링 프레임워크란? ... 2

1-2 개발 환경 준비(IDE) ... 5
- 1-2-1 IDE 설치 ... 5

1-3 개발 환경 준비(PostgreSQL) ... 6
- 1-3-1 PostgreSQL 설치 ... 9

02장 기초 지식 배우기

2-1 자바 기초 지식 복습 ... 12
- 2-1-1 인터페이스란? ... 13
- 2-1-2 컴파일 오류란? ... 14
- 2-1-3 의존성이란? ... 15
- 2-1-4 인터페이스에 의존하는 프로그램 만들기 ... 19
- 2-1-5 다형성이란? ... 31

2-2 웹 애플리케이션 제작을 위한 필수 지식 ... 32
- 2-2-1 클라이언트와 서버 ... 32
- 2-2-2 애플리케이션과 웹 애플리케이션 ... 32
- 2-2-3 AP 서버 ... 33
- 2-2-4 HTTP 통신 ... 33
- 2-2-5 GET 메서드와 POST 메서드 ... 34
- 2-2-6 3계층 구조 ... 35

| 2-3 | **개발에 유용한 라이브러리와 도구** | 37 |

- 2-3-1 롬복이란? — 37
- 2-3-2 롬복을 사용하는 프로그램 만들기 — 38
- 2-3-3 그레이들이란? — 50

03장 스프링 프레임워크의 핵심 기능(DI) 알아보기

| 3-1 | **스프링 프레임워크의 핵심 기능** | 53 |

- 3-1-1 의존성 주입 — 53
- 3-1-2 관점지향 프로그래밍 — 53

| 3-2 | **DI 컨테이너 알아보기** | 55 |

- 3-2-1 DI 컨테이너 — 55
- 3-2-2 5가지 규칙 — 55
- 3-2-3 DI를 사용하는 프로그램 만들기 — 60
- 3-2-4 요약 — 73

| 3-3 | **DI 컨테이너 알아보기 (인스턴스 생성)** | 75 |

- 3-3-1 빈이란? — 75
- 3-3-2 빈 정의란? — 75
- 3-3-3 자바 컨피그를 이용하는 프로그램 — 76
- 3-3-4 요약 — 85

| 3-4 | **DI 컨테이너 알아보기 (주입)** | 86 |

- 3-4-1 주입 방법 — 86
- 3-4-2 각 주입 방법을 사용하는 프로그램 만들기 — 88
- 3-4-3 DI 이해하기 — 102

04장 스프링 프레임워크의 핵심 기능(AOP) 알아보기

4-1 AOP(관점지향 프로그래밍)의 기초 지식 ... 105
   4-1-1 AOP 예제(데이터베이스 접근) ... 105
   4-1-2 AOP 고유 용어 ... 106
   4-1-3 포인트컷 식 ... 109

4-2 AOP 프로그램 만들기 ... 111
   4-2-1 프로젝트 생성 및 AOP 사용 준비 ... 111
   4-2-2 타깃 만들기 ... 112
   4-2-3 애스펙트 만들기 ... 113
   4-2-4 시작 클래스 생성 및 동작 확인 ... 116

4-3 스프링 프레임워크가 제공하는 AOP 기능 이해하기 ... 119
   4-3-1 트랜잭션 관리 ... 119
   4-3-2 AOP 이해하기 ... 119

05장 MVC 모델 알아보기

5-1 MVC 모델 알아보기 ... 122
   5-1-1 MVC 모델이란? ... 122
   5-1-2 MVC 모델의 개요와 이점 ... 123

5-2 스프링 MVC 알아보기 ... 126
   5-2-1 스프링 MVC란? ... 126
   5-2-2 요청 수신에서 응답 전송까지의 흐름 ... 127

| 5-3 | 스프링 MVC 사용해보기 | 128 |

5-3-1 스프링 MVC 프로그램 만들기   128

5-3-2 요약   138

06장 템플릿 엔진(타임리프) 알아보기

| 6-1 | 타임리프 알아보기 | 140 |

6-1-1 타임리프란?   140

6-1-2 Model 인터페이스란?   141

6-1-3 기억해야 할 중요한 메서드   141

| 6-2 | Model을 사용하는 프로그램 만들기 | 143 |

6-2-1 Model을 사용하는 프로젝트   143

6-2-2 ModelAndView 사용법   148

| 6-3 | 타임리프 사용법 | 150 |

6-3-1 타임리프를 사용하는 프로젝트   150

6-3-2 타임리프 사용법   151

6-3-3 컨트롤러와 뷰 생성   161

6-3-4 직접 문자를 삽입해서 값 결합 만들기   162

6-3-5 값 결합(리터럴 치환)에서의 비교와 등가   164

6-3-6 조건 연산자를 이용한 조건부 분기(false) 예시   165

6-3-7 switch에서 th:object 만들기   166

6-3-8 참조(List) 반복 예시   169

6-3-9 반복 상태에서 유틸리티 객체 만들기   171

6-3-10 HTML 파일의 부품화 예시   173

6-3-11 공통 레이아웃 만들기   175

6-3-12 요약   177

07장 서버로 데이터를 전송하는 방법

7-1 요청 파라미터 알아보기 179
- 7-1-1 요청 파라미터란? 179
- 7-1-2 요청 파라미터를 획득하는 방법 180
- 7-1-3 요청 파라미터를 사용하는 프로그램 만들기 180

7-2 여러 개의 요청 파라미터 전송하기 190
- 7-2-1 @RequestParam으로 여러 개의 값 받기 190
- 7-2-2 Form 클래스란? 194
- 7-2-3 요약 199

7-3 URL에 내장된 값 받기 201
- 7-3-1 프로젝트 생성(링크) 201
- 7-3-2 프로젝트 생성(버튼) 207

08장 유효성 검사 기능 알아보기

8-1 입력 체크 알아보기 211
- 8-1-1 유효성 검사와 유효성 검사기 211
- 8-1-2 단일 항목 검사란? 212
- 8-1-3 상관 항목 검사란? 214
- 8-1-4 요약 214

8-2 단일 항목 검사를 사용하는 프로그램 만들기 216
- 8-2-1 프로젝트 생성 216
- 8-2-2 애플리케이션 계층 생성 217
- 8-2-3 @ModelAttribute란? 224

8-3	상관 항목 검사를 사용하는 프로그램 만들기	227
	8-3-1 프로젝트 생성	227
	8-3-2 @AssertTrue 활용법	228
	8-3-3 Validator 인터페이스 구현 방법	234

09장 O/R 매퍼(MyBatis) 알아보기

9-1	MyBatis 알아보기	240
	9-1-1 O/R 매퍼란?	240
	9-1-2 MyBatis란?	240
	9-1-3 MyBatis 사용법	241

9-2	MyBatis 사용해보기	242
	9-2-1 프로젝트 생성	242
	9-2-2 엔티티 생성	250
	9-2-3 매퍼 파일 사용법	252
	9-2-4 컨트롤러 만들기	259
	9-2-5 뷰 만들기	262
	9-2-6 동작 확인	264
	9-2-7 요약	267

9-3	resultMap 알아보기	268
	9-3-1 resultMap이란?	268
	9-3-2 테이블 구성	268
	9-3-3 엔티티 추가 및 수정	270
	9-3-4 매퍼 파일 수정	272
	9-3-5 뷰 수정	277
	9-3-6 동작 확인	279
	9-3-7 요약	280

10장 애플리케이션 제작 준비하기

10-1 애플리케이션 개요 285
- 10-1-1 ToDo 앱이란? 285
- 10-1-2 프로젝트 생성 준비 285
- 10-1-3 제작 절차 287

10-2 ToDo 앱 만들기 준비하기 289
- 10-2-1 데이터베이스 생성 289
- 10-2-2 프로젝트 생성 294
- 10-2-3 application.properties 설정 295
- 10-2-4 계층화 298

10-3 테이블과 데이터 만들기 301
- 10-3-1 애플리케이션 실행 301
- 10-3-2 테이블 확인 301
- 10-3-3 데이터 확인 302

11장 앱 만들기(데이터베이스 조작)

11-1 도메인 객체와 리포지터리 만들기 306
- 11-1-1 이번에 만드는 컴포넌트 306
- 11-1-2 도메인 객체: 엔티티 생성하기 306
- 11-1-3 리포지터리 생성 308

11-2 SQL 생각해보기 310
- 11-2-1 SQL 작성 310

11-3 매퍼 파일 만들기 　　　　　　　　　　　　　　　　　　　　313
- 11-3-1 매퍼 파일 생성 　　　　　　　　　　　　　　　　　　　313
- 11-3-2 동작 확인 　　　　　　　　　　　　　　　　　　　　315

12장 앱 만들기(서비스)

12-1 서비스와 ServiceImpl 만들기 　　　　　　　　　　　　　　320
- 12-1-1 이번에 만드는 컴포넌트 　　　　　　　　　　　　　　　320
- 12-1-2 서비스 생성 　　　　　　　　　　　　　　　　　　　　320
- 12-1-3 ServiceImpl 생성 　　　　　　　　　　　　　　　　　322

12-2 트랜잭션 관리에 대해 알아보기 　　　　　　　　　　　　　326
- 12-2-1 트랜잭션이란? 　　　　　　　　　　　　　　　　　　　326
- 12-2-2 트랜잭션 경계란? 　　　　　　　　　　　　　　　　　326
- 12-2-3 트랜잭션 관리 방법 　　　　　　　　　　　　　　　　327
- 12-2-3 동작 확인 　　　　　　　　　　　　　　　　　　　　328

13장 앱 만들기(애플리케이션 계층)

13-1 ToDo 앱의 조회 기능 구현하기 　　　　　　　　　　　　332
- 13-1-1 이번에 만들 컴포넌트 　　　　　　　　　　　　　　　332
- 13-1-2 컨트롤러 생성(ToDo 목록, ToDo 상세) 　　　　　　　332
- 13-1-3 뷰 생성(ToDo 목록, ToDo 상세) 　　　　　　　　　　336
- 13-1-4 동작 확인 　　　　　　　　　　　　　　　　　　　　339

13-2 ToDo 앱: 등록 및 업데이트 구현하기　　342

　　13-2-1 폼 생성　　342
　　13-2-2 헬퍼 만들기　　343
　　13-2-3 컨트롤러 수정(ToDo 등록, ToDo 업데이트)　　345
　　13-2-4 뷰 생성 (ToDo 등록, ToDo 업데이트)　　348
　　13-2-5 동작 확인　　351

13-3 ToDo 앱: 삭제 구현하기　　353

　　13-3-1 컨트롤러 생성(ToDo 삭제)　　353
　　13-3-2 뷰 생성 (ToDo 삭제)　　354
　　13-3-3 동작 확인　　354

14장 입력 체크 구현하기

14-1 입력 체크 준비하기　　358

　　14-1-1 유효성 검사 고려하기　　358
　　14-1-2 스프링 이니셜라이저로 의존성 추가하기　　358

14-2 입력 체크 구현하기　　361

　　14-2-1 폼 클래스 수정　　361
　　14-2-2 컨트롤러 수정　　362
　　14-2-3 뷰 수정　　364
　　14-2-3 동작 확인　　366

15장 로그인 인증 구현하기

15-1 스프링 시큐리티 개요 … 369
15-1-1 스프링 시큐리티란? … 369
15-1-2 메뉴 화면 만들기 … 370

15-2 스프링 시큐리티 도입하기 … 374
15-2-1 스프링 이니셜라이저로 의존성 추가하기 … 374
15-2-2 기본 설정 확인 … 376
15-2-3 커스터마이징 설정 개요 … 379

15-3 인가 알아보기 … 381
15-3-1 스프링 시큐리티의 인가 … 381
15-3-2 인증과 인가의 차이점 … 381
15-3-3 의존성 추가 … 382

15-4 커스텀 오류 페이지란? … 385
15-4-1 커스텀 오류 페이지 생성 … 385
15-4-2 마무리 … 387

부록 A 스프링 시큐리티

A-1 스프링 시큐리티를 복습하자 — 391
- A-1-1 스프링 시큐리티 돌아보기 — 391
- A-1-2 커스터마이즈 설정의 개요 — 392

A-2 커스터마이즈 설정을 해보자 — 393
- A-2-1 커스터마이즈 설정: 로그인 화면 표시 — 393
- A-2-2 커스터마이즈 설정: 인증 처리 ① — 399
- A-2-3 커스터마이즈 설정: 인증 처리 ② — 403
- A-2-4 커스터마이즈 설정: 데이터베이스에서의 취득 — 410

A-3 인가 처리를 프로그램에 적용해보자 — 422
- A-3-1 권한 추가 — 422
- A-3-2 접근 제어 — 428

A-4 커스텀 에러 페이지를 만들어보자 — 434
- A-4-1 커스텀 에러 페이지 생성 — 434

A-5 커스텀 속성을 추가해보자 — 437
- A-5-1 커스텀 속성이란? — 437
- A-5-2 커스텀 속성의 추가 — 437
- A-5-3 정리 — 445

스프링 프레임워크 알아보기

1-1 스프링 프레임워크 개요

1-2 개발 환경 준비(IDE)

1-3 개발 환경 준비(PostgreSQL)

SECTION 1-1 스프링 프레임워크 개요

이번 장에서는 현재 자바의 주요 프레임워크로 불리는 '스프링 프레임워크'에 대해 '자바 기초 문법을 알고 있는 초보자'를 대상으로 최대한 쉽게 설명합니다. 그런 다음, 이 책에서 진행하는 실습 개발 환경 구축을 진행합니다. 이번 장을 읽은 후 스프링 프레임워크에 관해 어느 정도 파악할 수 있기를 바랍니다.

1-1-1 프레임워크란?

먼저 프레임워크(framework)란 무엇일까요? 프레임워크는 쉽게 말해 소프트웨어나 애플리케이션 개발을 쉽게 할 수 있게 도와주는 '뼈대'입니다(그림 1.1).

프레임워크의 장점은 프레임워크가 개발에 필요한 최소한의 기능을 제공하기 때문에 모든 기능을 직접 만들 필요가 없어 애플리케이션 개발에 소요되는 시간과 비용을 절감할 수 있다는 것입니다. 단점은 프레임워크를 이용할 때는 프레임워크 특유의 사용법(규칙)을 이해해야 한다는 점입니다.

그림 1.1 프레임워크의 이미지

1-1-2 스프링과 스프링 프레임워크란?

스프링과 스프링 프레임워크는 종종 같은 의미로 사용되지만 엄밀히 말하면 조금 다릅니다.

스프링 프레임워크는 자바 개발 환경에서 사용되는 프레임워크로, 의존성 주입(DI), 관점지향 프로그래밍(AOP) 등의 기능을 제공합니다[1]. 스프링 프레임워크는 '스프링'의 핵심 기능입니다.

---

[1] DI와 AOP에 대해서는 나중에 자세히 설명할 테니 지금은 표현만 기억해 두면 됩니다.

한편, 스프링은 스프링 프레임워크를 포함한 다양한 기능을 제공하는 프레임워크 집합체를 의미합니다 (그림 1.2).

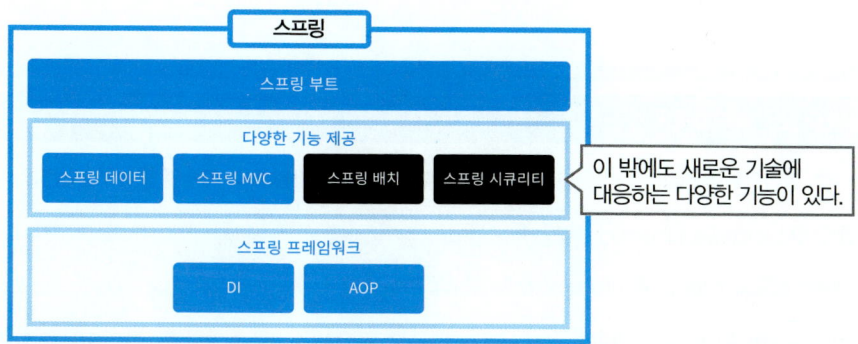

그림 1.2 스프링의 전체 모습

각 프레임워크를 설명하면 다음과 같습니다.

- **스프링 부트(Spring Boot)**
  복잡한 설정 없이 빠르게 스프링 애플리케이션을 생성할 수 있는 기능을 제공합니다.

- **스프링 데이터(Spring Data)**
  데이터 접근 기능을 제공합니다.

- **스프링 MVC(Spring MVC)**
  웹 애플리케이션을 쉽게 만들 수 있는 기능을 제공합니다.

- **스프링 배치(Spring Batch)**
  배치 처리[2] 기능을 제공합니다.

- **스프링 시큐리티(Spring Security)**
  인증/인가 및 보안 관련 기능을 제공합니다.

- **스프링 프레임워크(Spring Framework)**
  - DI: 의존성 주입 기능을 제공합니다.
  - AOP: 관점지향 프로그래밍 기능을 제공합니다.

---

2 배치 처리는 일련의 작업이나 데이터 처리를 자동으로 일괄적으로 처리하는 것을 말합니다.

이 책에서는 주로 스프링 부트, 스프링 MVC, DI, AOP, 스프링 시큐리티를 다룹니다. 자세한 설명은 해당 장에서 설명할 예정이므로 지금은 '스프링'이 다양한 기능(프레임워크)을 제공하는 프레임워크의 집합체라는 점만 알아두면 됩니다.

> **칼럼 / 예제 파일을 활용하세요**
>
> 이 책의 학습 방법으로 추천하는 방법은 이 책의 예제를 다운로드해서 파일에 각 예제를 붙여넣는 방법입니다.
>
> - **홈페이지**: https://wikibook.co.kr/spring-2nd/
> - **깃허브 저장소**: https://github.com/wikibook/spring-2nd
>
> 예제는 이미 동작이 확인된 상태입니다. 먼저 애플리케이션이 동작하는 것을 확인한 후, 직접 코드를 학습하면 오타로 인해 애플리케이션이 동작하지 않는 문제를 겪지 않아도 됩니다.
>
> 다음과 같은 단계에 따라 학습하는 방법을 추천합니다.
>
> - 예제를 사용해 애플리케이션을 구동합니다.
> - 각 소스코드에 자신이 학습한 내용을 주석으로 작성합니다.
> - 각 파일의 관계를 고려해서 변수나 클래스의 이름 등을 나름대로 수정합니다.
>
> 효율적인 학습법의 하나로 제안하는 것이니 참고하기 바랍니다.

개발 환경 준비(IDE)

SECTION 1-2

프로그래밍을 편하게 할 수 있는 도구로 '통합 개발 환경'이라는 것이 있습니다. 영어로는 'Integrated Development Environment'이고, 줄여서 IDE라고 부릅니다. 이 책에서는 자바의 통합 개발 환경 중 하나인 IntelliJ IDEA의 무료 버전인 IntelliJ IDEA 커뮤니티 에디션을 사용합니다.

1-2-1 IDE 설치

☐ 다운로드

JetBrains사의 IntelliJ IDEA 페이지(https://www.jetbrains.com/ko-kr/idea/)에 접속합니다. 화면에서 [다운로드] 버튼을 찾아서 클릭합니다. 그럼 2개의 버전이 표시되는데, 상단에 표시되는 IntelliJ IDEA Ultimate은 유료 버전이고, 하단에 있는 IntelliJ IDEA Community Edition은 무료 버전입니다. 페이지 상단에서 자신의 운영체제 환경에 맞게 탭을 선택한 후 아래의 커뮤니티 에디션에서 [다운로드] 버튼을 눌러 설치 프로그램을 다운로드합니다.

그림 1.3 IntelliJ IDEA Community Edition 다운로드

링크를 누르면 다운로드가 시작되고 exe 파일이 다운로드됩니다. 이 책에서는 윈도우 운영체제를 사용하므로 'ideaIC-2024.2.1.exe'를 다운로드했습니다(2024년 9월 기준).

실습 환경으로 다른 운영체제를 사용하는 독자는 자신의 환경에 맞는 IDE를 다운로드하기 바랍니다. 이후 이 책에서는 윈도우 운영체제를 기준으로 설명합니다.

☐ 설치

다운로드한 파일을 더블클릭하면 설치 화면이 나타납니다. [다음] 버튼을 눌러 설치를 시작합니다(그림 1.4).

그림 1.4 IntelliJ IDEA 설치

설치 경로를 확인하고 [Next]를 클릭해서 계속 진행합니다. 설치 옵션을 특별히 변경할 필요 없이 계속 진행하면 됩니다. 설치가 완료되면 'IntelliJ IDEA Community Edition 실행하기'를 체크하고 [마침] 버튼을 클릭합니다(그림 1.5).

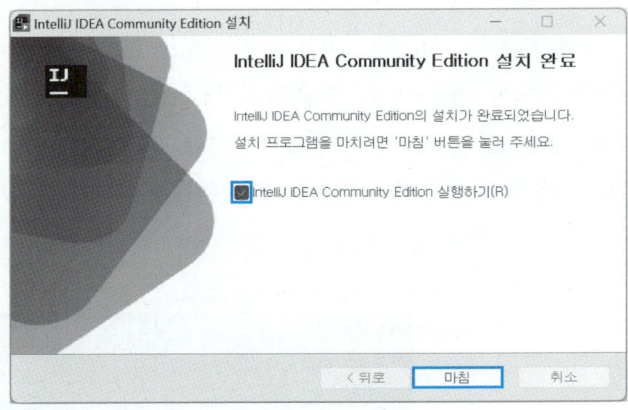

그림 1.5 IntelliJ IDEA 설치 완료

☐ 시작 확인

프로그램을 처음 실행하면 '언어 및 지역' 대화상자가 표시됩니다(그림 1.6). 첫 번째 항목인 언어는 운영체제에서 사용 중인 언어로 자동으로 선택되고, 두 번째 항목인 지역만 현재 거주 중인 지역으로 변경합니다. [다음] 버튼을 클릭해 진행합니다.

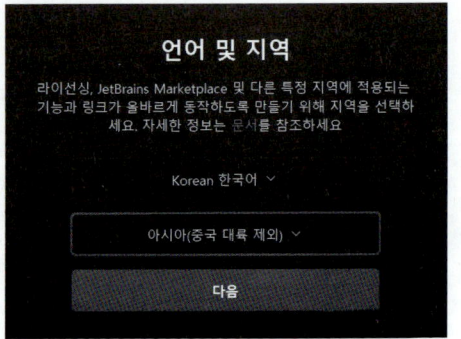

그림 1.6 언어 및 지역 설정

이어서 약관 동의 화면이 표시됩니다. 약관 동의를 위해 왼쪽 아래의 '본인은…'으로 시작하는 항목에 체크하고 [계속]을 클릭합니다(그림 1.7).

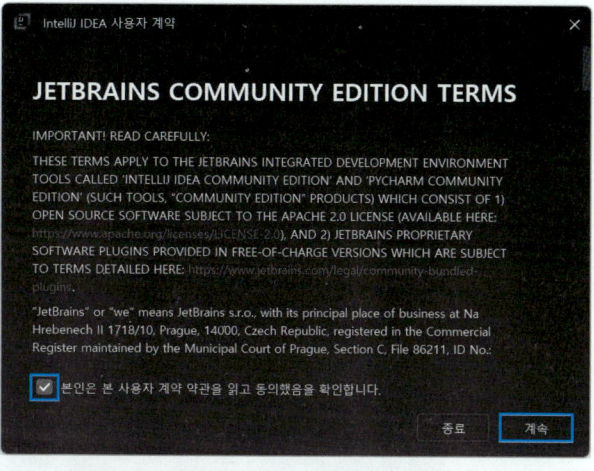

그림 1.7 사용자 약관 동의

다음으로 제품 개선을 위한 데이터 공유 화면이 표시되면 [보내지 않음]을 선택합니다(그림 1.8).

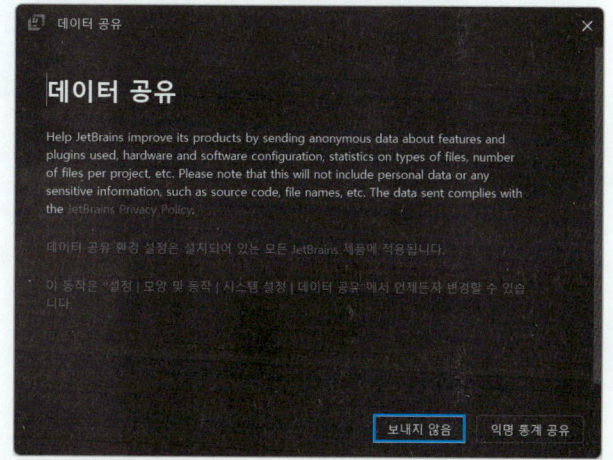

그림 1.8 데이터 공유

이어서 다음 그림과 같은 초기 화면이 표시됩니다(그림 1.9).

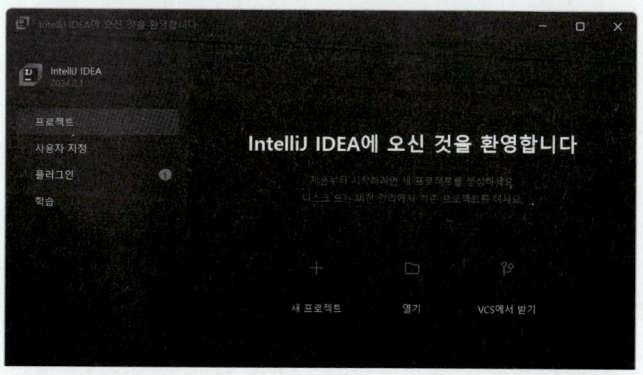

그림 1.9 초기 화면

이렇게 해서 IntelliJ IDEA를 이용해 프로젝트를 진행할 준비가 끝났습니다.

외관 변경(선택 사항)

IntelliJ IDEA의 배경색 등 외관을 변경하고 싶다면 초기 화면의 왼쪽 메뉴에서 [사용자 지정] → [모양]에서 '테마'를 선택하면 됩니다(그림 1.10). 테마를 변경하고 나면 별도의 절차 없이 곧바로 선택한 테마가 적용됩니다.

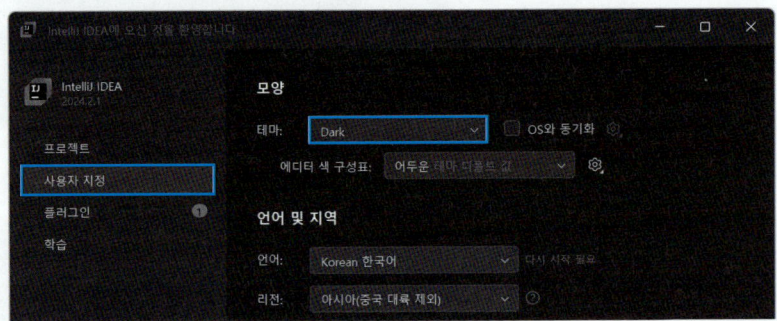

그림 1.10 테마 변경

참고로 IntelliJ IDEA의 기본 테마는 'Dark'인데, 이 책에서는 가독성 향상을 위해 이 메뉴를 통해 테마를 'Light'로 변경해 진행합니다(그림 1.11).

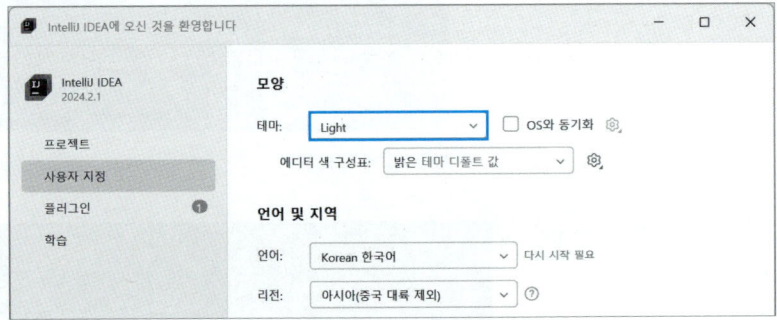

그림 1.11 테마 변경 2

IntelliJ IDEA에서는 프로젝트를 생성할 때 사용할 JDK[3]를 자동으로 내려받아 적용할 수 있기 때문에 직접 JDK를 설치할 필요가 없습니다.

---

3 JDK(Java Development Kit)는 자바 프로그램을 작성, 컴파일, 실행하는 데 필요한 소프트웨어입니다.

개발 환경 준비(PostgreSQL)

SECTION 1-3

데이터베이스를 쉽게 설명하면 데이터를 저장하는 '장소'입니다. 이 책에서는 데이터베이스로 PostgreSQL을 사용합니다. PostgreSQL은 오픈소스 관계형 데이터베이스 관리 시스템(줄여서 RDBMS)입니다. PostgreSQL은 오픈소스 라이선스 중에서도 매우 완화된 라이선스를 채택하고 있어 용도를 불문하고 무료로 사용할 수 있습니다. 그럼 지금부터 PostgreSQL을 설치해보겠습니다.

1-3-1 PostgreSQL 설치

☐ 다운로드

브라우저를 실행하고 PostgreSQL 다운로드 페이지(https://www.postgresql.org/download/)를 엽니다(그림 1.12).

다운로드 페이지에서 Windows 버튼을 누르고, 표시된 화면에서 [Download the installer] 링크를 누릅니다(그림 1.13). 16.4 버전의 'Windows x86-64' 항목에 있는 [Download] 아이콘을 누릅니다(그림 1.14). 그럼 'postgresql-16.4-1-windows-x64.exe'가 다운로드됩니다(2024년 9월 기준).

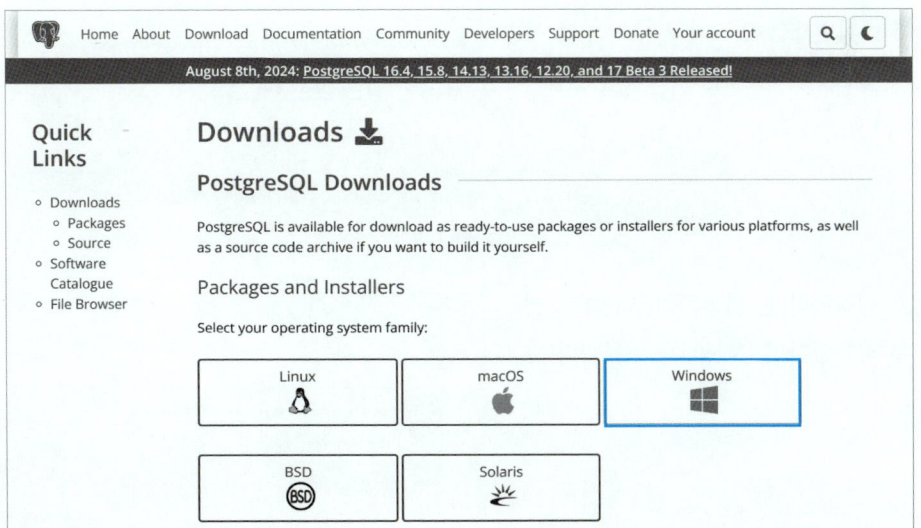

그림 1.12 설치

그림 1.13 설치 2

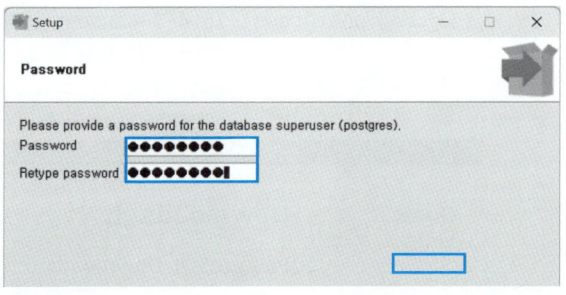

그림 1.14 설치 3

📘 설치

다운로드한 `postgresql-16.4-1-windows-x64.exe`를 더블클릭합니다.

설치 과정이 시작됩니다. [Next]를 눌러 설치를 진행합니다. 'Installation Directory' → 'Select Components' → 'Data Directory' 설정까지는 기본값으로 두고 [Next]를 누릅니다.

Postgres 데이터베이스 관리자 비밀번호 설정 화면이 표시됩니다. '비밀번호', '비밀번호 확인'란에 비밀번호를 입력하고 [Next]를 누릅니다. 이 책에서는 'postgres'로 설정했습니다(그림 1.15).

그림 1.15 설치 4

포트 번호 설정입니다. 기본값인 '5432'로 설정해도 문제가 없다면 [Next]를 누릅니다(그림 1.16).

그림 1.16 설치 5

로캘 설정에서 'Korean, Korea'를 선택한 후 (그림 1.17), [Next]를 누릅니다. 설정 내용을 확인하는 화면에서 문제가 없으면 그대로 다시 [Next]를 눌러 진행하면 설치가 시작됩니다.

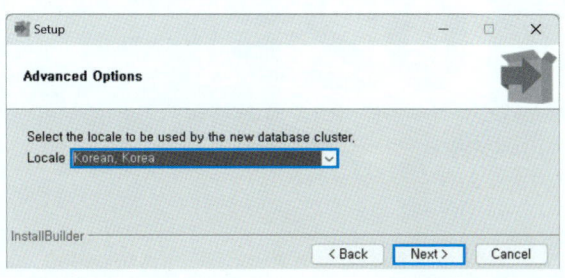

그림 1.17 설치 6

설치가 완료되면 계속해서 Stack Builder가 실행되고, 컴포넌트 추가 설치 여부를 선택할 수 있는 체크박스가 표시됩니다. 이번에는 추가 설치를 하지 않으므로 체크를 해제하고 [Finish]를 누릅니다(그림 1.18).

PostgreSQL 설치가 완료됐습니다.

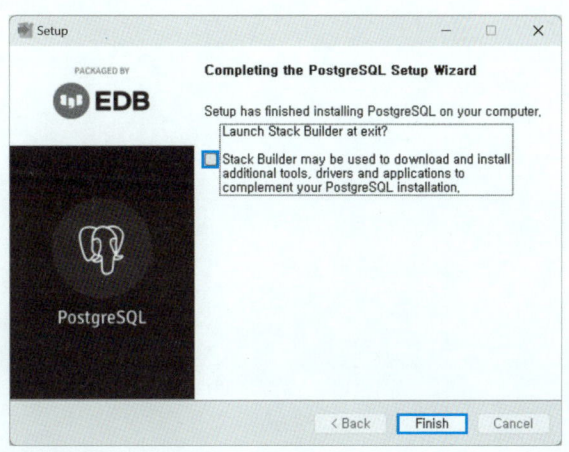

그림 1.18 설치 7

☐ 확인

윈도우 화면 왼쪽 하단의 검색창에 'pgadmin'이라고 입력하고 (그림 1.19), 코끼리 아이콘이 나타나면 설치가 성공적으로 완료된 것입니다(그림 1.20).

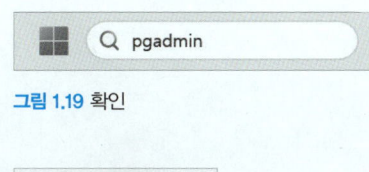

그림 1.19 확인

그림 1.20 확인 2

02장

기초 지식 배우기

2-1 자바 기초 지식 복습

2-2 웹 애플리케이션 제작을 위한 필수 지식

2-3 개발에 유용한 라이브러리와 도구

자바 기초 지식 복습

SECTION 2-1

스프링 프레임워크에 대한 구체적인 설명에 들어가기 전에 자바 기초 지식부터 인터페이스, 의존성에 관해 알아봅시다. 이후 실습을 진행하기 위한 필수 지식이므로 이미 알고 있는 분들도 복습을 겸해서 참고하기 바랍니다.

2-1-1 인터페이스란?

자바에는 클래스에 포함된 메서드의 구체적인 처리 내용은 기술하지 않고, 상수와 메서드의 타입만 정의한 인터페이스가 있습니다. 인터페이스를 사용할 때의 장점에 대해서는 2-1-3절 '의존성이란?'에서 설명하므로 여기서는 인터페이스 구문에 대해서만 설명하겠습니다.

☐ 인터페이스 선언

인터페이스를 선언하려면 `interface` 키워드를 사용합니다(예제 2.1).

예제 2.1 인터페이스 선언

```
001: public interface Greet {
002:   /**
003:    * 인사하기
004:    */
005:   void greeting();
006: }
```

인터페이스는 다른 클래스에서 구현할 것을 전제로 만들어집니다. 따라서 인터페이스에서 선언한 메서드는 암묵적으로 `public abstract` 접근 한정자가 붙고 '추상 메서드'라고 부릅니다(예제 2.2). 예제 2.1의 '인터페이스 선언'과 예제 2.2의 '암묵적 접근 한정자'는 같은 의미의 코드입니다.

예제 2.2 암묵적 접근 한정자

```
001: public interface Greet {
002:   /**
003:    * 인사하기
004:    */
005:   public abstract void greeting();
006: }
```

또한 인터페이스에서 변수를 선언하면 암묵적으로 `public static final` 한정자가 붙어서 상수가 됩니다.

🗀 인터페이스 구현

인터페이스를 구현할 때는 `implements` 키워드를 사용합니다. 인터페이스를 구현할 때는 인터페이스에 정의된 추상 메서드를 모두 구현해야 하며, 구현하지 않으면 컴파일 오류가 발생합니다. 인터페이스의 추상 메서드에는 암묵적으로 `public abstract` 수식어가 붙기 때문에 구현할 때는 `public`을 선언해야 합니다(예제 2.3).

예제 2.3 인터페이스 구현하기

```
001: public class MorningGreet implements Greet {
002:     @Override
003:     public void greeting() {
004:         System.out.println("좋은 아침입니다!");
005:     }
006: }
```

두 번째 줄의 `@Override`는 '재정의한다'라는 의미를 나타내는 애너테이션으로, '슈퍼클래스나 인터페이스의 메서드를, 슈퍼클래스나 인터페이스를 상속하거나 구현하는 클래스에서 재정의하는 것'을 의미합니다.

즉, `@Override`를 메서드에 지정함으로써 '이것은 재정의된 메서드입니다. 만약 재정의돼 있지 않으면 오류가 발생합니다'라고 알려줍니다.

2-1-2 컴파일 오류란?

컴퓨터가 프로그램을 실행하기 위해서는 인간이 작성한 프로그램 코드를 컴퓨터가 이해할 수 있는 언어로 변환해야 합니다. 이 변환 과정을 '컴파일(compile)'이라고 합니다(그림 2.1).

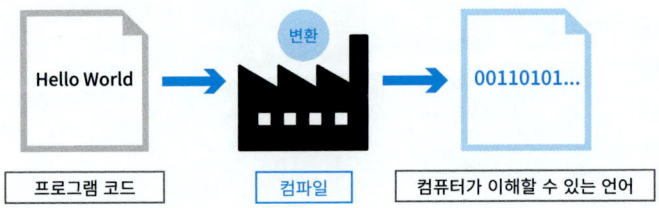

그림 2.1 컴파일

하지만 프로그램 코드에 실수나 부족함이 있으면 컴파일 과정에서 오류 메시지가 표시될 수 있습니다. 이러한 오류를 '컴파일 오류'라고 합니다. 컴파일 오류의 예와 대처 방법은 다음과 같습니다.

- 변수를 사용하기 전에 변수를 선언하지 않음
- 사용하지 않는 라이브러리나 모듈을 참조
- 괄호({}, ())나 세미콜론(;)을 덜 입력하거나 잘못 지정

컴파일 오류에 대처하는 방법

컴파일 오류는 오류 메시지를 잘 읽어보면 원인을 파악할 수 있습니다. 오류 메시지에는 어떤 라인이나 어느 부분에서 문제가 발생했는지 알려주는 경우가 많습니다.

그러한 힌트를 바탕으로 코드의 해당 부분을 수정해서 오류를 제거할 수 있습니다.

컴파일 오류는 프로그래밍 초보자에게는 어렵게 느껴질 수 있지만 오류 메시지를 꼼꼼히 읽고 조사해서 무엇이 문제인지 파악하는 것이 실력 향상으로 이어질 수 있습니다.

오류를 두려워하지 말고 해결 과정을 명탐정처럼 조사해 보세요.

2-1-3 의존성이란?

의존이란 어떤 것이 다른 것에 의존하고 있거나, 어떤 것이 다른 것 없이 존재하거나 기능할 수 없는 상태를 말합니다. 우리는 일상생활에서 전기, 수도 등의 서비스에 '의존'하며 살아갑니다.

프로그램을 작성할 때 '의존성'이라는 단어를 들어본 적이 있나요? 어떤 클래스나 모듈[4]이 다른 클래스나 모듈의 기능이나 동작에 의존하는 것을 '의존성'이라고 합니다.

의존성에 대해 좀 더 자세히 설명하겠습니다.

먼저 프로그램에는 '사용하는 쪽'과 '사용되는 쪽'의 관계가 있습니다(그림 2.2).

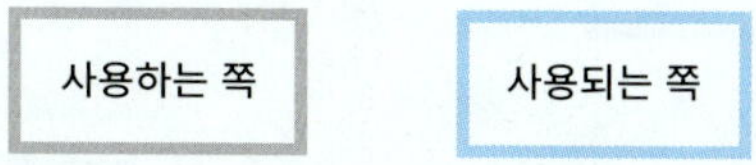

그림 2.2 '사용하는 쪽'과 '사용되는 쪽'

---

[4] 모듈은 독립적인 기능이나 역할을 가진 소프트웨어의 일부분을 말합니다. 큰 소프트웨어나 프로그램을 구성하는 작은 부품과 같은 것이라고 생각하면 됩니다.

사용하고자 하는 기능을 호출하기 위해서는 '사용하는 쪽' 클래스에서 '사용되는 쪽' 클래스에 대해 new 키워드를 사용해 인스턴스를 생성하고 참조를 얻은 후 원하는 기능을 이용합니다.

만약 '사용되는 쪽' 클래스가 불필요해져서 다른 '사용되는 쪽' 클래스를 사용하게 되면 '사용하는 쪽' 클래스에서는 '새로운 사용되는 쪽'의 클래스명과 메서드명으로 수정하는 작업이 발생합니다. 이처럼 수정해야 하는 부분을 가리켜 '의존성이 있다'라고 합니다. 이러한 의존성은 '클래스 의존성(구현 의존성)'과 '인터페이스 의존성'이라는 두 가지로 나눌 수 있습니다.

클래스 의존성(구현 의존성)

먼저 클래스 의존성부터 설명하겠습니다.

'사용하는 쪽'인 A 클래스에서 '사용되는 쪽'인 B 클래스의 methodX 메서드를 호출해 봅시다(그림 2.3).

- A 클래스에서 new 키워드를 사용해 B 클래스의 인스턴스를 생성한다.
- 인스턴스에서 methodX 메서드를 호출한다.

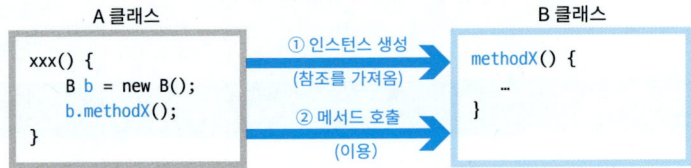

그림 2.3 클래스 의존적인 '인스턴스 생성'과 '메서드 호출'

사양 변경이 발생해서 '사용되는 쪽' 클래스를 변경하게 됐습니다(그림 2.4). 새로 생성된 '사용되는 쪽'인 C 클래스를 호출하고 methodY 메서드를 호출하도록 변경합니다.

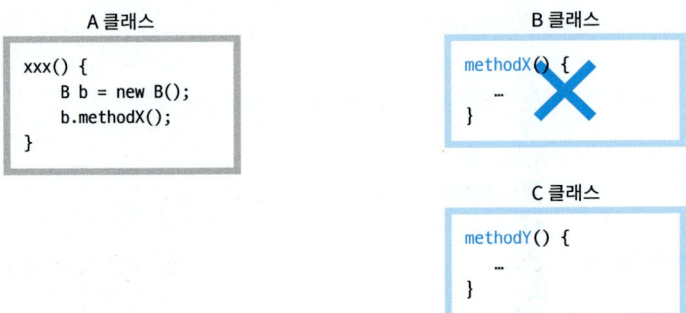

그림 2.4 클래스 의존적인 '사용되는 쪽'의 클래스를 변경

여러분이라면 A 클래스의 xxx 메서드를 어떻게 수정하시겠습니까? 저라면 그림 2.5와 같이 수정하겠습니다.

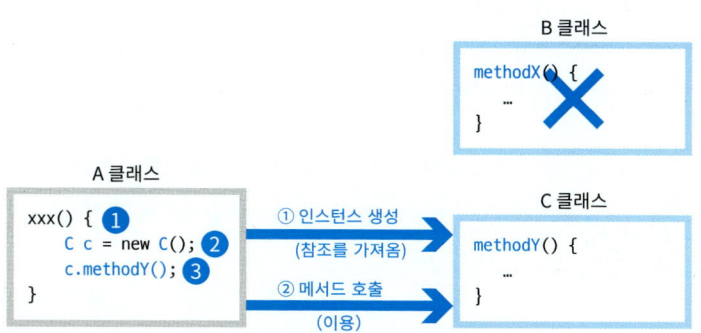

그림 2.5 클래스 의존적인 '사용하는 쪽' 클래스의 세 군데를 수정

보다시피 세 군데를 수정했습니다. 이처럼 '사용하는 쪽' 클래스에서 '사용되는 쪽' 클래스의 타입을 직접 작성하면 '사용되는 쪽' 클래스를 수정할 경우 이를 사용하는 부분을 모두 수정해야 합니다. 수정할 곳이 많아질수록 실수하거나 수정할 부분을 지나칠 위험이 높아집니다.

만약 수정할 부분이 수십 개, 수백 개라면 수정 작업과 수정에 따른 동작을 확인하는 데 소요되는 시간이 엄청나게 길어질 것입니다. 수정할 부분이 많다는 것을 가리켜 '의존성이 높다'라고 표현합니다.

인터페이스 의존성

다음으로 인터페이스 의존성에 대해 설명하겠습니다.

I 인터페이스가 있고, 이를 구현한 '사용되는 쪽'인 B 클래스가 있습니다. '사용하는 쪽'인 A 클래스에서 '사용되는 쪽'인 B 클래스의 `methodX` 메서드를 호출해 봅시다(그림 2.6).

- A 클래스에서 `new` 키워드를 사용해 B 클래스의 인스턴스를 생성한다.
- 인스턴스에서 `methodX` 메서드를 호출한다.

주의할 점은 '사용하는 쪽'인 A 클래스에서는 인터페이스를 타입으로 사용한다는 점입니다!

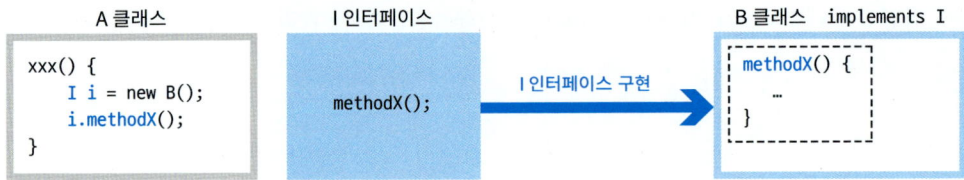

그림 2.6 인터페이스에 의존하는 '인스턴스 생성'과 '메서드 호출'

사양 변경이 발생해 '사용되는 쪽' 클래스를 변경하게 됐습니다(그림 2.7). 새로 생성된 '사용되는 쪽'인 C 클래스(I 인터페이스를 구현)를 호출하고, `methodX` 메서드를 호출하도록 변경합니다.

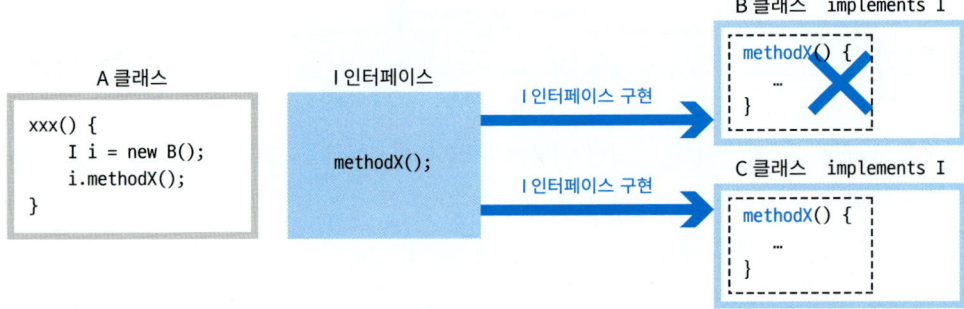

그림 2.7 인터페이스에 의존하는 '사용되는 쪽'의 클래스를 변경

여러분이라면 A 클래스의 xxx 메서드를 어떻게 수정하시겠습니까? 저라면 그림 2.8과 같이 수정하겠습니다.

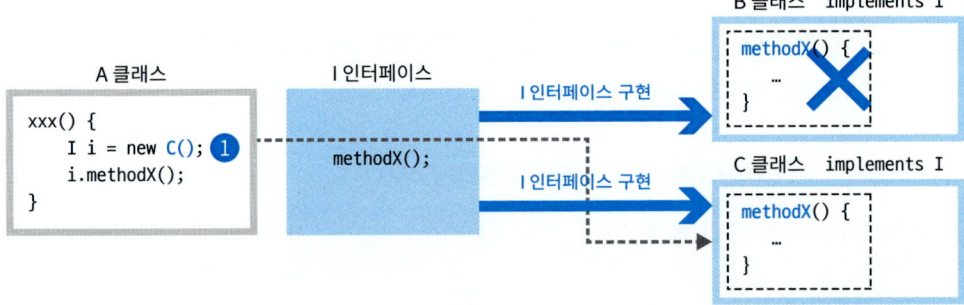

그림 2.8 인터페이스에 의존하는 '사용하는 쪽' 클래스의 한 군데를 수정

보다시피 한 군데만 수정했습니다. 이렇게 인터페이스를 구현한 '사용되는 쪽' 클래스를 수정할 경우 다음과 같은 장점이 있습니다.

- 인터페이스는 참조를 받는 타입으로 사용할 수 있으므로 변수의 타입명을 변경하지 않아도 된다.
- 인터페이스에 선언된 메서드를 사용하면 클래스가 변경되더라도 메서드명을 변경하지 않아도 된다.

이러한 장점 때문에 클래스 의존성보다 인터페이스 의존성을 사용하면 수정할 부분을 줄일 수 있습니다. 수정할 부분이 적다는 것을 가리켜 '의존성이 낮다'라고 표현합니다.

2-1-4 인터페이스에 의존하는 프로그램 만들기

'계산' 역할을 하는 인터페이스와 이 인터페이스를 구현한 '덧셈'과 '뺄셈'을 수행하는 클래스를 각각 생성해서 인터페이스에 의존하는 동작을 확인해 봅시다.

01 프로젝트 생성

IntelliJ IDEA를 실행하고 초기 화면에서 [새 프로젝트]를 선택합니다(그림 2.9). 또는 이미 IntelliJ IDEA가 실행 중이라면 새 프로젝트를 생성하기 위해 메뉴에서 [파일] → [새로 만들기] → [프로젝트]를 차례로 선택합니다.

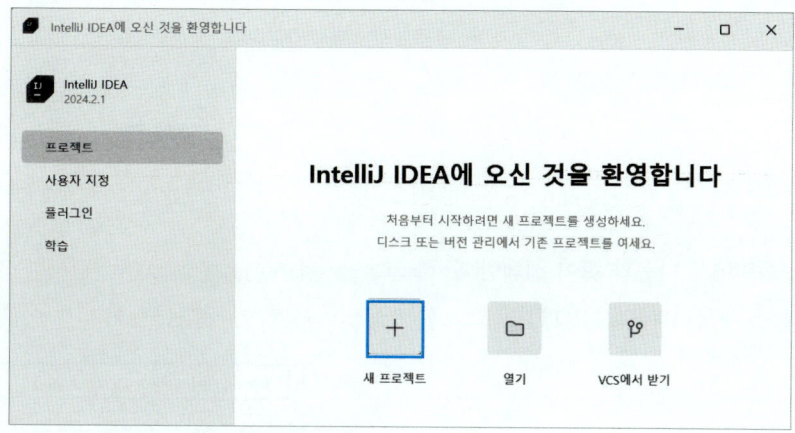

그림 2.9 초기 화면

'새 프로젝트' 화면에서 다음과 같이 지정합니다.

설정 내용

이름	InterfaceSample
JDK	liberica-21(BellSoft Liberica JDK 21.0.4)
샘플 코드 추가	체크 해제

※ 기타 항목은 기본 설정 그대로 유지합니다.

그런데 IntelliJ IDEA로 처음 프로젝트를 생성할 경우 미리 다운로드된 JDK가 없어서 JDK 항목이 'Oracle OpenJDK 22.0.2 다운로드'로 표시됩니다. 이 책에서 사용하는 JDK 21을 별도로 내려받기 위해서는 JDK란의 [Oracle OpenJDK 22.0.2 다운로드] 항목을 눌러 표시되는 메뉴에서 [JDK 다운로드]를 선택합니다(그림 2.10).

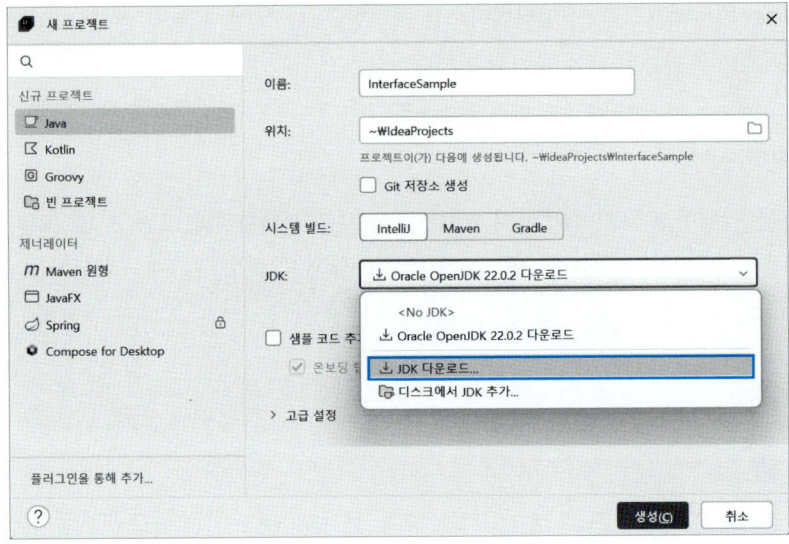

그림 2.10 JDK 다운로드

JDK 다운로드 화면에서 다음과 같이 선택한 후 하단의 [선택] 버튼을 누릅니다(그림 2.11).

그림 2.11 BellSoft Liberica JDK 21 선택

프로젝트 설정을 마치면 하단의 [생성] 버튼을 누릅니다(그림 2.12). 그러면 그림 2.13과 같은 프로젝트가 만들어집니다.

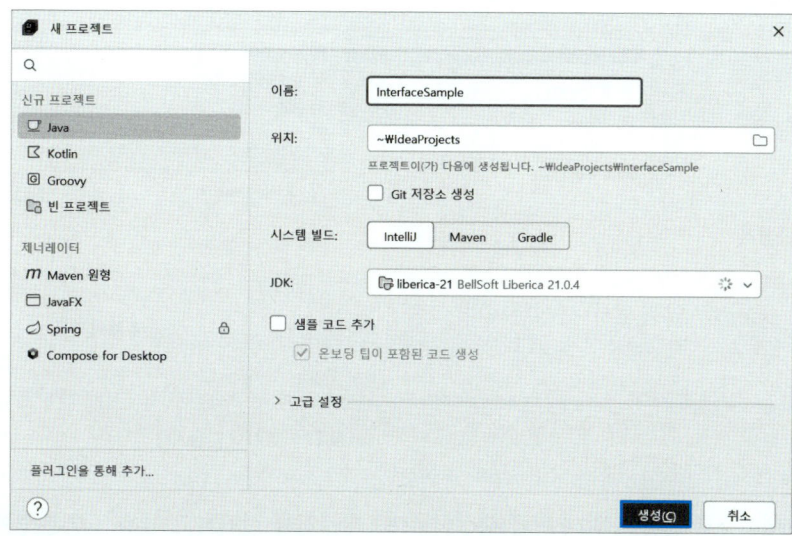

그림 2.12 프로젝트 생성

그림 2.13 프로젝트 생성 2

02 '사용되는 쪽' 인터페이스와 구현 클래스 만들기

먼저 패키지를 만들기 위해 InterfaceSample의 src 폴더를 선택하고 마우스 오른쪽 버튼을 클릭한 후 [새로 만들기] → [패키지]를 선택합니다(그림 2.14).

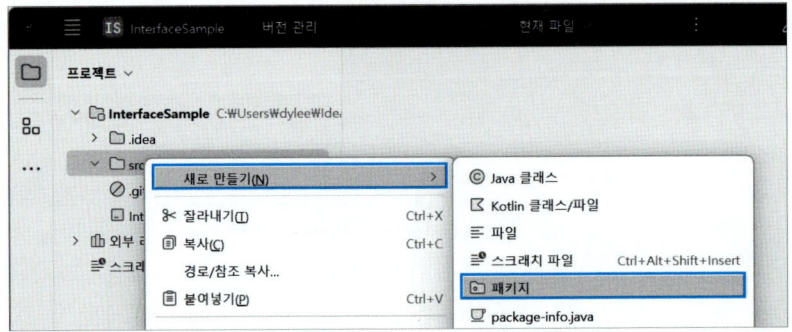

그림 2.14 패키지 만들기

패키지명으로 used를 입력해서 생성합니다(그림 2.15).

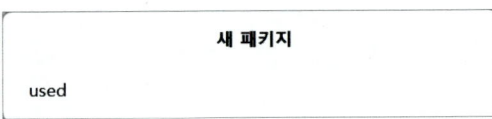

그림 2.15 패키지 만들기 2

다음으로 인터페이스를 만들기 위해 방금 생성한 used 패키지를 선택하고 마우스 오른쪽 버튼을 클릭한 후 [새로 만들기] → [Java 클래스]를 선택합니다(그림 2.16).

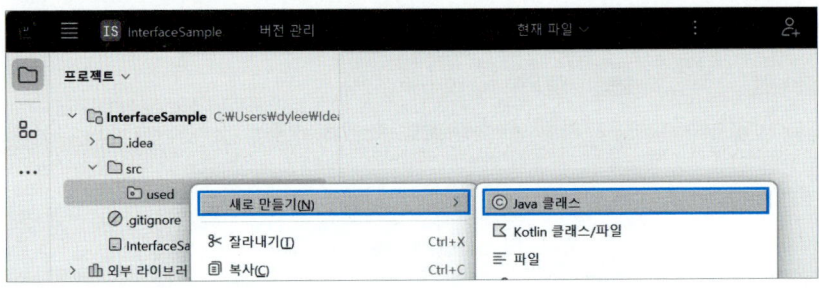

그림 2.16 인터페이스 만들기

[새 Java 클래스] 대화상자에서 인터페이스명으로 Calculator를 입력하고 하단의 [인터페이스]를 선택합니다(그림 2.17). Calculator 인터페이스는 '계산'을 처리하는 인터페이스입니다.

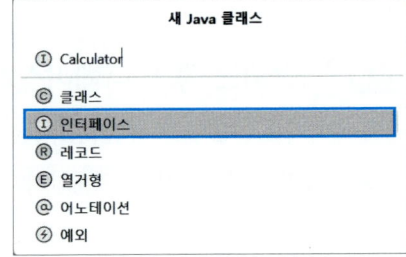

그림 2.17 인터페이스 만들기 2

인터페이스의 내용은 예제 2.4와 같으며, 13번째 줄의 calc 메서드는 '계산 처리'를 나타냅니다.

예제 2.4 인터페이스

```
001: package used;
002:
003: /**
004:  * 계산
005:  */
006: public interface Calculator {
007:   /**
008:    * 계산 처리
009:    * @param x
010:    * @param y
011:    * @return 계산 결과
012:    */
013:   Integer calc(Integer x, Integer y);
014: }
```

다음으로 구현 클래스를 생성합니다. used 패키지를 선택하고 마우스 오른쪽 버튼을 클릭한 후 [새로 만들기] → [Java 클래스]를 선택하고(그림 2.18) Calculator 인터페이스를 구현할 AddCalc 클래스를 생성합니다(그림 2.19).

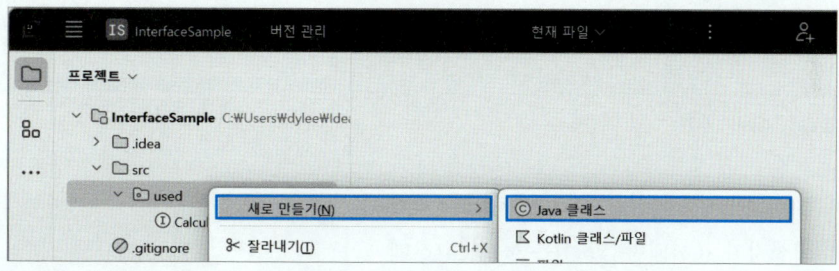

그림 2.18 AddCalc 클래스 만들기

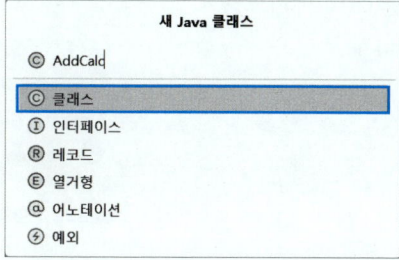

그림 2.19 AddCalc 클래스 만들기 2

AddCalc 클래스에서 구현할 Calculator 인터페이스를 지정하기 위해 AddCalc 클래스명 옆에 'implements Calculator'를 입력합니다(그림 2.20).

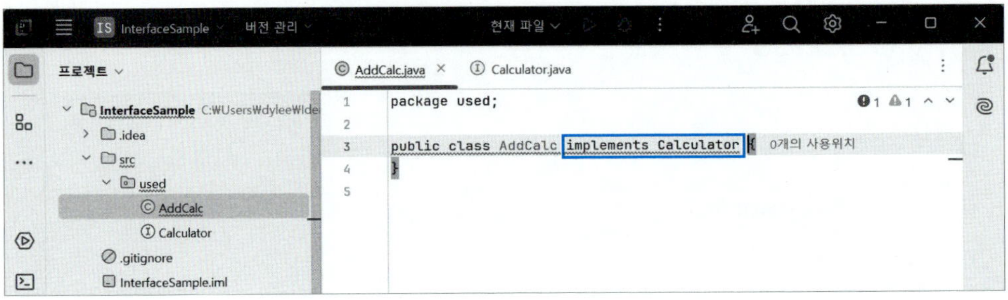

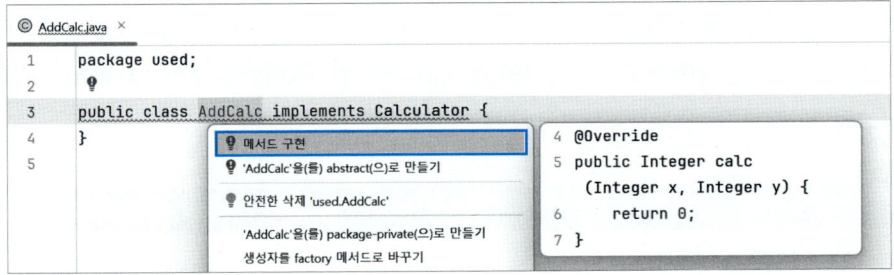

그림 2.20 인터페이스 구현

Calculator 인터페이스에 선언된 메서드를 구현하지 않았기 때문에 코드에 빨간색 오류 표시가 나타납니다. 오류가 표시된 부분에 커서를 두고 컨텍스트 액션을 확인하기 위해 [Alt + Enter]를 누른 다음 [메서드 구현]을 선택합니다(그림 2.21).

그림 2.21 구현할 calc 메서드 추가

Calculator 인터페이스에 선언된 calc 메서드를 추가할 수 있는 대화상자가 표시되면 [확인]을 눌러 calc 메서드를 AddCalc 클래스에 추가합니다(그림 2.22). (또는 아래의 예제 2.5와 같이 구현할 calc 메서드를 직접 AddCalc 클래스에 추가해도 됩니다.)

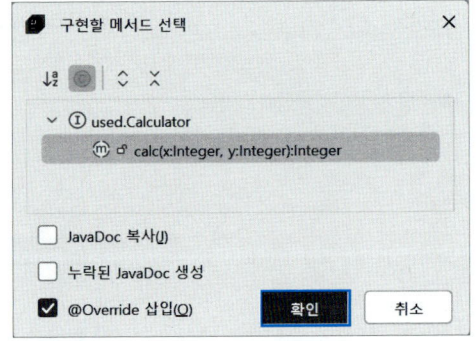

그림 2.22 구현할 calc 메서드 추가 2

같은 방법으로 Calculator 인터페이스를 구현한 SubCalc 클래스를 생성합니다. AddCalc 클래스는 '덧셈'을, SubCalc 클래스는 '뺄셈'을 처리하는 클래스입니다.

Calculator의 구현 클래스인 AddCalc, SubCalc의 내용은 각각 예제 2.5와 예제 2.6과 같습니다.

예제 2.5 구현 클래스(덧셈)

```
001: package used;
002:
003: /**
004:  * Calculator 구현 클래스<br/>
005:  * 덧셈
006:  */
007: public class AddCalc implements Calculator {
008:     @Override
009:     public Integer calc(Integer x, Integer y) {
010:         return x + y;
011:     }
012: }
```

예제 2.6 구현 클래스(뺄셈)

```
001: package used;
002:
003: /**
004:  * Calculator 구현 클래스<br/>
005:  * 뺄셈
006:  */
007: public class SubCalc implements Calculator {
008:     @Override
009:     public Integer calc(Integer x, Integer y) {
010:         return x - y;
011:     }
012: }
```

예제 2.5의 10번째 줄은 calc 메서드의 처리 내용(덧셈)을 설명합니다. 또한 예제 2.6의 10번째 줄도 calc 메서드의 처리 내용(뺄셈)을 보여줍니다. 이렇게 해서 '사용되는 쪽' 인터페이스와 구현 클래스가 만들어졌습니다.

03 '사용하는 쪽' 클래스 만들기

먼저 사용하는 쪽 클래스가 위치할 패키지를 만들기 위해 InterfaceSample의 `src` 폴더를 선택하고 마우스 오른쪽 버튼을 클릭한 후 [새로 만들기] → [패키지]를 선택합니다(그림 2.23).

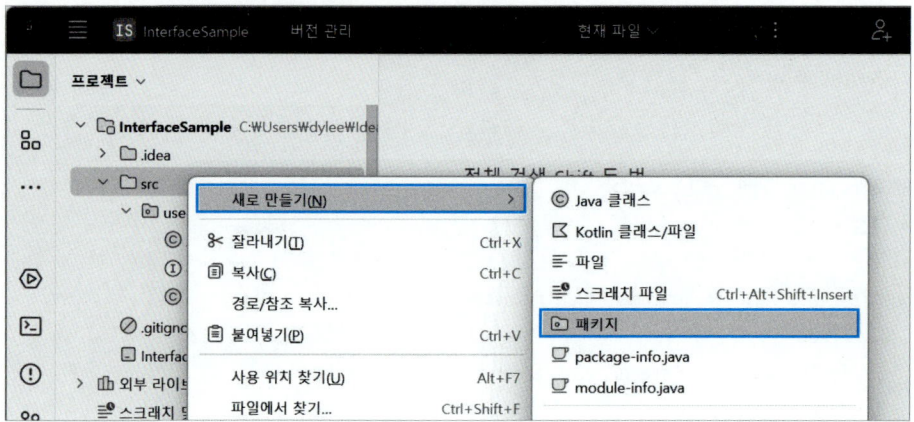

그림 2.23 패키지 생성

패키지명으로 `use`를 입력해서 생성합니다(그림 2.24).

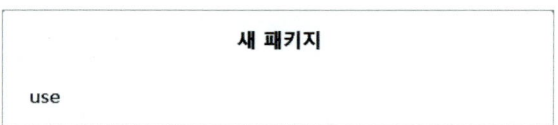

그림 2.24 패키지 만들기 2

클래스를 생성하기 위해 InterfaceSample의 `src` 폴더를 선택하고 마우스 오른쪽 버튼을 클릭한 후 [새로 만들기] → [Java 클래스]를 선택해 '사용하는 쪽' 클래스를 생성합니다. 클래스명으로 `Call`을 입력하고 엔터를 눌러 클래스를 생성합니다(그림 2.25).

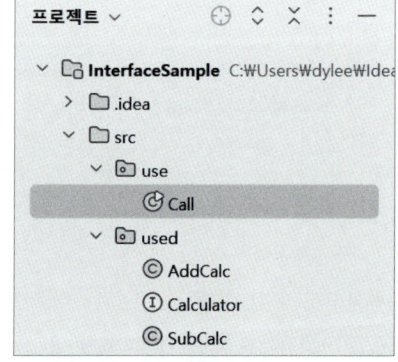

그림 2.25 사용하는 쪽 클래스 만들기

생성된 Call 클래스(예제 2.7)에 상세하게 주석을 추가했으니 처리 내용은 해당 부분을 참고하기 바랍니다. 이렇게 해서 '사용하는 쪽' 클래스가 만들어졌습니다.

예제 2.7 사용하는 쪽 클래스

```
001: package use;
002:
003: import used.AddCalc;
004: import used.Calculator;
005:
006: /**
007:  * 인터페이스 의존성을 확인하기 위한 클래스
008:  */
009: public class Call {
010:     public static void main(String[] args) {
011:         // 덧셈 클래스 인스턴스화
012:         Calculator calculator = new AddCalc();
013:         // 메서드 실행
014:         Integer result = calculator.calc(10, 5);
015:         // 결과 표시
016:         System.out.println("계산 결과는 " + result + "입니다.");
017:     }
018: }
```

팁 / IntelliJ IDEA에서 main 메서드 만들기

IntelliJ IDEA에서 `public static void main`으로 시작하는 main 메서드를 생성하려면 다음과 같이 클래스 내에서 'Ctrl + J'를 눌렀을 때 나오는 메뉴에서 'main – main() 메서드 선언'을 선택하거나

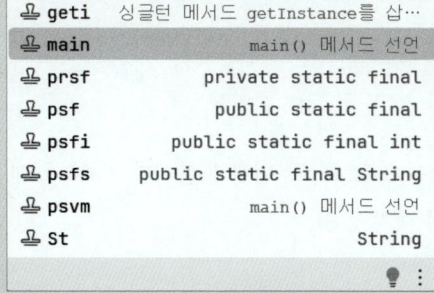

그림 2.A main 메서드 만들기

다음과 같이 'psvm'이나 'main'이라고 입력한 후에 엔터 키나 탭 키를 눌러 코드를 완성하면 됩니다.

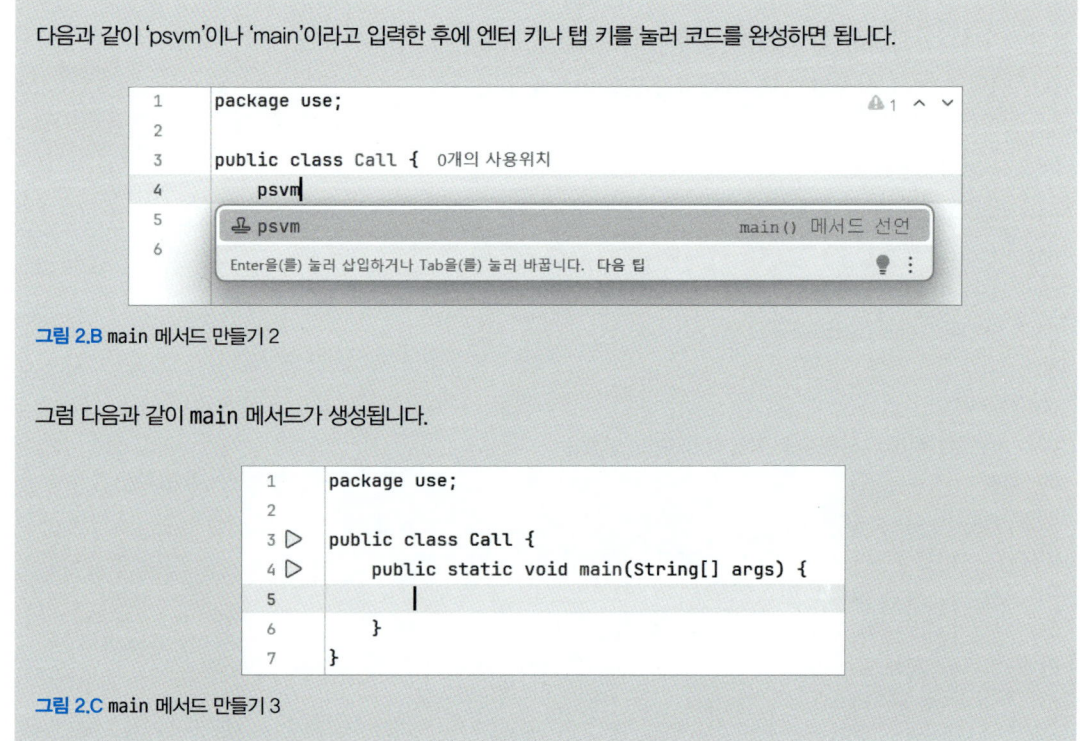

그림 2.B main 메서드 만들기 2

그럼 다음과 같이 main 메서드가 생성됩니다.

그림 2.C main 메서드 만들기 3

04 애플리케이션 실행

Call 자바 파일을 선택하고 마우스 오른쪽 버튼을 클릭한 후 'Call.main() 실행'을 선택합니다. AddCalc 의 calc 메서드(덧셈)가 실행되고 콘솔에 계산 결과가 표시됩니다(그림 2.26).

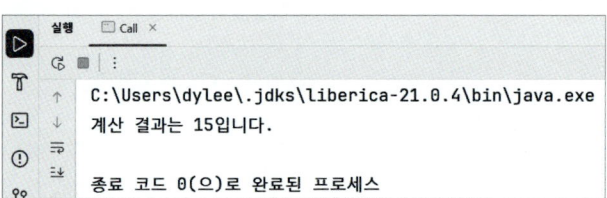

그림 2.26 결과

'사용되는 쪽' 클래스인 AddCalc를 SubCalc로 변경해 봅시다. Call 클래스 내에서 사용하는 AddCalc를 삭제하고 SubCalc로 작성합니다(예제 2.8).

예제 2.8 사용하는 쪽의 클래스를 수정

```java
/**
 * 인터페이스 의존성을 확인하기 위한 클래스
 */
public class Call {
  public static void main(String[] args) {
    // 뺄셈 클래스 인스턴스화
    Calculator calculator = new SubCalc();
    // 메서드 실행
    Integer result = calculator.calc(10, 5);
    // 결과 표시
    System.out.println("계산 결과는 " + result + "입니다.");
  }
}
```

7번째 줄에서 '뺄셈'을 처리하는 SubCalc 구현 클래스를 인스턴스화합니다. 프로그램을 다시 실행하면 SubCalc의 calc 메서드(뺄셈)가 실행되고 콘솔에 계산 결과가 표시됩니다(그림 2.27).

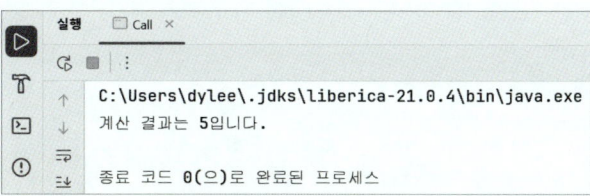

그림 2.27 결과

'사용하는 쪽' 클래스에서 한 곳만 수정하면 처리 내용을 바꿀 수 있었습니다. 자바의 의존성에 대해 어느 정도 감을 잡으셨나요?

'인터페이스 의존성'에서 중요한 부분은 '사용하는 쪽' 클래스에서 바라보는 것은 어디까지나 '사용되는 쪽'의 인터페이스라는 점입니다. 이 부분이 객체지향 프로그래밍의 기본 개념 중 하나인 '다형성'과 연결됩니다.

팁 / import 문 정리하기

예제 2.8의 코드를 붙여넣었을 때 다음과 같이 SubCalc 인스턴스를 생성하는 구문에 빨간색으로 오류가 표시되는 것을 볼 수 있습니다. 이것은 SubCalc 클래스를 임포트하는 구문이 추가되지 않았기 때문인데, 오류가 표시된 부분으로 커서를 옮기고 [Alt + Enter](컨텍스트 액션)를 눌러 '클래스 가져오기'를 선택해 해결할 수 있습니다.

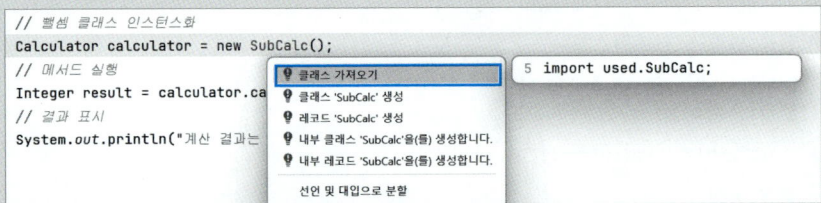

그림 2.D 클래스 가져오기

추가로 import 문을 자동으로 가져오도록 설정하려면 메뉴에서 [파일] → [설정]을 눌러 설정 창을 연 다음, [에디터] → [일반] → [자동 가져오기]로 이동한 후 다음과 같이 [모호하지 않은 import 문 즉시 추가] 항목과 [import 문 즉시 최적화]를 체크한 후 [확인] 버튼을 누릅니다.

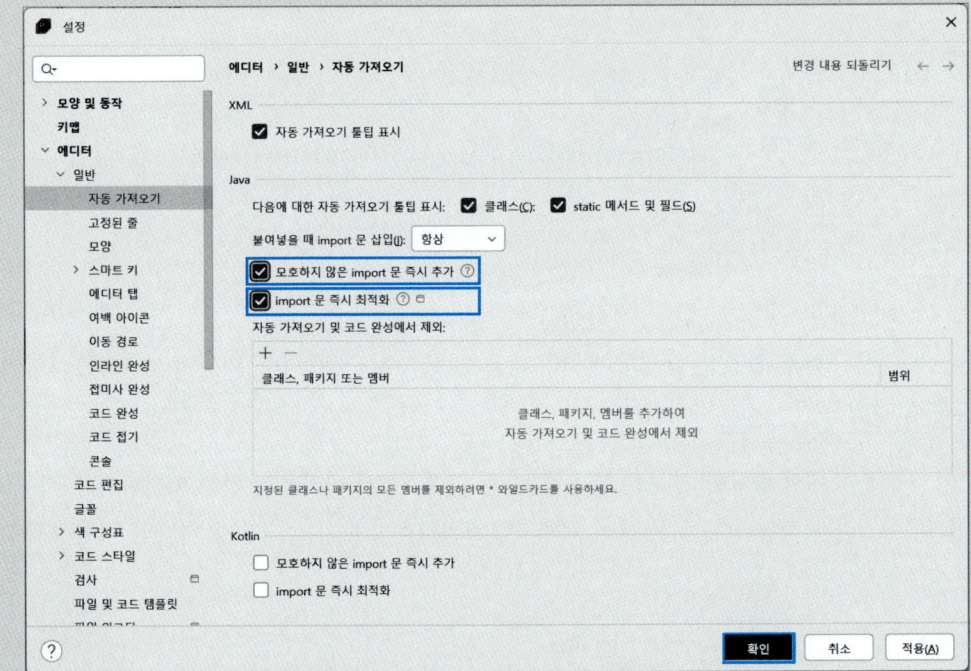

그림 2.E 자동 가져오기 설정

그러고 나면 코드를 복사해서 붙여넣었을 때 자동으로 import 문이 추가됩니다.

앞에서 SubCalc 클래스로 대체했을 때 기존의 AddCalc 클래스를 임포트하는 부분은 회색으로 표시되는데, 이처럼 사용되지 않는 import 문을 정리할 때도 앞서와 마찬가지로 해당 부분에서 'Alt + Enter'를 누른 후 '사용되지 않는 import 문 제거'를 선택하면 불필요한 import 문을 정리할 수 있습니다.

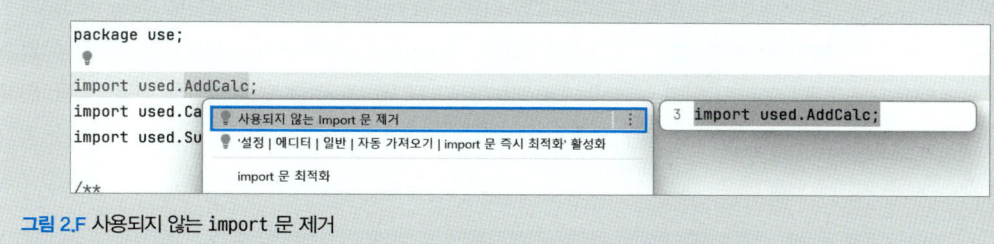

그림 2.F 사용되지 않는 import 문 제거

2-1-5 다형성이란?

다형성(polymorphism)이란 단어 자체는 '다태성'이라는 의미를 가지고 있습니다. 내용적으로는 서로 다른 객체가 동일한 인터페이스나 메서드를 공유하면서 각기 고유한 구현을 갖는 것을 말합니다. 이 설명만으로는 초보자에게는 잘 이해가 되지 않을 것 같아서 현실 세계의 예를 들어 다형성을 설명해 보겠습니다.

리모컨과 가전제품의 관계를 생각해 보면 집에는 다양한 가전제품(TV, 에어컨, 오디오 기기 등)이 있고, 각 제품마다 전용 리모컨이 있습니다. 하지만 일반인들은 이러한 전용 리모컨을 '리모컨'이라는 하나의 카테고리로 인식합니다.

이 '리모컨'이라는 카테고리는 프로그래밍 세계에서 '인터페이스'라고 생각할 수 있습니다. 그리고 각 리모컨(TV 리모컨, 에어컨 리모컨 등)은 '구현 클래스'로 생각할 수 있습니다. 모든 리모컨에는 '전원 버튼'이 있습니다. 하지만 그 버튼을 누르면 TV에서는 영상이 나오고, 에어컨에서는 찬 바람이 나오고, 오디오 기기에서는 소리가 나는 등 각 제품마다 다르게 동작합니다. 이 전원 버튼의 동작이 다형성의 개념과 유사합니다. 서로 다른 리모컨이라도 동일한 전원 버튼이라는 인터페이스를 통해 각 제품마다 고유한 동작을 수행하는 것입니다(그림 2.28). 여기서는 인터페이스를 예로 들어 다형성을 설명했지만 다형성은 상속 관계의 '부모 클래스'를 통해서도 사용할 수 있습니다.

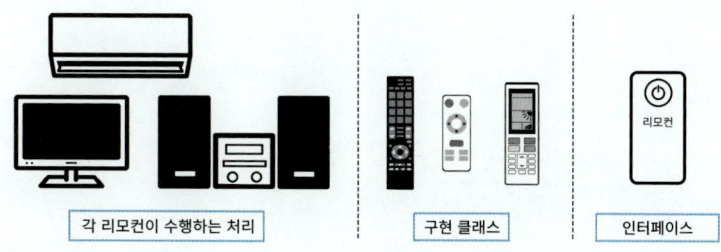

그림 2.28 다형성

SECTION 2-2 웹 애플리케이션 제작을 위한 필수 지식

이 책에서는 스프링 프레임워크를 이용해 웹 애플리케이션을 만들어볼 텐데, 안타깝게도 웹 애플리케이션은 프로그래밍 언어(이 책에서는 자바)에 대한 지식만으로는 만들 수 없습니다. 그래서 이번 절에서는 '웹 애플리케이션 제작을 위한 필수 지식'을 설명합니다. 이미 알고 있는 분들도 복습 겸 참고하기 바랍니다.

2-2-1 클라이언트와 서버

먼저 '클라이언트'와 '서버'의 관계를 생각해 봅시다. 그림 2.29와 같이 클라이언트는 서비스를 받는 쪽, 서버는 서비스를 제공하는 쪽을 의미합니다.

서버가 서비스를 제공하고, 클라이언트가 그 서비스를 이용하는 관계가 됩니다.

그림 2.29 클라이언트와 서버

2-2-2 애플리케이션과 웹 애플리케이션

애플리케이션은 '애플리케이션 소프트웨어'의 약자입니다. 즉, 프로그래밍 언어로 만든 소프트웨어를 의미합니다.

'웹 애플리케이션'이란 인터넷을 통해 사용하는 애플리케이션을 말합니다. 검색 엔진, 쇼핑몰, e-러닝 등 많은 애플리케이션이 웹 애플리케이션으로 제공되고 있습니다.

2-2-3 AP 서버

'AP(애플리케이션) 서버'는 웹 애플리케이션을 제공하는 서버입니다. AP 서버는 항상 가동 중이며, 클라이언트의 접속(요청)을 기다리고 있습니다.

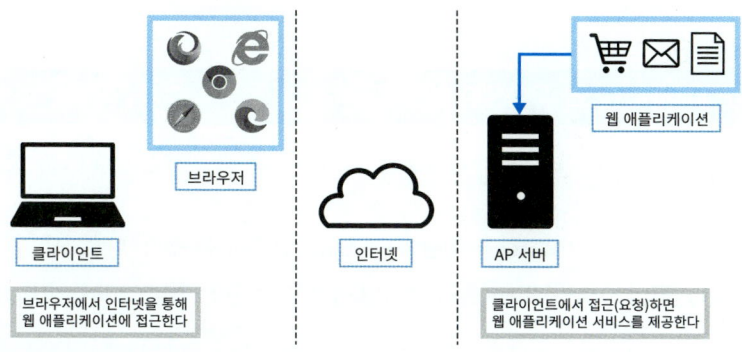

그림 2.30 클라이언트와 AP 서버

2-2-4 HTTP 통신

HTTP(HyperText Transfer Protocol: 하이퍼텍스트 전송 프로토콜)는 인터넷에서 정보를 주고받기 위한 프로토콜(통신 규칙)입니다.

클라이언트와 AP 서버는 HTTP 요청(request)과 HTTP 응답(response)을 주고받습니다. 이를 'HTTP 통신'이라고 합니다. 클라이언트의 '요청'에 대해 AP 서버가 '응답'을 하는 구조입니다.

HTTP 통신의 흐름은 다음과 같습니다.

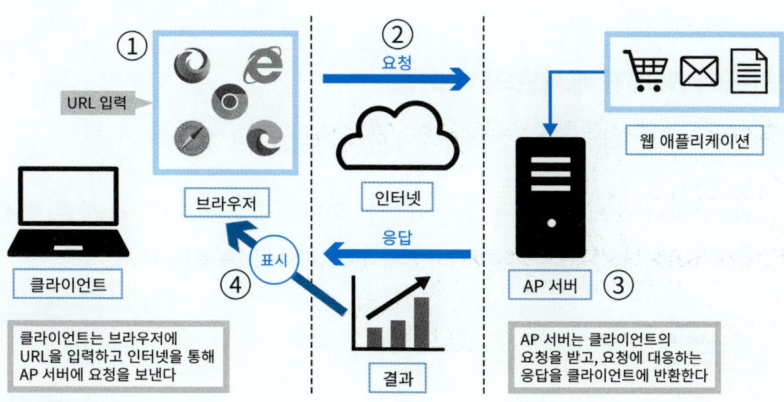

그림 2.31 HTTP 통신의 흐름

① 클라이언트는 브라우저에 URL을 입력합니다.

② 클라이언트에서 AP 서버로 HTTP 요청이 전송됩니다.

③ AP 서버는 HTTP 요청을 받고, HTTP 요청에 대응하는 HTTP 응답을 클라이언트에 반환합니다.

④ 브라우저는 수신된 응답을 표시하고 클라이언트는 이를 확인합니다.

2-2-5 GET 메서드와 POST 메서드

GET 메서드와 POST 메서드는 HTTP 요청의 일종입니다.

GET 메서드는 브라우저에서 서버로 값을 전달할 때 URL 뒤에 값을 추가해서 보낼 수 있습니다. URL 뒤에 추가되는 정보를 '쿼리 스트링' 또는 '쿼리 문자열'이라고 합니다. 쿼리 스트링의 특징으로 다음의 세 가지가 있습니다.

- URL 끝에 ?가 붙어서 쿼리 스트링의 시작을 나타낸다.
- 형식은 '이름=값'이다.
- 여러 개의 값을 전달하려면 &로 연결한다.

PC의 브라우저를 열고 구글 검색 화면에서 무언가를 검색해 봅시다. 주소 표시줄에서 쿼리 스트링을 볼 수 있을 것입니다. 하지만 쿼리 스트링은 대량의 값을 보내기에 적합하지 않습니다.

POST 메서드란 브라우저에서 서버로 값을 전달할 때 요청 본문(request body)이라는 보이지 않는 곳에 값을 담아 보내는 방식입니다. 쇼핑몰 등에서 회원가입을 할 경우 입력한 내용을 URL에 표시하고 싶지 않을 때 POST 메서드가 사용됩니다. 또한 POST 메서드는 대량의 값을 보내는 데 적합합니다.

☐ GET 메서드와 POST 메서드의 차이점

GET 메서드와 POST 메서드의 차이는 그 이름에서 알 수 있습니다.

GET은 '받는다'라는 의미가 있고, POST는 '보낸다'라는 의미가 있습니다. 즉, GET은 지정한 URL에 대한 내용을 '가져오는' 메서드, POST는 지정한 URL에 입력 정보를 '보내는' 메서드라고 할 수 있습니다.

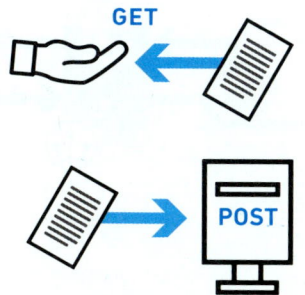

그림 2.32 GET과 POST

GET 메서드와 POST 메서드의 차이점으로 '브라우저 즐겨찾기(북마크)에 등록할 수 있는가'가 자주 언급됩니다.

GET 메서드는 URL에 연결해서 데이터를 전송하기 때문에 즐겨찾기(북마크)에 등록하는 URL 자체에 검색 데이터를 포함할 수 있지만 POST 메서드는 검색 데이터를 요청 본문에 저장하기 때문에 즐겨찾기(북마크)에 등록할 수 없습니다.

또한 POST 메서드로 요청을 보내려면 HTML `<form>` 태그의 속성에 `method="POST"`를 지정해야 합니다.

브라우저의 주소 표시줄에 URL을 직접 입력하거나 브라우저의 즐겨찾기(북마크)에서 URL에 접근하는 경우 GET 메서드로 요청을 전송합니다.

2-2-6 3계층 구조

실제 서버 구성은 웹 서버, AP 서버, DB(데이터베이스) 서버의 세 가지로 나눕니다(표 2.1). 이를 '3계층 구조'라고 합니다(그림 2.33).

표 2.1 서버의 역할

서버	역할
웹 서버	웹브라우저를 통해 사용자와 직접 소통하는 서버
AP 서버	비즈니스 로직(계산, 데이터 처리 등)을 처리하는 서버
DB 서버	데이터 저장, 업데이트, 삭제, 조회 등을 수행하는 서버

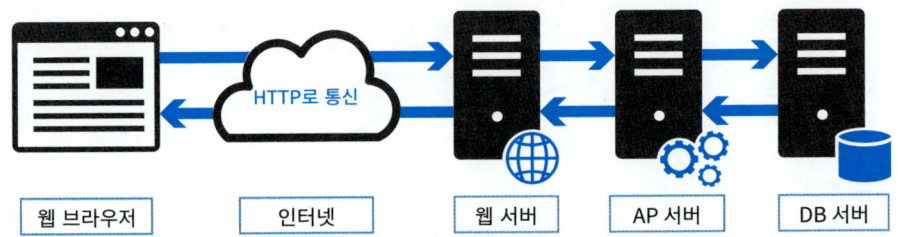

그림 2.33 3계층 구조

이렇게 각 서버에 각각의 역할을 부여함으로써 시스템 전체가 효율적으로 운영되고 확장 및 유지보수가 쉬워집니다.

분할의 목적

서버 구성

시스템의 확장성과 내결함성을 향상시키기 위함입니다. 부하가 높을 때 서비스가 중단되지 않도록 하거나 일부 서버에 장애가 발생해도 시스템 전체가 영향을 받지 않게 할 수 있습니다.

클래스

프로그램 내에서 클래스를 분할해서 코드의 재사용성, 가독성, 유지보수성을 향상시킵니다. 이를 통해 개발자는 코드를 좀 더 효율적으로 관리하고, 새로운 기능을 추가하거나 기존 코드를 쉽게 수정할 수 있습니다.

개발에 유용한 라이브러리와 도구

SECTION 2-3

이번 장의 마지막으로, 애플리케이션 개발을 훨씬 더 쉽게 만들어주는 유용한 라이브러리와 도구를 소개합니다. 편리한 라이브러리와 도구를 이용해 번거로운 작업에서 벗어나봅시다. 편리한 라이브러리인 롬복(Lombok)과 빌드 도구인 그레이들(Gradle)에 대해 소개합니다.

2-3-1 롬복이란?

프로그램 세계에서는 유용한 프로그램을 한 곳에 모아놓은 파일을 '라이브러리'라고 하는데, 롬복(Lombok)도 그러한 라이브러리 중 하나입니다.

자바 개발자라면 한번쯤은 IDE의 기능을 이용해 게터/세터(setter/getter)를 자동으로 생성해본 적이 있을 것입니다. 이 기능은 편리하지만 필드가 추가, 변경, 삭제되면 자동 생성을 다시 해야 한다는 번거로움이 있습니다.

롬복은 불필요한 코드를 작성하지 않고도 애너테이션을 사용해 게터/세터 등의 코드를 자동으로 생성해 줍니다. 매우 편리해서 개발 현장에서 많이 사용됩니다.

이처럼 롬복은 '보일러플레이트 코드'[5]에 대응하기 위한 라이브러리라고 할 수 있습니다.

애너테이션이란?

애너테이션은 간단히 다음의 세 가지 항목으로 설명할 수 있습니다.

- 애너테이션(annotation)은 주석을 뜻하는 영어 표현이다.
- @xxx와 같은 형태로 나타낸다.
- 외부 소프트웨어에 필요한 처리 내용을 전달한다.

코드에 애너테이션을 추가해서 특정 동작이나 성질을 부여할 수 있으며, 컴파일러나 실행 환경에 필요한 처리 내용을 전달할 수 있습니다(그림 2.34).

---

[5] 보일러플레이트 코드는 프로그래밍에서 여러 번 반복적으로 사용되는 템플릿과 같은 코드를 말합니다.

소스코드에서 다른 외부 소프트웨어에 명령을 내릴 수 있는 구조입니다.

```
소스 파일                              외부 소프트웨어

@Override    ──재정의한 메서드의──▶  자바 컴파일러
               시그니처 확인
@Author      ──도움말 문서 생성──▶      JavaDoc
@Component   ──인스턴스 생성────▶   스프링 프레임워크
@NotEmpty    ──입력 체크───────▶     Validator
@Test        ──테스트 드라이버──▶       JUnit
```

그림 2.34 애너테이션 사용 예시

롬복을 사용할 때는 애너테이션을 이용합니다.

2-3-2 롬복을 사용하는 프로그램 만들기

프로그램을 만들면서 롬복이 제공하는 기능 중 일부를 배워봅시다.

01 프로젝트 생성

IntelliJ IDEA Ultimate에서는 다양한 지원 기능으로 손쉽게 라이브러리를 추가할 수 있지만 이 책에서는 IntelliJ IDEA Community 에디션을 사용하기 때문에 스프링 이니셜라이저(Spring Initializr)에서 생성한 파일을 사용해 프로젝트를 만들겠습니다. 스프링 이니셜라이저를 이용하면 IDE에 구애받지 않고 스프링 프로젝트를 생성할 수 있습니다.

○ 스프링 이니셜라이저란?

스프링 부트 프로젝트를 쉽게 시작할 수 있는 도구입니다. 웹사이트를 통해 새 스프링 부트 프로젝트 템플릿을 생성할 수 있습니다.

사용법은 다음과 같습니다.

1. 스프링 이니셜라이저(https://start.spring.io/) 웹사이트에 접속합니다(그림 2.35).

그림 2.35 스프링 이니셜라이저

2. 프로젝트 설정(프로그래밍 언어, 스프링 부트 버전, 프로젝트 메타데이터 등)을 선택합니다.[6] 다음 표는 각 설정 항목(표 10.6)과 이번 프로젝트에 적용할 설정을 설명합니다(그림 2.36).

표 2.2 프로젝트 메타데이터

항목	설명	이번 설정
Project	프로젝트 유형을 선택합니다. 프로젝트의 의존성을 관리하기 위한 도구가 결정됩니다.	Gradle - Groovy
Language	프로그래밍 언어를 선택합니다.	Java
Spring Boot	스프링 부트 버전을 선택합니다. SNAPSHOT은 개발 중인 최신 상태를 나타내지만 자주 업데이트되어 안정적이지 않습니다. Mx(x는 임의의 숫자)는 비교적 안정적이지만 아직 정식 출시 전 버전입니다. 따라서 보통은 안정 버전을 선택합니다.	3.3.3[※1]
Group	일반적으로 조직명이나 회사명이 들어가며, 자바의 패키지명으로도 사용됩니다.	com.example
Artifact	프로젝트명입니다. 이 이름이 그대로 JAR 파일이나 WAR 파일의 이름이 됩니다.	LombokSample
Name	프로젝트의 표시명입니다. 일반적으로 Artifact와 동일하게 설정합니다.	LombokSample
Description	프로젝트 설명입니다.	선택 사항
Package name	자바 패키지명입니다. 보통 Group+Artifact를 통해 자동으로 생성됩니다.	com.example.demo[※2]
Packaging	Jar: 자바 독립형 애플리케이션을 생성합니다. War: 웹 애플리케이션을 생성합니다. 외부 웹 서버에 배포할 때 선택합니다.	Jar
Java	사용할 자바 버전을 선택합니다. 보통은 안정 버전을 선택합니다.	21

※1 시기에 따라 버전이 달라지지만 3.x.x라면 문제 없습니다.

※2 Artifact에 프로젝트명을 입력하면 Package name 항목도 자동으로 프로젝트명에 따라 변경되므로 유의합니다. Artifact 항목을 입력하고 나서 Package name 항목을 수정하세요.

---

6 메타데이터는 데이터에 관한 데이터를 말합니다. 쉽게 말해 메타데이터는 '데이터의 설명서'와 같은 것입니다.

그림 2.36 스프링 이니셜라이저 2

3. 프로젝트에 필요한 의존성(Lombok)을 선택합니다. 우측 상단의 [ADD DEPENDENCIES] 버튼을 클릭한 후 'lombok'을 입력해 선택합니다(그림 2.37).

그림 2.37 스프링 이니셜라이저 3

4. 하단의 [GENERATE] 버튼을 클릭해 프로젝트를 생성합니다(그림 2.38).

그림 2.38 스프링 이니셜라이저 4

5. 다운로드한 프로젝트 파일을 IntelliJ IDEA에서 불러오기 위해 압축을 해제합니다. 이 책에서는 `C:\`에 `spring-project`라는 이름으로 폴더를 만들고 이곳에다 압축을 풉니다(그림 2.39).

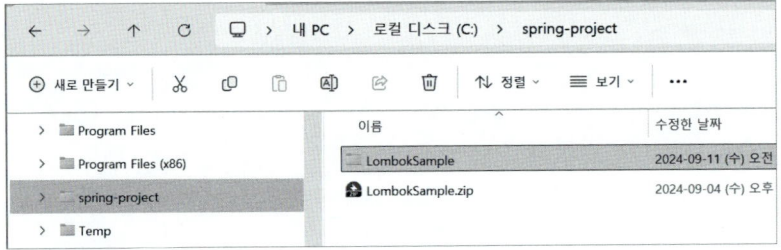

그림 2.39 프로젝트 폴더 생성

6. 사용 중인 IDE에서 프로젝트를 불러옵니다.

웹사이트를 통해 스프링 이니셜라이저를 사용할 때의 가장 큰 장점은 생성된 프로젝트를 원하는 IDE로 가져올 수 있다는 점입니다. 이 책에서는 IntelliJ IDEA를 이용했지만 이클립스(Eclipse)나 비주얼 스튜디오 코드(Visual Studio Code) 등 자신이 원하는 IDE를 이용해 개발할 수 있습니다.

○ IntelliJ IDEA로 가져오기

프로젝트를 불러오기 위해 IntelliJ IDEA로 되돌아가 초기 화면에서 [열기] 버튼을 누릅니다(그림 2.40).

그림 2.40 프로젝트 열기

또는 프로젝트가 열려 있는 상태라면 상단 메뉴에서 [파일] → [열기]를 선택해 '파일 또는 프로젝트 열기' 대화상자를 엽니다. 대화상자에서 LombokSample 디렉터리를 선택한 후 [확인] 버튼을 클릭해 프로젝트를 불러옵니다(그림 2.41).

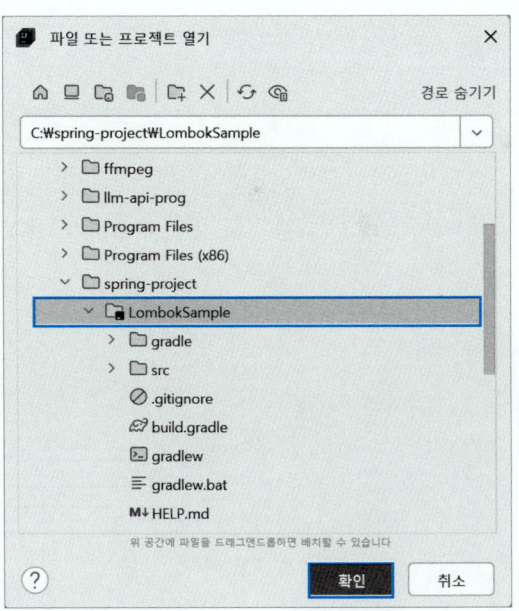

그림 2.41 프로젝트 선택

프로젝트를 불러올 때 다음과 같이 프로젝트를 신뢰하느냐는 대화상자가 표시되면 [프로젝트 신뢰] 버튼을 클릭합니다(그림 2.42).

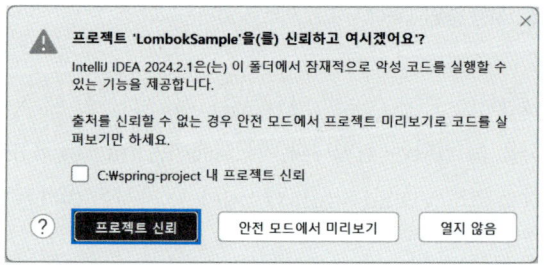

그림 2.42 프로젝트 신뢰성 확인

새로운 프로젝트를 열 때마다 클릭하기가 번거롭다면 [C:\spring-project 내 프로젝트 신뢰] 항목을 체크한 후 [프로젝트 신뢰] 버튼을 누릅니다.

> ### 팁 / 프로젝트 빌드 오류
>
> 프로젝트를 불러왔을 때 다음과 같은 메시지와 함께 빌드 오류가 발생할 경우 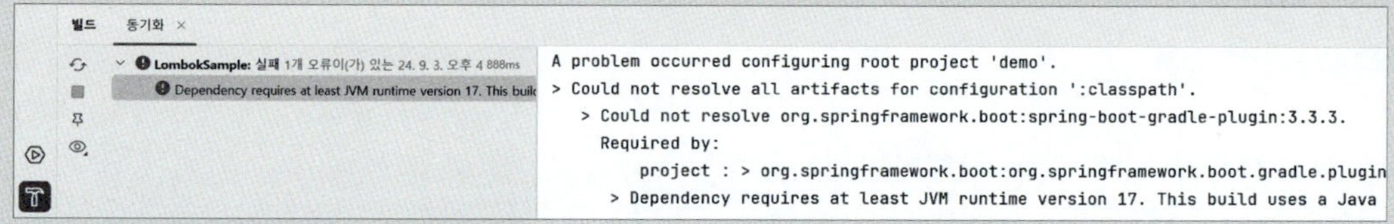
>
> 그림 2.G 빌드 오류
>
> 먼저 메뉴에서 [파일] → [프로젝트 구조]를 선택한 후 다음과 같이 'SDK' 항목을 앞에서 다운로드한 'liberica-21'로 선택하고, '언어 수준'을 'SDK 디폴트'로 선택하고 [확인] 버튼을 누릅니다. 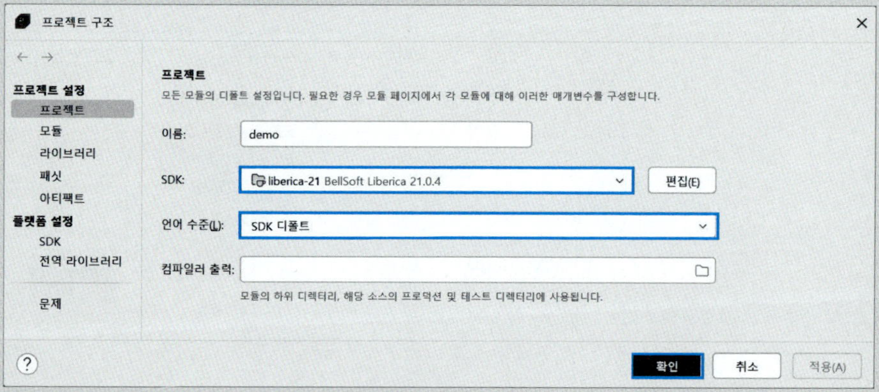
>
> 그림 2.H JDK 설정

다음으로 메뉴에서 [파일] → [설정]을 선택하고, 설정 창에서 [빌드, 실행, 배포] → [빌드 도구] → [Gradle]을 선택한 후 하단의 [Gradle JVM] 항목을 [프로젝트 SDK(liberica-21)] 또는 [liberica-21(BellSoft Liberica 21.04)] 같은 앞서 설치한 JDK로 선택합니다. 설정을 마치면 하단의 [확인] 버튼을 눌러 창을 닫습니다.

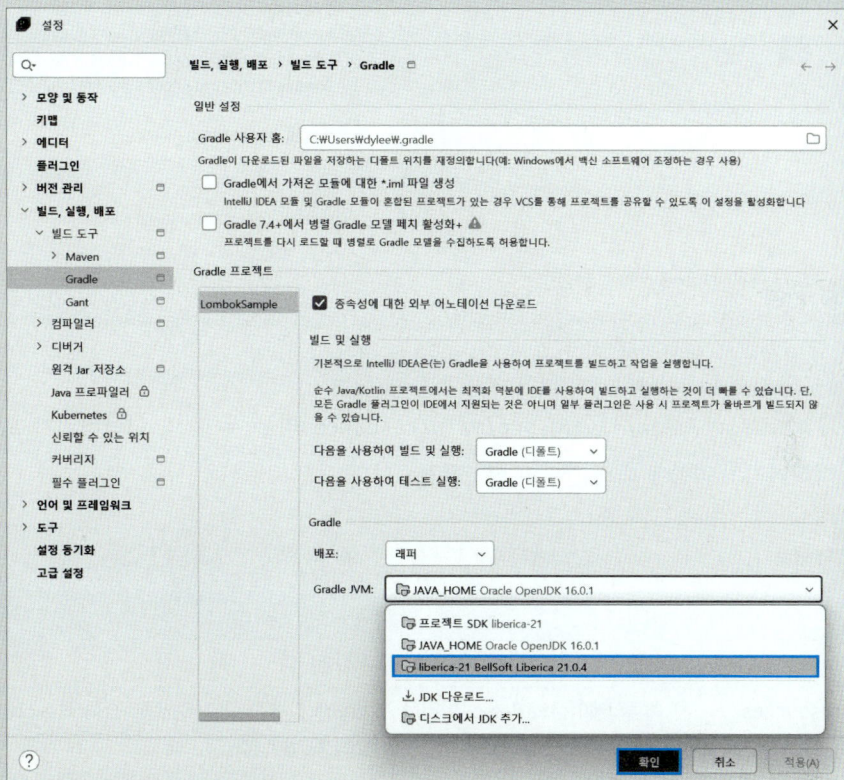

그림 2.I 그레이들 JVM 설정

그러고 나서 IntelliJ IDEA 하단의 [빌드] 패널에서 [Gradle 프로젝트 다시 로드] 버튼을 클릭합니다.

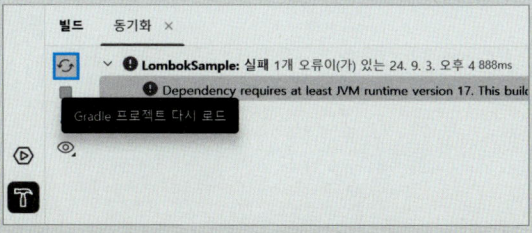

그림 2.J Gradle 프로젝트 다시 로드

프로젝트를 새로고침하면 문제 없이 프로젝트를 빌드하는 것을 확인할 수 있습니다.

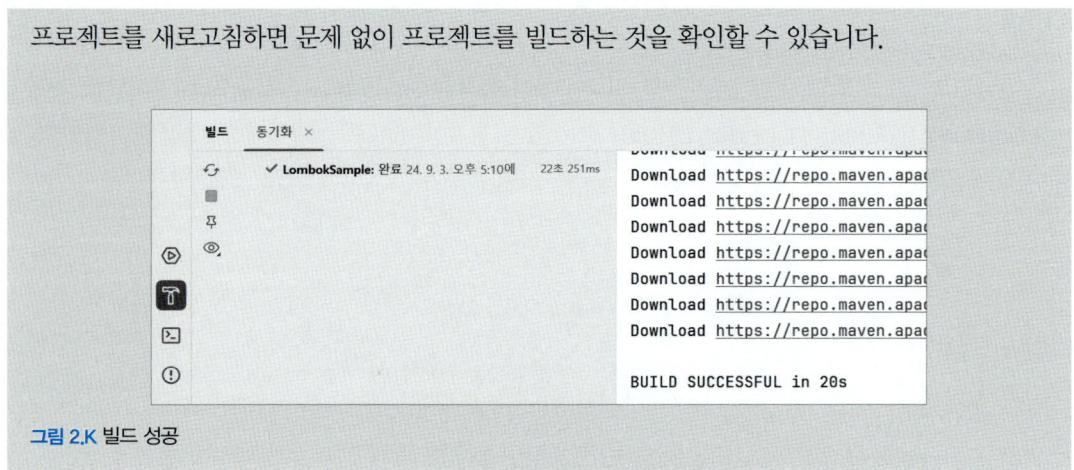

그림 2.K 빌드 성공

○ 프로젝트 구성

스프링 부트 프로젝트를 생성하면 폴더 구성이 자동으로 만들어집니다.

주요 폴더 구성으로 src/main/java와 src/main/resources라는 두 개의 디렉터리가 있습니다(표 2.2). 이 두 디렉터리의 역할에 대해 간단히 설명하겠습니다.

표 2.3 디렉터리의 역할

디렉터리	역할
src/main/java	애플리케이션의 주요 자바 코드를 저장합니다.
src/main/resources	애플리케이션의 리소스 파일을 저장합니다. 설정 파일, 템플릿, 정적 리소스(CSS, 이미지 등) 등 자바 코드 이외의 파일을 이곳에 저장합니다.

02 클래스 만들기

클래스를 만들기에 앞서 먼저 패키지를 만들기 위해 생성된 프로젝트의 src/main/java → com.example.demo 폴더를 선택하고 마우스 오른쪽 버튼을 클릭한 후 [새로 만들기] → [패키지]를 선택합니다(그림 2.43).

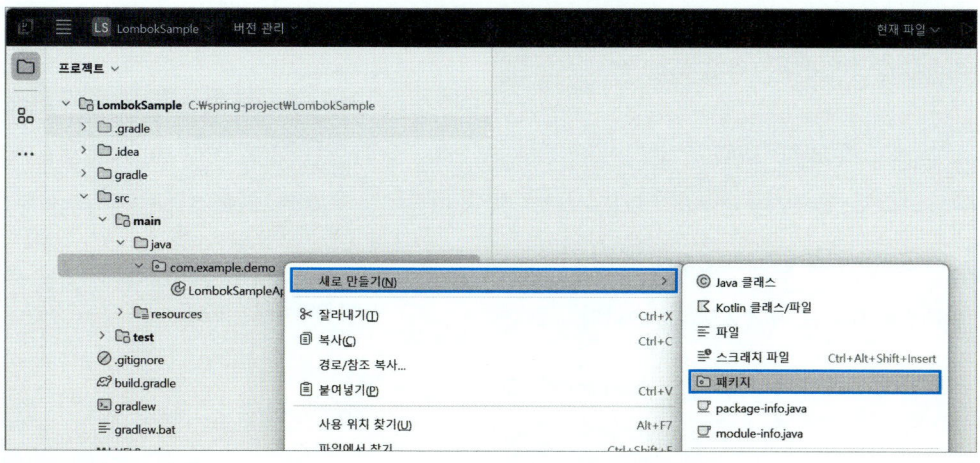

그림 2.43 패키지 만들기

패키지명으로 entity를 입력해서 생성합니다.

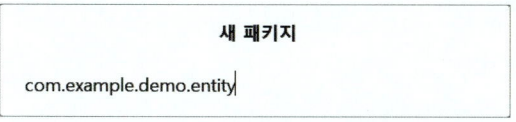

그림 2.44 패키지 만들기 2

다음으로 클래스를 만들기 위해 방금 생성한 entity 패키지를 선택하고 마우스 오른쪽 버튼을 클릭한 후 [새로 만들기] → [Java 클래스]를 선택합니다(그림 2.45).

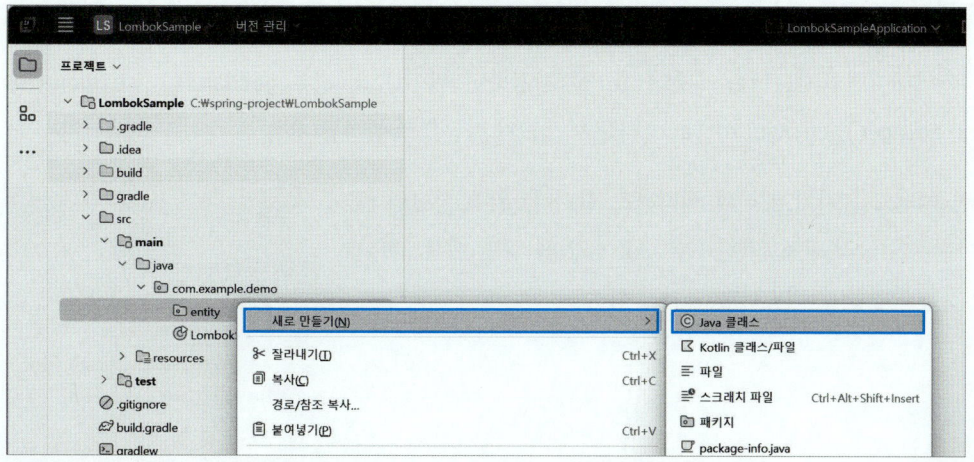

그림 2.45 클래스 생성

[새 Java 클래스] 대화상자에서 클래스명으로 User를 입력해 클래스를 생성합니다(그림 2.46).

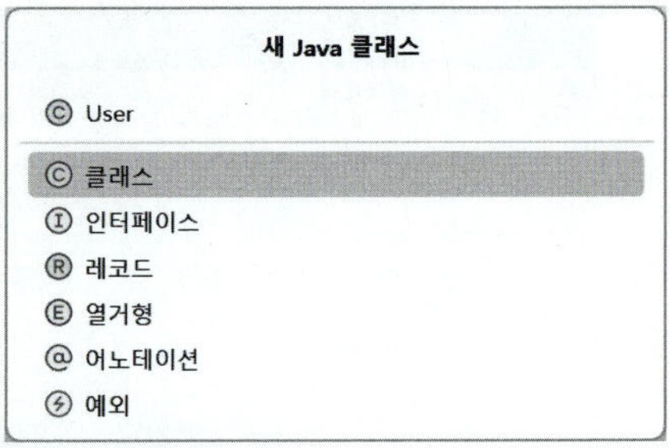

그림 2.46 클래스 생성 2

03 @Getter와 @Setter 사용하기

User 클래스의 내용은 예제 2.9와 같습니다.

6~7번째 줄에 롬복의 애너테이션인 @Getter와 @Setter가 있습니다.

예제 2.9 User

```
001: package com.example.demo.entity;
002:
003: import lombok.Getter;
004: import lombok.Setter;
005:
006: @Getter
007: @Setter
008: public class User {
009:     /** 이름 */
010:     private String name;
011:     /** 나이 */
012:     private int age;
013: }
```

롬복 애너테이션인 @Getter와 @Setter를 지정하면 위 코드의 경우 getName(), setName(String name), getAge(), setAge(int age)라는 메서드가 자동으로 생성됩니다.

이러한 메서드를 각각 게터와 세터라고 합니다. 왼쪽 상단의 [구조] 아이콘을 눌러 구조 창(단축키: Alt + 7)을 열면 메서드가 생성된 것을 확인할 수 있습니다(그림 2.47).

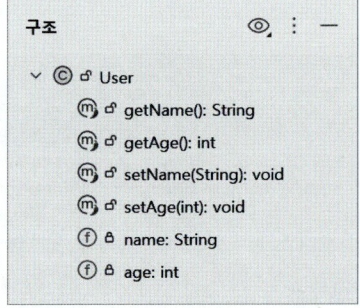

그림 2.47 메서드 확인

> **팁 / IntelliJ IDEA 롬복 플러그인 설치**
>
> 앞의 구조 창과 같이 표시되지 않을 경우 IntelliJ IDEA에 롬복 플러그인이 설치돼 있지 않기 때문입니다. 메뉴에서 [파일] → [설정]을 선택해 '설정' 창을 연 후 [플러그인] 탭으로 이동하고 'lombok'을 검색해 롬복 플러그인을 설치합니다.
>
>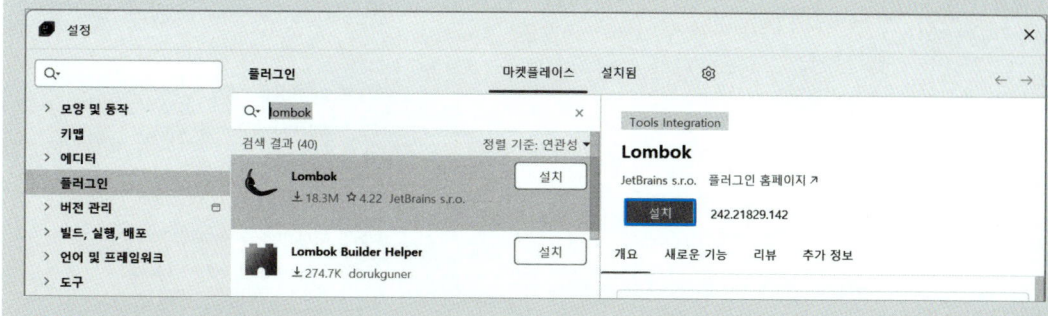
>
> 그림 2.1 롬복 플러그인 설치
>
> 플러그인을 설치하고 나서 [확인] 버튼을 클릭해 설정 창을 닫습니다. 그러고 나서 다시 [구조] 창을 보면 앞의 그림과 동일하게 표시되는 것을 확인할 수 있습니다.

04 @Data 사용하기

User 클래스의 내용을 예제 2.10과 같이 수정합니다.

5번째 줄에 롬복 애너테이션인 **@Data**를 지정하고 필요한 경우 임포트 구문을 정리합니다.

예제 2.10 User 2

```
001: package com.example.demo.entity;
002:
003: import lombok.Data;
004:
005: @Data
006: public class User {
007:     /** 이름 */
008:     private String name;
009:     /** 나이 */
010:     private int age;
011: }
```

롬복 애너테이션인 `@Data`를 지정하면 위 코드의 경우 자동으로 게터, 세터, `equals()`, `hashCode()`, `toString()` 메서드가 생성됩니다.

IntelliJ IDEA의 경우 앞서와 마찬가지로 구조 창(단축키: Alt + 7)을 통해 메서드가 생성된 것을 확인할 수 있습니다(그림 2.48).

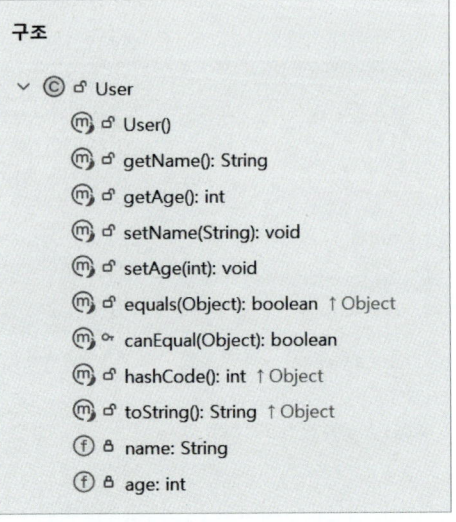

그림 2.48 메서드 확인 2

`equals()`, `hashCode()`, `toString()` 메서드는 자바 계층 구조의 최상위에 위치한 `Object` 클래스가 제공하는 메서드입니다. 각 메서드에 대한 설명은 다음과 같습니다(표 2.3).

표 2.4 메서드 개요

메서드	개요
equals()	두 객체가 동일한지 여부를 판단하는 메서드
hashCode()	객체의 해시 코드(정수 값)를 반환하는 메서드
toString()	객체의 문자열 표현을 반환하는 메서드

05 @AllArgsConstructor와 @NoArgsConstructor 사용하기

User 클래스의 내용을 예제 2.11과 같이 수정합니다.

8~9번째 줄에 롬복 애너테이션인 `@AllArgsConstructor`, `@NoArgsConstructor`를 지정하고 임포트 구문을 정리합니다.

예제 2.11 수정된 User 클래스

```
001:  package com.example.demo.entity;
002:
003:  import lombok.AllArgsConstructor;
004:  import lombok.Data;
005:  import lombok.NoArgsConstructor;
006:
007:  @Data
008:  @AllArgsConstructor
009:  @NoArgsConstructor
010:  public class User {
011:      /** 이름 */
012:      private String name;
013:      /** 나이 */
014:      private int age;
015:  }
```

롬복 애너테이션인 `@AllArgsConstructor`는 클래스의 모든 필드를 인수로 가진 생성자를 자동으로 생성합니다. `@NoArgsConstructor`는 인수가 없는 기본 생성자를 자동으로 생성합니다. IntelliJ IDEA에서 [Alt + 7]을 눌러 '구조' 창을 통해 메서드가 생성된 것을 확인할 수 있습니다(그림 2.49).

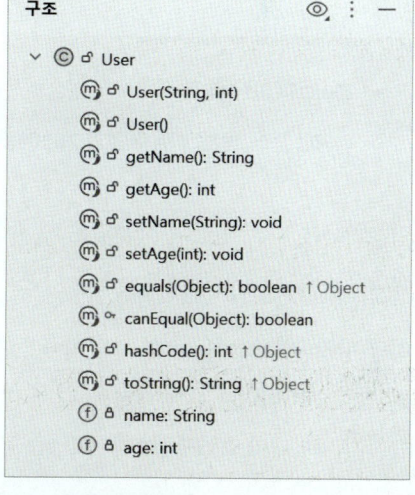

그림 2.49 메서드 확인 3

☐ 롬복의 장점

롬복을 사용해 클래스의 코드가 훨씬 짧아지고 읽기 쉬워졌습니다. 앞에서 살펴본 `equals()`, `hashCode()`, `toString()` 메서드나 생성자를 수동으로 작성하면 나중에 클래스의 필드를 변경했을 때 메서드도 업데이트해야 해서 번거로운데, 롬복을 사용하면 이러한 메서드가 자동으로 생성되므로 번거로움을 줄일 수 있습니다. 이를 통해 보일러플레이트 코드(반복적으로 작성되는 코드)를 작성하는 시간을 절약할 수 있어 개발 속도가 빨라집니다.

2-3-3 그레이들이란?

그레이들(Gradle)은 자바, 그루비(Groovy), 코틀린(Kotlin) 등 프로그래밍 언어 기반의 프로젝트를 빌드(컴파일, 테스트, 패키지화 등)하기 위한 도구입니다. 여기서 '빌드'란 '요청된 실행 환경에서 동작할 수 있는 형태로 애플리케이션이나 라이브러리를 조립하는 것'이라고 생각하면 되는데, 그레이들은 빌드 도구의 역할을 하면서 의존성 관리도 할 수 있다는 것이 특징입니다.

다음은 그레이들의 주요 특징과 장점입니다.

- **유연성**
  그레이들의 빌드 스크립트는 선언적 설명과 스크립트 설명의 조합으로 작성되기 때문에 커스터마이징이 용이합니다.

- **성능**
  증분 빌드(변경된 부분만 빌드하는 기능)를 통해 빌드 시간을 단축할 수 있습니다.

- **의존성 관리**
  라이브러리 및 프레임워크의 버전 관리를 쉽게 할 수 있습니다. 필요한 라이브러리를 자동으로 다운로드해서 프로젝트에 통합할 수 있습니다.

- **플러그인 아키텍처**
  다양한 플러그인을 이용해 추가 기능이나 작업을 쉽게 추가할 수 있습니다.

이 책에서는 그레이들의 사용법은 자세히 다루지 않지만 실습을 통해 빌드 파일인 `build.gradle`에 설정을 작성해 필요한 라이브러리를 다운로드합니다(의존성 관리).

지금 당장은 그레이들이 빌드 파일에 설정을 작성하면 자동으로 여러 가지 작업을 해주는 편리한 도구라고 생각하면 됩니다. 그레이들에 대해 더 자세히 알고 싶은 분은 별도로 인터넷이나 참고 서적을 통해 학습하기 바랍니다.

이것으로 스프링 프레임워크에 대한 설명에 들어가기 위한 사전 준비가 완료됐습니다. 다음 장부터는 본격적으로 스프링 프레임워크의 핵심 기능에 대해 설명하겠습니다.

칼럼 / ChatAI를 사용합시다

개인적인 생각이지만 필자는 엔지니어에게 가장 중요한 스킬은 조사 능력이라고 생각합니다. 모르는 것을 알아보는 습관을 익히면 IT 수준이 두 배로 향상됩니다.

ChatAI가 세상에 나오기 전까지는 인터넷이라는 정보의 바다에서 자신이 필요한 정보를 직접 조사해야 했습니다. 정보의 바다에서 자신이 납득할 수 있는 정보를 얻기 위해서는 경험에 기반한 조사 능력이 필요하기 때문에 초보자에게는 진입장벽이 높았습니다.

이를 해결하기 위한 방법 중 하나로 최근 개발된 ChatAI를 활용해 효율적인 정보 수집을 시도해봅시다.

다음은 필자가 실천하고 있는 ChatAI의 사용법입니다.

1. **질문을 명확히 하기**
   질문이 모호하면 ChatAI도 정확한 답변을 제공하기가 어렵습니다. 질문을 구체적으로 하고 필요한 정보를 상세하게 전달하세요.

2. **단계별 질문하기**
   처음부터 복잡한 질문을 하는 것보다 기초부터 차근차근 물어보면 더 이해하기 쉬운 답변을 얻을 수 있습니다.

3. **답변 검증하기**
   ChatAI의 답변이 항상 정확한 것은 아닙니다. 얻은 정보는 직접 확인하고 검증하는 습관을 기르세요.

4. **예제 코드 활용하기**
   ChatAI는 프로그래밍에 대한 질문에 대해 예제 코드를 제공할 수 있습니다. 이 코드를 참고해서 직접 코드를 작성해 보세요.

5. **오류 메시지 분석하기**
   프로그래밍 중 발생한 오류 메시지를 ChatAI에 전달해서 원인과 해결책을 물어보세요.

ChatAI는 신이 아닙니다. 잘못된 답을 알려주는 경우도 많습니다. 다음은 ChatAI를 사용할 때 주의해야 할 사항입니다.

1. **자기 책임의 원칙**
   ChatAI의 정보는 참고용일 뿐이며, 실제 구현 및 학습에 대한 책임은 본인에게 있습니다.

2. **다양한 정보 활용**
   ChatAI에만 의존하지 말고 공식 문서, 온라인 포럼, 튜토리얼 등을 참고하세요.

3. **지속적인 학습**
   ChatAI는 어디까지나 학습의 일환입니다. 프로그래밍은 지속적인 학습이 필요한 분야인 만큼, 정기적으로 새로운 지식을 습득하는 것이 좋습니다.

ChatAI는 프로그래밍 학습을 지원하는 강력한 도구지만 어디까지나 도구라는 점을 이해하고 자신의 이해와 경험을 쌓기 위해 활용하는 것이 중요합니다.

03장

스프링 프레임워크의
핵심 기능(DI) 알아보기

3-1 스프링 프레임워크의 핵심 기능

3-2 DI 컨테이너 알아보기

3-3 DI 컨테이너 알아보기(인스턴스 생성)

3-4 DI 컨테이너 알아보기(주입)

스프링 프레임워크의 핵심 기능

SECTION 3-1

드디어 이번 장부터 '스프링 프레임워크'에 대한 설명이 시작됩니다. 스프링 프레임워크에는 핵심이 되는 두 가지 기능이 있습니다. 스프링 프레임워크는 애플리케이션 전체에 대해 이 두 가지 기능을 제공함으로써 생산성과 유지보수성이 높은 애플리케이션을 구축할 수 있습니다. 여기서는 핵심이 되는 두 가지 기능에 대해 설명합니다.

3-1-1 의존성 주입

첫 번째 기능은 '의존성 주입(Dependency Injection, 줄여서 DI)'입니다. 의존성 주입은 '의존하는 부분을 외부에서 주입하는 것'입니다. 도대체 무엇이 무엇에 의존하고, 무엇을 외부에서 주입하는 것일까요? 구체적인 설명은 사용법을 포함한 3-2절 'DI 컨테이너 알아보기'에서 설명하겠습니다. 여기서는 DI를 프로그램에서 의존하는 부분을 외부에서 주입하는 것이라고 생각하면 됩니다(그림 3.1).

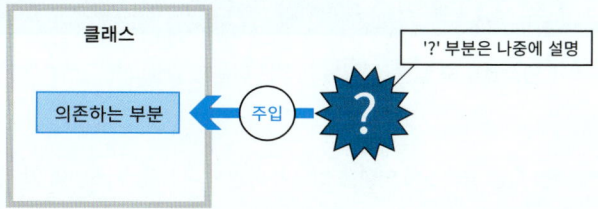

그림 3.1 현 시점에서의 의존성 주입의 이미지

3-1-2 관점지향 프로그래밍

두 번째 기능은 '관점지향 프로그래밍(Aspect Oriented Programming, 줄여서 AOP)'입니다. AOP에서는 프로그램을 다음과 같은 두 가지 요소로 구성된다고 봅니다.

- **중심적 관심사**
  구현해야 할 기능을 나타내는 프로그램

- **횡단적 관심사**
  본질적인 기능은 아니지만 품질, 유지보수/운영 등의 측면에서 반드시 필요한 기능을 나타내는 프로그램 참고로 관점지향 프로그래밍의 관점(aspect)을 '횡단적 관심사'라고 합니다.

AOP를 간단히 설명하면 공통 처리 등의 '횡단적 관심사'를 추출해서 프로그램의 여러 곳에서 호출할 수 있도록 설정함으로써 개발자는 구현해야 할 기능인 '중심적 관심사'만 작성하면 되는 편리한 구조입니다(그림 3.2). 자세한 설명은 사용법을 포함해서 4-1절 'AOP(관점지향 프로그래밍)의 기초 지식'에서 설명합니다.

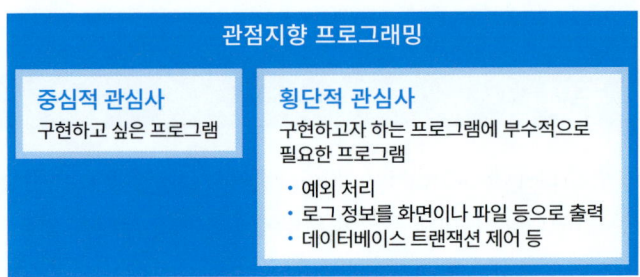

그림 3.2 관점지향 프로그래밍

칼럼 / 왜 계층 간 관계를 느슨하게 만드는가?

클래스 간 관계를 느슨하게 연결했을 때 얻을 수 있는 이점은 다음과 같습니다.

- **변경 용이성**
  한 클래스를 변경하면 다른 클래스에 영향을 미치기 어렵습니다. 즉, 시스템의 일부를 개선하거나 수정할 때 다른 부분을 망가뜨릴 위험이 줄어듭니다.

- **재사용성**
  각 클래스가 독립적이라면 다른 프로젝트에서 해당 클래스를 재사용하기가 쉬워집니다. 하나의 기능을 다른 여러 곳에서 사용할 수 있기 때문에 개발 효율성이 향상됩니다.

- **테스트 용이성**
  느슨하게 결합된 클래스는 다른 클래스와 독립적이기 때문에 단위 테스트(해당 클래스만 테스트하는 것)가 쉬워집니다.

SECTION 3-2

DI 컨테이너 알아보기

2-1절 '자바 기초 지식 복습'에서 '사용되는 쪽' 클래스를 수정할 경우 '사용하는 쪽' 클래스는 '클래스 의존성'에서는 세 군데, '인터페이스 의존성'에서는 한 군데를 수정했습니다. 의존성 주입(Dependency Injection)의 줄임말인 DI를 이용하면 '사용하는 쪽' 클래스를 수정하지 않아도 되게끔 만들 수 있습니다.

3-2-1 DI 컨테이너

의존성 주입이란 '의존하는 부분을 외부에서 주입하는 것'입니다. 단어를 분해하면 다음과 같습니다.

- '의존하는 부분'이란 '사용하는 쪽' 클래스에 '사용되는 쪽' 클래스가 기술돼 있는 상태를 말합니다.
- '외부 주입'이란 '사용하는 쪽' 클래스 외부에서 '사용되는 쪽' 클래스의 인스턴스를 주입하는 것을 말합니다.

지금까지는 인스턴스를 생성할 때 new 키워드를 사용했지만 인스턴스 생성이 번거롭기 때문에 모든 것을 프레임워크에 맡기고 싶을 수 있습니다. 그 책임을 맡아주는 것이 바로 DI 컨테이너입니다. 스프링 프레임워크는 임의로 구현한 클래스를 인스턴스화할 수 있는 기능을 제공합니다(그림 3.3). 즉, DI 컨테이너의 기능을 가지고 있습니다.

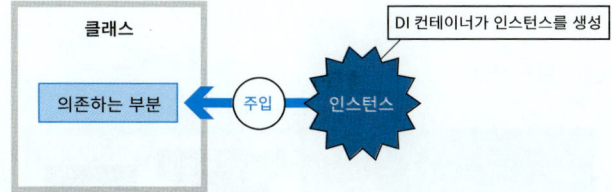

그림 3.3 의존성 주입

3-2-2 5가지 규칙

DI 컨테이너에 인스턴스 생성을 맡기고 다음 규칙을 준수하면 '사용하는 쪽' 클래스를 수정하지 않아도 되게끔 만들 수 있습니다.

- 규칙 ①: 인터페이스를 이용한 의존 관계를 만든다.
- 규칙 ②: 인스턴스를 명시적으로 생성하지 않는다.
- 규칙 ③: '사용되는 쪽' 클래스에 애너테이션을 부여한다.
- 규칙 ④: 스프링 프레임워크가 인스턴스를 생성하게 한다.
- 규칙 ⑤: 인스턴스를 이용하고자 하는 '사용하는 쪽' 클래스에 애너테이션을 부여한다.

그럼 각 규칙에 대해 차례로 설명하겠습니다.

규칙 ①

'인터페이스를 이용한 의존 관계를 만든다'는 '의존하는 부분'에 인터페이스를 이용한다는 의미입니다.

규칙 ②

'인스턴스를 명시적으로 생성하지 않는다'는 인스턴스 생성에 new 키워드를 사용하지 않는다는 의미입니다.

규칙 ③과 규칙 ④

'클래스에 애너테이션을 부여한다'와 '스프링 프레임워크가 인스턴스를 생성하게 한다'를 함께 설명하겠습니다. 인스턴스화하고 싶은 클래스에 인스턴스 생성 애너테이션을 지정합니다. 마치 '표식'과 같은 것이라고 생각하면 됩니다. 그림 3.4의 @Component가 애너테이션입니다.

그림 3.4 @Component 부여하기

스프링 프레임워크는 구동 시 대상 프로젝트의 모든 패키지를 스캔합니다. 이 기능을 '컴포넌트 스캔'이라 합니다 (그림 3.5).

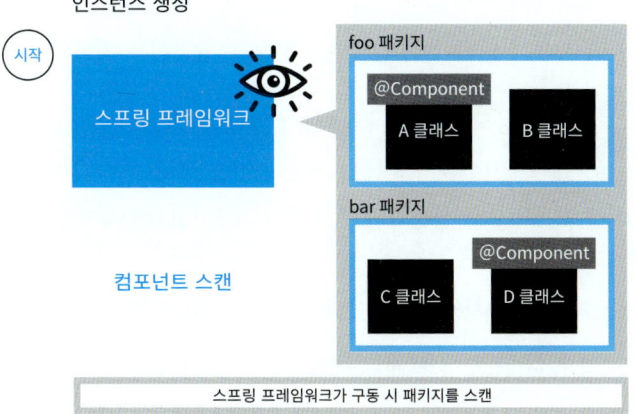

그림 3.5 컴포넌트 스캔 실행

컴포넌트 스캔 후 스프링 프레임워크는 인스턴스 생성 애너테이션이 지정된 클래스를 추출하고(그림 3.6), 추출된 클래스를 인스턴스화합니다(그림 3.7).

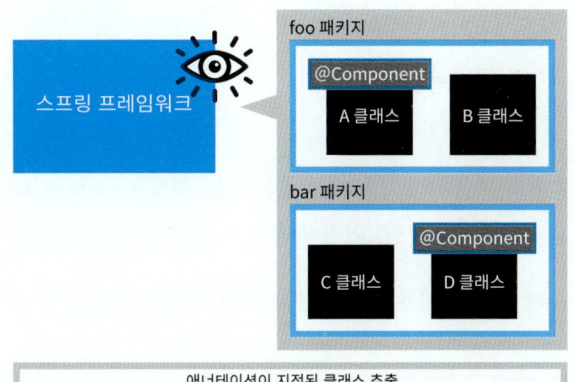

그림 3.6 인스턴스 대상 클래스 추출

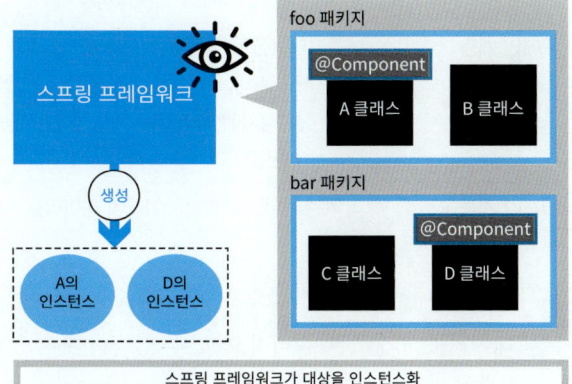

그림 3.7 대상 클래스 인스턴스화

@Component와 같은 인스턴스 생성 애너테이션을 '스테레오타입 애너테이션'이라고 부르며, 용도별로 4가지 종류가 있습니다. 인스턴스 생성을 담당하는 애너테이션이 4가지로 나뉘는 데는 이유가 있습니다.

그 이유는 '용도 구분'입니다. 쉽게 말해 '인스턴스 생성이라는 역할은 4종류 모두 동일하지만 사용처에 따라 애너테이션을 구분해서 사용하자'는 것입니다. 그렇다면 '사용처'란 무엇을 말하는 것일까요? 사용처를 구체적으로 설명하기 위해서는 '계층(layer)'에 대한 설명이 필요합니다.

○ 계층별로 사용하는 인스턴스 생성 애너테이션

애플리케이션을 만들 때는 계층으로 구분하는 것을 권장합니다. 이처럼 애플리케이션을 구성하는 부분들을 여러 계층으로 나누는 것을 '계층화'라고 합니다.

계층화를 쉽게 말하면 '복잡한 것을 한꺼번에 이해하기보다 계층화해서 각 계층에 의미를 부여함으로써 대상을 이해하자'는 개념입니다.

계층을 나누는 방법은 여러 가지가 있지만 여기서는 표 3.1과 같이 3개의 계층으로 나눈 경우를 설명합니다.

참고로 다음의 3계층은 '도메인 주도 설계(Domain Driven Design)', 줄여서 DDD로 설명되는 용어입니다(표 3.1). 단, 여기서 용어는 사용하지만 DDD의 개념을 따르는 것은 아닙니다.

표에 나오는 '비즈니스 로직'에 대한 자세한 내용은 5-1-1절 'MVC 모델이란?'에서 설명합니다.

표 3.1 계층

계층	개요
애플리케이션 계층	사용자(클라이언트)와 애플리케이션 간의 '대화의 장'입니다. 사용자의 요청(입력)을 받아 필요한 정보(출력)를 사용자에게 반환합니다.
도메인 계층	애플리케이션의 '심장부(핵심 부분)'입니다. 비즈니스 규칙과 애플리케이션이 수행해야 할 주요 작업(비즈니스 로직)을 기술하는 부분입니다. 쉽게 말해 '구현하고자 하는 서비스 자체'를 기술하는 부분으로, 전자상거래 사이트를 예로 들면 상품 관리 서비스나 주문 처리 서비스의 비즈니스 로직을 기술하는 부분입니다.
인프라 계층	이 계층에서는 데이터베이스에 데이터를 저장하고 외부 서비스와 통신하는 역할을 담당합니다.

간단히 말해, 애플리케이션 계층은 '고객과 소통하는 곳', 도메인 계층은 '업무를 수행하는 곳', 인프라 계층은 '데이터를 저장하는 곳'이라고 할 수 있습니다.

다음으로 스테레오타입 애너테이션에 대해 설명하겠습니다(표 3.2, 그림 3.8).

표 3.2 계층별 인스턴스 생성 애너테이션(주요 처리)

애너테이션	부여하는 계층	상세 설명
@Controller	애플리케이션 계층의 '컨트롤러'에 부여합니다.	이 애너테이션이 부여된 클래스는 웹 요청의 '핸들러[※1]'로 동작합니다. 구체적으로 HTTP 요청을 수신하고 적절한 '비즈니스 로직'을 호출해서 응답을 반환하는 역할을 합니다.
@Service	도메인 계층의 '비즈니스 로직'에 부여합니다.	이 애너테이션은 비즈니스 로직이나 트랜잭션 경계가 있는 클래스에 부여됩니다. 뒤에 설명할 @Transactional과 함께 사용되는 경우가 많습니다.
@Repository	인프라 계층의 데이터베이스 접근 처리에 부여합니다.	이 애너테이션은 데이터베이스와 상호작용하는 '리포지터리 클래스[※2]'에 부여되며, 데이터베이스 접근과 관련된 특별한 처리를 제공합니다.

※1 '핸들러'는 특정 이벤트나 요청을 처리하기 위한 코드나 기능을 의미하며, '비즈니스 로직'은 업무 처리를 의미합니다.
※2 '리포지터리 클래스'는 데이터베이스와의 상호작용을 담당하는 클래스를 말합니다.

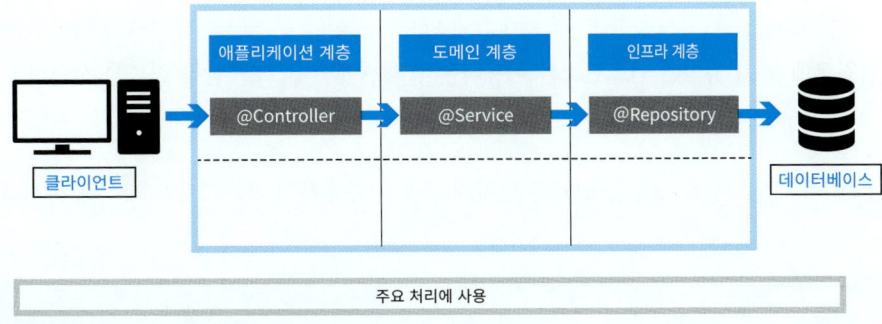

그림 3.8 계층별 인스턴스 생성 애너테이션 사용 예시

@Component는 특정한 역할이 없는 경우에 사용합니다(표 3.3, 그림 3.9).

표 3.3 계층별 인스턴스 생성 애너테이션(기타 처리)

애너테이션	부여하는 계층	상세 설명
@Component	특정 계층에 속하지 않고 @Controller, @Service, @Repository 용도가 아닌 인스턴스 생성 대상 클래스에 부여합니다.	특정 역할(컨트롤러, 서비스, 리포지터리)이 없는 경우에 사용합니다. 유틸리티 클래스[※], 헬퍼 클래스 등 애플리케이션 내에서 재사용될 수 있는 클래스에 부여합니다.

※ '유틸리티 클래스'는 애플리케이션 전체에서 공통적으로 사용되는 동작을 제공하기 위한 클래스이며, '헬퍼 클래스'는 특정 클래스나 모듈의 기능을 지원하거나 보완하기 위한 클래스입니다.

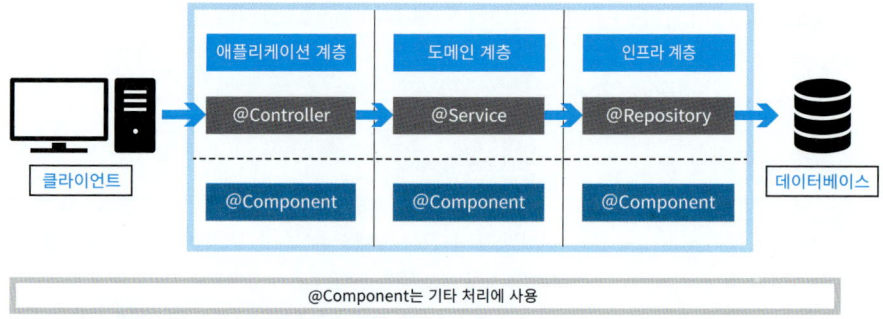

그림 3.9 계층별 인스턴스 생성 애너테이션 사용 예시(기타 처리)

이러한 스테레오타입 애너테이션은 스프링의 '컴포넌트 스캔'과 연동해서 작동합니다. 이를 통해 스테레오타입 애너테이션을 부여하는 것만으로 클래스의 인스턴스 생성 및 의존성 주입이 자동으로 이뤄지게 됩니다.

규칙 ⑤

인스턴스를 이용하고자 하는 '사용하는 쪽' 클래스에 애너테이션을 부여하는 방법을 설명하겠습니다. 스프링 프레임워크에 의해 생성된 인스턴스를 이용하는 클래스에서 참조를 받을 필드를 선언하고, 필드에 `@Autowired` 애너테이션을 부여합니다.

이제 DI 컨테이너에 인스턴스 생성을 맡기고, 5가지 규칙을 준수해서 프로그램을 작성해 봅시다.

3-2-3 DI를 사용하는 프로그램 만들기

'인사' 역할을 하는 인터페이스와 이 인터페이스를 구현한 '아침 인사'와 '저녁 인사'를 수행하는 클래스를 각각 생성하고, 애너테이션을 부여해서 DI의 동작을 확인할 수 있는 프로그램을 작성하겠습니다.

01 프로젝트 생성

스프링 이니셜라이저에서 프로젝트를 생성해서 진행하겠습니다. 웹 브라우저로 `https://start.spring.io/`에 접속한 후 다음 내용을 참조해서 설정합니다(그림 3.10).

설정 내용

Project	Gradle - Groovy
Language	Java
Spring Boot	3.3.3 (3.x 버전이면 괜찮습니다)
Artifact	DISample
Name	DISample
Package name	com.example.demo
Packaging	Java
Java	21

※ 기타 항목은 기본 설정 그대로 유지합니다.

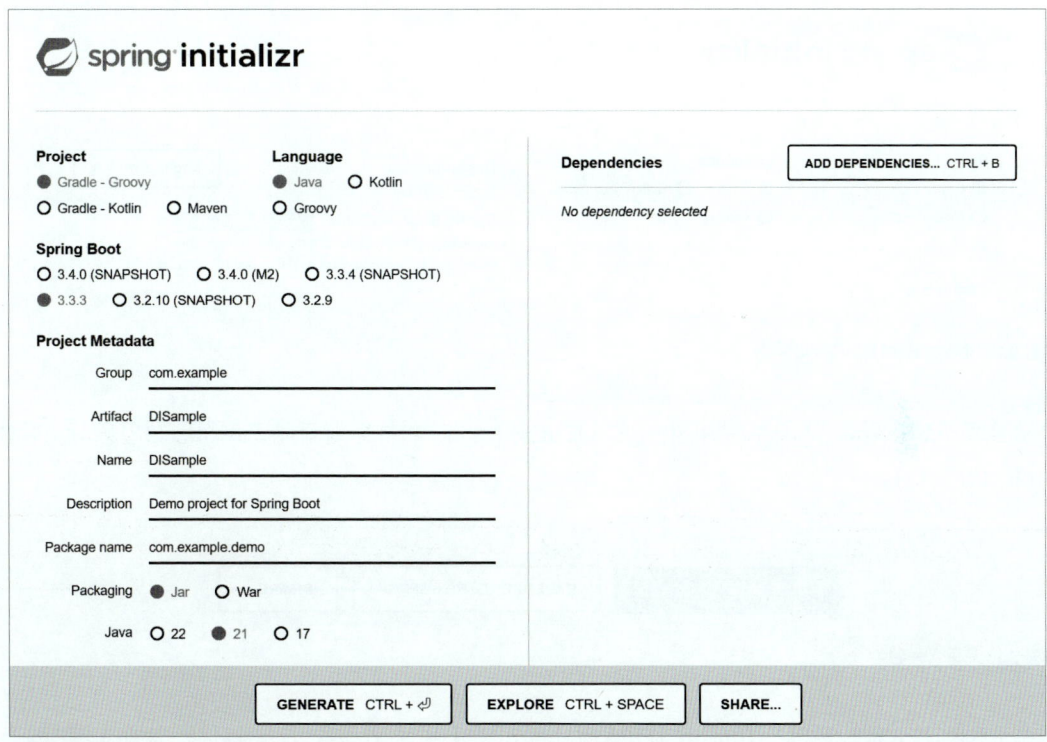

그림 3.10 설정 내용

다음으로 오른쪽 부분의 [Dependencies] 영역에서 [ADD DEPENDENCIES] 버튼을 누른 다음, 'devtools'를 입력하면 항목이 필터링됩니다(그림 3.11).

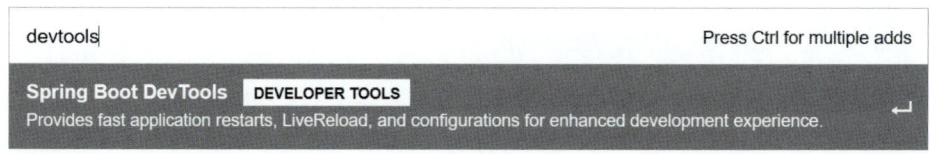

그림 3.11 의존성

하단에 표시된 'Spring Boot DevTools'를 선택합니다. Spring Boot DevTools(개발 도구)는 스프링 부트 애플리케이션을 빠르고 효율적으로 개발할 수 있는 도구입니다. 소스코드에 변경 사항이 있을 경우 애플리케이션을 자동으로 재시작하는 등의 기능을 제공합니다(그림 3.12).

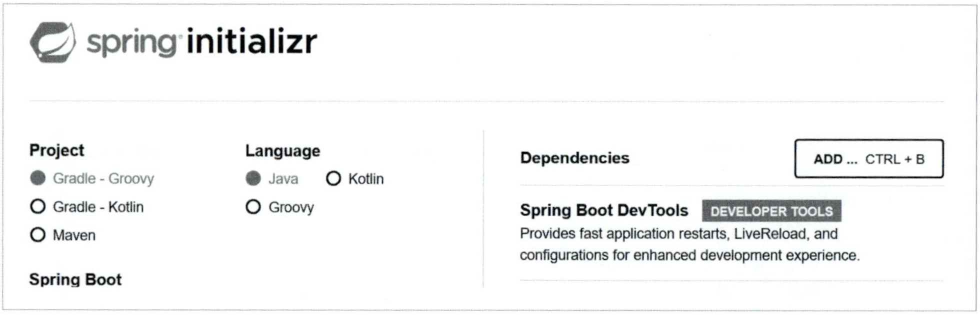

그림 3.12 Spring Boot DevTools 추가

프로젝트 구성이 완료됐으므로 페이지 아래의 [GENERATE] 버튼을 클릭해 프로젝트 파일을 내려받습니다(그림 3.13).

그림 3.13 프로젝트 생성

다운로드한 프로젝트 파일을 IntelliJ IDEA에서 불러오기 위해 압축을 해제합니다. 앞에서 생성해둔 `C:\spring-project`로 파일을 옮기고 압축을 풉니다(그림 3.14).

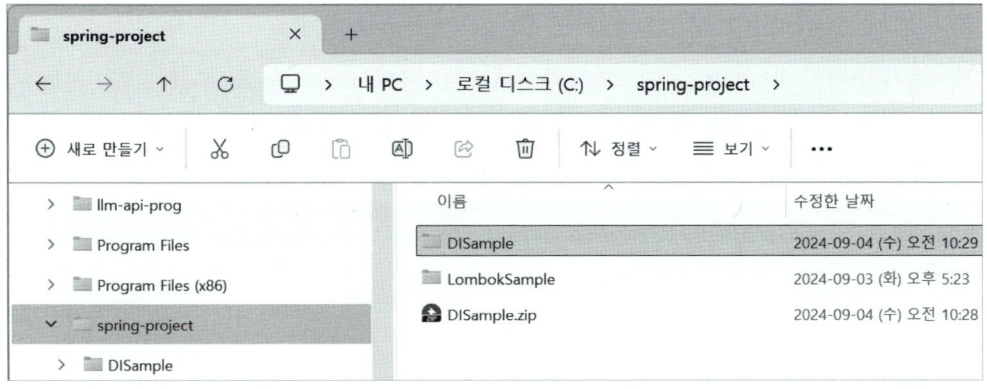

그림 3.14 프로젝트 폴더 생성

프로젝트를 불러오기 위해 IntelliJ IDEA로 되돌아가 초기 화면에서 [열기] 버튼을 누릅니다(그림 3.15).

그림 3.15 프로젝트 열기

또는 프로젝트가 열려 있는 상태라면 상단 메뉴에서 [파일] → [열기]를 선택해 '파일 또는 프로젝트 열기' 대화상자를 엽니다. 대화상자에서 `C:\spring-project` 경로로 이동해 `DISample` 디렉터리를 선택한 후 [확인] 버튼을 클릭해 프로젝트를 불러옵니다(그림 3.16).

만약 프로젝트에서 빌드 오류가 발생하면 42쪽의 팁 '프로젝트 빌드 오류'를 참고해서 설정을 수정한 후 IntelliJ IDEA 하단의 [빌드] 패널에서 [Gradle 프로젝트 다시 로드] 버튼을 클릭해 프로젝트를 새로고침합니다.

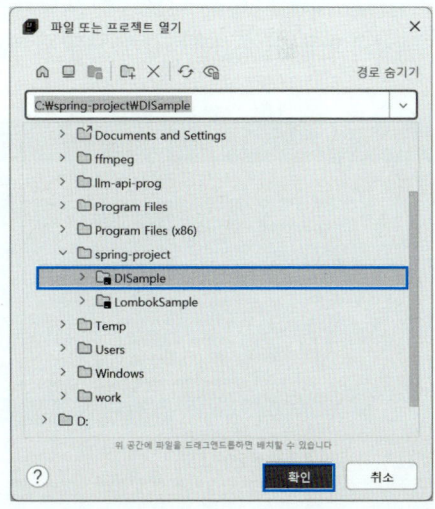

그림 3.16 프로젝트 불러오기

02 '사용되는 쪽' 인터페이스와 구현 클래스 만들기

먼저 패키지를 만들기 위해 DISample의 src/main/java 폴더의 com.example.demo 패키지를 선택하고 마우스 오른쪽 버튼을 클릭한 후, [새로 만들기] → [패키지]를 선택합니다(그림 3.17).

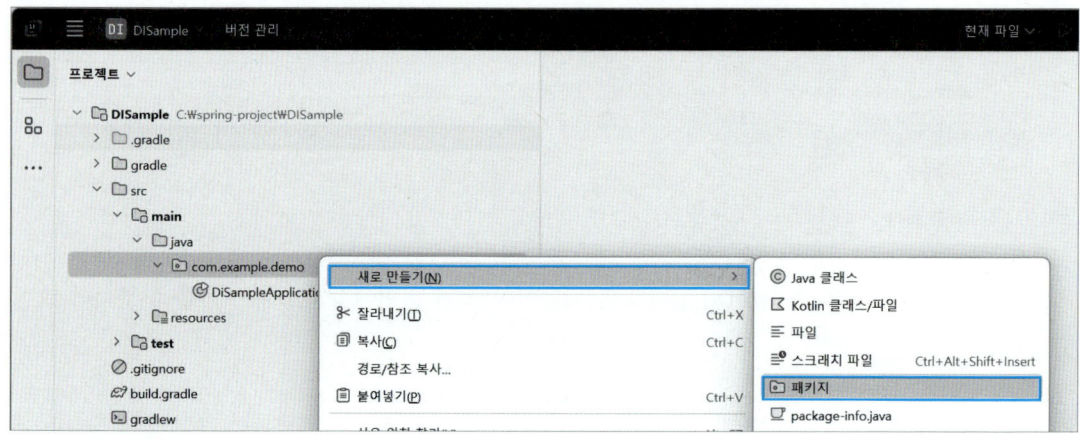

그림 3.17 패키지 만들기

패키지명으로 used를 입력합니다(그림 3.18).

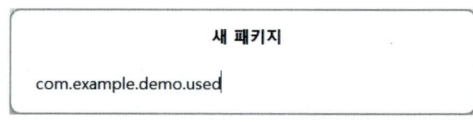

그림 3.18 패키지 만들기 2

다음으로 인터페이스를 만들기 위해 방금 생성한 used 패키지를 선택하고 마우스 오른쪽 버튼을 클릭한 후 [새로 만들기] → [Java 클래스]를 선택합니다(그림 3.19).

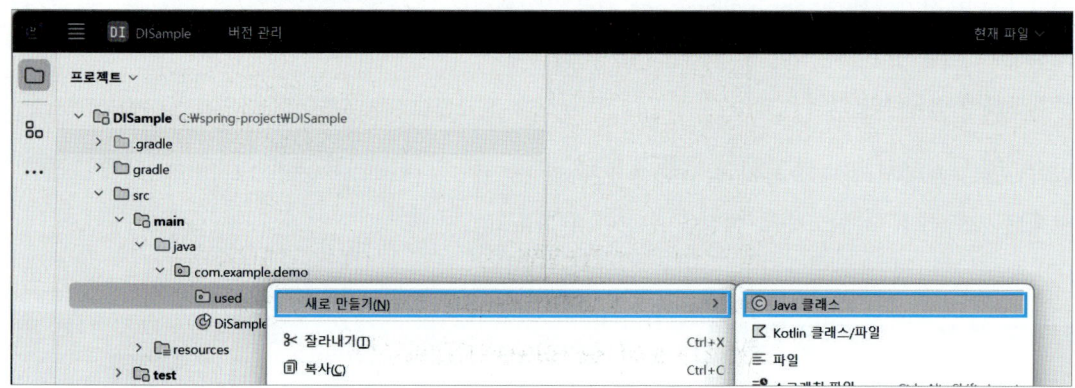

그림 3.19 인터페이스 만들기

[새 Java 클래스] 대화상자에서 인터페이스명으로 Greet을 입력하고 하단의 [인터페이스]를 선택합니다(그림 3.20).

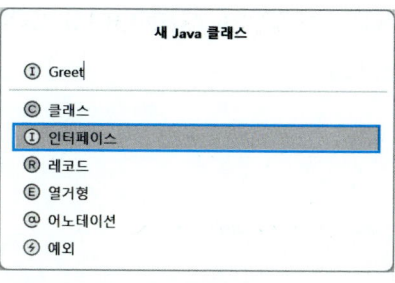

그림 3.20 인터페이스 만들기 2

Greet 인터페이스의 내용은 예제 3.1과 같으며, 11번째 줄의 greet 메서드는 '인사말 처리'를 나타냅니다.

예제 3.1 인터페이스

```
001: package com.example.demo.used;
002:
003: /**
004:  * 인사말 인터페이스
005:  */
006: public interface Greet {
007:     /**
008:      * 인사말 하기
009:      * @return 인사말
010:      */
011:     String greeting();
012: }
```

다음으로 Greet 인터페이스를 구현할 구현 클래스를 만들겠습니다. used 패키지를 선택하고 마우스 오른쪽 버튼을 클릭한 후 [새로 만들기] → [Java 클래스]를 선택합니다(그림 3.21).

그림 3.21 클래스 만들기

클래스명으로 `MorningGreet`을 입력해 생성합니다(그림 3.22).

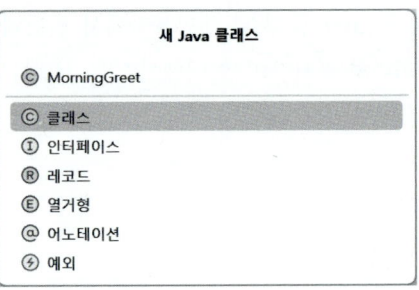

그림 3.22 클래스 만들기 2

같은 방법으로 `EveningGreet` 클래스를 생성합니다. `MorningGreet` 클래스는 '아침 인사', `EveningGreet` 클래스는 '저녁 인사'를 처리하는 클래스입니다.

`Greet` 인터페이스의 구현 클래스인 `MorningGreet`의 내용은 예제 3.2와 같으며, 9번째 줄에서 '아침 인사'를 반환합니다.

예제 3.2 구현 클래스

```
package com.example.demo.used;

/**
 * 아침 인사하기
 */
public class MorningGreet implements Greet {
    @Override
    public String greeting() {
        return "좋은 아침입니다.";
    }
}
```

마찬가지로 `Greet` 인터페이스의 구현 클래스인 `EveningGreet`의 내용은 예제 3.3과 같으며, 9번째 줄에서 '저녁 인사'를 반환합니다.

예제 3.3 구현 클래스 2

```
package com.example.demo.used;

/**
 * 저녁 인사하기
 */
```

```
006:   public class EveningGreet implements Greet {
007:     @Override
008:     public String greeting() {
009:       return "안녕히 주무세요.";
010:     }
011:   }
```

03 규칙 ③, ④의 실행

규칙 ③에서 제시한 '클래스에 애너테이션을 부여한다'와 규칙 ④ '스프링 프레임워크가 인스턴스를 생성하게 한다'를 수행합니다. 좀 더 구체적으로 설명하면 Greet 인터페이스를 구현한 클래스 MorningGreet 에 @Component를 부여합니다(예제 3.4).

임포트 선언에 import org.springframework.stereotype.Component;가 추가됩니다.

IntelliJ IDEA에서 임포트 문이 자동으로 추가되지 않는 경우 @Component 애너테이션에서 [Alt + Enter]를 눌러 [클래스 가져오기]를 선택해 임포트 문을 가져올 수 있습니다(그림 3.23). 또는 30쪽의 'import 문 정리하기'의 내용과 같이 [모호하지 않은 import 문 즉시 추가]와 [import 문 즉시 최적화] 를 체크해 두면 자동으로 import 문이 정리됩니다.

예제 3.4 @Component 애너테이션 부여

```
001:   @Component
002:   public class MorningGreet implements Greet {
```

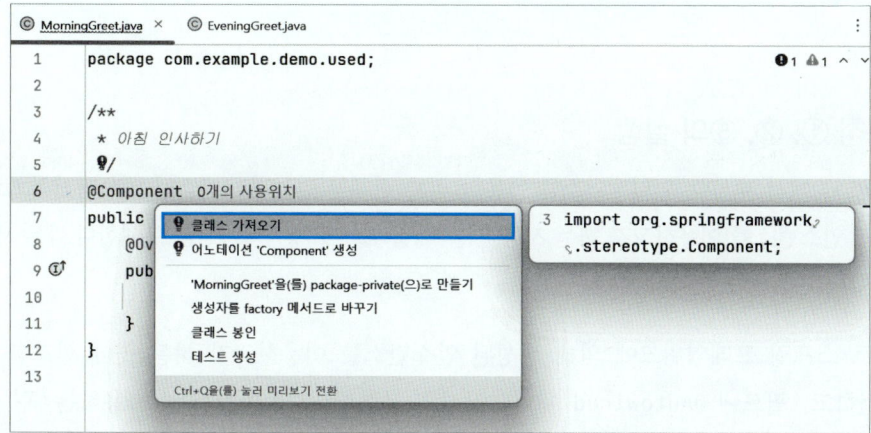

그림 3.23 클래스 가져오기

04 '사용하는 쪽' 클래스 만들기

스프링 이니셜라이저에서 프로젝트를 생성하면 기본적으로 '프로젝트명+ Application'이라는 이름의 클래스가 만들어집니다(예제 3.5). 이 클래스에는 @SpringBootApplication 애너테이션이 부여돼 있습니다.

@SpringBootApplication은 스프링 부트 애플리케이션을 시작할 때 시작점이 되는 애너테이션입니다. 이 애너테이션을 통해 많은 기본 설정과 자동 설정이 이뤄지며, 개발자는 빠르게 애플리케이션 개발을 시작할 수 있습니다. 여기서 DiSampleApplication 클래스는 스프링 부트 애플리케이션의 '시작 클래스'라고 생각하면 됩니다.

예제 3.5 시작 클래스

```
001:  package com.example.demo;
002:
003:  import org.springframework.boot.SpringApplication;
004:  import org.springframework.boot.autoconfigure.SpringBootApplication;
005:
006:  /**
007:   * 스프링 부트 시작 클래스
008:   */
009:  @SpringBootApplication
010:  public class DiSampleApplication {
011:    public static void main(String[] args) {
012:      SpringApplication.run(DiSampleApplication.class, args);
013:    }
014:  }
```

05 규칙 ①, ②, ⑤의 실행

규칙 ①, ②, ⑤에서 제시한 '인터페이스를 이용한 의존 관계를 만든다', '인스턴스를 명시적으로 생성하지 않는다', '인스턴스를 이용하고자 하는 사용하는 쪽 클래스에 애너테이션을 부여한다'라는 세 가지 규칙을 수행합니다.

구체적으로 스프링 프레임워크에 의해 생성된 인스턴스를 이용하고자 하는 곳에 참조를 받을 '필드'를 선언하고, 필드에 @Autowired 애너테이션을 부여합니다. 여기서는 '사용하는 쪽' 클래스인 DiSampleApplication에서 '사용되는 쪽' 인터페이스인 Greet을 필드로 선언하고 @Autowired 애너테이션을 부여합니다(예제 3.6).

예제 3.6 필드

```
001:  /** 주입되는 부분(인터페이스) */
002:  @Autowired
003:  private Greet g;
```

'사용되는 쪽' 인터페이스인 Greet의 greeting 메서드를 실행하는 메서드를 만듭니다. 메서드 이름은 execute로 지정합니다(예제 3.7).

예제 3.7 실행 방법

```
001:  /**
002:   * 실행
003:   */
004:  private void execute() {
005:      String msg = g.greeting();
006:      System.out.println(msg);
007:  }
```

main 메서드를 예제 3.8과 같이 수정합니다(자신의 execute 메서드를 호출하도록 작성합니다).

예제 3.8 시작 방법

```
001:  /**
002:   * 스프링 부트 시작
003:   * @param args
004:   */
005:  public static void main(String[] args) {
006:      SpringApplication.run(DiSampleApplication.class, args)
007:          .getBean(DiSampleApplication.class).execute();
008:  }
```

사용하는 쪽 클래스인 DiSampleApplication을 수정한 후의 전체 코드는 다음과 같습니다(예제 3.9).

예제 3.9 사용하는 쪽 클래스인 DiSampleApplication(수정 후)

```
001:  package com.example.demo;
002:
003:  import org.springframework.beans.factory.annotation.Autowired;
004:  import org.springframework.boot.SpringApplication;
005:  import org.springframework.boot.autoconfigure.SpringBootApplication;
006:
```

```
007:    import com.example.demo.used.Greet;
008:
009:    /**
010:     * 스프링 부트 시작 클래스
011:     */
012:    @SpringBootApplication
013:    public class DiSampleApplication {
014:      /**
015:       * 스프링 부트 시작
016:       * @param args
017:       */
018:      public static void main(String[] args) {
019:        SpringApplication.run(DiSampleApplication.class, args)
020:            .getBean(DiSampleApplication.class).execute();
021:      }
022:
023:      /** 주입되는 부분(인터페이스) */
024:      @Autowired
025:      private Greet g;
026:
027:      /**
028:       * 실행
029:       */
030:      private void execute() {
031:        String msg = g.greeting();
032:        System.out.println(msg);
033:      }
034:    }
```

06 실행

자바 파일인 `DiSampleApplication`을 선택하고 마우스 오른쪽 버튼을 클릭한 후 ['DiSampleApplication.main()' 실행]을 선택합니다.

`@Component`를 부여한 `MorningGreet` 클래스의 `greeting` 메서드가 호출됩니다 (그림 3.24).

```
2024-09-04T15:05:48.451+09:00  INFO 14488 --- [DISample]
2024-09-04T15:05:48.969+09:00  WARN 14488 --- [DISample]
2024-09-04T15:05:48.998+09:00  INFO 14488 --- [DISample]
좋은 아침입니다.
```

그림 3.24 실행 결과

> **팁 / 출력 결과에서 한글이 깨져서 나올 때**

윈도우 환경의 IntelliJ IDEA에서 프로그램을 실행했을 때 다음과 같이 한글 부분이 깨진 채로 출력될 수 있습니다.

```
2024-09-04T13:46:54.142+09:00  WARN 23700 --- [DISample]
2024-09-04T13:46:54.169+09:00  INFO 23700 --- [DISample]
◆◆◆◆ ◆◆h◆ㄱ◆.
```

그림 3.A 한글 깨짐 현상

이 문제를 해결하기 위해서는 윈도우의 설정을 변경해야 합니다. 시작 버튼 오른쪽의 검색창에서 '제어판'을 검색하거나 시작 버튼을 누른 후 '제어판'을 입력해서 검색합니다.

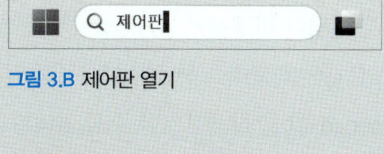

그림 3.B 제어판 열기

제어판에서 [시계 및 국가] 항목 아래의 [날짜, 시간, 또는 숫자 형식 변경] 링크를 클릭합니다.

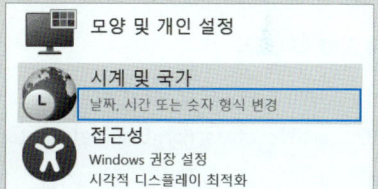

그림 3.C 국가 또는 지역 설정

[국가 또는 지역] 화면에서 [관리자 옵션] 탭으로 이동한 후 하단의 [시스템 로캘 변경] 버튼을 클릭합니다.

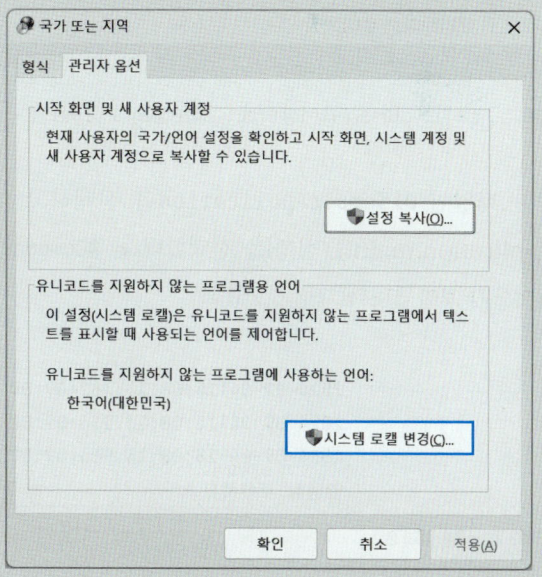

그림 3.D 시스템 로캘 변경

[지역 설정] 화면에서 하단의 [Beta: 세계 언어 지원을 위해 Unicode UTF-8 사용] 옵션을 체크하고 [확인] 버튼을 누릅니다. 이 옵션은 시스템을 재시작해야 적용되므로 [다시 시작]을 눌러 재부팅합니다.

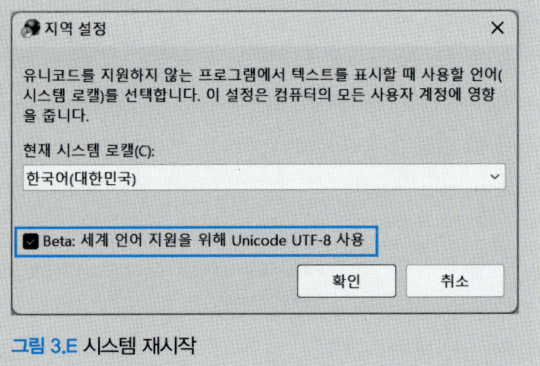

그림 3.E 시스템 재시작

사양 변경이 발생해서 '사용되는 쪽' 클래스를 변경하게 됐습니다. 이번에는 `EveningGreet`의 `greeting` 메서드를 호출하도록 변경해야 합니다. `MorningGreet` 클래스의 인스턴스 생성 애너테이션인 `@Component`를 삭제하거나 주석 처리합니다(예제 3.10).

예제 3.10 주석 처리

```
001: //@Component 주석 처리
002: public class MorningGreet implements Greet {
```

`EveningGreet` 클래스에 `@Component`를 부여합니다(예제 3.11).

예제 3.11 애너테이션 부여

```
001: @Component
002: public class EveningGreet implements Greet {
```

자바 파일인 `DiSampleApplication`을 선택하고 마우스 오른쪽 버튼을 클릭한 후 ['DiSample Application.main()' 실행]을 선택합니다. `@Component`를 부여한 `EveningGreet` 클래스의 `greeting` 메서드가 호출됩니다(그림 3.25).

```
2024-09-04T15:08:13.362+09:00  INFO 2104 --- [DISample]
2024-09-04T15:08:13.936+09:00  WARN 2104 --- [DISample]
2024-09-04T15:08:13.963+09:00  INFO 2104 --- [DISample]
안녕히 주무세요.
```

그림 3.25 실행 결과 2

07 소스코드 설명

스프링 프레임워크는 구동 시 컴포넌트 스캔을 통해 MorningGreet 클래스의 인스턴스를 생성합니다. 이는 '사용되는 쪽' MorningGreet 클래스에 @Component 애너테이션이 부여돼 있기 때문입니다.

@Autowired 애너테이션에 따라 '사용되는 쪽' MorningGreet 클래스의 인스턴스가 '사용하는 쪽' 클래스의 필드인 Greet에 주입됩니다.

프로그램을 실행하면 MorningGreet 클래스의 greeting 메서드가 실행됩니다.

사양 변경에 대응하기 위해 '사용되는 쪽' MorningGreet의 @Component 애너테이션을 삭제하거나 주석 처리하고, '사용되는 쪽' EveningGreet 클래스에 @Component 애너테이션을 부여하면 @Autowired 애너테이션에 따라 '사용되는 쪽' EveningGreet 클래스의 인스턴스가 '사용하는 쪽' 클래스의 필드인 Greet에 주입됩니다.

프로그램을 실행하면 EveningGreet 클래스의 greeting 메서드가 실행됩니다.

3-2-4 요약

'DI 컨테이너 사용'과 '5가지 규칙'을 지킴으로써 '사용하는 쪽' 클래스를 전혀 수정하지 않고도 사양 변경에 대응할 수 있었습니다. DI에 대해 어느 정도 감을 잡으셨나요?

다음은 중요한 사항을 정리한 것입니다.

- 스프링 프레임워크는 임의로 구현한 클래스를 인스턴스화할 수 있는 기능을 제공합니다(DI 컨테이너).
- 스프링 프레임워크를 이용한 애플리케이션에서는 인스턴스를 명시적으로 생성하지 않습니다(new 키워드를 사용하지 않음).
- 스테레오타입 애너테이션(여기서는 @Component)을 클래스에 부여해서 스프링 프레임워크가 인스턴스를 생성하게 합니다.
- 생성된 인스턴스를 이용하고 싶은 곳에 필드를 준비하고 애너테이션(여기서는 @Autowired)을 부여하면 스프링 프레임워크는 인스턴스가 필요하다고 판단하고 인스턴스를 주입합니다.
- 인터페이스를 이용한 의존성을 만들고 DI를 사용해 '사용되는 쪽' 클래스를 변경하는 경우 '사용하는 쪽' 클래스를 수정하지 않아도 되게끔 만들 수 있습니다.

> **칼럼 / DI 컨테이너를 실제 사례로 생각하기**
>
> 여러분이 여행을 계획하고 있다고 가정해봅시다. 하지만 비행기 티켓, 호텔 예약, 관광 투어 등 모든 것을 직접 준비하기란 쉽지 않습니다. 그래서 여행사에 가서 여행 계획을 짜달라고 부탁합니다.
>
> 여기서 '여행사'는 'DI 컨테이너'에 해당합니다. 여행사는 여행에 필요한 모든 요소(비행기 티켓, 호텔, 투어), 즉 '인스턴스'를 제공합니다. 여러분은 그러한 세부 사항을 직접 준비할 필요가 없습니다.
>
> 여행사를 이용하면 여행의 각 요소를 직접 관리해야 하는 번거로움을 없앨 수 있습니다. 이와 마찬가지로 프로그램에서 DI를 사용하면 클래스는 구현 세부 사항(어떤 데이터베이스를 사용할지, 어떤 서비스에 연결할지 등)과 분리됩니다.

DI 컨테이너 알아보기 (인스턴스 생성)

SECTION 3-3

여기서는 DI에 대해 자세히 알아보겠습니다. 계속 생소한 단어가 나오지만 '그렇구나' 하고 넘어가면서 부담없이 학습하기 바랍니다. 우선 빈(bean)이라는 단어부터 설명하겠습니다.

3-3-1 빈이란?

스프링 프레임워크는 DI 컨테이너라는 자바 인스턴스를 생성하는 기능을 가지고 있습니다. 애플리케이션을 시작할 때 필요한 설정을 읽어들여(컴포넌트 스캔) 인스턴스를 생성하고 DI 컨테이너에 보관하며, DI 컨테이너에서 관리되는 인스턴스를 빈(bean)이라고 부릅니다. 쉽게 말해서 필요할 때 빈을 꺼내서 처리하게 하는 것이 스프링의 사용법이라고 생각하면 됩니다(그림 3.26).

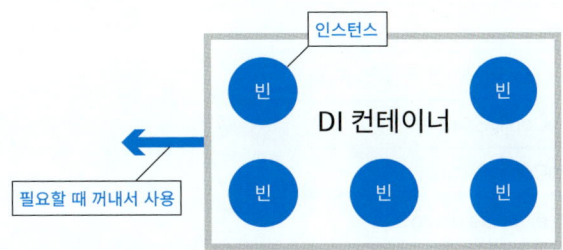

그림 3.26 빈

3-3-2 빈 정의란?

스프링 프레임워크에 '이 클래스를 빈으로 만들겠다'라고 지시하는 것을 '빈을 정의한다'라고 합니다. 빈을 정의하는 주요 방법은 크게 세 가지가 있습니다.

① 클래스에 애너테이션을 부여한다.
② 자바 컨피그(Java Config) 클래스에 메서드를 생성한다.
③ XML 설정 파일로 작성한다.

이 책에서는 최근 스프링 애플리케이션 개발에서 자주 활용되는 ①과 ②의 방법에 대해 설명합니다.

①에 대해서는 3-2절 'DI 컨테이너 알아보기'에서 설명했으므로 여기서는 ②의 '자바 컨피그 클래스에 메서드 생성하기'에 대해 프로그램을 작성하면서 설명하겠습니다.

3-3-3 자바 컨피그를 이용하는 프로그램

BusinessLogic 인터페이스, 이 인터페이스를 구현한 TestLogicImpl 클래스와 SampleLogicImpl 클래스를 각각 생성한 후, 자바 컨피그 클래스를 생성해서 DI의 동작 방식을 확인할 수 있는 프로그램을 작성하겠습니다.

01 프로젝트 생성

스프링 이니셜라이저에서 프로젝트를 생성해서 진행하겠습니다. 웹 브라우저로 https://start.spring.io/에 접속한 후 다음 내용을 참조해서 설정합니다.

설정 내용

Project	Gradle - Groovy
Language	Java
Spring Boot	3.3.3 (3.x 버전이면 괜찮습니다)
Artifact	JavaConfigSample
Name	JavaConfigSample
Package name	com.example.demo
Packaging	Java
Java	21

※ 기타 항목은 기본 설정을 그대로 유지합니다.

추가 의존성으로 'Spring Boot DevTools(개발 도구)'를 추가하고 아래의 [GENERATE] 버튼을 클릭해 프로젝트를 생성합니다. 생성한 프로젝트 파일을 이전과 마찬가지로 C:\spring-project\ 폴더에서 압축을 풀고 IntelliJ IDEA에서 불러옵니다(그림 3.27).

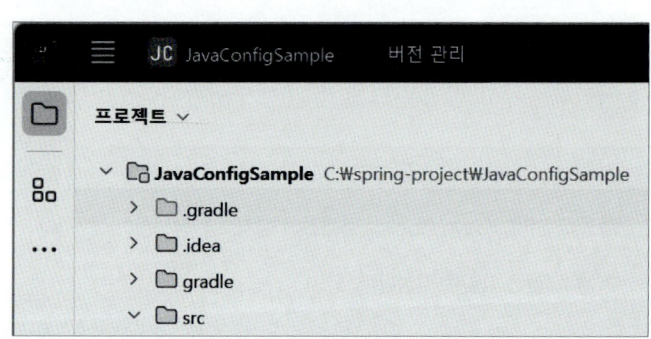

그림 3.27 프로젝트 생성

02 '사용되는 쪽' 인터페이스와 구현 클래스 만들기

먼저 패키지를 만들기 위해 JavaConfigSample의 `src/main/java` 폴더의 `com.example.demo` 패키지를 선택하고 마우스 오른쪽 버튼을 클릭한 후, [새로 만들기] → [패키지]를 선택합니다(그림 3.28).

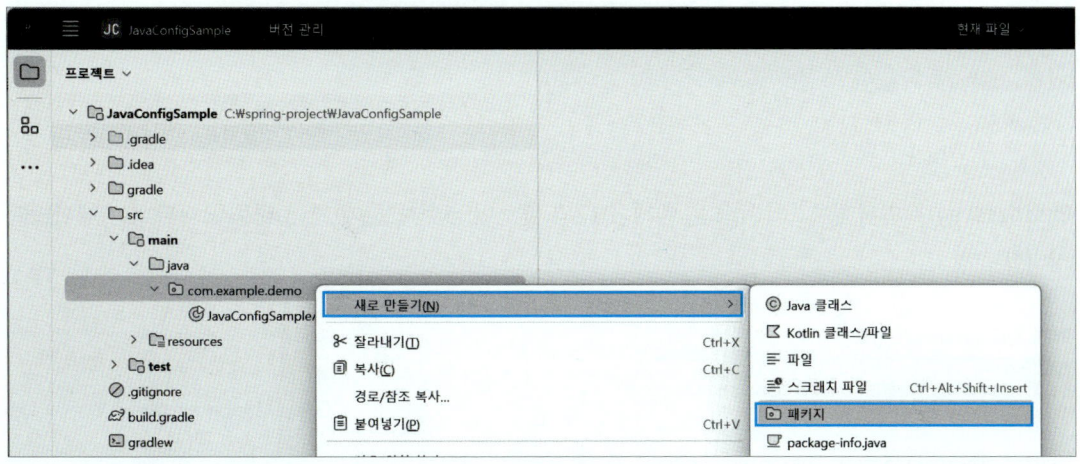

그림 3.28 패키지 만들기

패키지명으로 `com.example.demo.service`를 입력해서 생성합니다(그림 3.29).

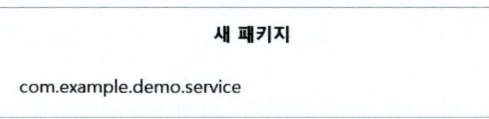

그림 3.29 패키지 만들기 2

다음으로 인터페이스를 만들기 위해 방금 생성한 `com.example.demo.service` 패키지를 선택하고 마우스 오른쪽 버튼을 클릭한 후 [새로 만들기] → [Java 클래스]를 선택합니다(그림 3.30).

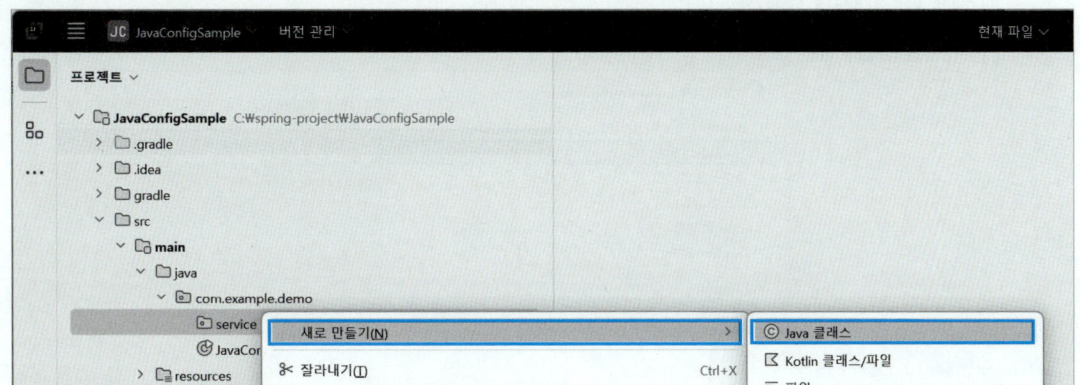

그림 3.30 인터페이스 만들기

[새 Java 클래스] 대화상자에서 인터페이스명으로 BusinessLogic을 입력하고 하단의 [인터페이스]를 선택합니다(그림 3.31).

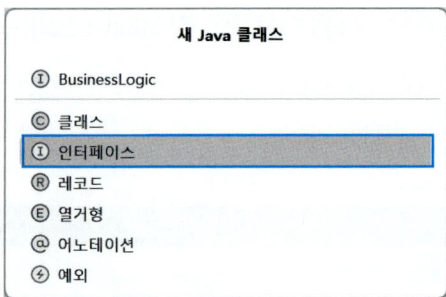

그림 3.31 인터페이스 만들기 2

BusinessLogic 인터페이스의 내용은 예제 3.12와 같으며, 5번째 줄에 처리 내용을 나타내는 메서드를 정의합니다.

예제 3.12 BusinessLogic

```
001: package com.example.demo.service;
002:
003: public interface BusinessLogic {
004:     /** 처리 */
005:     void doLogic();
006: }
```

이 인터페이스를 구현하는 클래스를 만들어봅시다. 앞에서 만든 BusinessLogic 인터페이스를 더블클릭해서 열고 인터페이스명에 커서를 옮긴 후 [Alt + Enter]를 입력한 후 나오는 컨텍스트 메뉴에서 [인터페이스 구현]을 선택합니다(그림 3.32).

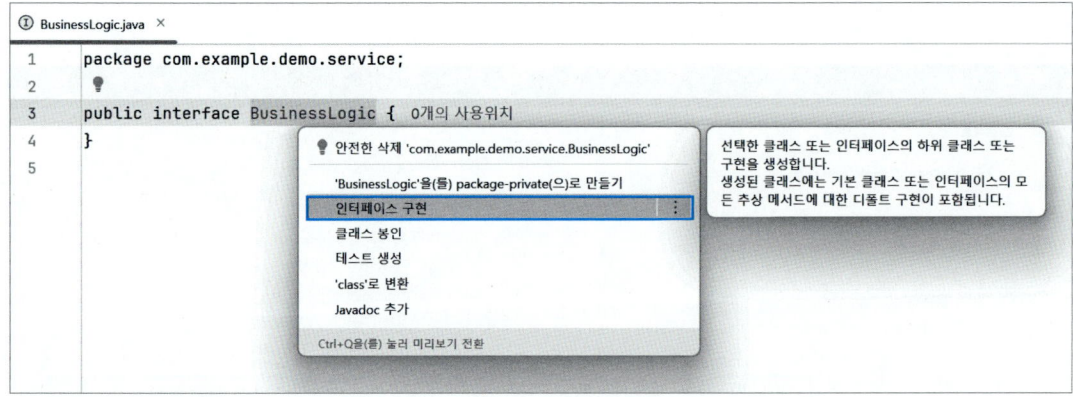

그림 3.32 구현 클래스 만들기

또는 인터페이스명에서 마우스 오른쪽 클릭한 후 [컨텍스트 액션 표시] → [인터페이스 구현]을 차례로 선택합니다(그림 3.33).

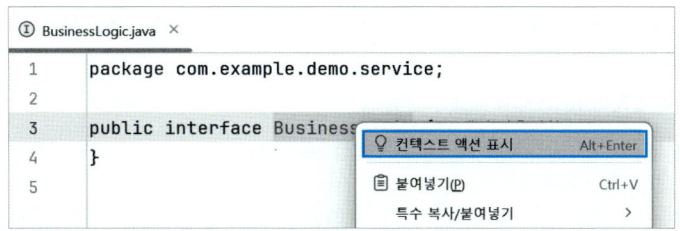

그림 3.33 구현 클래스 만들기 2

[인터페이스 구현] 대화상자가 표시되면 다음과 같이 설정한 후 [확인] 버튼을 클릭합니다(그림 3.34). com.example.demo.service.impl 패키지가 아직 존재하지 않아 impl 부분이 빨간색으로 표시되지만 [확인] 버튼을 클릭하면 지정한 패키지와 함께 클래스가 만들어집니다.

클래스 생성	TestLogicImpl
대상 패키지	com.example.demo.service.impl

※ 기타 항목은 기본 설정 그대로 유지합니다.

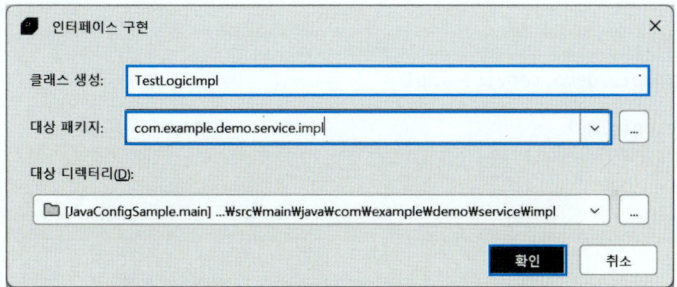

그림 3.34 구현 클래스 만들기 3

그러고 나면 [구현할 메서드 선택] 대화상자가 나타나는데, 현재 상태 그대로 [확인] 버튼을 클릭합니다(그림 3.35).

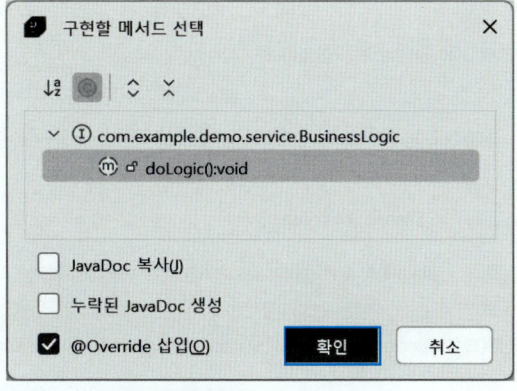

그림 3.35 구현 클래스 만들기 4

TestLogicImpl 구현 클래스의 내용은 예제 3.13과 같습니다.

예제 3.13 TestLogicImpl

```
001: package com.example.demo.service.impl;
002:
003: import com.example.demo.service.BusinessLogic;
004:
005: public class TestLogicImpl implements BusinessLogic {
006:   @Override
007:   public void doLogic() {
008:     System.out.println("테스트 중입니다.");
009:   }
010: }
```

같은 방법으로 다음 설정 내용을 토대로 BusinessLogic 인터페이스를 구현하는 SampleLogicImpl 구현 클래스를 생성합니다(그림 3.36).

설정 내용

패키지	com.example.demo.service.impl
클래스	SampleLogicImpl

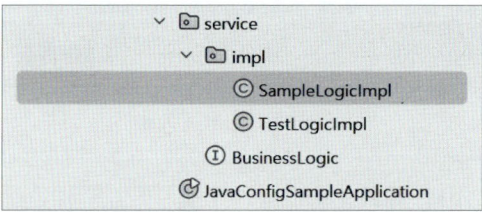

그림 3.36 구현 클래스 만들기 3

SampleLogicImpl 클래스의 내용은 예제 3.14와 같습니다.

예제 3.14 SampleLogicImpl

```
001: package com.example.demo.service.impl;
002:
003: import com.example.demo.service.BusinessLogic;
004:
```

```
005: public class SampleLogicImpl implements BusinessLogic {
006:     @Override
007:     public void doLigic() {
008:         System.out.println("샘플입니다.");
009:     }
010: }
```

03 자바 컨피그 클래스 만들기

자바 컨피그(Java Config)는 자바 애플리케이션이나 프레임워크의 설정을 자바 클래스에서 수행하는 방법을 말합니다. 자바 컨피그는 두 가지 애너테이션을 사용합니다.

- `@Configuration`

  클래스에 추가해서 해당 클래스가 설정 클래스임을 나타냅니다.

- `@Bean`

  메서드에 추가해서 해당 메서드가 빈을 반환한다는 것을 나타냅니다. 이 빈은 DI 컨테이너에 의해 관리됩니다.

먼저 패키지를 만들기 위해 JavaConfigSample 프로젝트의 `src/main/java` 폴더의 `com.example.demo` 패키지를 선택하고 마우스 오른쪽 버튼을 클릭한 후, [새로 만들기] → [패키지]를 선택합니다(그림 3.37).

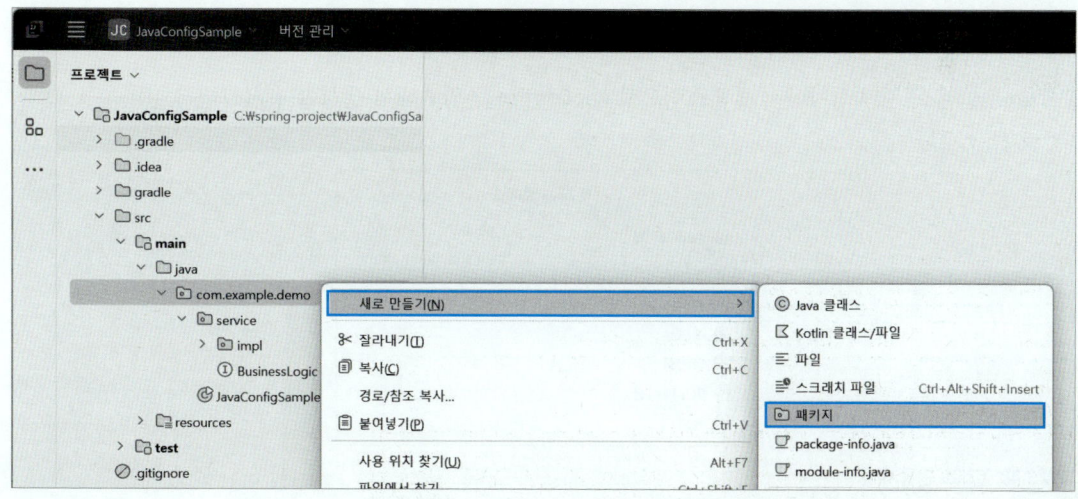

그림 3.37 패키지 생성

패키지명으로 `com.example.demo.config`를 입력해서 생성합니다(그림 3.38).

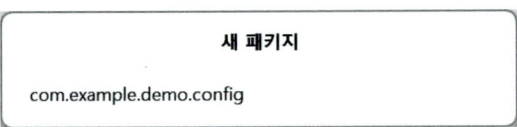

그림 3.38 패키지 생성 2

다음으로 클래스를 만들기 위해 방금 생성한 `com.example.demo.config` 패키지를 선택하고 마우스 오른쪽 버튼을 클릭한 후 [새로 만들기] → [Java 클래스]를 선택합니다(그림 3.39).

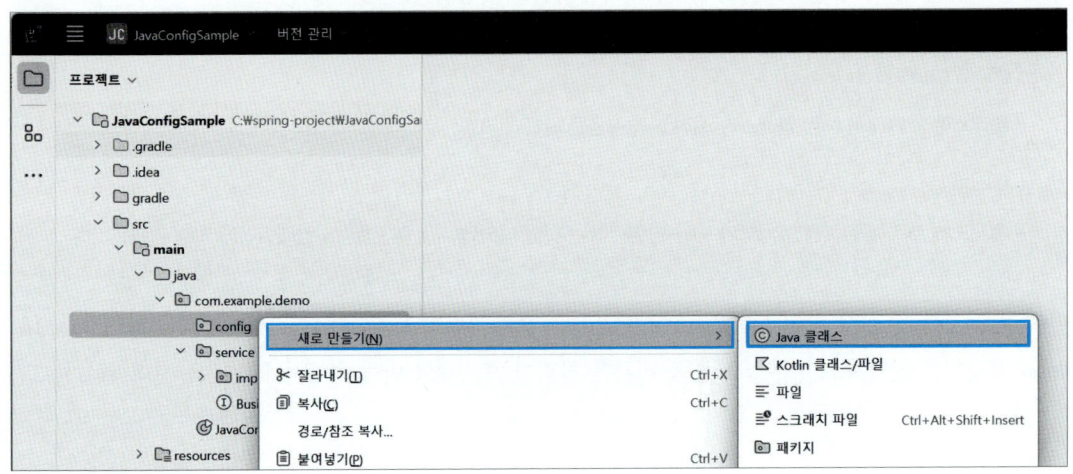

그림 3.39 클래스 만들기

[새 Java 클래스] 대화상자에서 클래스명으로 `AppConfig`를 입력해서 생성합니다(그림 3.40).

그림 3.40 클래스 만들기 2

AppConfig 클래스의 내용은 예제 3.15와 같습니다.

예제 3.15 **AppConfig**

```
package com.example.demo.config;

import org.springframework.context.annotation.Bean;
import org.springframework.context.annotation.Configuration;

import com.example.demo.service.BusinessLogic;
import com.example.demo.service.impl.SampleLogicImpl;
import com.example.demo.service.impl.TestLogicImpl;

@Configuration
public class AppConfig {
    @Bean(name = "test")
    public BusinessLogic dataLogic() {
        return new TestLogicImpl();
    }

    @Bean(name = "sample")
    public BusinessLogic viewLogic() {
        return new SampleLogicImpl();
    }
}
```

12번째 줄의 `@Bean(name = "test")`는 메서드가 빈을 반환한다는 것을 나타냅니다. 반환되는 빈의 내용이 14번째 줄의 `TestLogicImpl` 인스턴스이며, name 속성에서 설정한 `test`는 `TestLogicImpl` 인스턴스를 DI 컨테이너에 `test`라는 이름의 빈으로 등록하게 합니다.

17번째 줄의 `@Bean(name = "sample")`도 마찬가지이며, 반환되는 빈의 내용은 19번째 줄의 `SampleLogicImpl` 인스턴스이며, name 속성에서 설정한 `sample`은 `SampleLogicImpl` 인스턴스를 DI 컨테이너에 `sample`이라는 이름의 빈으로 등록하게 합니다.

04 시작 클래스 만들기

기본적으로 생성되는 `com.example.demo` 패키지의 `JavaConfigSampleApplication` 클래스를 예제 3.16과 같이 수정합니다.

예제 3.16 JavaConfigSampleApplication

```java
001: package com.example.demo;
002:
003: import org.springframework.beans.factory.annotation.Autowired;
004: import org.springframework.beans.factory.annotation.Qualifier;
005: import org.springframework.boot.SpringApplication;
006: import org.springframework.boot.autoconfigure.SpringBootApplication;
007:
008: import com.example.demo.service.BusinessLogic;
009:
010: @SpringBootApplication
011: public class JavaConfigSampleApplication {
012:
013:   /** 시작 방법 */
014:   public static void main(String[] args) {
015:     SpringApplication.run(JavaConfigSampleApplication.class, args)
016:       .getBean(JavaConfigSampleApplication.class).exe();
017:   }
018:
019:   /** DI */
020:   @Autowired
021:   @Qualifier("test")
022:   private BusinessLogic business1; // TestLogicImpl 인스턴스
023:
024:   /** DI */
025:   @Autowired
026:   @Qualifier("sample")
027:   private BusinessLogic business2; // SampleLogicImpl 인스턴스
028:
029:   /** 실행 방법 */
030:   public void exe() {
031:     business1.doLogic();
032:     business2.doLogic();
033:   }
034: }
```

21번째 줄의 `@Qualifier("test")`, 26번째 줄의 `@Qualifier("sample")`에서는 `@Qualifier` 애너테이션을 사용해 AppConfig 클래스에서 정의한 빈의 이름을 지정합니다. 이로써 `TestLogicImpl`과 `SampleLogicImpl`의 인스턴스가 각각 business1과 business2에 주입됩니다.

05 실행

자바 파일인 `JavaConfigSampleApplication`을 선택하고 마우스 오른쪽 버튼을 클릭한 후 ['DiSample Application.main()' 실행]을 선택합니다. 자바 컨피그 클래스에서 설정한 빈이 DI되는 것을 확인할 수 있습니다(그림 3.41).

```
2024-09-11T13:50:25.546+09:00  INFO 23348 --- [JavaConfigSample]
테스트 중입니다.
샘플입니다.
```

그림 3.41 실행 결과

3-3-4 요약

다음 그림은 자바 컨피그 클래스의 동작 방식을 설명합니다(그림 3.21).

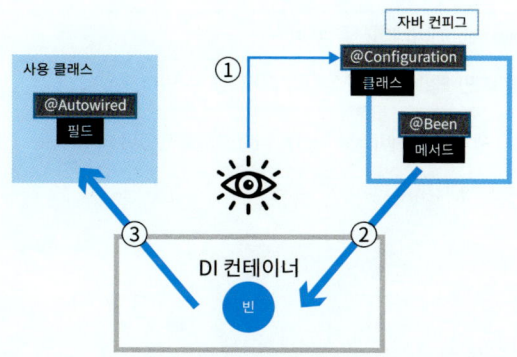

그림 3.42 자바 컨피그 클래스

① 스프링 애플리케이션이 시작되면 먼저 '컴포넌트 스캔'이 수행되고, `@Configuration`이 지정된 클래스가 발견되면 해당 클래스 내의 빈 정의가 로드됩니다.

② `@Bean`이 지정된 메서드가 실행되고, 그 결과로 반환된 객체가 DI 컨테이너에 빈으로 등록됩니다.

③ `@Autowired`가 붙은 필드를 찾으면 DI 컨테이너가 해당 필드에 적절한 빈을 찾아 인스턴스를 주입합니다.

자바 컨피그 클래스를 이용한 인스턴스 생성에 대해 어느 정도 감을 잡으셨나요? 이제 주입 방법에 대해 좀 더 자세히 알아보겠습니다.

SECTION 3-4 DI 컨테이너 알아보기 (주입)

여기서는 인스턴스를 주입하는 부분에 부여하는 `@Autowired`에 대해 자세히 알아보겠습니다. '사용하는 클래스'의 필드에 `@Autowired`를 부여하는 방법을 '필드 주입(field injection)'이라고 합니다. 주입 방법은 크게 세 가지로 나눌 수 있습니다.

3-4-1 주입 방법

☐ 필드 주입

필드 주입의 주요 특징과 예시는 다음과 같습니다(표 3.4).

표 3.4 필드 주입의 특징

개요	클래스의 필드(변수)에 직접 의존성을 주입하는 방법
기술 방법	필드에 `@Autowired` 애너테이션을 부여
특징	코드가 단순해지지만 테스트 시 모킹※하기 어려울 수 있다.

※ 모킹(mocking)이란 테스트할 때 실제 객체나 서비스를 대신할 더미 객체를 만들어 테스트하는 것을 말합니다. 이 더미 객체를 '목(mock)'이라고 합니다.

○ 예시

```
001: @Autowired
002: private SomeService someService;
```

☐ 세터 주입

세터 주입의 주요 특징과 예시는 다음과 같습니다(표 3.5).

표 3.5 세터 주입의 특징

개요	세터 메서드※를 통해 의존성을 주입하는 방법
기술 방법	세터 메서드에 `@Autowired` 애너테이션을 부여
특징	필요한 의존성만 주입할 수 있다.

※ 세터 메서드는 객체지향 프로그래밍에서 클래스의 비공개(`private`) 변수의 값을 외부에서 설정하기 위한 메서드입니다.

○ 예시

```
001:  private SomeService someService;
002:
003:  @Autowired
004:  public void setSomeSerivice(SomeSerivice someService) {
005:    this.someService = someService;
006:  }
```

🔲 생성자 주입

생성자 주입의 주요 특징과 예시는 다음과 같습니다(표 3.6).

표 3.6 생성자 주입의 특징

개요	생성자를 통해 의존성을 주입하는 방법
기술 방법	생성자에 @Autowired 애너테이션을 부여
특징	불변성*이 유지되어 테스트할 때 모킹이 용이해진다.

※ 불변성이란 어떤 객체가 한 번 생성된 후 상태나 데이터가 변경되지 않는 특성을 말합니다. 즉, 객체의 내용이 고정되어 나중에 변경할 수 없는 특성을 말합니다.

○ 예시

```
001:  private final SomeService someService;
002:
003:  @Autowired
004:  public SomeClass(SomeService someService) {
005:    this.someService = someService;
006:  }
```

스프링 4.3부터 생성자가 하나뿐인 경우 **@Autowired**를 생략할 수 있습니다. 이를 통해 생성자 주입이 더욱 간단해졌습니다.

```
001:  private final SomeService someService;
002:
003:  @Autowired ← 생략 가능
004:  public SomeClass(SomeService someService) {
005:    this.someService = someService;
006:  }
```

> **칼럼 / 추천하는 주입 방법**
>
> 주입 방법으로 권장되는 것은 '생성자 주입'입니다.
>
> 생성자 주입을 권장하는 이유는 필드에 `final` 수식어를 부여해서 불변성을 보장하는 경우 '생성자 주입'만 사용할 수 있기 때문입니다. 참고로 자바에서는 `final` 수정자를 부여한 필드는 그 값을 변경할 수 없게 됩니다.
>
> 이 필드의 값은 선언 시 또는 생성자 내에서만 설정할 수 있습니다.
>
> 처음부터 '생성자 주입' 방법을 가르치면 되지 않느냐고 생각하는 분도 있겠지만 필드 주입이 DI의 이미지를 더 쉽게 떠올릴 수 있기 때문에 이 책에서는 '필드 주입'부터 설명하겠습니다. 그럼에도 필드 주입은 추천하지 않습니다.

3-4-2 각 주입 방법을 사용하는 프로그램 만들기

필드 주입, 세터 주입, 생성자 주입을 비롯해 롬복과의 연동을 통해 주입의 동작 방식을 확인할 수 있는 프로그램을 작성하겠습니다.

01 프로젝트 생성

스프링 이니셜라이저에서 프로젝트를 생성해서 진행하겠습니다. 웹 브라우저로 `https://start.spring.io/`에 접속한 후 다음 내용을 참조해서 설정합니다.

설정 내용

Project	Gradle - Groovy
Language	Java
Spring Boot	3.3.3 (3.x 버전이면 괜찮습니다)
Artifact	InjectionSample
Name	InjectionSample
Package name	com.example.demo
Packaging	Java
Java	21

※ 기타 항목은 기본 설정 그대로 유지합니다.

추가 의존성으로 'Spring Boot DevTools(개발자 도구)'와 'Lombok(개발자 도구)'을 선택한 후 [GENERATE] 버튼을 눌러 프로젝트 파일을 내려받습니다.

다운로드한 프로젝트 파일을 IntelliJ IDEA에서 불러오기 위해 압축을 해제합니다. 다른 프로젝트와 마찬가지로 `C:\spring-project` 폴더에 압축을 풀고 IntelliJ IDEA에서 프로젝트를 불러옵니다(그림 3.43).

그림 3.43 프로젝트 생성

02 '사용되는 쪽' 클래스 만들기

DI의 대상이 되는 인스턴스가 '인터페이스'를 구현한 클래스여야만 하는 것은 아닙니다. DI는 인스턴스를 주입하는 것이기 때문에 일반 클래스도 DI할 수 있습니다. 이번에는 일반 클래스를 DI해 봅시다.

앞에서 실습한 내용을 참고해서 InjectionSample의 `src/main/java` 폴더에 `com.example.demo.service` 패키지와 그 안에 `SomeService` 클래스를 만듭니다(그림 3.44).

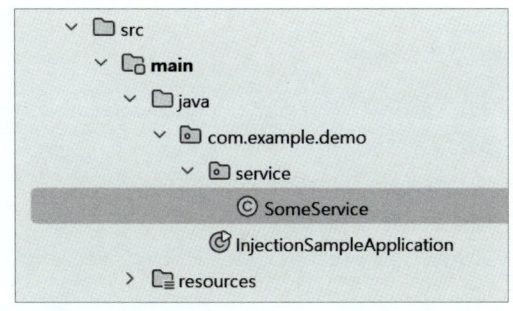

그림 3.44 클래스 생성

`SomeService` 클래스의 내용은 예제 3.17과 같으며, 10번째 줄에 처리 내용을 나타내는 메서드를 정의합니다.

예제 3.17 SomeService

```
001: package com.example.demo.service;
002:
003: import org.springframework.stereotype.Component;
004:
005: @Component
006: public class SomeService {
007:
```

```
008:    /** 서비스 처리 */
009:    public void doService() {
010:        System.out.println("어떤 서비스");
011:    }
012: }
```

03 각 주입 방법을 수행하는 클래스 만들기

이번에는 필드 주입, 세터 주입, 생성자 주입, 생성자 주입(애너테이션 없음), 생성자 주입(롬복 사용)을 시도해볼 텐데, 그러한 처리의 기반이 되는 인터페이스를 생성하겠습니다.

InjectionSample 프로젝트의 src/main/java 폴더에 com.example.demo.example 패키지를 만들고 그 안에 Example 인터페이스를 만듭니다.

Example 인터페이스의 내용은 예제 3.18과 같으며, 5번째 줄에 처리 내용을 나타내는 메서드를 정의합니다.

예제 3.18 Example

```
001: package com.example.demo.example;
002:
003: public interface Example {
004:     /** 실행 */
005:     void run();
006: }
```

○ 필드 주입

구현 클래스를 생성하겠습니다. InjectionSample 프로젝트의 src/main/java 폴더에서 com.example.demo.example 패키지에 있는 Example 인터페이스로 이동합니다. Example 인터페이스의 이름에서 [Alt + Enter]를 눌러 [인터페이스 구현]을 선택합니다(그림 3.45). (또는 인터페이스명에서 마우스 오른쪽 버튼을 클릭한 후 [컨텍스트 액션 표시] → [인터페이스 구현]을 차례로 선택합니다).

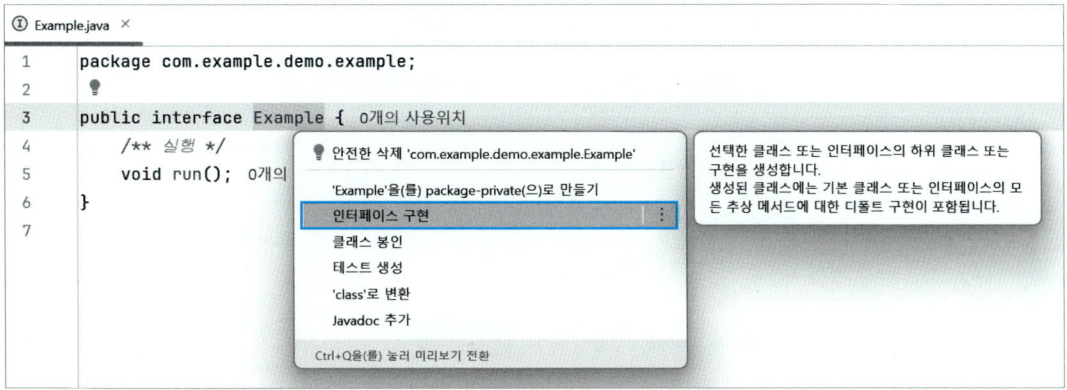

그림 3.45 구현 클래스 만들기

[인터페이스 구현] 대화상자가 표시되면 다음과 같이 설정한 후 [확인] 버튼을 클릭합니다(그림 3.46).

설정 내용

클래스 생성	FieldInjectionExample
대상 패키지	com.example.demo.example.impl

※ 기타 항목은 기본 설정 그대로 유지합니다.

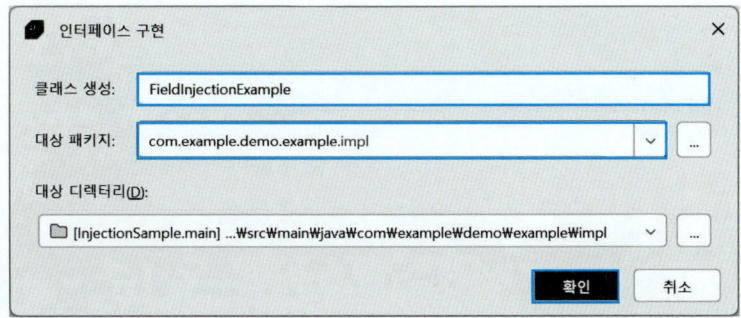

그림 3.46 구현 클래스 만들기 2

그러고 나면 [구현할 메서드 선택] 대화상자가 나타나는데, 현재 상태 그대로 [확인] 버튼을 클릭합니다 (그림 3.47).

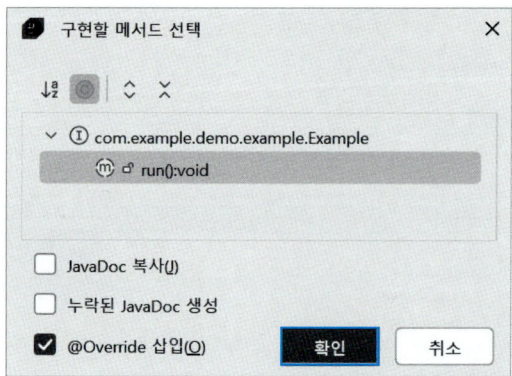

그림 3.47 구현 클래스 만들기 3

FieldInjectionExample 클래스의 내용은 예제 3.19와 같습니다.

예제 3.19 FieldInjectionExample

```
001: package com.example.demo.example.impl;
002:
003: import org.springframework.beans.factory.annotation.Autowired;
004:
005: import com.example.demo.example.Example;
006: import com.example.demo.service.SomeService;
007:
008: //@Component
009: public class FieldInjectionExample implements Example {
010:
011:     /** 필드 주입 */
012:     @Autowired
013:     private SomeService someService;
014:
015:     /** 실행 */
016:     @Override
017:     public void run() {
018:         someService.doService();
019:     }
020: }
```

8번째 줄의 //@Component는 현재로서는 주석 처리하고, 12번째 줄에서 필드에 @Autowired를 부여해서 필드 주입을 수행합니다.

○ 세터 주입

다음으로 세터 주입의 구현 클래스를 생성합니다. 앞에서 필드 주입의 구현 클래스를 만들 때와 마찬가지로 InjectionSample 프로젝트의 src/main/java 폴더에서 com.example.demo.example 패키지에 있는 Example 인터페이스로 이동합니다. Example 인터페이스의 이름에서 [Alt + Enter]를 눌러 [인터페이스 구현]을 선택합니다(그림 3.48). (또는 인터페이스명에서 마우스 오른쪽 버튼을 클릭한 후 [컨텍스트 액션 표시] → [인터페이스 구현]을 차례로 선택합니다).

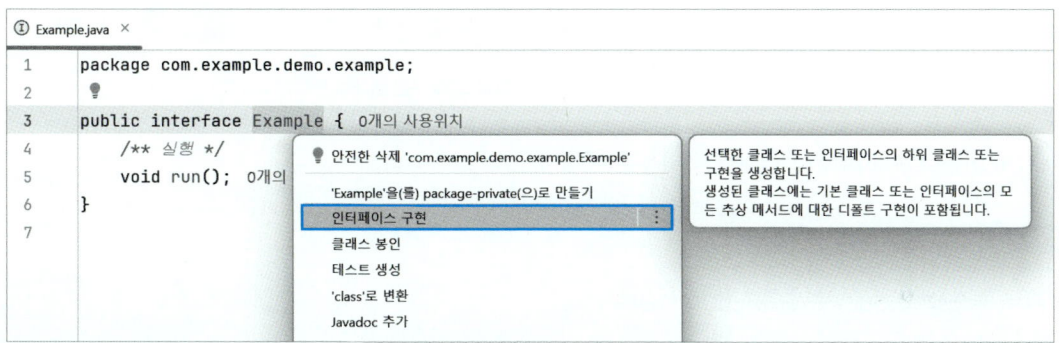

그림 3.48 구현 클래스 만들기

[인터페이스 구현] 대화상자가 표시되면 다음과 같이 설정한 후 [확인] 버튼을 클릭합니다(그림 3.49).

설정 내용

클래스 생성	SetterInjectionExample
대상 패키지	com.example.demo.example.impl

※ 기타 항목은 기본 설정 그대로 유지합니다.

그림 3.49 구현 클래스 만들기 2

그러고 나면 [구현할 메서드 선택] 대화상자가 나타나는데, 현재 상태 그대로 [확인] 버튼을 클릭합니다(그림 3.50).

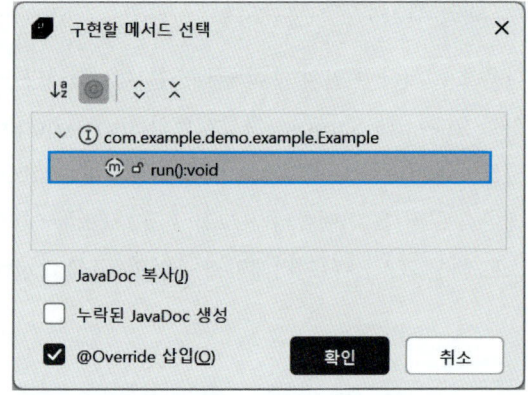

그림 3.50 구현 클래스 만들기 3

SetterInjectionExample 클래스의 내용은 예제 3.20과 같습니다.

예제 3.20 SetterInjectionExample

```
001:  package com.example.demo.example.impl;
002:
003:  import org.springframework.beans.factory.annotation.Autowired;
004:
005:  import com.example.demo.example.Example;
006:  import com.example.demo.service.SomeService;
007:
008:  //@Component
009:  public class SetterInjectionExample implements Example {
010:    /** 필드 */
011:    private SomeService someService;
012:
013:    /** 세터 주입 */
014:    @Autowired
015:    public void setSomeService(SomeService someService) {
016:      this.someService = someService;
017:    }
018:
019:    /** 실행 */
020:    public void run() {
021:      someService.doService();
022:    }
023:  }
```

8번째 줄의 //@Component는 현재로서는 주석 처리하고, 14번째 줄에서 세터 메서드에 @Autowired를 부여해서 세터 주입을 수행합니다.

○ 생성자 주입

같은 방법으로 이번에는 다음과 같은 설정 내용을 참고해서 Example 인터페이스를 구현하는 ConstructorInjectionExample 클래스를 생성합니다(그림 3.51).

설정 내용

클래스 생성	ConstructorInjectionExample
대상 패키지	com.example.demo.example.impl

※ 기타 항목은 기본 설정 그대로 유지합니다.

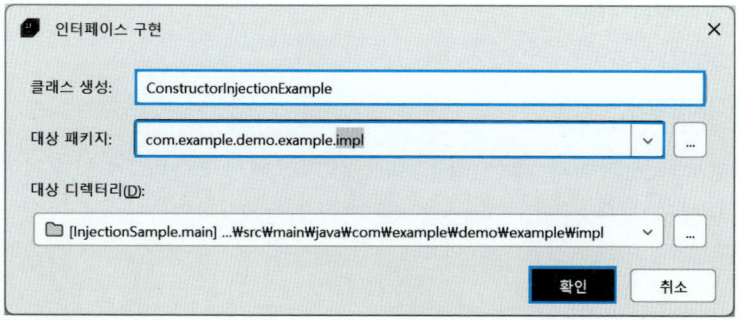

그림 3.51 구현 클래스 만들기

ConstructorInjectionExample 클래스의 내용은 예제 3.21과 같습니다.

예제 3.21 ConstructorInjectionExample

```
001: package com.example.demo.example.impl;
002:
003: import org.springframework.beans.factory.annotation.Autowired;
004:
005: import com.example.demo.example.Example;
006: import com.example.demo.service.SomeService;
007:
008: //@Component
009: public class ConstructorInjectionExample implements Example {
010:     /** 필드 */
```

```
011:    private final SomeService someService;
012:
013:    /** 생성자 주입 */
014:    @Autowired
015:    public ConstructorInjectionExample(SomeService someService) {
016:      this.someService = someService;
017:    }
018:
019:    /** 실행 */
020:    public void run() {
021:      someService.doService();
022:    }
023: }
```

8번째 줄의 `//@Component`는 현재로서는 주석 처리하고, 14번째 줄에서 생성자에 `@Autowired`를 부여해서 생성자 주입을 수행합니다.

○ 생성자 주입(애너테이션 없음)

이번에도 같은 방법으로 다음과 같은 설정 내용을 참고해서 `Example` 인터페이스를 구현하는 `ConstructorInjectionOmitExample` 클래스를 생성합니다(그림 3.52).

설정 내용

클래스 생성	ConstructorInjectionOmitExample
대상 패키지	com.example.demo.example.impl

※ 기타 항목은 기본 설정 그대로 유지합니다.

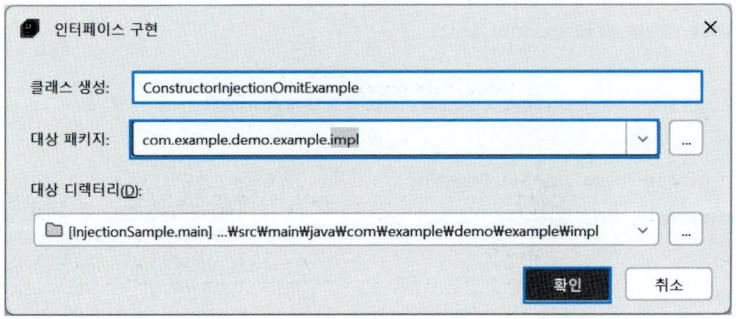

그림 3.52 구현 클래스 만들기

ConstructorInjectionOmitExample 클래스의 내용은 다음 예제 3.22와 같습니다.

예제 3.22 ConstructorInjectionOmitExample

```
001: package com.example.demo.example.impl;
002:
003: import com.example.demo.example.Example;
004: import com.example.demo.service.SomeService;
005:
006: //@Component
007: public class ConstructorInjectionOmitExample implements Example {
008:     /** 필드 */
009:     private final SomeService someService;
010:
011:     /** 생성자 주입 */
012:     public ConstructorInjectionOmitExample(SomeService someService) {
013:         this.someService = someService;
014:     }
015:
016:     /** 실행 */
017:     public void run() {
018:         someService.doService();
019:     }
020: }
```

6번째 줄의 //@Component는 현재로서는 주석으로 처리합니다. 스프링 4.3부터는 생성자가 하나뿐인 경우 @Autowired 애너테이션을 생략할 수 있습니다. 따라서 12번째 줄의 생성자에서 @Autowired를 제거했습니다.

○ 생성자 주입(애너테이션 없음, 롬복)

이번에도 같은 방법으로 다음과 같은 설정 내용을 참고해서 Example 인터페이스를 구현하는 ConstructorInjectionOmitLombokExample 클래스를 생성합니다(그림 3.53).

설정 내용

클래스 생성	ConstructorInjectionOmitLombokExample
대상 패키지	com.example.demo.example.impl

※ 기타 항목은 기본 설정 그대로 유지합니다.

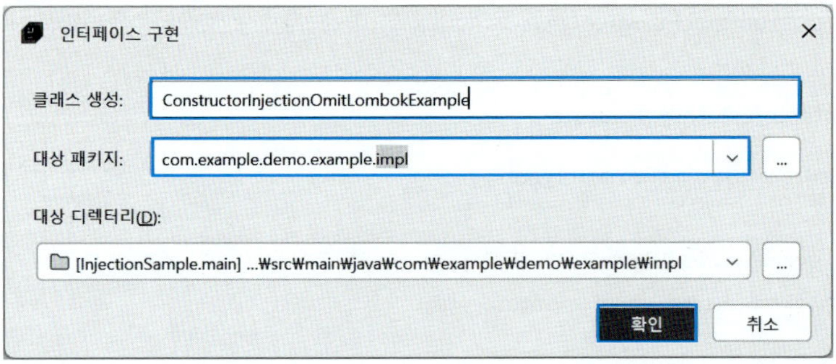

그림 3.53 구현 클래스 만들기

`ConstantOrInjectionOmitLombokExample` 클래스의 내용은 예제 3.23과 같습니다.

예제 3.23 `ConstructorInjectionOmitLombokExample`

```
001: package com.example.demo.example.impl;
002:
003: import com.example.demo.example.Example;
004: import com.example.demo.service.SomeService;
005:
006: import lombok.RequiredArgsConstructor;
007:
008: //@Component
009: @RequiredArgsConstructor
010: public class ConstructorInjectionOmitLombokExample implements Example {
011:     /** 필드 */
012:     private final SomeService someService;
013:
014:     // 생성자 생략 가능
015:
016:     /** 실행 */
017:     public void run() {
018:         someService.doService();
019:     }
020: }
```

8번째 줄의 `//@Component`는 현재로서는 주석 처리합니다.

9번째 줄의 `@RequiredArgsConstructor`는 롬복이 제공하는 애너테이션 중 하나입니다. 이 애너테이션을 클래스에 부여하면 해당 클래스의 `final`이 붙은 필드만 인수로 받는 생성자를 자동으로 생성합니다.

따라서 생성자를 직접 작성하는 것을 생략할 수 있습니다. 그리고 스프링 4.3 이후부터는 생성자가 하나 뿐인 경우 @Autowired를 생략할 수 있으므로 예제 3.23과 같이 작성할 수 있습니다.

04 '시작' 클래스 만들기

기본적으로 생성되는 com.example.demo 패키지의 InjectionSampleApplication 클래스를 예제 3.24 와 같이 수정합니다.

예제 3.24 InjectionSampleApplication

```
package com.example.demo;

import org.springframework.beans.factory.annotation.Autowired;
import org.springframework.boot.SpringApplication;
import org.springframework.boot.autoconfigure.SpringBootApplication;

import com.example.demo.example.Example;

@SpringBootApplication
public class InjectionSampleApplication {
    /** 시작 */
    public static void main(String[] args) {
      SpringApplication.run(InjectionSampleApplication.class, args)
         .getBean(InjectionSampleApplication.class).exe();
    }

    /** DI */
    @Autowired
    private Example example;

    /** 실행 */
    private void exe() {
      example.run();
    }
}
```

19번째 줄에서 각 주입 방법을 시도하는 클래스를 DI합니다.

05 실행

먼저 필드 주입을 확인해 봅시다. `FieldInjectionExample` 구현 클래스명 위의 `@Component` 애너테이션의 주석을 해제하면 임포트 구문에 `import org.springframework.stereotype.Component;`가 추가됩니다.

자바 파일인 `InjectionSampleApplication`을 선택하고 마우스 오른쪽 버튼을 클릭한 후 ['InjectionSampleApplication.main()' 실행]을 선택합니다(그림 3.54).

```
2024-09-06T10:46:57.431+09:00  INFO 22512 --- [InjectionSample]
어떤 서비스
```

그림 3.54 실행 결과

`SomeService` 클래스의 처리 내용이 실행되고 '어떤 서비스'라고 표시됩니다(그림 3.24).

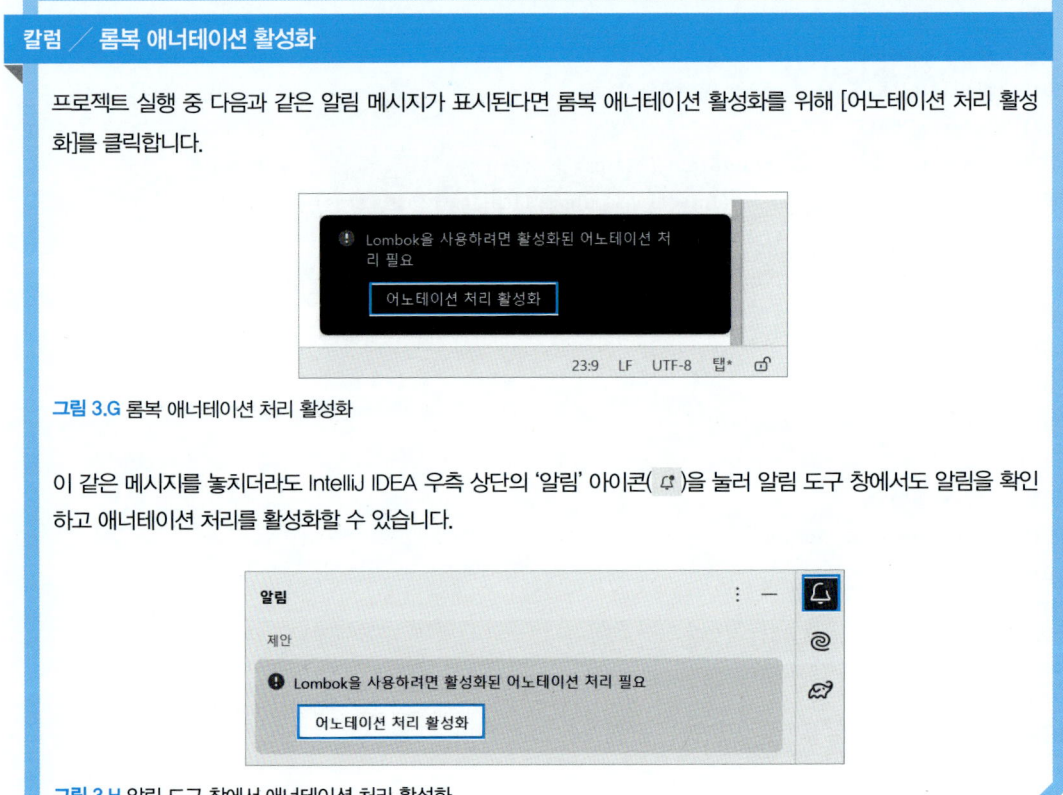

> **칼럼 / 롬복 애너테이션 활성화**
>
> 프로젝트 실행 중 다음과 같은 알림 메시지가 표시된다면 롬복 애너테이션 활성화를 위해 [어노테이션 처리 활성화]를 클릭합니다.
>
> **그림 3.G** 롬복 애너테이션 처리 활성화
>
> 이 같은 메시지를 놓치더라도 IntelliJ IDEA 우측 상단의 '알림' 아이콘(🔔)을 눌러 알림 도구 창에서도 알림을 확인하고 애너테이션 처리를 활성화할 수 있습니다.
>
> **그림 3.H** 알림 도구 창에서 애너테이션 처리 활성화

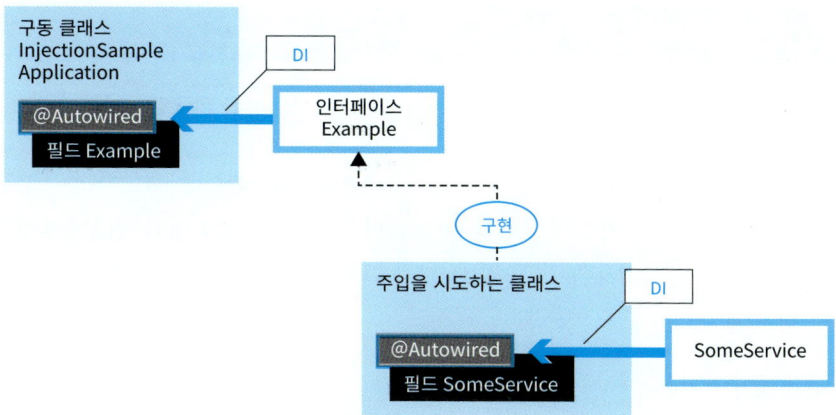

그림 3.55 동작 방식

그림 3.55의 예시는 필드 주입이지만 아래의 다른 주입 방법도 동작 방식은 비슷합니다.

- 세터
- 생성자
- 생성자 생략
- 생성자 생략, 롬복

다음으로 세터 주입을 확인해 보겠습니다.

FieldInjectionExample 구현 클래스명 위의 @Component를 다시 주석 처리합니다. 그리고 나서 SetterInjectionExample 구현 클래스명 위의 @Component 애너테이션의 주석을 해제합니다.

자바 파일인 InjectionSampleApplication을 선택하고 마우스 오른쪽 버튼을 클릭한 후 ['InjectionSampleApplication.main()' 실행]을 선택합니다. 실행 결과는 그림 3.54와 같습니다.

마찬가지로 생성자 주입을 나타내는 ConstructorInjectionExample, 생성자 주입(애너테이션 없음)을 나타내는 ConstructorInjectionOmitExample, 생성자 주입(애너테이션 없음, 롬복)을 나타내는 ConstructorInjectionOmitLombokExample을 각각 실행해 처리 결과를 확인합니다.

이때 한 가지 주의할 점은 주입 방법을 확인하려는 클래스가 아닌 클래스의 @Component는 주석 처리하고, 주입 방법을 확인하려는 클래스에는 주석을 해제해서 @Component를 부여하는 것입니다.

3-4-3 DI 이해하기

마지막으로 DI를 현실 세계에 빗댄 이야기를 통해 DI를 이해할 수 있길 바랍니다.

여러분은 새로운 '냉장고'를 구입했습니다. 그러나 냉장고는 스스로 '전기'를 생산하는 기능이 없습니다. 전기가 없으면 냉장고는 음식을 차갑게 유지할 수 없습니다. 그래서 집의 전원 콘센트에 냉장고 플러그를 연결합니다. 이 전기는 전기회사에서 공급되는 전기입니다. 전기가 공급돼야 냉장고가 음식을 제대로 차갑게 보관할 수 있게 됩니다.

이를 비유하면 다음과 같습니다.

- 냉장고 – 사용하는 클래스
- 전기 – 사용되는 클래스(필요한 기능이나 데이터)
- 전기회사 – DI 컨테이너

즉, DI는 필요한 것(전기)을 외부에서 제공받는 것을 의미합니다. 사용하는 클래스(냉장고)는 스스로 필요한 것을 만드는 것이 아니라 외부(전기회사: DI 컨테이너)에서 제공되는 전기(사용되는 객체 클래스)를 이용합니다(그림 3.56).

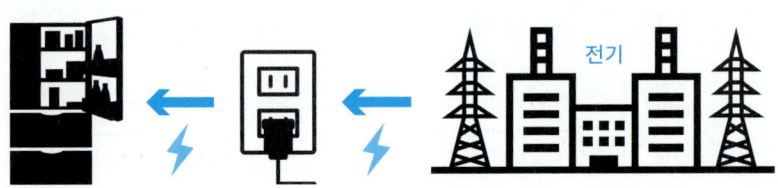

그림 3.56 DI 이해하기

> **칼럼 / 생성자 주입을 권장하는 이유**

생성자 주입을 권장하는 이유는 다음과 같습니다.

- **단일 책임 원칙**

  객체지향 프로그래밍의 기본 원칙 중 하나는 '하나의 클래스는 하나의 기능만 가져야 한다'라는 것입니다. 생성자 주입을 사용하면 하나의 클래스가 많은 책임(기능)을 가지고 있는 경우 의존성이 많다는 것을 쉽게 알 수 있습니다. 이는 적절한 클래스 설계를 촉진합니다.

- **불변성**

  생성자 주입에서는 의존성을 final(변경 불가)로 선언할 수 있습니다. 이는 객체의 불변성(상태가 변경되지 않는 특성)을 유지해서 프로그램을 더욱 안전하고 예측 가능하게 만듭니다. 필드 주입의 경우 final 선언이 불가능하기 때문에 의존성이 변경 가능한 상태로 유지됩니다.

- **순환 의존성 방지**

  생성자 주입에서는 생성자 호출 시 의존성이 설정되고 이후 변경이 불가능해집니다. 따라서 순환 의존성(서로 의존하는 상태)이 있는 경우, 애플리케이션 실행 시 오류가 발생해서 문제가 드러나게 됩니다. 다른 주입 방법으로는 이러한 문제를 조기에 발견하기가 어렵습니다.

이러한 점에서 생성자 주입은 좀 더 견고하고 체계적인 코드를 작성하기 위한 좋은 방법이라고 할 수 있습니다. 필드 주입은 코드를 간결하게 작성할 수 있지만 위와 같은 이점을 얻을 수 없기 때문에 권장하지 않습니다.

단일 책임 원칙은 'SOLID 원칙' 중 하나입니다. SOLID 원칙은 객체지향 프로그래밍의 5가지 기본 설계 원칙의 모음입니다. SOLID는 다음의 각 원칙의 머리글자를 따온 것입니다.

- **S – 단일 책임 원칙(Single Responsibility Principle)**

  한 클래스는 한 가지 일만 해야 합니다.

- **O – 개방/폐쇄 원칙(Open/Closed Principle)**

  새로운 기능을 추가하고 싶을 때 기존 코드를 변경하지 않고도 새로운 기능을 추가할 수 있도록 해야 합니다.

- **L – 리스코프 치환 원리(Liskov Substitution Principle)**

  하위 클래스는 상위 클래스를 대체할 수 있어야 합니다.

- **I – 인터페이스 분리 원칙(Interface Segregation Principle)**

  하나의 큰 인터페이스보다 작은 인터페이스를 많이 만드는 것이 좋습니다.

- **D – 의존성 역전 원칙(Dependency Inversion Principle)**

  프로그램은 구체적인 구현보다는 추상적인 개념에 의존해야 합니다.

이러한 원칙을 준수하면 프로그램을 읽고 유지 관리하고 확장하기 쉽게 만들 수 있습니다.

04장

스프링 프레임워크의 핵심 기능(AOP) 알아보기

- **4-1** AOP(관점지향 프로그래밍)의 기초 지식
- **4-2** AOP 프로그램 만들기
- **4-3** 스프링 프레임워크가 제공하는 AOP 기능

AOP(관점지향 프로그래밍)의 기초 지식

SECTION 4-1

3-1절 '스프링 프레임워크의 핵심 기능'에서 'AOP(Aspect Oriented Programming: 관점 지향 프로그래밍)', 줄여서 AOP에 대해 간략하게 설명했습니다. 여기서는 데이터베이스 접근 처리 프로그램을 예로 들어 AOP에 대해 좀 더 자세히 설명하겠습니다.

4-1-1 AOP 예제(데이터베이스 접근)

데이터베이스 접근 처리에는 예외 발생 시 예외를 처리하는 부분을 반드시 포함해야 합니다. 예외 처리를 하지 않으면 프로그램이 중단되며, 자바의 경우 예외 처리를 프로그램에 포함하지 않으면 컴파일도 할 수 없습니다(그림 4.1).

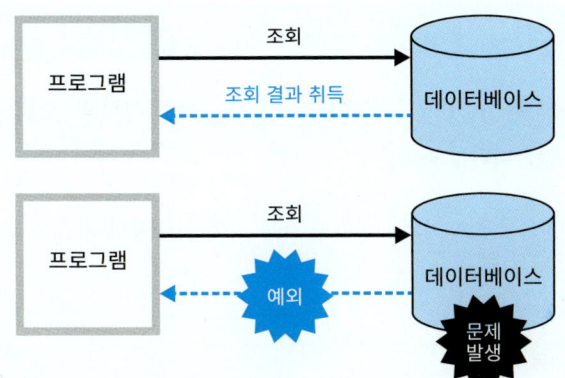

그림 4.1 데이터베이스 접근 처리

다수의 데이터베이스 접근 코드를 작성할 경우 예외 처리 내용은 항상 동일하지만 예외 처리가 필요하기 때문에 항상 만들어야 합니다. 예외 처리를 포함하면 프로그램 코드가 늘어나고 복잡해집니다. '구현하고자 하는 프로그램'은 '데이터베이스 접근 처리'이고, '예외 처리'는 '구현하고자 하는 프로그램에 부수적인' 부분이 됩니다.

'구현하고자 하는 프로그램(=중심적 관심사)'과 '부수적인 프로그램(=횡단적 관심사)'를 분리해서 프로그램을 만들 수는 없을까요?(그림 4.2)

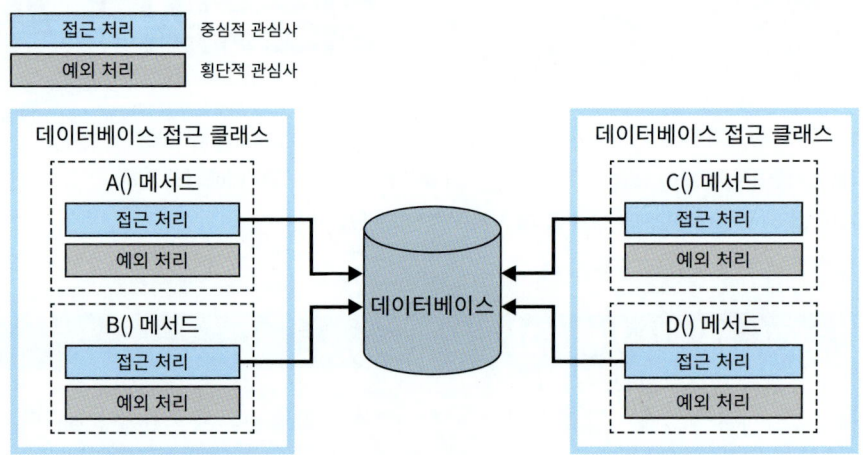

그림 4.2 데이터베이스 접근 처리에서의 '중심적 관심사'와 '횡단적 관심사'

4-1-2 AOP 고유 용어

스프링 프레임워크가 제공하는 AOP 기능을 이용하면 '중심적 관심사'와 '횡단적 관심사'를 분리해서 프로그램을 쉽게 작성할 수 있습니다.

구체적인 사용법을 설명하기 전에 AOP의 고유 용어에 대해 설명합니다(표 4.1, 그림 4.3).

표 4.1 AOP 고유 용어

용어	내용
어드바이스(Advice)	특정 타이밍(예: 메서드가 호출되기 전이나 후)에 실행되는 코드입니다. 즉, '횡단적 관심사'를 구체적으로 코드로 표현한 것(메서드)입니다.
조인포인트(JoinPoint)	어드바이스가 실행되는 구체적인 장소입니다.
포인트컷(Pointcut)	어떤 조인포인트(위치)에서 어드바이스(코드)가 실행될지를 지정하는 표현이나 패턴, 즉 조건입니다.
애스펙트(Aspect)	어드바이스(무엇을 할 것인가)와 포인트컷(언제 실행할 것인가)을 결합한 것(클래스)입니다. 즉, '횡단적 관심사'를 '어디서', '어떻게' 실행할 것인가를 정의한 것입니다.
인터셉터(Interceptor)	인터셉터는 특정 작업(일반적으로 메서드 호출)을 포착하고 그 전후에 어떤 처리를 수행하는 객체입니다.
타깃(Target)	타깃은 애스펙트가 적용되는 대상입니다.

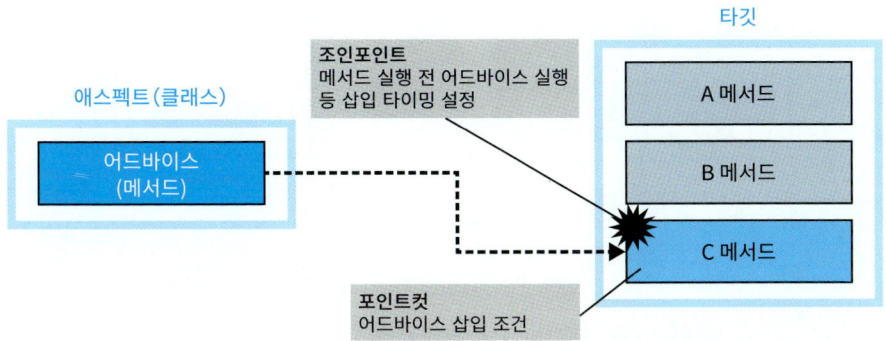

그림 4.3 AOP 고유 용어를 도식화

스프링 프레임워크에서는 인터셉터라는 구조를 통해 횡단적 관심사(어드바이스)를 중심적 관심사(타깃)에 삽입하는 것처럼 보이게 할 수 있습니다.

A 클래스에서 B 클래스의 X 메서드를 호출할 때 인터셉터의 동작 방식을 설명하겠습니다. B 클래스의 X 메서드를 '중심적 관심사'와 '횡단적 관심사'로 분리해서 애스펙트와 어드바이스를 생성합니다(그림 4.4).

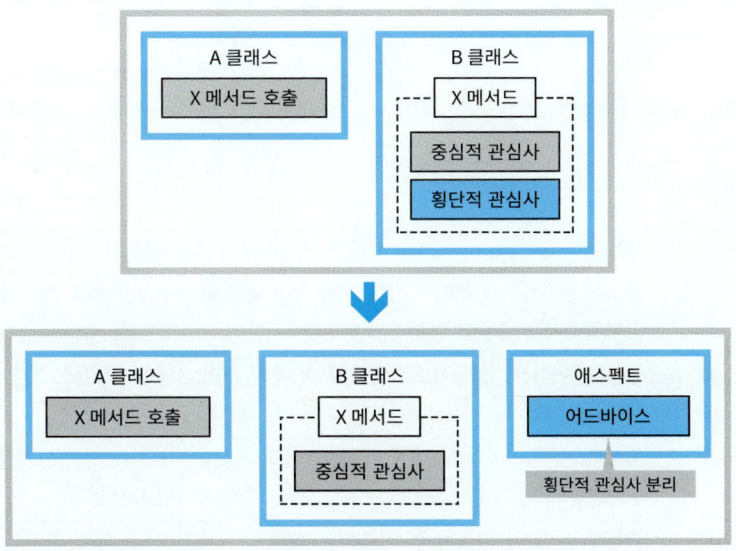

그림 4.4 '중심적 관심사'와 '횡단적 관심사'의 분리

AOP를 이용하면 A 클래스에서 B 클래스의 X 메서드(중심적 관심사)를 호출하는 것으로만 보입니다(그림 4.5).

그림 4.5 호출 이미지

하지만 내부적으로는 AOP 프락시(스프링 프레임워크가 자동 생성)가 처리 흐름을 가로채서 X 메서드 및 어드바이스의 호출을 제어합니다(그림 4.6).

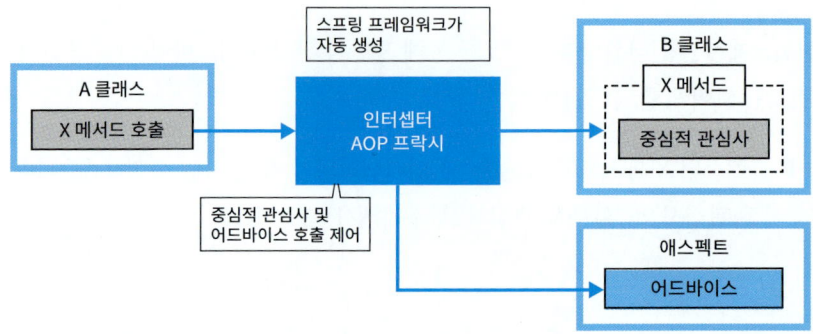

그림 4.6 실제 호출이 이뤄지는 과정

표 4.2는 AOP에서 자주 사용되는 스프링 프레임워크가 제공하는 어드바이스의 종류와 설명입니다.

표 4.2 어드바이스의 종류

어드바이스	내용	예시
Before Advice (@Before)	중심적 관심사가 '시작되기 전'에 추가 처리 내용(횡단적 관심사)을 수행합니다.	로그인 확인, 권한 확인 등
After Returning Advice (@AfterReturning)	중심적 관심사가 '성공적으로 완료된 후' 추가 처리 내용을 수행합니다.	데이터베이스 트랜잭션의 커밋, 성공 메시지 표시 등
After Throwing Advice (@AfterThrowing)	중심적 관심사에서 '예외 발생 시' 추가 처리 내용을 수행합니다.	오류 로그 기록, 사용자에게 오류 메시지 표시 등
After Advice (@After)	중심적 관심사가 '종료된 후' 성공 또는 실패 여부에 관계없이 추가 처리 내용을 수행합니다.	리소스 해제, 후처리 등
Around Advice (@Around)	중심적 관심사의 '전후'로 추가 처리 내용을 수행합니다. 이 유형은 가장 유연성이 높습니다.	처리 시간 측정, 트랜잭션 제어 등

이러한 어드바이스는 특정 시점에 추가 처리 내용(횡단적 관심사)을 삽입하는 데 사용됩니다. 이를 통해 코드의 재사용성과 유지보수성을 향상시킬 수 있습니다.

4-1-3 포인트컷 식

직접 어드바이스를 작성하는 경우(구체적인 작성 방법은 4-2절 'AOP 프로그램 만들기'에서 설명합니다) 패키지, 클래스, 메서드 등 어드바이스 삽입 대상을 조건으로 지정할 수 있습니다.

조건을 지정하는 방법으로 포인트컷 식을 사용합니다. 포인트컷 식은 여러 종류가 있지만 여기서는 execution 지시자를 설명합니다.

○ execution 지시자 구문

```
execution(반환타입 패키지.클래스.메서드(인수))
```

포인트컷 식은 다음과 같은 와일드카드를 이용해 유연하게 적용 범위를 지정할 수 있습니다.

- ***(별표)**
  패키지: 임의의 1단계 패키지를 나타냅니다.
  메서드 인수: 하나의 임의의 인수를 나타냅니다.
  반환값: 임의 유형의 반환값을 나타냅니다.
  예: `com.example.*`는 com.example 패키지 바로 아래에 있는 모든 클래스를 의미합니다.

- **..(점 2개)**
  패키지: 0개 이상의 임의의 패키지를 나타냅니다.
  메서드 인수: 0개 이상의 임의의 인수를 나타냅니다.
  예: `com.example..*`는 com.example 패키지와 그 하위 패키지의 모든 클래스를 의미합니다.

- **+(플러스)**
  클래스 이름 뒤에 작성하면 해당 클래스와 그것의 모든 하위 클래스 및 구현 클래스를 나타냅니다.
  예: `Animal+`는 Animal 클래스와 그것의 모든 하위 클래스를 의미합니다.

구체적인 설명 예시는 표 4.3과 같습니다.

표 4.3 execution 지시어 설명 예시

설명 예시	내용
execution(* com.example.service.DemoService.*(..))	DemoService 클래스의 메서드에 어드바이스를 적용합니다.
execution(* com.example.service.DemoService.select*(..))	DemoService 클래스의 select로 시작하는 메서드에서 어드바이스를 적용합니다
execution(String com.example.service.DemoService.*(..))	DemoService 클래스의 반환값이 String 타입인 메서드에 어드바이스를 적용합니다.
execution(* com.example.service.DemoService.*(String,..))	DemoService 클래스의 첫 번째 인수가 String 타입인 메서드에 어드바이스를 적용합니다.
execution(* com.example.service.*.*(..))	지정된 패키지 아래 모든 클래스의 메서드에 어드바이스를 적용합니다(하위 패키지는 포함하지 않음).
execution(* com.example.service..*.*(..))	com.example.service 패키지와 그 하위 패키지에 존재하는 모든 클래스의 메서드에 어드바이스를 적용합니다.
execution(* com.example.service.DemoService.*(*))	DemoService 클래스의 인수가 하나의 임의 유형인 메서드에 어드바이스를 적용합니다.

> **칼럼 / 실제 사례를 통해 AOP 이해하기**
>
> - **중심적 관심사**
>
>   '어느 방을 청소할 것인가'에 해당합니다. 즉, 주방 청소, 거실 정리, 욕실 청소 등 각 방의 고유한 작업을 말합니다. 이것이 프로그래밍에서 말하는 '중심적 관심사', 즉 애플리케이션의 주요 기능이나 목적입니다.
>
> - **횡단적 관심사**
>
>   집을 청소할 때 '빗자루와 걸레 사용', '쓰레기 줍기' 등 어느 방을 청소할 때나 공통적으로 필요한 작업입니다. 프로그래밍에서는 로그 기록, 보안 점검, 오류 처리 등 여러 기능이나 부분에 공통적으로 영향을 미치는 작업이나 처리 내용이 여기에 해당합니다.
>
> - **AOP의 역할**
>
>   AOP는 이러한 '횡단적 관심사'를 '중심적 관심사'와 분리해서 한 곳에서 관리합니다. 청소를 예로 들면, 어느 방을 청소할 때도 '빗자루와 걸레를 사용한다'라는 규칙을 한 곳에서 정하고, 어느 방을 청소하든 그 규칙에 따라 작업을 진행하는 것입니다.
>
> 즉, AOP를 이용하면 공통 작업(횡단적 관심사)을 한 곳에서 관리하고 각각의 특정 작업(중심적 관심사)에 집중할 수 있어 전체적으로 효율적이고 이해하기 쉬운 프로그램을 만들 수 있습니다.

AOP 프로그램 만들기

SECTION 4-2

직접 어드바이스를 생성하고, 포인트컷 식으로 어드바이스 삽입 위치를 지정해서 AOP의 동작 방식을 확인할 수 있는 프로그램을 만들어 봅시다.

4-2-1 프로젝트 생성 및 AOP 사용 준비

스프링 이니셜라이저에서 프로젝트를 생성해서 진행하겠습니다. 웹 브라우저로 `https://start.spring.io/`에 접속한 후 다음 내용을 참조해서 설정합니다.

설정 내용

Project	Gradle - Groovy
Language	Java
Spring Boot	3.3.3 (3.x 버전이면 괜찮습니다)
Artifact	AOPSample
Name	AOPSample
Package name	com.example.demo
Packaging	Java
Java	21

※ 기타 항목은 기본 설정을 그대로 유지합니다.

추가 의존성으로 [Spring Boot DevTools(개발 도구)]를 추가하고 아래의 [GENERATE] 버튼을 클릭해 프로젝트를 생성합니다. 생성한 프로젝트 파일을 이전과 마찬가지로 `C:\spring-project\` 폴더에서 압축을 풀고 IntelliJ IDEA에서 불러옵니다(그림 4.7).

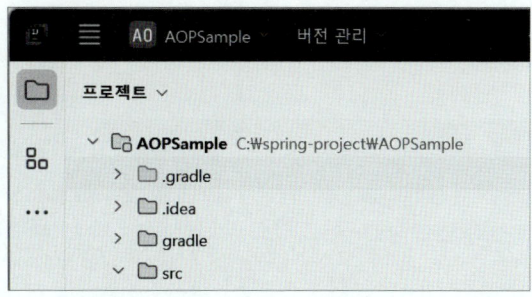

그림 4.7 프로젝트 생성

AOP를 사용하기 위해 방금 생성한 프로젝트의 그레이들 설정 파일인 build.gradle에 implementation 'org.springframework.boot:spring-boot-starter-aop'를 추가합니다(예제 4.1).

예제 4.1 build.gradle

```
001: dependencies {
002:     // AOP를 사용하기 위해 추가
003:     implementation 'org.springframework.boot:spring-boot-starter-aop'
004:     implementation 'org.springframework.boot:spring-boot-starter'
005:     developmentOnly 'org.springframework.boot:spring-boot-devtools'
006:     testImplementation 'org.springframework.boot:spring-boot-starter-test'
007: }
```

4-2-2 타깃 만들기

먼저 패키지를 만들기 위해 AOPSample의 src/main/java 폴더에서 앞에서 패키지와 클래스를 만들 때와 같은 방법으로 다음과 같은 패키지와 클래스를 차례로 생성합니다. 이때 TargetService 클래스는 com.example.demo.service 패키지에 위치해야 합니다(그림 4.8).

생성 내용

패키지	com.example.demo.service
클래스	TargetService

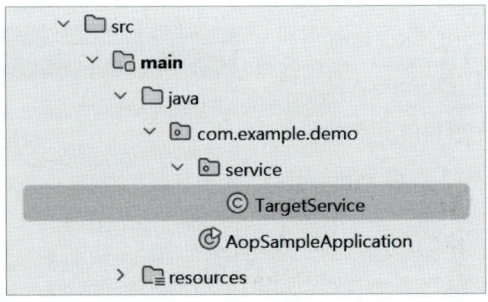

그림 4.8 클래스 만들기

TargetService 클래스의 내용은 예제 4.2와 같습니다.

04장 _ 스프링 프레임워크의 핵심 기능(AOP) 알아보기

예제 4.2 TargetService

```
001: package com.example.demo.service;
002:
003: import org.springframework.stereotype.Service;
004:
005: @Service
006: public class TargetService {
007:
008:   public void sayHello(String name) {
009:     System.out.println("안녕, " + name + "!");
010:   }
011:
012:   public void sayGoodbye(String name) {
013:     System.out.println("잘가, " + name + "!");
014:   }
015: }
```

5번째 줄의 **@Service**에 스테레오타입 애너테이션을 부여해서 인스턴스 생성 대상으로 지정합니다.

4-2-3 애스펙트 만들기

이전 절에서 타깃을 만들 때와 같은 방법으로 AOPSample의 src/main/java 폴더에서 다음과 같은 패키지와 클래스를 차례로 생성합니다.

생성 내용

패키지	com.example.demo.aop
클래스	LoggingAspect

LoggingAspect 클래스의 내용은 예제 4.3과 같습니다.

예제 4.3 LoggingAspect

```
001: package com.example.demo.aop;
002:
003: import java.time.LocalDateTime;
004: import java.time.format.DateTimeFormatter;
005:
006: import org.aspectj.lang.JoinPoint;
```

```java
007:    import org.aspectj.lang.ProceedingJoinPoint;
008:    import org.aspectj.lang.annotation.Aspect;
009:    import org.springframework.stereotype.Component;
010:
011:    @Aspect
012:    @Component
013:    public class LoggingAspect {
014:
015:        // @Before("execution(* com.example.demo.service.TargetService.*(..))")
016:        public void beforeAdvice(JoinPoint joinPoint) {
017:            LocalDateTime startTime = LocalDateTime.now(); // 현재 날짜 및 시간 가져오기
018:            String formattedTime = startTime.format(DateTimeFormatter.ofPattern("HH:mm:ss:SSS:SSS"));
019:            System.out.println("-------【 @Before 】-------");
020:            System.out.println("Before method : " + joinPoint.getSignature());
021:            System.out.println("메서드 시작: " + formattedTime);
022:        }
023:
024:        // @After("execution(* com.example.demo.service.TargetService.*(..))")
025:        public void afterAdvice(JoinPoint joinPoint) {
026:            LocalDateTime endTime = LocalDateTime.now(); // 현재 날짜 및 시간 가져오기
027:            String formattedTime = endTime.format(DateTimeFormatter.ofPattern("HH:mm:ss:SSS"));
028:            System.out.println("-------【 @After 】-------");
029:            System.out.println("After method : " + joinPoint.getSignature());
030:            System.out.println("메서드 종료: " + formattedTime);
031:        }
032:
033:        // @Around("execution(* com.example.demo.service.TargetService.*(..))")
034:        public Object aroundAdvice(ProceedingJoinPoint joinPoint) throws Throwable {
035:            long startTime = System.currentTimeMillis();
036:            System.out.println("=====【 @Around : 전 】=====");
037:            System.out.println("■Target");
038:            System.out.println(" 클래스:" + joinPoint.getSignature().getDeclaringTypeName());
039:            System.out.println(" 메서드:" + joinPoint.getSignature().getName());
040:
041:            Object result = joinPoint.proceed(); // 실행 메서드 호출
042:
043:            System.out.println("=====【 @Around : 후 】=====");
044:            long elapsedTime = System.currentTimeMillis() - startTime;
045:            System.out.println("메서드 실행 시간: " + elapsedTime + " milliseconds.");
046:            return result;
047:        }
048:    }
```

어드바이스를 기술하는 클래스에 @Aspect를 부여하고(11번째 줄), 인스턴스 생성 스테레오타입 애너테이션인 @Component를 부여합니다(12번째 줄).

15번째 줄의 @Before는 지정된 포인트컷 식과 일치하는 메서드가 호출되기 전에 실행되는 어드바이스를 정의합니다. execution(* com.example.demo.service.TargetService.*(..))는 포인트컷 식으로 com.example.demo.service.TargetService 클래스의 임의의 메서드가 호출되기 '전'에 이 어드바이스가 실행되도록 지정합니다.

16번째 줄의 JoinPoint는 어드바이스가 적용될 대상 메서드나 필드에 대한 정보를 제공하는 객체입니다.

16~22번째 줄의 beforeAdvice 메서드는 콘솔에 @Before 어드바이스가 실행됐다는 사실과 어떤 메서드가 호출됐는지, 그리고 그 메서드가 호출된 시간을 출력합니다.

25~31번째 줄의 afterAdvice 메서드의 처리 내용은 beforeAdvice 메서드와 동일하지만, @After는 지정된 포인트컷 식에 일치하는 메서드가 호출된 '후'에 실행되는 어드바이스를 정의합니다.

33번째 줄의 @Around는 지정된 포인트컷 식과 일치하는 메서드가 호출되는 '전후'에 실행되는 어드바이스를 정의합니다.

34번째 줄의 ProceedingJoinPoint는 어드바이스가 적용되는 대상 메서드에 대한 정보를 제공하는 특별한 조인포인트입니다. 이 객체를 사용해 41번째 줄과 같이 대상 메서드를 명시적으로 호출할 수 있습니다.

34~47번째 줄의 aroundAdvice 메서드는 메서드가 호출되기 전 현재 시간(밀리초)을 기록하고, 대상 메서드(joinPoint.proceed())를 실제로 호출하는 메서드가 종료된 후 실행에 걸린 시간(밀리초)을 계산합니다. 지금은 각 어드바이스의 애너테이션을 주석 처리했습니다.

추가로 @Around가 다른 어드바이스와 다른 점은 다음과 같습니다.

- 인수로 ProceedingJoinPoint 인터페이스 타입을 지정합니다.
- 어드바이스에서 ProceedingJoinPoint 인터페이스의 proceed() 메서드를 호출해서 타깃의 메서드를 호출할 수 있으므로 메서드 호출 전후로 다양한 처리 내용을 기술할 수 있습니다.
- 반환값을 반환해야 하는 경우 Object 타입으로 값을 반환합니다.

4-2-4 시작 클래스 생성 및 동작 확인

기본적으로 생성되는 `com.example.demo` 패키지의 `AopSampleApplication` 클래스의 내용을 예제 4.4와 같이 수정합니다. 새로 설명할 내용은 없습니다.

예제 4.4 AopSampleApplication

```
001: package com.example.demo;
002:
003: import org.springframework.beans.factory.annotation.Autowired;
004: import org.springframework.boot.SpringApplication;
005: import org.springframework.boot.autoconfigure.SpringBootApplication;
006:
007: import com.example.demo.service.TargetService;
008:
009: @SpringBootApplication
010: public class AopSampleApplication {
011:   /** 시작 */
012:   public static void main(String[] args) {
013:     SpringApplication.run(AopSampleApplication.class, args)
014:       .getBean(AopSampleApplication.class).exe();
015:   }
016:
017:   /** DI */
018:   @Autowired
019:   private TargetService service;
020:
021:   /** 실행 */
022:   private void exe() {
023:     service.sayHello("철수");
024:     // 알기 쉽게 구분선을 표시
025:     System.out.println("■■■■■■■■");
026:     service.sayGoodbye("영희");
027:   }
028: }
```

☐ @Before 확인

`LoggingAspect` 클래스의 `@Before` 애너테이션에 대한 주석 처리를 해제한 후, 자바 파일인 `AopSampleApplication`을 선택하고 마우스 오른쪽 버튼을 클릭한 후 ['AopSampleApplication.main()' 실행]을 선택합니다(그림 4.9).

```
-------[ @Before ]-------
Before method : void com.example.demo.service.TargetService.sayHello(String)
메서드 시작: 11:11:50:524:524
안녕, 철수!
■■■■■■■■
-------[ @Before ]-------
Before method : void com.example.demo.service.TargetService.sayGoodbye(String)
메서드 시작: 11:11:50:527:527
잘가, 영희!
```

그림 4.9 `@Before` 실행 결과

타깃이 호출되기 '전'에 어드바이스가 적용되는 것을 확인할 수 있습니다. 다시 `@Before`를 주석 처리합니다.

☐ @After 확인

`LoggingAspect` 클래스의 `@After` 애너테이션에 대한 주석 처리를 해제한 후, 자바 파일인 `AopSampleApplication`을 선택하고 마우스 오른쪽 버튼을 클릭한 후 ['AopSampleApplication.main()' 실행]을 선택합니다(그림 4.10).

```
안녕, 철수!
-------[ @After ]-------
After method : void com.example.demo.service.TargetService.sayHello(String)
메서드 종료: 11:36:31:313
■■■■■■■■
잘가, 영희!
-------[ @After ]-------
After method : void com.example.demo.service.TargetService.sayGoodbye(String)
메서드 종료: 11:36:31:315
```

그림 4.10 `@After` 실행 결과

타깃이 호출된 '후'에 어드바이스가 적용되는 것을 확인할 수 있습니다. 다시 `@After`를 주석 처리합니다.

☐ @Around 확인

LoggingAspect 클래스의 @Around 애너테이션에 대한 주석 처리를 해제한 후, 자바 파일인 AopSampleApplication을 선택하고 마우스 오른쪽 버튼을 클릭한 후 ['AopSampleApplication.main()' 실행]을 선택합니다(그림 4.11).

```
=====[ @Around : 전 ]=====
■Target
 클래스:com.example.demo.service.TargetService
 메서드:sayHello
안녕, 철수!
=====[ @Around : 후 ]=====
메서드 실행 시간: 4 milliseconds.
■■■■■■■■■
=====[ @Around : 전 ]=====
■Target
 클래스:com.example.demo.service.TargetService
 메서드:sayGoodbye
잘가, 영희!
=====[ @Around : 후 ]=====
메서드 실행 시간: 0 milliseconds.
```

그림 4.11 @Around 실행 결과

타깃 호출 '전후'로 어드바이스가 적용되는 것을 확인할 수 있습니다. 참고로 After Returning Advice와 After Throwing Advice도 만드는 방법은 동일하므로 이번에는 만들지 않겠습니다.

칼럼 / 프로그래밍 학습을 위한 핵심 요점

프로그래밍을 배울 때 '단순히 코드를 작성하는 것'이 아니라 '어떻게 하면 좋은 코드를 만들 수 있을까'를 고민하는 것이 매우 중요합니다. 이 사고 방식을 배우는 것은 마치 건축 분야에서 좋은 집을 짓기 위해 설계도를 배우는 것과 비슷합니다.

DI(의존성 주입)와 AOP(관점지향 프로그래밍)는 스프링 프레임워크에서 자주 듣는 단어일 수 있지만, 사실 모든 프로그래밍 언어와 프레임워크에 도움이 되는 보편적인 개념입니다.

DI(의존성 주입)는 프로그램의 일부가 다른 부분에 의존하는 방식을 잘 관리하는 방법입니다.

AOP(관점지향 프로그래밍)는 프로그램 곳곳에 필요한 공통 기능을 관리하는 방법입니다.

위와 같은 소프트웨어 설계의 원리와 패턴을 익히면 향후 프로그램에 변경이나 추가가 필요할 때도 원활하게 대응할 수 있게 됩니다. 즉, 변화에 강하고 오래 사용할 수 있는 '설계도'를 만드는 기술을 익힐 수 있는 것입니다. 이는 프로그래밍의 세계에서 오래 살아남는 데 있어 매우 가치 있는 투자가 될 것입니다.

소프트웨어 설계의 원리와 패턴을 배우는 것은 단순히 코드 작성 기술을 향상시키는 것뿐만 아니라 미래의 모든 변화에 대응할 수 있는 탄탄한 기반을 마련하는 데 도움이 됩니다.

스프링 프레임워크가 제공하는 AOP 기능 이해하기

SECTION 4-3

스프링 프레임워크는 다양한 공통 기능을 AOP로 제공합니다. 이러한 기능은 클래스나 메서드에 '애너테이션'을 부여해서 이용할 수 있습니다. 여기서는 이 책의 뒤에서 설명할 스프링 프레임워크가 제공하는 AOP 중 하나인 '트랜잭션 관리 기능'에 대해 소개합니다.

4-3-1 트랜잭션 관리

트랜잭션 관리에는 @Transactional을 사용합니다. @Transactional을 메서드에 부여할 경우 데이터베이스 접근 처리 메서드가 정상적으로 종료되면 트랜잭션을 커밋하고, 예외가 발생하면 롤백을 수행합니다(그림 4.12). @Transactional 애너테이션에 대한 구체적인 내용은 사용법을 포함해서 다음 장에서 설명할 예정이니 조금만 기다려 주세요.

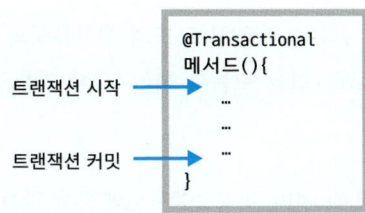

그림 4.12 메서드에 @Transactional 부여

4-3-2 AOP 이해하기

마지막으로 AOP의 개념을 스토리텔링으로 설명하겠습니다. AOP를 이해하는 데 도움이 되기를 바랍니다.

예를 들어, 프로그램 개발 중에 동작 상황을 체크하는 '나만의 확인 로그'를 다수의 클래스에 System.out.println 문으로 작성해서 출력하고 싶다고 가정해봅시다. 이것은 매우 번거로운 방식입니다. 수많은 클래스가 있다면 각 클래스의 메서드마다 System.out.println 문을 작성해야 합니다.

게다가 프로그램이 완성되면 '나만의 확인 로그'를 모두 삭제해야 합니다. 이처럼 '다수의 클래스에 걸쳐 공통적으로 필요한 처리 내용'이 '횡단적 관심사'입니다.

만약 여러 클래스에 들어있는 메서드에 `System.out.println` 문을 자동으로 삽입할 수 있는 기능이 있다면 상당히 편리할 것입니다. 그리고 필요없어졌을 때 자동으로 모두 삭제할 수 있다면 그것이 바로 'AOP의 사고방식'입니다.

AOP의 중요 사항을 정리하면 다음과 같습니다.

AOP에서는 프로그램이 '중심적 관심사'와 '횡단적 관심사'라는 두 가지 요소로 구성된다고 생각합니다.

- **중심적 관심사**
  애플리케이션이 구현해야 하는 주요 기능이나 비즈니스 로직을 말합니다. 예를 들어, 사용자 인증, 데이터베이스의 CRUD 연산 등이 이에 해당합니다.

- **횡단적 관심사**
  여러 컴포넌트나 기능에 공통적으로 필요하지만 주요 비즈니스 로직과는 직접적인 관련이 없는 기능을 말합니다. 예를 들어, 로깅, 보안, 트랜잭션 관리 등이 있습니다.

AOP의 주요 목적은 횡단적 관심사를 '분리'해서 코드의 재사용성과 유지보수성을 높이는 것입니다. 구체적으로는 횡단적 관심사를 애스펙트라는 모듈로 묶어 기존 코드(중심적 관심사)에 영향을 주지 않고 이를 적용하는 것입니다.

스프링 프레임워크는 AOP를 활용해 여러 '공통 기능(트랜잭션 관리, 보안, 로깅 등)'을 제공합니다. 이를 통해 개발자는 비즈니스 로직에 집중할 수 있고 코드 품질도 향상됩니다(그림 4.13).

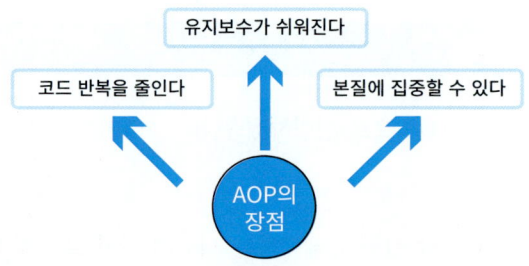

그림 4.13 AOP의 장점

05장

MVC 모델 알아보기

5-1 MVC 모델 알아보기

5-2 스프링 MVC 알아보기

5-3 스프링 MVC 사용해보기

SECTION 5-1 MVC 모델 알아보기

이번 장에서는 스프링에서 제공하는 웹 애플리케이션을 쉽게 만들 수 있는 기능인 '스프링 MVC'를 이용해 웹 애플리케이션을 만들어 보겠습니다. 먼저 스프링 MVC에 대한 설명에 들어가기에 앞서 유명한 프로그램 작성 방법인 'MVC 모델'에 대해 알아봅시다.

5-1-1 MVC 모델이란?

MVC 모델이란 '프로그램의 처리 내용을 역할별로 나누어 프로그램을 작성하는 개념'으로, 웹 시스템 개발에 자주 사용됩니다. 이때 역할은 모델(Model: M), 뷰(View: V), 컨트롤러(Controller: C)의 세 가지로 분류됩니다(그림 5.1).

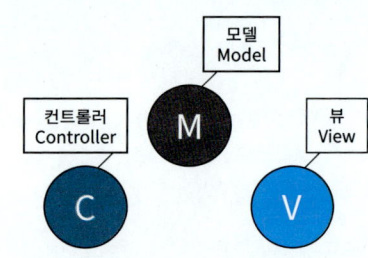

그림 5.1 MVC 모델의 분류

🔲 모델(Model: M)

시스템에서 '비즈니스 로직'은 '시스템의 핵심 부분', '시스템의 주요 기능' 등으로 설명됩니다. 이는 일반적으로 '업무 처리' 또는 '서비스 처리'라고도 합니다. 이 '업무 처리'란 시스템이 사용자에게 제공하는 구체적인 서비스나 기능을 구현하는 코드를 말합니다.

온라인 쇼핑 사이트를 예로 들면, 상품 검색, 장바구니 담기, 주문 처리 등이 이러한 비즈니스 로직에 해당합니다.

MVC 모델에서 이 비즈니스 로직은 모델 부분에서 구현됩니다. 쉽게 말해, 모델은 시스템이 사용자에게 제공하는 서비스나 기능을 프로그램으로 구현하는 곳이라고 생각하면 됩니다(그림 5.2).

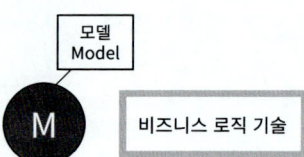

그림 5.2 모델

뷰(View: V)

한 마디로 설명하면 '외관'입니다. 사용자의 입력, 사용자에게 결과 출력 등 시스템에서 무언가를 표시하는 부분에 해당하며, 웹 애플리케이션에서는 주로 화면에 해당합니다(그림 5.3).

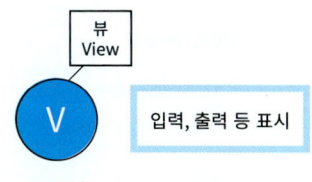

그림 5.3 뷰

컨트롤러(Controller: C)

비즈니스 로직을 수행하는 모델과 화면 표시를 수행하는 뷰를 제어하는 역할을 합니다. 뷰로부터 사용자의 입력을 받고, 입력받은 데이터를 바탕으로 모델에 지시 내용을 전달합니다. 또한 모델로부터 받은 결과를 뷰에 전달하고, 이를 반영해서 화면에 표시합니다(그림 5.4).

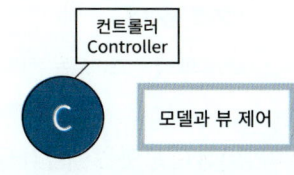

그림 5.4 컨트롤러

5-1-2 MVC 모델의 개요와 이점

MVC 모델의 전체 모습

'비즈니스 로직'을 나타내는 모델(Model: M), '외관'을 나타내는 뷰(View: V), '제어'를 나타내는 컨트롤러(Controller: C)와의 역할 분담을 통해 프로그램의 독립성을 높입니다(그림 5.5).

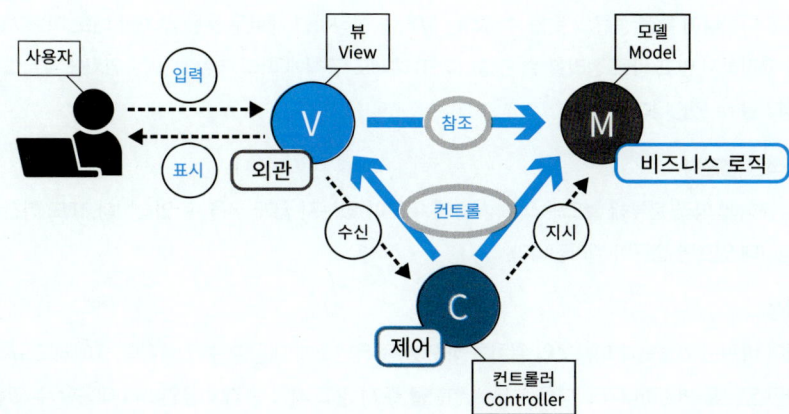

그림 5.5 전체 모습

MVC 모델의 장점은 다음과 같습니다.

- **역할의 명확화**

    MVC 모델에서는 각 컴포넌트가 독립적이기 때문에 한 컴포넌트를 변경해도 다른 컴포넌트에 영향을 미치기 어렵습니다. 이를 통해 유지보수 및 확장이 용이해집니다.

- **재사용성**

    각 컴포넌트가 독립적이기 때문에 재사용이 용이합니다. 예를 들어, 동일한 비즈니스 로직(모델)을 다른 화면(뷰)으로 표시하거나, 같은 화면(뷰)에 다른 비즈니스 로직(모델)을 적용하는 것이 용이해집니다.

- **테스트 용이성**

    MVC의 각 컴포넌트는 독립적이기 때문에 단위 테스트가 용이합니다.

이처럼 MVC 모델은 애플리케이션 개발에 많은 이점을 제공합니다.

> **칼럼 / 필자의 포인트**
>
> IT 분야에서는 흔히 ○○패턴이니, ××모델이니, △△구조니 하는 다양한 용어로 개별 요소를 분리하는 방법을 설명하곤 합니다. 그래서 어려운 단어에 초보자들은 당황하게 됩니다.
>
> 대신 현실에 대입해서 생각해 봅시다. 이번에는 옷장 안에 옷을 수납하는 방법을 생각해보겠습니다.
>
> 옷장에 옷을 분류하면 다음과 같은 장점이 있습니다.
>
> - **정리정돈**
>
>   서랍 하나하나에 특정 종류의 옷을 수납하는 규칙을 설정하면 새로운 옷을 추가할 때도 어느 서랍에 넣어야 할지 고민하지 않고 바로 정리할 수 있습니다. IT에서도 규칙에 따라 역할에 맞는 위치에 프로그램을 저장해서 정리할 수 있습니다.
>
> - **효율적인 접근성**
>
>   옷도 규칙에 따라 분류해 놓으면 어느 서랍에 무엇이 있는지 쉽게 찾을 수 있습니다. IT도 마찬가지로 정보가 정리돼 있으면 접근이 빨라집니다.
>
> - **유연성**
>
>   계절이 바뀌면 겨울옷과 여름옷의 위치를 바꾸는 등 유연하게 대응할 수 있습니다. IT에서도 규칙에 따라 분류하면 일부를 변경하더라도 다른 부분에 영향을 주지 않고 사양 변경에 유연하게 대응할 수 있습니다.

현실 세계에 비유하면 IT 세계의 알 수 없는 언어도 좀 더 잘 이해할 수 있지 않나요?

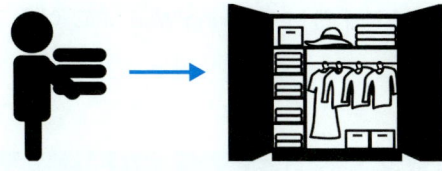

규칙을 지키고, 정리정돈을 하고, 분산시키면 이점을 얻을 수 있다!

그림 5.A 현실 세계에 비유하기

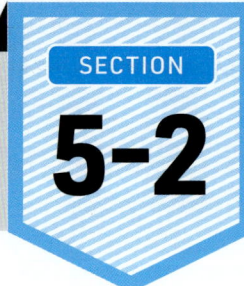

SECTION 5-2 스프링 MVC 알아보기

MVC 모델의 역할 분담에 대해 어느 정도 감이 잡혔나요? 그럼 이제 스프링에서 제공하는 웹 애플리케이션을 쉽게 만들 수 있는 프레임워크인 스프링 MVC에 대해 설명하겠습니다. 정식 명칭은 '스프링 웹 MVC(Spring Web MVC)'이며, 일반적으로 '스프링 MVC'라고 부릅니다.

5-2-1 스프링 MVC란?

스프링 MVC는 웹 애플리케이션을 효율적으로 개발하기 위한 프레임워크입니다. 이 프레임워크는 '프런트 컨트롤러 패턴'을 기반으로 설계됐습니다.

프런트 컨트롤러 패턴은 디자인 패턴[7] 중 하나로, 모든 클라이언트의 요청을 하나의 컨트롤러가 먼저 수신합니다. 이 프런트 컨트롤러는 요청에 따라 적절하게 처리할 수 있는 컨트롤러로 요청을 분배합니다.

스프링 MVC의 주요 기능으로는 화면 전환을 관리하고 클라이언트(보통 웹 브라우저)와 서버 간의 데이터 입출력을 용이하게 하는 기능이 있습니다.

주요 컴포넌트는 표 5.1과 같습니다.

표 5.1 스프링 MVC의 컴포넌트

요소	개요
DispatcherServlet	'프런트 컨트롤러'입니다. 모든 클라이언트의 요청을 가장 먼저 수신합니다.
Model	컨트롤러에서 뷰로 전달되는 표시 데이터를 저장하는 객체입니다. `HttpServletRequest`나 `HttpSession`과 유사한 기능을 제공합니다.
컨트롤러	요청에 따라 적절히 처리합니다.
비즈니스 로직	데이터베이스에 대한 접근, 데이터 수집, 가공 등을 담당합니다. 이 부분은 개발자가 설계와 구현을 담당합니다(스프링 MVC와는 직접적인 관련이 없습니다).
뷰	화면 표시를 담당합니다.

---

[7] 디자인 패턴이란 '이렇게 만들면 좋다'라는 선배들의 지혜가 담긴 설계 패턴을 말합니다.

5-2-2 요청 수신에서 응답 전송까지의 흐름

그림 5.6은 스프링 MVC의 요청에서 응답까지의 흐름을 나타냅니다.

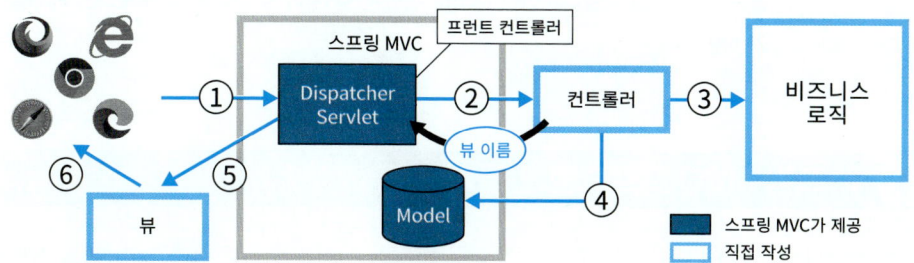

그림 5.6 요청 수신부터 응답 전송까지의 흐름

그림 5.6을 간단히 설명하겠습니다.

모든 요청을 수신하는 프런트 컨트롤러인 DispatcherServlet이 클라이언트로부터 요청을 받습니다(①).

DispatcherServlet이 컨트롤러의 요청 핸들러 메서드[8]를 호출합니다(②).

컨트롤러는 비즈니스 로직을 호출해서 처리 결과를 가져옵니다(③).

처리 결과를 Model로 설정하고 뷰 이름을 반환합니다(④).

이에 따라 DispatcherServlet이 뷰 이름에 해당하는 뷰에 대해 화면 표시를 요청합니다(⑤).

클라이언트가 응답을 받으면 브라우저에 처리 결과가 표시됩니다(⑥).

참고로 스프링 MVC는 내부적으로 다양한 클래스가 처리를 담당하지만 이 책에서는 DispatcherServlet과 Model에 초점을 맞추기 위해 생략했습니다.

그림 5.6을 보면 복잡한 처리는 스프링 MVC가 알아서 해주기 때문에 실제로 우리가 만드는 부분은 컨트롤러, 비즈니스 로직, 뷰의 세 가지임을 알 수 있습니다.

설명보다는 프로그램을 작성하는 편이 더 쉽게 이해할 수 있으므로 스프링 MVC를 이용해 프로그램을 작성해 봅시다.

---

[8] '요청 핸들러 메서드'는 사용자의 요청(요청)을 '수신'하고 '처리'하는 역할을 하기 때문에 '핸들러(처리자)'라고 불립니다.

스프링 MVC 사용해보기

이제부터 스프링 MVC를 이용해 웹 애플리케이션을 만들어 볼 텐데, 웹 지식이 부족한 분들은 2-2절 '웹 애플리케이션 제작을 위한 필수 지식'을 참고한 후 프로그램 제작을 진행하기 바랍니다.

5-3-1 스프링 MVC 프로그램 만들기

요청을 통해 전송되는 URL에 대응하는 메서드를 요청 핸들러 메서드라고 합니다. 이번에는 컨트롤러에 요청 핸들러 메서드를 생성한 후, 뷰를 생성해서 브라우저에서 'Hello View!!!'라고 표시하는 프로그램을 작성하겠습니다.

01 프로젝트 생성

스프링 이니셜라이저에서 프로젝트를 생성해서 진행하겠습니다. 웹 브라우저로 `https://start.spring.io/`에 접속한 후 다음 내용을 참조해서 설정합니다(그림 5.7).

설정 내용

Project	Gradle - Groovy
Language	Java
Spring Boot	3.3.3 (3.x 버전이면 괜찮습니다)
Artifact	SpringMVCViewSample
Name	SpringMVCViewSample
Package name	com.example.demo
Packaging	Java
Java	21

※ 기타 항목은 기본 설정을 그대로 유지합니다.

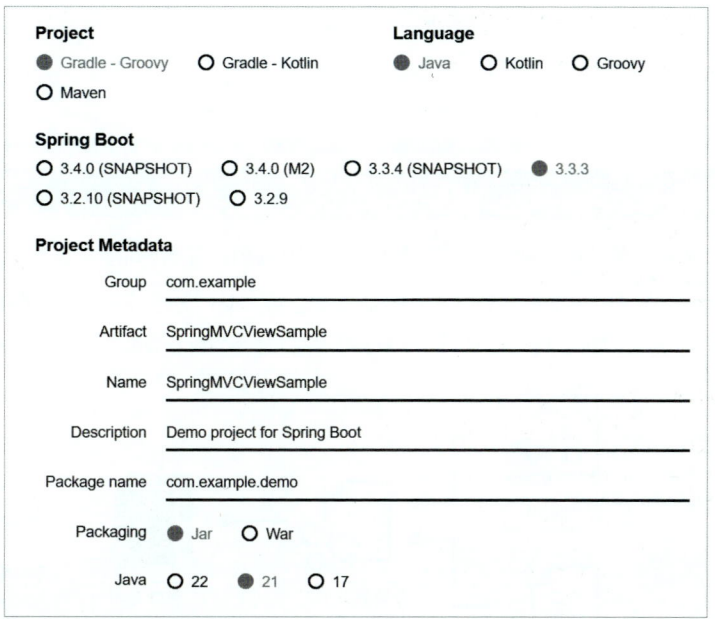

그림 5.7 프로젝트 설정

추가 의존성으로 다음과 같이 선택하고 아래의 [GENERATE] 버튼을 클릭해 프로젝트를 생성합니다(그림 5.8). 참고로 'Spring Web(Web)'이 스프링 MVC를 의미합니다.

- Spring Boot DevTools(개발자 도구)
- Thymeleaf(템플릿 엔진)
- Spring Web(웹)

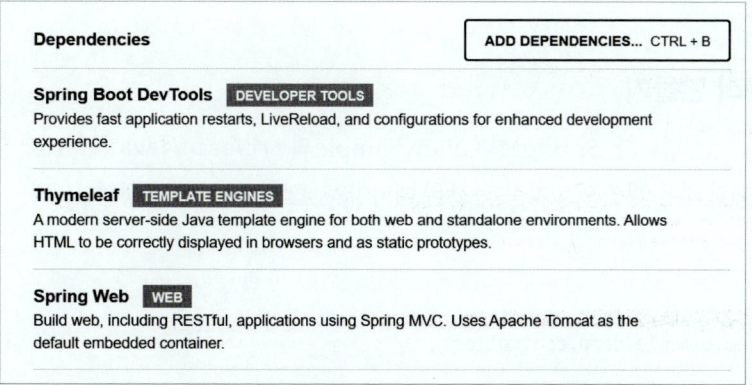

그림 5.8 추가 의존성

생성한 프로젝트 파일을 이전과 마찬가지로 `C:\spring-project\` 폴더에서 압축을 풀고 IntelliJ IDEA에서 불러옵니다.

> **칼럼 / 타임리프란?**
>
> 템플릿 엔진은 데이터와 특정 형식(템플릿)을 결합해서 최종 표시 내용(뷰)을 생성하는 도구입니다(그림 5.B).
>
> 타임리프(Thymeleaf)는 이러한 템플릿 엔진 중 하나로 스프링 부트에서 사용을 권장하고 있습니다. 간단히 말해, 타임리프는 스프링 부트와 함께 사용하면 데이터를 화면에 표시하는 작업을 수월하게 만들어줍니다.
>
>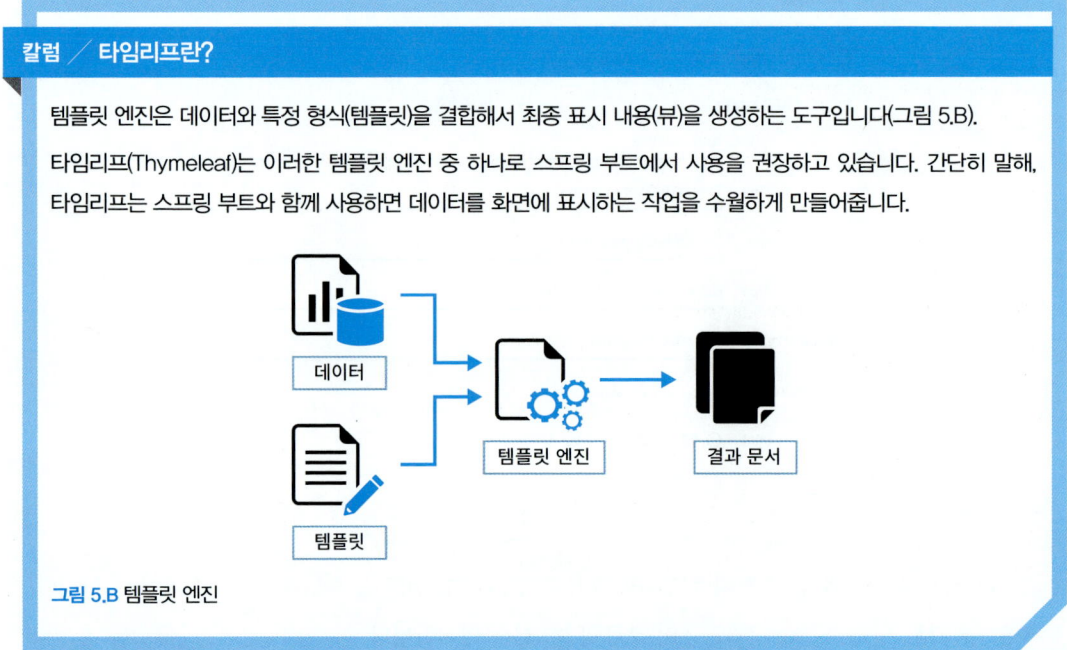
>
> 그림 5.B 템플릿 엔진

> **칼럼 / 스프링 웹 MVC(스프링 MVC)란?**
>
> 스프링이 제공하는 웹 애플리케이션 개발을 위한 프레임워크입니다. 이 프레임워크는 MVC(Model-View-Controller)라는 디자인 패턴을 기반으로 합니다.

02 컨트롤러 만들기

먼저 컨트롤러를 생성합니다. SpringMVCViewSample의 `src/main/java` 폴더에서 앞에서 패키지와 클래스를 만들 때와 같은 방법으로 다음과 같은 패키지와 클래스를 차례로 생성합니다.

생성 내용

패키지	`com.example.demo.controller`
클래스	`HelloViewController`

HelloViewController 클래스의 내용은 예제 5.1과 같습니다.

예제 5.1 HelloViewController

```
001: package com.example.demo.controller;
002:
003: import org.springframework.stereotype.Controller;
004: import org.springframework.web.bind.annotation.GetMapping;
005: import org.springframework.web.bind.annotation.RequestMapping;
006:
007: @Controller
008: @RequestMapping("hello")
009: public class HelloViewController {
010:
011:   @GetMapping("view")
012:   public String helloView() {
013:     // 반환값으로 뷰 이름을 반환
014:     return "hello";
015:   }
016: }
```

컨트롤러는 POJO 클래스로 생성합니다. POJO는 'Plain Old Java Object'의 약자입니다. '단순한 자바 객체', 즉 어떤 클래스나 인터페이스를 상속하는 등 특별한 처리를 하지 않은 일반 자바 객체를 의미한다고 생각하면 됩니다.

예제 5.1에서 7번째 줄의 `@Controller`는 '인스턴스 생성' 애너테이션(스테레오타입 애너테이션)입니다[9]. 이 애너테이션이 부여된 클래스는 HTTP 요청을 받아 적절한 '비즈니스 로직'을 호출하고 응답을 반환하는 역할을 합니다. `@Controller`는 클라이언트와의 데이터 입출력을 제어하는 애플리케이션 계층의 컨트롤러에 부여합니다.

예제 5.1의 8번째 줄에서는 컨트롤러의 요청 핸들러 메서드와 URL을 매핑하기 위해 `@RequestMapping` 애너테이션을 클래스(또는 메서드)에 부여합니다. `@RequestMapping` 애너테이션은 다양한 속성을 지정할 수 있지만 기본적으로 `value` 속성과 `method` 속성을 지정합니다(표 5.2, 예제 5.2, 예제 5.3).

---

[9] 스테레오타입 애너테이션에 대한 자세한 내용은 3-2-2절 '5가지 규칙'에 설명돼 있으니 잊어버린 분들은 참고하기 바랍니다.

표 5.2 @RequestMapping에 지정 가능한 속성

속성	개요
value 속성	매핑할 URL 경로를 지정하며, value는 앞의 /를 생략할 수 있습니다. 즉, /hello와 hello는 같은 의미이며, URL 경로만 지정할 경우 value 속성명을 생략할 수 있습니다. 여러 개의 URL 경로를 지정할 수도 있습니다.
method 속성	GET이나 POST 등의 HTTP 메서드를 지정합니다. GET을 지정하려면 RequestMethod.GET을 사용합니다. POST를 지정하려면 RequestMethod.POST를 사용합니다. 여러 개의 HTTP 메서드를 지정할 수도 있습니다. 클래스에 @RequestMapping을 부여하는 경우에는 지정하지 않습니다.

예제 5.2 value 속성의 예시

```
001: // value 속성으로 처리할 URL 경로를 매핑합니다.
002: @RequestMapping(value = "hello")
003: // value 속성만 생략할 수 있습니다.
004: @RequestMapping("hello")
005: // 여러 URL 경로를 지정할 수 있습니다.
006: @RequestMapping(value = { "hello", "hellospring" })
```

예제 5.3 method 속성의 예시

```
001: // method에서 HTTP 메서드 GET을 지정합니다.
002: @RequestMapping(value = "hello", method = RequestMethod.GET)
003: // 여러 개의 method를 지정할 수 있습니다(GET, POST를 지정합니다).
004: @RequestMapping(value = "hello", method = { RequestMethod.GET, RequestMethod.POST })
```

예제 5.1의 11번째 줄에 지정한 @GetMapping은 @RequestMapping의 GET 요청에 대한 애너테이션입니다. 이 애너테이션을 사용하면 설명을 생략하고 가독성을 높일 수 있습니다. 속성으로 @RequestMapping의 value 속성을 동일하게 사용할 수 있지만 method 속성은 사용할 수 없습니다.

예제 5.4는 @GetMapping의 사용법을 설명합니다.

예제 5.4 @GetMapping 예시

```
001: // value 속성만 생략할 수 있습니다.
002: @GetMapping("hello")
003: // 여러 URL 경로를 지정할 수 있습니다.
004: @GetMapping(value = { "hello", "hellospring" })
```

@RequestMapping의 POST 요청용 애너테이션은 @PostMapping입니다. 이를 이용하면 설명을 생략하고 가독성을 향상하는 데 도움이 됩니다. 속성으로 @RequestMapping의 value 속성을 동일하게 사용할 수 있지만 method 속성은 사용할 수 없습니다.

예제 5.5는 @PostMapping의 사용법을 보여줍니다.

예제 5.5 @PostMapping의 예시

```
001:    // value 속성만 생략할 수 있습니다.
002:    @PostMapping("hello")
003:    // 여러 URL 경로를 지정할 수 있습니다.
004:    @PostMapping(value = { "hello", "hellospring" })
```

예제 5.1의 14번째 줄처럼 요청 핸들러 메서드의 반환값을 '뷰 이름'으로 설정하면 템플릿 엔진의 뷰가 응답 HTML을 생성합니다.

03 URL 매핑

HelloViewController 클래스에서는 클래스에 @RequestMapping("hello") 애너테이션(예제 5.1의 8번째 줄)을 부여하고, 요청 핸들러 메서드에 @GetMapping("view") 애너테이션(예제 5.1의 11번째 줄)을 지정했습니다.

클라이언트에서 GET 메서드로 http://localhost:8080/hello/view URL을 보내면 HelloViewController 클래스의 helloView 메서드가 호출됩니다.

일반적으로 웹 애플리케이션에 접속할 때는 다음과 같은 형태입니다.

```
http://[서버명]:[포트번호]/[애플리케이션명]/[기능명]
```

하지만 스프링 부트에서는 특별한 설정이 없는 한 [애플리케이션명](또는 '컨텍스트 경로'라고도 함)은 생략합니다.

즉, 이 URL은 '내 컴퓨터(localhost)의 8080번 포트에서 실행 중인 스프링 부트 애플리케이션의 "hello/view"라는 기능에 접속해 주세요'라는 의미입니다.

> **칼럼** / **스프링 부트의 URL 표기에 대해**
>
> http://localhost:8080/hello/view에 대해 보충 설명합니다(표 5.A).
>
> 표 5.A 스프링 부트에서의 URL 표기
>
> | URL 요소 | 보충 설명 |
> |---|---|
> | localhost | '자기 자신'을 가리키는 컴퓨터 이름입니다. 즉, 자신의 컴퓨터에서 실행 중인 프로그램에 접속할 때 사용하는 문자입니다. |
> | 8080 | '포트 번호'라고 불리는 것으로, 컴퓨터 내에서 여러 프로그램이 네트워크를 사용할 때 어떤 프로그램에 데이터를 보낼지 구분하기 위한 번호입니다. 쉽게 말해 '객실 번호'와 같은 개념입니다.[1] |
> | hello/view | 애플리케이션 내에서 특정 기능이나 페이지에 직접 접근하기 위해 라우팅[2]을 통해 접근하게 되는 엔드포인트[3]입니다. |
>
> [1] 8080은 스프링 부트에 포함된 톰캣 서버의 포트 번호입니다.
> [2] 라우팅이란 웹 애플리케이션에서 사용자가 특정 URL에 접속했을 때, 어떤 부분(보통 컨트롤러라고 불리는 프로그램의 일부)이 동작할지를 결정하는 구조입니다. 쉽게 말해, 라우팅은 웹 애플리케이션 내에서 '길 안내'와 같은 역할을 합니다.
> [3] 엔드포인트란 외부에서 API나 웹서비스에 접근하기 위한 URL입니다.

04 뷰 만들기

스프링 부트 프로젝트에서 뷰를 생성할 때는 다음과 같은 규칙을 준수해야 합니다.

Q 뷰는 어디에 배치하나요?
A resources/templates 폴더에 배치합니다(그림 5.9).

Q 화면이 많을 때는 어떻게 해야 하나요?
A 기능별로 하위 폴더를 만들고 그 안에 각 뷰를 배치합니다.

Q 하위 폴더를 만들면 요청 핸들러 메서드에서 어떻게 지정하나요?
A 요청 핸들러 메서드에서 templates 폴더 아래의 경로를 지정합니다. 예를 들어, templates/user/login.html이라는 파일이 있다면 user/login을 지정합니다.

Q 스타일시트(CSS)나 자바스크립트는 어디에 넣어야 하나요?
A resources/static 폴더에 배치해서 사용할 수 있습니다.

이러한 규칙을 따르면 프로젝트가 체계적으로 정리되어 나중에 수정하거나 추가하기가 쉬워집니다.

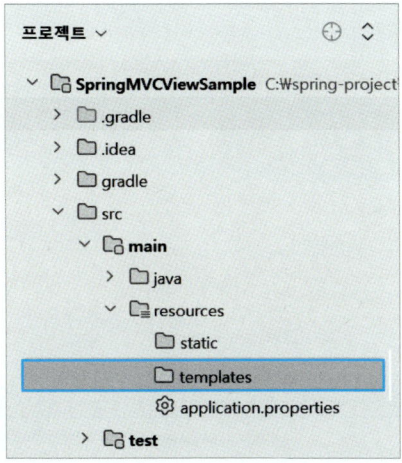

그림 5.9 뷰의 배치 위치

그럼 뷰를 생성하겠습니다. src/main/resources → templates 폴더를 차례로 선택하고 마우스 오른쪽 버튼을 클릭한 후 [새로 만들기] → [HTML 파일]을 선택합니다(그림 5.10).

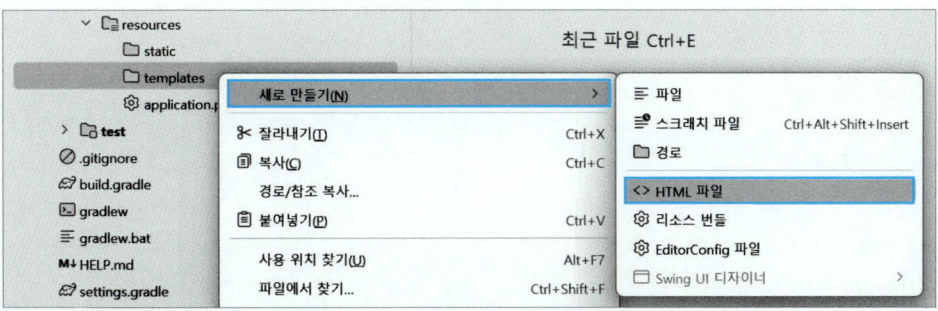

그림 5.10 HTML 파일 선택

파일명으로 'hello.html'을 입력합니다(그림 5.11).

그림 5.11 파일명 입력

그러면 templates 폴더 내에 hello.html이 생성됩니다(그림 5.12).

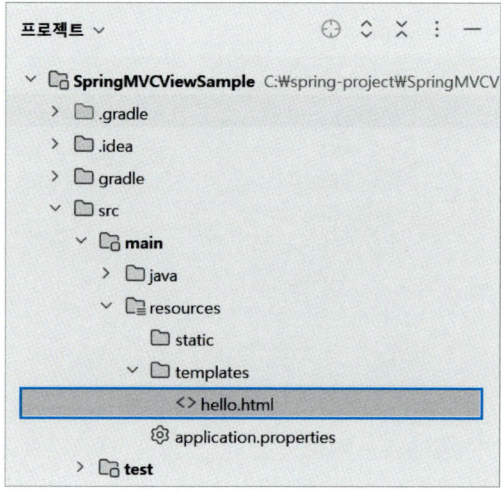

그림 5.12 파일 만들기

hello.html의 내용은 예제 5.6과 같습니다. 8번째 줄처럼 <body> 태그 안에서 Hello View!!!를 <h1> 태그로 둘러싸기만 하면 됩니다.

예제 5.6 hello.html

```
001: <!DOCTYPE html>
002: <html>
003: <head>
004:     <meta charset="UTF-8">
005:     <title>샘플 뷰</title>
006: </head>
007: <body>
008:     <h1>Hello View!!!</h1>
009: </body>
010: </html>
```

05 실행과 확인

com.example.demo 패키지의 SpringMvcViewSampleApplication 클래스를 선택한 후 마우스 오른쪽 버튼을 클릭하고 ['SpringMVCViewS….main()' 실행]을 클릭합니다(그림 5.13).

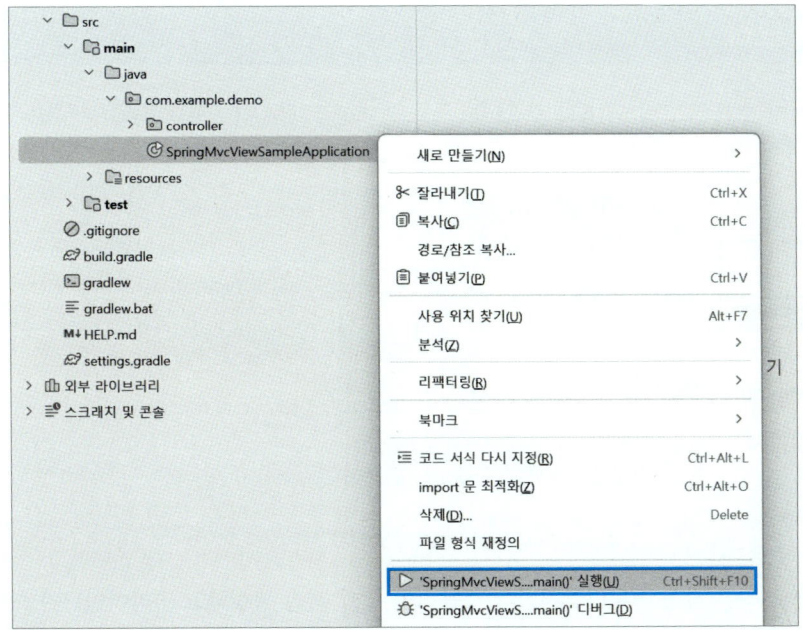

그림 5.13 프로그램 실행

프로그램이 시작되면 서비스에 `SpringMvcViewSampleApplication`이 추가되고 콘솔에서 서버가 시작됐다는 사실과 대상 애플리케이션이 시작됐다는 내용이 표시됩니다(그림 5.14).

```
ApplicationContext   : Root WebApplicationContext: initialization completed in 286 ms
t.TomcatWebServer    : Tomcat started on port 8080 (http) with context path '/'
SampleApplication    : Started SpringMvcViewSampleApplication in 0.415 seconds (process running for 48.834)
```

그림 5.14 콘솔에서의 확인

'`Tomcat started on port 8080`'은 톰캣이 시작됐음을 나타내며, 스프링 부트는 톰캣 서버를 내장하고 있기 때문에 별도의 서버 설정 없이도 사용할 수 있습니다. '`Started SpringMvcViewSampleApplication`'은 애플리케이션이 시작됐음을 나타냅니다.

브라우저를 실행하고 주소 표시줄에 `http://localhost:8080/hello/view`를 입력합니다. 브라우저에 '`Hello View!!!`'가 표시됐습니다(그림 5.15).

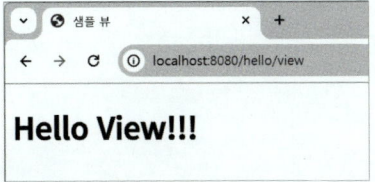

그림 5.15 브라우저 표시

5-3-2 요약

지금까지의 처리 흐름은 그림 5.16과 같습니다.

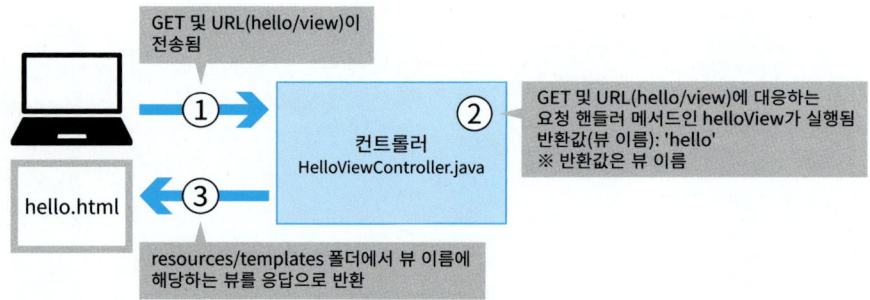

그림 5.16 처리 흐름

아직 비즈니스 로직은 작성하지 않았지만 컨트롤러와 뷰를 직접 생성하고 클라이언트가 보낸 URL에 대응하는 요청 핸들러 메서드가 뷰 이름을 반환하고 해당 뷰를 표시하는 스프링 MVC의 흐름이 어느 정도 이해됐을 것입니다.

템플릿 엔진(타임리프) 알아보기

- **6-1** 타임리프 알아보기
- **6-2** Model을 사용하는 프로그램 만들기
- **6-3** 타임리프 사용법

SECTION 6-1 타임리프 알아보기

이번 장에서는 스프링 부트에서 사용을 권장하는 타임리프(Thymeleaf)라는 템플릿 엔진의 사용법을 설명한 후, 타임리프를 뷰로 사용해 웹 애플리케이션을 만들어보겠습니다.

6-1-1 타임리프란?

타임리프의 특징을 간단히 설명하면 다음과 같습니다.

- **HTML 기반으로 사용하기 쉬움**

    타임리프는 HTML을 기반으로 하기 때문에 일반 HTML과 크게 다르지 않습니다. 특별한 코드를 작성해서 페이지에 동작을 부여하거나 데이터를 표시할 수 있습니다.

- **동적 페이지 생성**

    조건부 분기(만약 ~이면 XX를 표시), 반복(XX를 여러 번 표시) 등 프로그래밍의 기본 기능을 사용해 동적인 웹 페이지를 만들 수 있습니다.

- **내추럴 템플릿**

    타임리프는 '내추럴 템플릿'이라고도 불립니다. 이는 템플릿을 그대로 HTML로 볼 수 있다는 뜻입니다. 이를 통해 디자이너는 특별한 도구 없이도 템플릿을 확인할 수 있습니다.

- **디자이너와의 분업이 쉬움**

    타임리프의 템플릿은 브라우저에서 그대로 볼 수 있습니다. 이를 통해 디자이너와 프로그래머가 동시에 작업할 수 있습니다.

이러한 특징들이 타임리프를 사용하는 이유로 자주 언급됩니다. 특히 '디자이너와의 분업'을 쉽게 할 수 있다는 점이 큰 장점입니다.

타임리프에 대한 구체적인 사용법을 설명하기 전에 꼭 짚고 넘어가야 할 것이 있습니다. 바로 `Model`입니다. 여기서 MVC 패턴의 모델(Model: M)을 떠올린 분이 있다면 아쉽지만 틀렸습니다. 여기서 말하는 `Model`은 그림 5.6에 나온 스프링 MVC가 제공하는 `Model`입니다(그림 6.1).

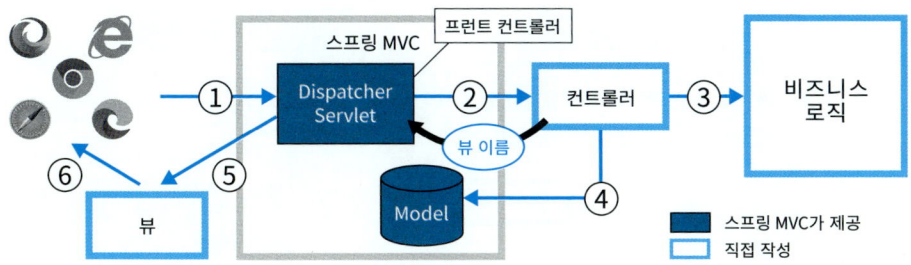

그림 6.1 요청 수신부터 응답 전송까지의 흐름(그림 5.6을 다시 가져옴)

6-1-2 Model 인터페이스란?

스프링 MVC의 Model 인터페이스에 대해 초보자도 쉽게 이해할 수 있도록 설명하겠습니다(표 6.1). 한마디로 Model은 데이터를 웹 페이지에 표시하기 위한 편리한 도구라고 할 수 있습니다.

표 6.1 Model 인터페이스

특징	내용
데이터 전달자	Model은 프로그램에서 처리한 데이터를 웹 페이지(뷰)에 표시하기 위해 사용합니다. 즉, 데이터를 뷰에 전달하는 '전달자'와 같은 역할을 합니다.
자동 관리	스프링 MVC가 이 Model을 자동으로 관리해 줍니다. 즉, 프로그램에서 사용하고자 하는 데이터를 쉽게 '설정/취득'할 수 있습니다.
간편한 사용법	Model을 사용할 때는 함수(요청 핸들러 메서드)의 인수에 Model 타입을 지정하기만 하면 됩니다. 그러면 스프링 MVC가 알아서 설정해 줍니다.

6-1-3 기억해야 할 중요한 메서드

Model에 객체를 저장하기 위한 다양한 메서드가 있지만 우선 다음 사항을 기억해 두세요.

☐ addAttribute

지정된 이름에 대해 지정된 값을 설정합니다. 저장하고자 하는 값에 대해 닉네임을 붙인 이미지입니다. 뷰에서는 닉네임으로 사용한 이름을 활용합니다(그림 6.2).

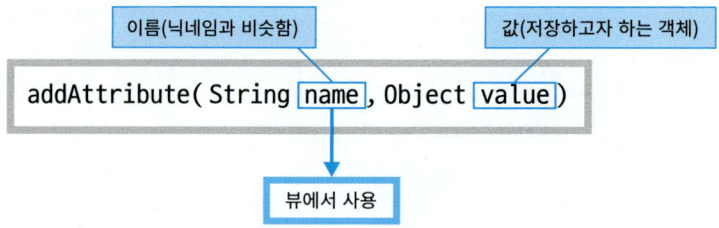

그림 6.2 addAttribute

설명보다는 프로그램을 만들어 보는 편이 더 이해하기 쉽기 때문에 Model 인터페이스를 사용해 뷰 측의 타임리프에 데이터를 연동하는 프로그램을 만들어 봅시다.

> **칼럼 / 실제 세계의 비유로 addAttribute 이해하기**
>
> Model의 addAttribute(String name, Object value) 메서드를 사용하는 것은 실제 세계에서 '닉네임' 과 '인물'을 연결하는 것과 같습니다. 이 같은 연결 방법을 '키와 값 쌍을 이용한 데이터 관리'라고 하며, 프로그래밍에서는 일반적으로 '연관 배열'이나 '맵', '사전'이라고 부릅니다. 이 방법을 이용하면 키를 통해 관련 값을 쉽게 찾아낼 수 있고, 관련 값을 쉽게 조회할 수 있습니다.
>
> 이렇게 데이터를 연결하면 프로그램 내 데이터 관리가 효율적이고, 사용자에게 명확하고 간결하게 정보를 제공할 수 있습니다.
>
> 닉네임을 통해 해당 인물의 세부 정보를 끌어내듯이, 키로 필요한 정보(값)를 바로바로 뽑아낼 수 있습니다.

Model을 사용하는 프로그램 만들기

SECTION 6-2

뷰 측에서 타임리프를 사용해 컨트롤러에서 뷰를 표시하는 프로그램을 만들어 봅시다. 컨트롤러에 요청 핸들러 메서드를 만들고, 브라우저에서 '타임리프!!!'라고 표시하는 프로그램을 작성하겠습니다.

6-2-1 Model을 사용하는 프로젝트

5-3-1절 '스프링 MVC 프로그램 만들기'에서 작성한 SpringMVCViewSample 프로그램을 사용합니다. 이번에 눈여겨볼 부분은 컨트롤러의 요청 핸들러 메서드의 인수입니다.

설정 내용

패키지	com.example.demo.controller
클래스	HelloViewController

01 컨트롤러 수정

위의 컨트롤러에 대해 요청 핸들러 메서드를 추가합니다. 추가할 내용은 예제 6.1과 같습니다.

예제 6.1 HelloViewController에 추가하기

```
001: @GetMapping("model")
002: public String helloView(Model model) {
003:     // Model에 데이터를 저장
004:     model.addAttribute("msg", "타임리프!!!");
005:     // 반환값으로 뷰 이름을 반환
006:     return "helloThymeleaf";
007: }
```

타임리프를 사용하려면 컨트롤러에서 뷰에 표시할 데이터를 준비해야 합니다. 이때 사용하는 것이 **Model** 인터페이스입니다.

2번째 줄에서 요청 핸들러 메서드의 인수로 `Model` 타입을 전달합니다. 그러면 스프링 MVC가 자동으로 `Model` 타입의 인스턴스를 설정해주므로 4번째 줄에서 `Model`의 `addAttribute` 메서드를 사용할 수 있습니다. `addAttribute` 메서드에서는 이름으로 'msg', 값으로 '타임리프!!!'를 인수로 전달합니다.

만약 소스코드에서 `Model` 부분에 오류 표시가 나온다면 다음과 같이 오류가 표시된 부분에서 [Alt + Enter]를 누른 다음, [클래스 가져오기]를 선택하고(그림 6.3) [가져올 클래스]로 `import org.springframework.ui.Model;`을 선택합니다(그림 6.4).

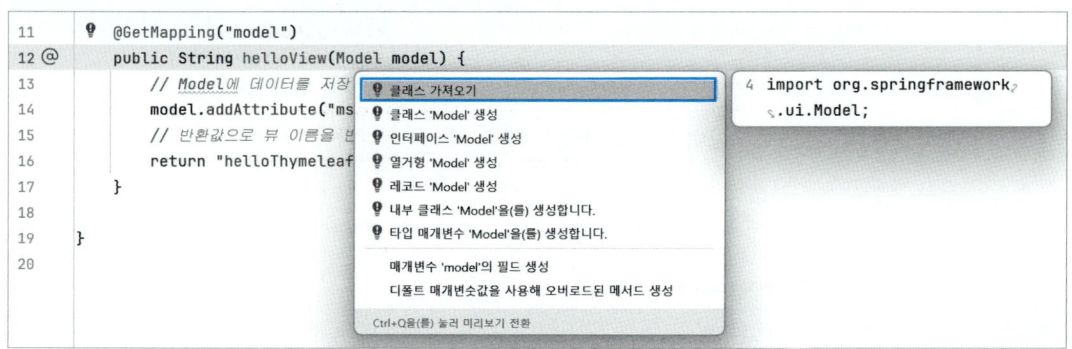

그림 6.3 클래스 가져오기

그림 6.4 가져올 클래스 선택

02 뷰 만들기

`helloView` 메서드의 반환값인 뷰 이름(`helloThymeleaf`)에 대한 `helloThymeleaf.html`을 생성해서 `resources/templates` 폴더에 배치하겠습니다.

`src/main/resources` → `templates` 폴더를 차례로 선택하고 마우스 오른쪽 버튼을 클릭한 후 [새로 만들기] → [HTML 파일]을 선택합니다.

HTML 파일을 선택하고 파일명으로 `helloThymeleaf.html`을 입력해서 HTML 파일을 생성합니다(그림 6.5).

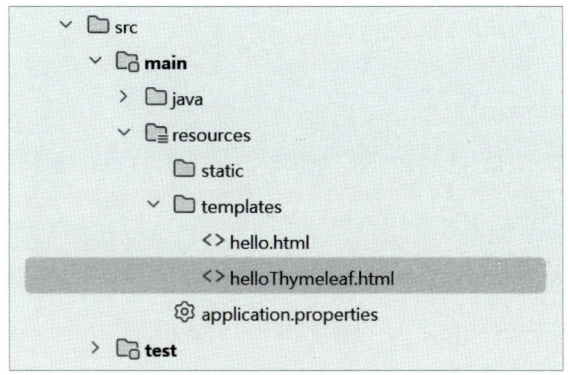

그림 6.5 HTML 파일 만들기

helloThymeleaf.html의 내용은 예제 6.2와 같습니다.

예제 6.2 helloThymeleaf.html

```
001:  <!DOCTYPE html>
002:  <!-- 타임리프 사용 선언 -->
003:  <html xmlns:th="http://www.thymeleaf.org">
004:  <head>
005:      <meta charset="UTF-8">
006:      <title>Hello Thymeleaf</title>
007:  </head>
008:  <body>
009:      <h1 th:text="${msg}">표시되는 부분</h1>
010:  </body>
011:  </html>
```

3번째 줄에서 타임리프를 사용한다고 선언합니다. 타임리프의 기능은 'th:xxx속성명' 형식으로 삽입하며, 9번째 줄의 <h1> 태그 안에 th:text 속성을 삽입합니다. th:text의 사용 예를 표 6.2에서 확인할 수 있습니다.

표 6.2 th:text

형식	설명
<태그명 th:text="문자열"></태그명>	문자열을 표시합니다.
<태그명 th:text="${이름}"></태그명>	설정한 이름에 해당하는 값을 표시합니다.

03 실행과 확인

○ 내추럴 템플릿

타임리프는 '내추럴 템플릿'이라고도 불리는데, 템플릿을 그대로 HTML로 볼 수 있다는 장점이 있습니다. 그 장점을 확인해 봅시다.

먼저 프로젝트 창에서 `helloThymeleaf.html`을 선택하고 마우스 오른쪽 버튼을 클릭한 후 [다음에서 열기] → [연결된 애플리케이션으로 열기][10]를 선택합니다(그림 6.6).

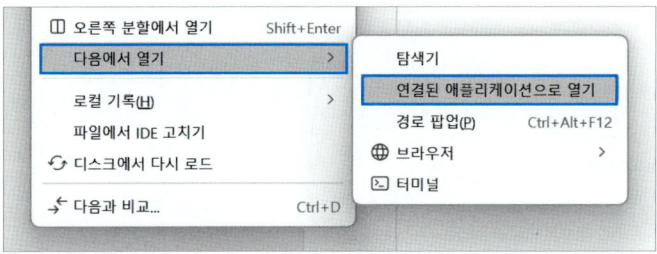

그림 6.6 연결된 애플리케이션으로 열기

`<h1>` 태그로 둘러싸인 '표시되는 부분'이라는 문구가 브라우저에 표시됩니다(그림 6.7). 이는 애플리케이션을 실행하지 않고 파일의 내용을 표시하고 있는 것입니다.

디자인 담당자는 이런 식으로 내추럴 템플릿을 활용해 디자인을 조정할 수 있습니다.

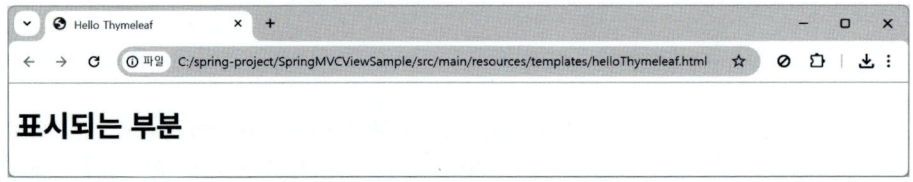

그림 6.7 연결된 애플리케이션에서 보기

---

10 (옮긴이) [연결된 애플리케이션으로 열기] 대신 [다음에서 열기] 메뉴를 선택했을 때 나오는 [브라우저]를 선택해서 열 수도 있지만 IntelliJ IDEA에서는 편의상 내부적으로 웹 서버를 가동해서 HTML 파일을 보여주기 때문에 내추럴 템플릿의 장점을 보여주기에는 적절하지 않습니다. 따라서 여기서는 내추럴 템플릿의 장점을 보여주기 위해 별도의 웹 서버를 가동하지 않고 웹 브라우저에서 단순히 HTML 파일을 불러오는 메뉴인 [연결된 애플리케이션으로 열기]를 실행했습니다.

○ 애플리케이션 실행

이제 애플리케이션을 실행해 확인해 봅시다.

com.example.demo 패키지의 SpringMvcViewSampleApplication 클래스를 선택한 후 마우스 오른쪽 버튼을 클릭하고 ['SpringMVCViewS….main()' 실행]을 클릭합니다. 이미 애플리케이션이 실행 중인 상태라면 [다시 실행] 버튼을 누릅니다.

콘솔에서 대상 애플리케이션이 실행됐음을 확인한 후, 브라우저를 실행하고 주소 표시줄에 http://localhost:8080/hello/model을 입력합니다. 브라우저에 '타임리프!!!'라고 표시됩니다(그림 6.8).

처리 흐름은 그림 6.9와 같습니다.

그림 6.8 웹 브라우저에서 표시

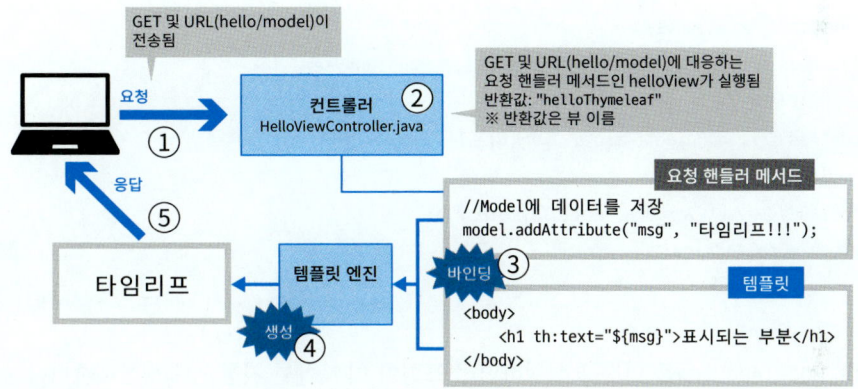

그림 6.9 처리 흐름

요청 핸들러 메서드에서 뷰에 표시할 데이터를 Model의 addAttribute(이름, 값) 메서드를 사용해 저장합니다.

타임리프에는 데이터를 삽입할 위치를 ${이름}을 사용해 설정합니다(그림 6.10). 주의할 점은 뷰에서 사용할 수 있는 것은 addAttribute(이름, 값)의 '이름'이라는 점입니다.

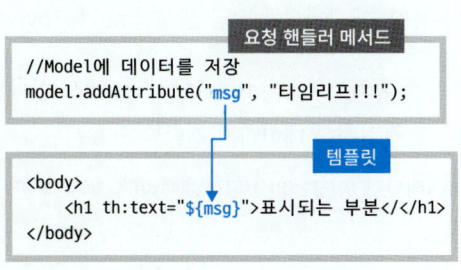

그림 6.10 '이름' 사용하기

6-2-2 ModelAndView 사용법

Model과 비슷한 것으로 ModelAndView가 있습니다. 간단히 말하면, 데이터(Model)와 표시할 화면(View)을 함께 관리하는 클래스입니다. 이를 이용하면 요청 핸들러 메서드에서 데이터와 화면을 함께 설정할 수 있습니다. 프로그램을 작성하면서 확인해 봅시다.

설정 내용

패키지	com.example.demo.controller
클래스	HelloViewController

위의 컨트롤러에 요청 핸들러 메서드를 추가합니다. 추가할 내용은 예제 6.3과 같습니다.

예제 6.3 HelloViewController(ModelAndView 사용)

```java
001: @GetMapping("modelandview")
002: public ModelAndView helloView2(ModelAndView modelAndView) {
003:     // 데이터 저장
004:     modelAndView.addObject("msg", "타임리프!!!");
005:     // 화면 설정
006:     modelAndView.setViewName("helloThymeleaf");
007:     return modelAndView;
008: }
```

2번째 줄에서 ModelAndView를 인수로 설정하면 스프링이 이 객체를 자동으로 생성해줍니다.

4번째 줄의 modelAndView.addObject("msg", "타임리프!!!")에서 ModelAndView 객체에 뷰에 표시할 값을 추가합니다. msg라는 이름으로 '타임리프!!!'라는 값을 설정했습니다.

6번째 줄의 modelAndView.setViewName("helloThymeleaf")에서 표시할 뷰(HTML 파일)를 지정합니다. 이 예제에서는 방금 생성한 helloThymeleaf.html이라는 이름의 뷰를 설정합니다.

7번째 줄의 return modelAndView에서 앞에서 설정한 ModelAndView 객체를 반환합니다. 그러면 지정한 뷰에 설정한 데이터가 전달되어 표시됩니다. 만약 소스코드에서 오류가 표시된다면 임포트 구성을 통해 import org.springframework.web.servlet.ModelAndView;를 추가해야 합니다.

애플리케이션을 실행 또는 다시 실행하고 콘솔에서 대상 애플리케이션이 실행됐음을 확인한 후, 브라우저를 실행하고 주소 표시줄에 http://localhost:8080/hello/modelandview를 입력합니다. 브라우저에 '타임리프!!!'가 표시됩니다(그림 6.11).

이렇게 ModelAndView를 이용하면 데이터와 화면 설정이 한 곳에서 완료됩니다. 단, 이 책에서는 통일감을 주기 위해 이후의 소스코드에서는 Model을 사용하겠습니다.

그림 6.11 ModelAndView 사용

> ### 칼럼 / Model과 ModelAndView의 차이점
>
> 스프링 MVC의 Model과 ModelAndView는 모두 웹 애플리케이션에서 데이터를 뷰(HTML 페이지 등)에 전달하는 데 사용되지만 사용 방식에 차이가 있습니다.
>
> - **Model**
>   단순히 데이터를 뷰에 전달하기만 하는 경우에 유용합니다. 컨트롤러의 메서드 반환값이 뷰의 이름을 직접 반환하는 경우에 자주 사용됩니다.
>
> - **ModelAndView**
>   뷰 이름과 함께 데이터를 전달하고 싶거나 조건에 따라 다른 뷰를 표시하고 싶을 때 유용합니다. 뷰와 데이터를 좀 더 세밀하게 제어하고 싶을 때 사용합니다.
>
> 쉽게 말해, Model은 '데이터를 담는 가방'과 같고, ModelAndView는 '데이터와 목적지 뷰의 이름이 적힌 가방'과 같습니다. 어느 쪽을 사용할지는 애플리케이션의 요구사항과 선호도에 따라 달라질 수 있습니다.

SECTION 6-3 타임리프 사용법

이번에는 타임리프의 사용법을 프로그램을 작성하면서 학습해 봅시다. 어렵게 생각하지 말고 뷰 측에서도 제어 구문(조건부 분기나 반복 등)을 작성할 수 있고, 이미 준비된 라이브러리를 사용해 표시 방법을 변경할 수 있구나, 라고 생각하면 됩니다.

6-3-1 타임리프를 사용하는 프로젝트

스프링 이니셜라이저에서 프로젝트를 생성해서 진행하겠습니다. 웹 브라우저로 `https://start.spring.io/`에 접속한 후 다음 내용을 참조해서 설정합니다.

설정 내용

Project	Gradle - Groovy
Language	Java
Spring Boot	3.3.3 (3.x 버전이면 괜찮습니다)
Artifact	ThymeleafSample
Name	ThymeleafSample
Package name	com.example.demo
Packaging	Java
Java	21

※ 기타 항목은 기본 설정을 그대로 유지합니다.

추가 의존성으로 다음과 같이 선택하고(그림 6.12) 아래의 [GENERATE] 버튼을 클릭해 프로젝트를 생성합니다. 생성한 프로젝트 파일을 이전과 마찬가지로 `C:\spring-project\` 폴더에서 압축을 풀고 IntelliJ IDEA에서 불러옵니다.

- Spring Boot DevTools(개발자 도구)
- Lombok(개발자 도구)
- Thymeleaf(템플릿 엔진)
- Spring Web(웹)

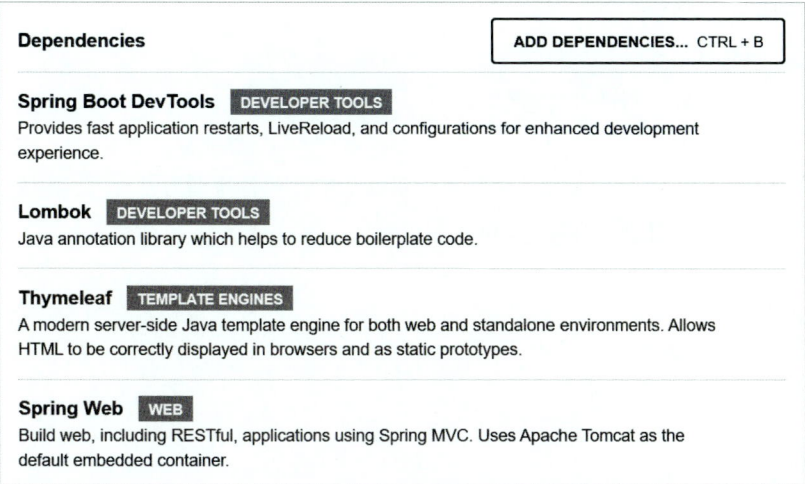

그림 6.12 의존성

6-3-2 타임리프 사용법

먼저 타임리프의 사용법을 설명합니다. 그 후 실습을 진행하겠습니다.

☐ 직접 문자 삽입하기

직접 문자를 삽입하는 예는 예제 6.4와 같습니다.

예제 6.4 직접 문자 삽입하기

```
001: <!-- 01: 직접 문자를 삽입 -->
002: <h1 th:text="'hello world'">표시할 부분</h1>
```

th:text="[출력 문자]"로 설정하면 설정한 문자를 출력할 수 있습니다. 또한 [출력 문자] 부분에 타임리프의 고유 표현식인 ${이름}을 사용할 수 있습니다. 속성 값의 값 설정에서 "(큰따옴표)를 사용하므로 문자를 설정할 때는 '(작은따옴표)로 묶어주세요.

☐ 인라인 처리

인라인 처리의 예는 예제 6.5와 같습니다.

예제 6.5 인라인 처리

```
001:    <!-- 02: 인라인 처리 -->
002:    <h1>[[${name}]] 님, 안녕하세요!</h1>
```

[[${이름}]]을 사용하면 태그의 속성에 추가하는 대신 변수를 본문에 삽입할 수 있습니다. 고정값과 변수를 결합하고 싶을 때 이 방법이 유용합니다.

☐ 값 결합

값 결합의 예는 예제 6.6과 같습니다.

예제 6.6 값 결합

```
001:    <!-- 03: 값 결합 -->
002:    <h1 th:text="'내일은 ' + '맑음' + '입니다.'">표시할 부분</h1>
```

+를 이용해 값을 연결할 수 있습니다.

☐ 값 결합(리터럴 치환)

값 결합(리터럴 치환)의 예는 예제 6.7과 같습니다.

예제 6.7 값 결합(리터럴 치환)

```
001:    <!-- 04: 값 결합(리터럴 치환) -->
002:    <h1 th:text="|${name} 님, 안녕하세요!!|">표시할 부분</h1>
```

값 결합은 리터럴 치환을 사용해 "|문자|"로 기술할 수 있습니다. 문자 안에 ${이름} 표현식도 함께 사용할 수 있습니다.

☐ 지역 변수

지역 변수의 예는 예제 6.8과 같습니다.

예제 6.8 지역 변수

```
001:    <!-- 05: 지역 변수 -->
002:    <div th:with="a=1,b=2">
003:      <span th:text="|${a} + ${b} = ${a+b}|"></span>
004:    </div>
```

th:with="변수명=값"으로 변수에 값을 대입할 수 있습니다. 변수의 범위(변수를 사용할 수 있는 유효 범위)는 정의된 태그 내부입니다. 또한 산술 연산자 +, -, *, /, %를 사용할 수 있습니다.

비교와 등가

비교 및 등가의 예는 예제 6.9와 같습니다.

예제 6.9 비교와 등가

```
001: <!-- 06: 비교와 등가 -->
002: <span th:text="1 > 10"></span>
003: <span th:text="1 < 10"></span>
004: <span th:text="1 >= 10"></span>
005: <span th:text="1 <= 10"></span>
006: <span th:text="1 == 10"></span>
007: <span th:text="1 != 10"></span>
008: <span th:text="철수 == 철수"></span>
009: <span th:text="철수 != 철수"></span>
```

비교 및 등가 연산자인 >, <, >=, <=, ==, !=를 사용할 수 있습니다(문자열 비교도 가능합니다).

조건 연산자

조건 연산자의 예는 예제 6.10과 같습니다.

예제 6.10 조건 연산자

```
001: <!-- 07: 조건 연산자 -->
002: <p th:text="${name} == '철수'?'철수입니다!':'철수가 아닙니다.'"></p>
```

삼항 연산자 [조건] ? [값1] : [값2]를 사용할 수 있습니다. [조건]이 true인 경우 [값1]이, false 인 경우 [값2]가 표시됩니다.

조건부 분기(true)

조건부 분기(true)의 예는 예제 6.11과 같습니다.

예제 6.11 조건부 분기(true)

```
001: <!-- 08: 조건부 분기(true) -->
002: <div th:if="${name} == '철수'">
003:   <p>철수입니다!</p>
004: </div>
```

th:if="[조건]"이 true(참)가 되면 th:if를 기술한 태그와 자식 요소를 표시합니다.

조건부 분기(false)

조건부 분기(false)의 예는 예제 6.12와 같습니다.

예제 6.12 조건부 분기(false)

```
001: <!-- 09: 조건부 분기(false) -->
002: <div th:unless="${name} == '영희'">
003:   <p>영희가 아닙니다.</p>
004: </div>
```

th:unless="[조건]"이 false(거짓)가 되면 th:unless를 기술한 태그와 자식 요소를 표시합니다.

switch

switch의 예는 예제 6.13과 같습니다.

예제 6.13 switch

```
001: <!-- 10 : switch -->
002: <div th:switch="${name}">
003:   <p th:case="철수" th:text="|${name}입니다!|"></p>
004:   <p th:case="영희" th:text="|${name}입니다!|"></p>
005:   <p th:case="민수" th:text="|${name}입니다!|"></p>
006:   <p th:case="*">명단에 없습니다.</p>
007: </div>
```

부모 요소의 th:switch 값과 자식 요소에 작성하는 th:case 값이 일치하면 HTML 요소를 출력합니다. 어떤 값과도 일치하지 않는 값을 출력하려면 th:case="*"를 지정합니다.

▢ 참조(데이터를 모아놓은 객체)

참조(데이터를 모아놓은 객체)의 예는 예제 6.14와 같습니다.

예제 6.14 참조(데이터를 모아놓은 객체)

```
001: <!-- 11: 참조(데이터를 모아놓은 객체) -->
002: <p th:text="${mb.id}">ID</p>
003: <p th:text="${mb.name}">이름</p>
004: <p th:text="${mb['id']}">ID: []로 접근</p>
005: <p th:text="${mb['name']}">이름: []로 접근</p>
```

캡슐화된 필드를 참조할 경우 public 접근 한정자의 getXxx()라는 게터 메서드를 생성해 두면 '**객체명.필드**' 형식으로 참조할 수 있습니다. 또한 '**객체명['필드명']**'와 같이 대괄호로 참조할 수도 있습니다.

▢ 참조(th:object)

참조(th:object)의 예는 예제 6.15와 같습니다.

예제 6.15 th:object

```
001: <!-- 12: 참조(th:object) -->
002: <div th:object="${mb}">
003:   <p th:text="*{id}">ID</p>
004:   <p th:text="*{name}">이름</p>
005:   <p th:text="*{['id']}">ID: []로 접근</p>
006:   <p th:text="*{['name']}">이름: []로 접근</p>
007: </div>
```

데이터를 모아놓은 객체를 th:object 형태로 설정해서 자식 요소에서 *{필드명} 형식으로 참조할 수 있습니다. 또한 *['필드']와 같이 대괄호로 참조할 수도 있습니다.

▢ 참조(List)

참조(List)의 예는 예제 6.16과 같습니다.

예제 6.16 List

```
001:    <!-- 13: 참조(List) -->
002:    <p th:text="${list[0]}">방위</p>
003:    <p th:text="${list[1]}">방위</p>
004:    <p th:text="${list[2]}">방위</p>
005:    <p th:text="${list[3]}">방위</p>
```

리스트나 배열의 요소를 참조하려면 인덱스를 사용합니다.

참조(Map)

참조(Map)의 예는 예제 6.17과 같습니다.

예제 6.17 Map

```
001:    <!-- 14: 참조(Map) -->
002:    <p th:text="${map.minsoo.name}">이름1</p>
003:    <p th:text="${map.jiyoung.name}">이름2</p>
004:    <p th:text="${map['minsoo']['name']}">이름1: []로 접근</p>
005:    <p th:text="${map['jiyoung']['name']}">이름2: []로 접근</p>
```

Map 요소를 참조하려면 키를 이용해 값을 참조합니다. map.키 형식으로 참조할 수 있습니다. 또는 map['키']와 같이 대괄호로 참조할 수도 있습니다.

반복

반복의 예는 예제 6.18과 같습니다.

예제 6.18 반복

```
001:    <!-- 15: 반복 -->
002:    <div th:each="member:${members}">
003:        <p>[[${member.id}]]: [[${member.name}]]</p>
004:    </div>
```

th:each="$[요소 저장용 변수]: ${[반복 처리할 객체]}"로 반복 처리할 수 있습니다. [요소 저장용 변수]는 반복 처리 내에서만 유효합니다. Iterable 인터페이스(for-each의 대상이 될 수 있는)를 구현한 클래스라면 th:each로 반복 처리가 가능합니다. 자바에서 말하는 '향상된 for 문'과 같은 개념입니다.

반복 상태

반복 상태의 예는 예제 6.19와 같습니다.

예제 6.19 반복 상태

```
001:   <!-- 16: 반복 상태 -->
002:   <div th:each="member, s : ${members}" th:object="${member}">
003:     <p>
004:       index-> [[${s.index}]], count-> [[${s.count}]],
005:       size-> [[${s.size}]], current-> [[${s.current}]],
006:       even-> [[${s.even}]], odd-> [[${s.odd}]],
007:       first-> [[${s.first}]], last-> [[${s.last}]],
008:       [[*{id}]]: [[*{name}]]
009:     </p>
010:   </div>
```

th:each="[요소 저장용 변수],[상태 변수]:[반복 처리할 객체]"와 같이 [요소 저장용 변수] 선언에 이어 [상태 변수]를 선언하면 반복 상태가 담긴 [상태 변수]를 사용할 수 있습니다. 예시에서는 [상태 변수]로 s를 선언하고 있습니다. 반복 상태 변수의 목록은 표 6.3을 참고하세요.

표 6.3 상태 변수

상태 변수	기능 개요
index	0부터 시작하는 인덱스. 현재 인덱스를 나타냅니다.
count	1부터 시작하는 인덱스. 현재 인덱스를 나타냅니다.
size	[반복 처리할 객체]의 크기를 나타냅니다.
current	현재 반복 요소의 객체를 나타냅니다.
even	현재 요소가 짝수 번째 요소인지 여부를 판단합니다. 짝수 번째 요소이면 true, 짝수 번째 요소가 아니면 false를 표시합니다.
odd	현재 요소가 홀수 번째 요소인지 여부를 판단합니다. 홀수 번째 요소이면 true, 홀수 번째 요소가 아니면 false를 표시합니다.
first	현재 요소가 첫 번째 요소인지 판단합니다. 첫 번째 요소이면 true, 첫 번째요소가 아니면 false를 표시합니다.
last	현재 요소가 마지막 요소인지 판단합니다. 마지막 요소이면 true, 마지막 요소가 아니면 false를 표시합니다.

유틸리티 객체

타임리프에서는 자주 사용되는 클래스를 '#이름'이라는 상수로 정의하기 때문에 변수 표현식 내에서 활용할 수 있습니다(표 6.4). 데이터를 출력할 때 자주 사용되는 것이 숫자, 날짜, 날짜, 문자열의 포맷 변환입니다.

표 6.4 유틸리티 객체

유틸리티 객체	기능 개요
#strings	String 객체에 대한 편의 기능을 제공
#numbers	Number 객체에 대한 편의 기능을 제공
#bools	Boolean 객체에 대한 편의 기능을 제공
#dates	Date 객체에 대한 편의 기능을 제공
#objects	Object 객체에 대한 편의 기능을 제공
#arrays	Array 객체에 대한 편의 기능을 제공
#lists	List 객체에 대한 편의 기능을 제공
#sets	Set 객체에 대한 편의 기능을 제공
#maps	Map 객체에 대한 편의 기능을 제공

정수 값의 포맷 변환은 #numbers.formatInteger, 부동 소수점 숫자의 포맷 변환은 #numbers.formatDecimal을 이용합니다. 쉼표를 이용할 경우 'COMMA'를, 소수점을 이용할 경우 'POINT'를 지정합니다(예제 6.20).

예제 6.20 유틸리티 객체(숫자)

```
001: <!-- 17: 유틸리티 객체(숫자) -->
002: <div th:with="x=1000000, y=123456.789">
003:   정수 형식: <span th:text="${#numbers.formatInteger(x, 3, 'COMMA')}"></span><br/>
004:   부동 소수점 형식: <span th:text="${#numbers.formatDecimal(y, 3, 'COMMA', 2,'POINT')}"></span>
005: </div>
```

날짜 및 시간 형식 변환의 경우 현재 날짜 및 시간 가져오기, 연, 월, 일 가져오기, 요일 가져오기 메서드 등이 제공됩니다. createNow() 메서드를 이용하면 현재 날짜 및 시간을 가져올 수 있습니다.

format() 메서드에는 날짜 및 시간이 저장된 변수와 형식 변환 문자열을 지정합니다.

year, month, day 메서드에 날짜 및 시간이 담긴 변수를 인수로 전달하면 각각 '연, 월, 일'을 구할 수 있습니다. dayOfWeek() 메서드로 요일을 나타내는 정수(일~토요일을 정수[1~7]로 표현)를 구할 수 있습니다(예제 6.21).

예제 6.21 유틸리티 객체(날짜 및 시간)

```
001: <!-- 17: 유틸리티 객체(날짜 및 시간) -->
002: <div th:with="today=${#dates.createNow()}">
003:   yyyy/mm/dd 형식: <span th:text="${#dates.format(today, 'yyyy/MM/dd')}"></span><br/>
004:   yyyy년 mm월 dd일 형식: <span th:text="${#dates.format(today, 'yyyy년 MM월 dd일')}"></span><br/>
005:   yyyy년: <span th:text="${#dates.year(today)}"></span><br/>
006:   MM월: <span th:text="${#dates.month(today)}"></span><br/>
007:   dd일: <span th:text="${#dates.day(today)}"></span><br/>
008:   요일: <span th:text="${#dates.dayOfWeek(today)}"></span>
009: </div>
```

#strings는 문자열 길이, 대/소문자 변환 등 String 클래스와 유사한 메서드를 제공합니다(예제 6.22).

예제 6.22 유틸리티 객체(문자열)

```
001: <!-- 17: 유틸리티 객체(문자열) -->
002: <div th:with="str1='abcdef'">
003:   대문자 변환: <span th:text="${#strings.toUpperCase(str1)}"></span><br/>
004:   빈 문자 판정: <span th:text="${#strings.isEmpty(str1)}"></span><br/>
005:   길이: <span th:text="${#strings.length(str1)}"></span>
006: </div>
```

☐ HTML 파일의 부품화

코드에 중복이 있으면 유지보수가 번거로워집니다. 프래그먼트(fragment)를 이용하면 공통 부분을 부품화해서 유지보수하기 쉬운 코드를 작성할 수 있습니다. 여기서 프래그먼트는 '조각'이라는 뜻으로, HTML의 일부분을 잘라내어 재사용하기 위한 기능입니다. 예를 들어, 헤더나 푸터 등 여러 페이지에서 공통으로 사용하는 부분을 한 곳에 모을 수 있습니다. 프래그먼트의 사용법을 설명하겠습니다.

common.html 파일에 공통으로 사용하는 부분을 작성하고, 공통으로 사용하는 부분을 이용하는 파일을 main.html이라고 해봅시다. 프래그먼트를 이용하려면 th:fragment 속성을 이용합니다. th:fragment 속성을 지정한 요소 내의 자식 요소가 프래그먼트로 만들 대상이 됩니다. 속성에는 각 프래그먼트를 식별하는 이름을 지정합니다(예제 6.23).

예제 6.23 프래그먼트 정의

```html
001: <!-- common.html -->
002: <div th:fragment="header">
003:     <h1>=== 【 헤더 】 ===</h1>
004: </div>
005: <div th:fragment="footer">
006:     <h1>=== 【 푸터 】 ===</h1>
007: </div>
```

2번째 줄의 th:fragment="header", 5번째 줄의 th:fragment="footer"로 각 프래그먼트를 식별할 이름을 정의했습니다.

프래그먼트를 삽입하려면 th:insert를 사용합니다(예제 6.24).

예제 6.24 프래그먼트 삽입하기

```html
001: <!-- main.html -->
002: <div th:insert="common :: header"></div></div>
```

th:insert를 사용하면 common.html 안에 있는 header 프래그먼트가 삽입됩니다.

::의 왼쪽에는 '프래그먼트 파일명', 오른쪽에는 th:fragment 속성에 정의한 '식별명'을 지정합니다.

프래그먼트로 교체하려면 th:replace를 사용합니다(예제 6.25).

예제 6.25 프래그먼트로 교체하기

```html
001: <!-- main.html -->
002: <div th:replace="common :: footer"></div>
```

th:replace를 사용하면 이 <div> 태그 자체가 common.html의 footer 프래그먼트로 대체됩니다.

공통 레이아웃

공통 레이아웃이란 여러 템플릿에서 동일한 디자인 레이아웃을 사용할 때 공통적인 레이아웃의 베이스가 되는 파일을 말합니다. 공통 레이아웃은 매개변수가 있는 프래그먼트를 이용해 구현할 수 있습니다. 글로 설명하는 것보다 프로그램으로 작성하는 편이 더 이해하기 쉬우므로 나중에 자세히 설명하겠습니다.

그럼 앞에서 만든 ThymeleafSample 프로젝트에 타임리프 사용법을 구현해 봅시다.

6-3-3 컨트롤러와 뷰 생성

01 컨트롤러 만들기

컨트롤러를 생성하겠습니다. ThymeleafSample 프로젝트의 **src/main/java** 폴더에서 앞에서 패키지와 클래스를 만들 때와 같은 방법으로 다음과 같은 패키지와 클래스를 차례로 생성합니다(그림 6.13).

생성 내용

패키지	com.example.demo.controller
클래스	ThymeleafController

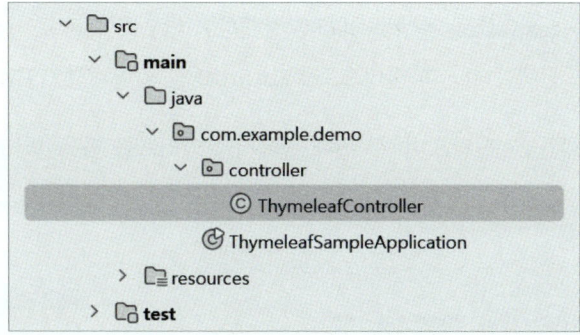

그림 6.13 컨트롤러 만들기

ThymeleafController 클래스의 내용은 예제 6.26과 같습니다.

예제 6.26 ThymeleafController

```
001: package com.example.demo.controller;
002:
003: import org.springframework.stereotype.Controller;
004: import org.springframework.ui.Model;
005: import org.springframework.web.bind.annotation.GetMapping;
006:
007: @Controller
008: public class ThymeleafController {
009:   @GetMapping("show")
010:   public String showView(Model model) {
011:     // 반환값으로 뷰 이름을 반환
```

```
012:        return "main";
013:    }
014: }
```

클라이언트에서 GET 메서드로 `http://localhost:8080/show` URL에 접근하면 ThymeleafController 클래스의 showView 메서드가 호출되고, 12번째 줄에서 뷰 이름으로 'main'을 반환합니다. 나중에 사용할 예정이므로 10번째 줄의 인수에 Model 타입을 설정합니다.

02 뷰 만들기

showView 메서드에서 반환한 뷰 이름(main)에 대한 main.html을 생성해서 resources/templates 폴더에 배치합니다.

src/main/resources → templates 폴더를 차례로 선택하고 마우스 오른쪽 버튼을 클릭한 후 [새로 만들기] → [HTML 파일]을 선택합니다. 파일명으로 'main.html'을 입력해서 HTML 파일을 생성합니다.

main.html의 내용은 예제 6.27과 같으며, 두 번째 줄에서 타임리프를 사용한다고 선언합니다.

예제 6.27 main.html

```
001: <!DOCTYPE html>
002: <html xmlns:th="http://www.thymeleaf.org">
003: <head>
004:    <meta charset="UTF-8">
005:    <title>Thymeleaf Sample</title>
006: </head>
007: <body>
008: </body>
009: </html>
```

6-3-4 직접 문자를 삽입해서 값 결합 만들기

01 컨트롤러에 대한 추가 사항

컨트롤러인 ThymeleafController의 showView 메서드에 예제 6.28의 내용을 추가합니다.

예제 6.28 ThymeleafController에 대한 추가 사항

```
001:  @GetMapping("show")
002:  public String showView(Model model) {
003:      // Model에 데이터를 저장
004:      model.addAttribute("name", "철수");
005:      // 반환값으로 뷰 이름을 반환
006:      return "main";
007:  }
```

요청 핸들러 메서드의 4번째 줄에서 뷰에 표시할 데이터를 Model의 addAttribute(이름, 값) 메서드를 사용해 저장합니다. 이름으로 'name', 값으로 '**철수**'를 설정했습니다.

타임리프에서는 데이터가 삽입될 위치를 ${이름}을 사용해 표시합니다.

02 뷰에 대한 추가 사항

뷰(main.html)의 `<body>` 태그 안에 예제 6.29의 내용을 추가합니다.

예제 6.29 main.html에 대한 추가 사항

```
001:  <!-- 01: 직접 문자를 삽입 -->
002:  <h1 th:text="'hello world'">표시할 부분</h1>
003:  <!-- 02: 인라인 처리 -->
004:  <h1>[[${name}]] 님, 안녕하세요!</h1>
005:  <!-- 03: 값 결합 -->
006:  <h1 th:text="'내일은 ' + '맑음' + '입니다.'">표시할 부분</h1>
```

4번째 줄에서 Model에 '**철수**'라는 값을 저장할 때 설정한 이름인 'name'을 ${name} 형태로 사용합니다. 또한 [[${name}]] 형태로 사용하면 태그의 속성에 추가하는 것이 아니라 본문에 변수를 삽입할 수 있습니다.

03 확인

com.example.demo 패키지의 ThymeleafSampleApplication 클래스를 선택한 후 마우스 오른쪽 버튼을 클릭한 후 ['ThymeleafSampleApplication.main()' 실행]을 선택합니다. 브라우저를 실행하고 주소 표시줄에 http://localhost:8080/show를 입력합니다(그림 6.14).

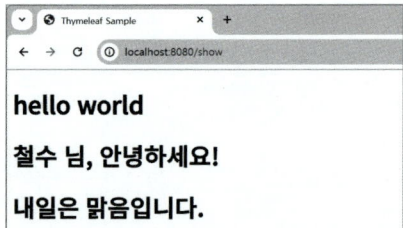

그림 6.14 확인

6-3-5 값 결합(리터럴 치환)에서의 비교와 등가

01 뷰에 대한 추가 사항

뷰(main.html)의 `<body>` 태그 안에 예제 6.30의 내용을 추가합니다.

예제 6.30 main.html에 대한 추가 사항

```
001: <hr>
002: <!-- 04: 값 결합(리터럴 치환) -->
003: <h1 th:text="|${name} 님, 안녕하세요!|">표시할 부분</h1>
004: <!-- 05: 지역 변수 -->
005: <div th:with="a=1,b=2">
006:   <span th:text="|${a} + ${b} = ${a+b}|"></span>
007: </div>
008: <!-- 06: 비교와 등가 -->
009: <span th:text="1 > 10"></span>
010: <span th:text="1 < 10"></span>
011: <span th:text="1 >= 10"></span>
012: <span th:text="1 <= 10"></span>
013: <span th:text="1 == 10"></span>
014: <span th:text="1 != 10"></span>
015: <span th:text="철수 == 철수"></span>
016: <span th:text="철수 != 철수"></span>
```

3번째 줄에서 "| 문자 |"를 사용해 리터럴 치환 값 결합을 하고 있으며, 5번째 줄에서 th:with="변수명=값"으로 변수에 값을 대입하고 있습니다.

02 확인

뷰에 추가한 후 실행 도구 창의 [다시 실행] 버튼을 눌러 애플리케이션을 다시 실행합니다(그림 6.15).

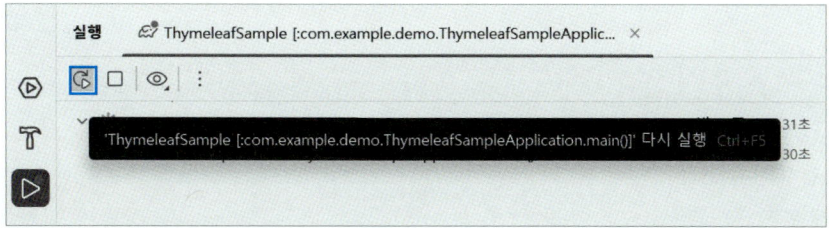

그림 6.15 애플리케이션 다시 실행

그러고 나서 브라우저에서 페이지 새로고침 버튼을 누릅니다. 그러면 화면이 표시됩니다(그림 6.16).

철수 님, 안녕하세요!

1 + 2 = 3
false true false true false true true false

그림 6.16 확인

6-3-6 조건 연산자를 이용한 조건부 분기(false) 예시

01 뷰에 대한 추가 사항

뷰(main.html)의 `<body>` 태그 안에 예제 6.31의 내용을 추가합니다.

예제 6.31 main.html에 대한 추가 사항

```
001: <hr>
002: <!-- 07: 조건 연산자 -->
003: <p th:text="${name} == '철수'?'철수입니다!':'철수가 아닙니다.'"></p>
004: <!-- 08: 조건부 분기(true) -->
005: <div th:if="${name} == '철수'">
006:   <p>철수입니다!</p>
007: </div>
008: <!-- 09: 조건부 분기(false) -->
009: <div th:unless="${name} == '영희'">
010:   <p>영희가 아닙니다.</p>
011: </div>
```

th:if나 th:unless를 쓰기 위한 `<div>` 태그를 추가로 작성하지 않고 싶다면 `<th:block>` 태그의 속성에 th:if나 th:unless를 작성하면 됩니다(예제 6.32). `<th:block>` 태그는 렌더링[11] 후 지워지고 HTML 소스에 남지 않습니다(그림 6.17).

예제 6.32 th:block 예제

```
001: <!-- 08: 조건부 분기(true) -->
002: <th:block th:if="${name} == '철수'">
003:     <p>철수입니다!</p>
004: </th:block>
```

확인은 브라우저의 개발자 도구를 이용해 수행할 수 있습니다. 이 책에서는 브라우저로 구글 크롬을 사용하기 때문에 브라우저에서 마우스 오른쪽 버튼을 클릭한 후 [검사]를 클릭해 개발자 도구를 실행한 후 확인합니다.

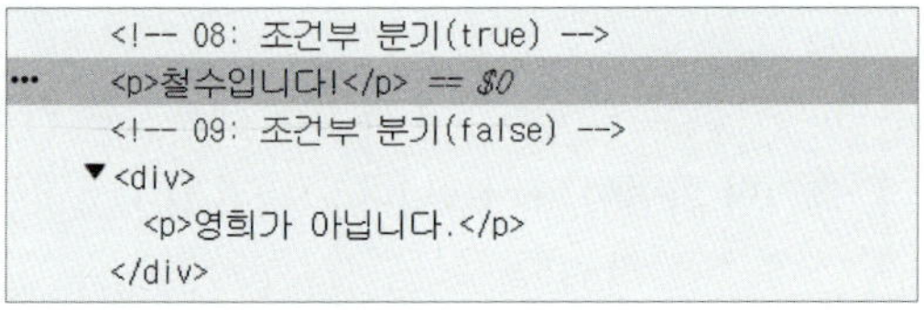

그림 6.17 th:block 예시

02 확인

뷰에 추가한 후 애플리케이션을 다시 실행하고 브라우저에서 페이지 새로고침 버튼을 누릅니다. 그러면 화면이 표시됩니다(그림 6.18).

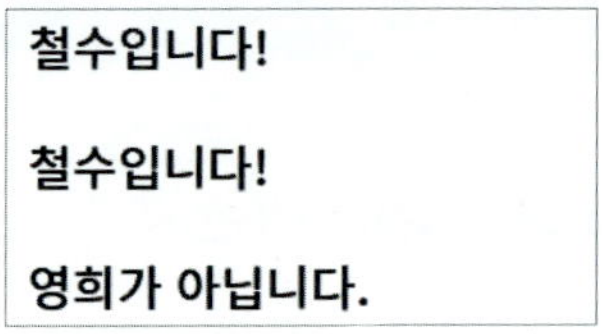

철수입니다!

철수입니다!

영희가 아닙니다.

그림 6.18 확인

6-3-7 switch에서 th:object 만들기

01 엔티티 생성

ThymeleafSample 프로젝트의 `src/main/java` 폴더에서 앞에서 패키지와 클래스를 만들 때와 같은 방법으로 다음과 같은 패키지와 클래스를 차례로 생성합니다.

---

[11] 렌더링은 데이터를 바탕으로 내용을 정리해서 표시하는 것을 말합니다.

생성 내용

패키지	com.example.demo.entity
클래스	Member

Member 클래스의 내용은 예제 6.33과 같습니다.

예제 6.33 Member

```
001: package com.example.demo.entity;
002:
003: import lombok.AllArgsConstructor;
004: import lombok.Data;
005:
006: @Data
007: @AllArgsConstructor
008: public class Member {
009:     /** 회원 ID */
010:     private Integer id;
011:     /** 회원명 */
012:     private String name;
013: }
```

6번째 줄에서 롬복의 기능인 @Data를 사용해 게터/세터 등을 생성하고, 7번째 줄의 @AllArgsConstructor로 모든 필드에 대한 초기화 값을 인수로 받는 생성자를 생성합니다.

02 컨트롤러에 대한 추가 사항

컨트롤러(ThymeleafController)의 showView 메서드에 예제 6.34의 내용을 추가합니다.

예제 6.34 ThymeleafController에 대한 추가 사항

```
001: @GetMapping("show")
002: public String showView(Model model) {
003:     // Member 생성
004:     Member member = new Member(1, "회원01");
005:     // Model에 데이터를 저장
006:     model.addAttribute("name", "철수");
007:     model.addAttribute("mb", member);
```

```
008:     // 반환값으로 뷰 이름을 반환
009:     return "main";
010: }
```

4번째 줄에서 Member 인스턴스를 생성해서 member 변수에 대입하고, 7번째 줄에서 Model에 대해 이름으로 'mb', 값으로 'member'를 addAttribute 메서드로 저장합니다. 임포트 구성에서 com.example.demo.entity.Member를 추가하는 것을 잊지 마세요.

03 뷰에 대한 추가 사항

뷰(main.html)의 `<body>` 태그 안에 예제 6.35의 내용을 추가합니다.

예제 6.35 main.html에 대한 추가 사항

```
001: <hr>
002: <!-- 10: switch -->
003: <div th:switch="${name}">
004:     <p th:case="철수" th:text="|${name}입니다!!|"></p>
005:     <p th:case="영희" th:text="|${name}입니다!!|"></p>
006:     <p th:case="민수" th:text="|${name}입니다!!|"></p>
007:     <p th:case="*">명단에 없습니다</p>
008: </div>
009: <!-- 11: 참조(데이터를 모아놓은 객체) -->
010: .으로 접근: <span th:text="${mb.id}">ID</span>-<span th:text="${mb.name}">이름</span>
011: <br/>
012: []로 접근: <span th:text="${mb['id']}">ID</span>-<span th:text="${mb['name']}">이름</span>
013: <br/>
014: <!-- 12: 참조(th:object) -->
015: <th:block th:object="${mb}">
016:     .으로 접근: <span th:text="*{id}">ID</span>-<span th:text="*{name}">이름</span>
017:     <br/>
018:     []로 접근: <span th:text="*{['id']}">ID</span>-<span th:text="*{['name']}">이름</span>
019: </th:block>
```

7번째 줄에서 '어떤 값과도 일치하지 않는 값'을 출력하려면 th:case="*"를 지정합니다. 자바 switch 문의 default 구문과 동일한 사용법입니다.

10번째 줄처럼 캡슐화된 필드를 참조할 경우 public 접근 한정자의 getXxx()라는 게터 메서드를 생성해 두면 '객체명.필드' 형식으로 참조할 수 있습니다.

15번째 줄의 데이터를 모아놓은 객체를 th:object 형태로 설정하면 자식 요소에서 '*{필드명}' 형식으로 참조할 수 있습니다. 주의할 점은 *{ 앞에 $가 붙지 않는다는 것입니다.

04 확인

뷰에 추가한 후 애플리케이션을 다시 실행하고 브라우저에서 페이지 새로고침 버튼을 누르면 화면이 표시됩니다(그림 6.19).

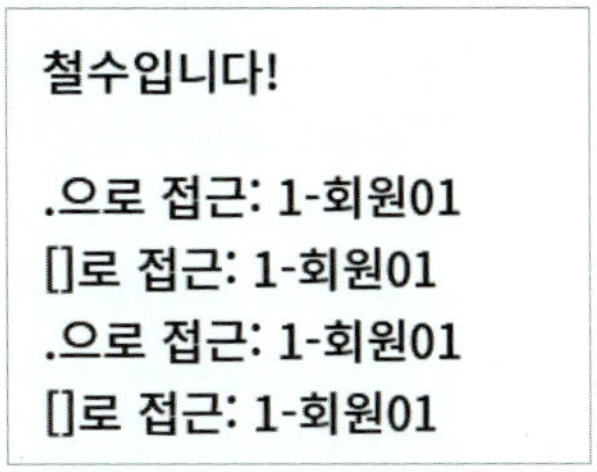

> 철수입니다!
>
> .으로 접근: 1-회원01
> []로 접근: 1-회원01
> .으로 접근: 1-회원01
> []로 접근: 1-회원01

그림 6.19 확인

6-3-8 참조(List) 반복 예시

01 컨트롤러에 대한 추가 사항

컨트롤러(ThymeleafController)의 showView 메서드에 예제 6.36의 내용을 추가합니다.

예제 6.36 ThymeleafController에 대한 추가 사항

```
001: @GetMapping("show")
002: public String showView(Model model) {
003:     // Member 생성
004:     Member member = new Member(1, "회원01");
005:     // 컬렉션 저장용: Member 생성
006:     Member member1 = new Member(10, "민수");
007:     Member member2 = new Member(20, "지영");
008:     // 리스트 생성
009:     List<String> directionList = new ArrayList<>();
010:     directionList.add("동");
011:     directionList.add("서");
012:     directionList.add("남");
013:     directionList.add("북");
014:     // Map을 생성하고 Member를 저장
015:     Map<String, Member> memberMap = new HashMap<>();
016:     memberMap.put("minsoo", member1);
017:     memberMap.put("jiyoung", member2);
```

```
018:      // List를 생성하고 Member를 저장
019:      List<Member> memberList = new ArrayList<>();
020:      memberList.add(member1);
021:      memberList.add(member2);
022:      // Model에 데이터 저장
023:      model.addAttribute("name", "철수");
024:      model.addAttribute("mb", member);
025:      model.addAttribute("list", directionList);
026:      model.addAttribute("map", memberMap);
027:      model.addAttribute("members", memberList);
028:      // 반환값으로 뷰 이름을 반환
029:      return "main";
030:  }
```

9~13번째 줄에서 List의 인스턴스 변수인 directionList에 문자열을 저장합니다. 그리고 25번째 줄에서 Model에 이름으로 'list', 값으로 'directionList'를 저장합니다.

6~7번째 줄에서 Member의 인스턴스를 생성하고 변수에 대입한 후 Map과 List에 인스턴스를 설정합니다. 15~17번째 줄에서 Map의 인스턴스 변수인 memberMap에 저장하고, 19~21번째 줄에서 List의 인스턴스 변수인 memberList에 저장합니다. 그리고 26번째 줄에서 Model에 대해 이름으로 'map', 값으로 'memberMap'을 저장하고, 27번째 줄에서 Model에 대해 이름으로 'members', 값으로 'memberList'를 저장합니다.

02 뷰에 대한 추가 사항

뷰(main.html)의 <body> 태그 안에 예제 6.37의 내용을 추가합니다.

예제 6.37 main.html에 대한 추가 사항

```
001:  <hr>
002:  <!-- 13: 참조(List) -->
003:  <span th:text="${list[0]}">방위</span>
004:  <span th:text="${list[1]}">방위</span>
005:  <span th:text="${list[2]}">방위</span>
006:  <span th:text="${list[3]}">방위</span><br/>
007:  <!-- 14: 참조(Map) -->
008:  .으로 접근: <span th:text="${map.minsoo.name}">이름1</span>
009:  <span th:text="${map.jiyoung.name}">이름2</span><br/>
```

```
010:    []로 접근: <span th:text="${map['minsoo']['name']}"> 이름1: []로 접근</span>
011:    <span th:text="${map['jiyoung']['name']}">이름2: []로 접근</span>
012:    <!-- 15: 반복 -->
013:    <div th:each="member:${members}">
014:        <p>[[${member.id}]]: [[${member.name}]]</p>
015:    </div>
```

3~6번째 줄과 같이 List나 배열 요소를 참조하려면 인덱스를 사용하고, 8~11번째 줄과 같이 Map 요소를 참조하려면 키를 사용해 값을 참조합니다.

13번째 줄의 th:each ="[요소 저장용 변수] : ${[반복 처리할 객체]}"로 객체를 순회할 수 있습니다. [요소 저장용 변수]는 반복 처리 내에서만 유효합니다.

03 확인

뷰에 추가한 후 애플리케이션을 다시 실행하고 브라우저에서 페이지 새로 고침 버튼을 누르면 화면이 표시됩니다(그림 6.20).

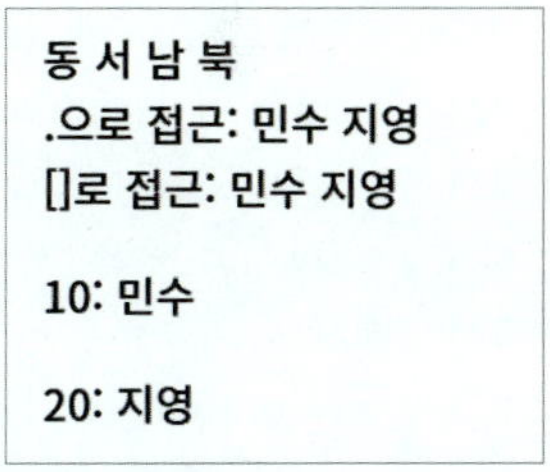

> 동 서 남 북
> .으로 접근: 민수 지영
> []로 접근: 민수 지영
>
> 10: 민수
>
> 20: 지영

그림 6.20 확인

6-3-9 반복 상태에서 유틸리티 객체 만들기

01 뷰에 대한 추가 사항

뷰(main.html)의 <body> 태그 안에 예제 6.38의 내용을 추가합니다.

예제 6.38 main.html에 대한 추가 사항

```
001: <hr>
002: <!-- 16: 반복 상태 -->
003: <div th:each="member, s : ${members}" th:object="${member}">
004:    <p>
005:        index-> [[${s.index}]], count-> [[${s.count}]],
006:        size-> [[${s.size}]], current-> [[${s.current}]],
```

```
007:     even-> [[${s.even}]], odd-> [[${s.odd}]],
008:     first-> [[${s.first}]], last-> [[${s.last}]],
009:     [[*{id}]]: [[*{name}]]
010:   </p>
011: </div>
012: <!-- 17: 유틸리티 객체(숫자, 날짜 및 시간, 문자열) -->
013: <div th:with="x=1000000, y=123456.789">
014:   정수 형식: <span th:text="${#numbers.formatInteger(x, 3, 'COMMA')}"></span><br/>
015:   부동 소수점 형식: <span th:text="${#numbers.formatDecimal(y, 3, 'COMMA', 2,'POINT')}"></span>
016: </div>
017: <br/>
018: <div th:with="today=${#dates.createNow()}">
019:   yyyy/mm/dd 형식: <span th:text="${#dates.format(today, 'yyyy/MM/dd')}"></span><br/>
020:   yyyy년 mm월 dd일 형식: <span th:text="${#dates.format(today, 'yyyy년 MM월 dd일')}"></span><br/>
021:   yyyy년: <span th:text="${#dates.year(today)}"></span><br/>
022:   MM월: <span th:text="${#dates.month(today)}"></span><br/>
023:   dd일: <span th:text="${#dates.day(today)}"></span><br/>
024:   요일: <span th:text="${#dates.dayOfWeek(today)}"></span>
025: </div>
026: <br/>
027: <div th:with="str1='abcdef'">
028:   대문자 변환: <span th:text="${#strings.toUpperCase(str1)}"></span><br/>
029:   빈 문자 판정: <span th:text="${#strings.isEmpty(str1)}"></span><br/>
030:   길이: <span th:text="${#strings.length(str1)}"></span>
031: </div>
```

3번째 줄의 th:each에서는 상태 변수를 사용할 수 있습니다. 상태 변수의 사용법은 표 6.2 '상태 변수'를 참고하세요. 타임리프는 자주 사용되는 클래스를 #name이라는 상수로 정의하기 때문에 변수식 안에서 사용할 수 있습니다. 사용법은 유틸리티 객체를 참고합니다.

02 확인

뷰에 추가한 후 애플리케이션을 다시 실행하고 브라우저에서 페이지 새로고침 버튼을 누르면 화면이 표시됩니다(그림 6.21).

```
index-> 0, count-> 1, size-> 2, current-> Member(id=10, name=민수), even-> false, odd-> true, first-> true, last-> false, 10: 민수

index-> 1, count-> 2, size-> 2, current-> Member(id=20, name=지영), even-> true, odd-> false, first-> false, last-> true, 20: 지영

정수 형식: 1,000,000
부동 소수점 형식: 123,456.79

yyyy/mm/dd 형식: 2024/09/06
yyyy년 mm월 dd일 형식: 2024년 09월 06일
yyyy년: 2024
MM월: 9
dd일: 6
요일: 6

대문자 변환: ABCDEF
빈 문자 판정: false
길이: 6
```

그림 6.21 확인

6-3-10 HTML 파일의 부품화 예시

01 프래그먼트 만들기

src/main/resources → templates 폴더를 차례로 선택하고 마우스 오른쪽 버튼을 클릭한 후 [새로 만들기] → [HTML 파일]을 선택합니다. 파일명으로 'common.html'이라고 입력해서 HTML 파일을 생성합니다. common.html의 내용은 예제 6.39와 같습니다.

예제 6.39 common.html

```
001: <!DOCTYPE html>
002: <html xmlns:th="http://www.thymeleaf.org">
003: <head>
004:     <meta charset="UTF-8">
005:     <title>fragment</title>
006: </head>
007: <body>
008:     <!-- 18: 프래그먼트 정의 -->
009:     <div th:fragment="header">
010:         <h1>===【 헤더 】===</h1>
011:     </div>
012:     <div th:fragment="footer">
013:         <h1>===【 푸터 】===</h1>
```

```
014:        </div>
015:      </body>
016:    </html>
```

9, 12번째 줄에서 프래그먼트의 '식별명'을 설정합니다.

02 뷰에 대한 추가 사항

뷰(main.html)의 `<body>` 태그 안에 예제 6.40의 내용을 추가합니다.

예제 6.40 main.html에 대한 추가 사항

```
001:  <hr>
002:  <!-- 18: 프래그먼트 삽입 -->
003:  <div id="one" th:insert="common :: header"></div>
004:  <h1>위아래로 프래그먼트 삽입하기</h1>
005:  <div id="two" th:replace="common :: footer"></div>
```

3번째 줄과 같이 프래그먼트로 분리된 콘텐츠를 가져오려면 `th:insert` 속성을 이용합니다. `::`의 왼쪽에는 프래그먼트 파일명을, 오른쪽에는 `th:fragment` 속성에 정의한 식별명을 지정합니다. 5번째 줄의 `th:replace` 속성을 사용하면 내용을 프래그먼트로 완전히 대체합니다.

03 확인

뷰에 추가한 후 애플리케이션을 다시 실행하고 브라우저에서 페이지 새로고침 버튼을 누르면 화면이 표시됩니다(그림 6.22).

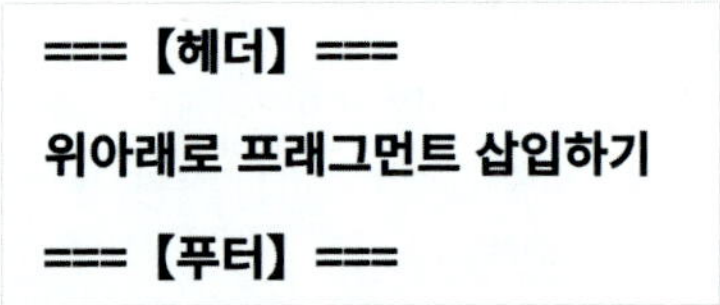

```
=== 【헤더】 ===
위아래로 프래그먼트 삽입하기
=== 【푸터】 ===
```

그림 6.22 확인

`th:insert`를 사용한 경우와 `th:replace`를 사용한 경우의 출력 결과는 다음과 같습니다(그림 6.23). `th:replace`를 사용한 경우 내용이 대체되므로 `<div id="two">` 부분이 사라진 것을 브라우저 개발자 도구에서 확인할 수 있습니다.

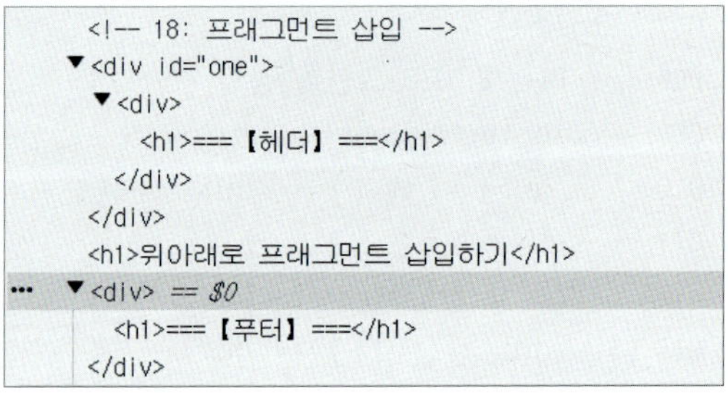

```
<!-- 18: 프래그먼트 삽입 -->
▼<div id="one">
   ▼<div>
       <h1>=== 【헤더】 ===</h1>
    </div>
 </div>
 <h1>위아래로 프래그먼트 삽입하기</h1>
▼<div> == $0
   <h1>=== 【푸터】 ===</h1>
 </div>
```

그림 6.23 확인

6-3-11 공통 레이아웃 만들기

01 공통 레이아웃 파일 만들기

공통 레이아웃이란 웹 페이지의 공통적인 부분(예: 헤더, 푸터, 사이드바 등)을 하나의 템플릿으로 만드는 것을 말합니다. 이 템플릿을 기반으로 각 페이지마다 고유한 내용을 추가할 수 있습니다. 그럼 지금부터 공통 레이아웃 파일을 만들어 봅시다.

src/main/resources → templates 폴더 아래에 layout.html을 생성합니다. layout.html의 내용은 예제 6.41과 같습니다.

예제 6.41 layout.html

```html
001: <!DOCTYPE html>
002: <html lang="en" xmlns:th="http://www.thymeleaf.org"
003:       th:fragment="base(title, content)">
004: <head>
005:     <meta charset="UTF-8">
006:     <!-- ▼ 여기가 바뀝니다 ▼ -->
007:     <title th:replace="${title}">공통 레이아웃</title>
008: </head>
009: <body>
010:     <div style="text-align: center;">
011:         <h1>**********************<br/>
012:         ☆☆     공통 헤더     ☆☆<br/>
013:         **********************</h1>
014:     </div>
015:     <!-- ▼ 여기가 바뀝니다 ▼ -->
016:     <div style="text-align: center;" th:insert="${content}">내용</div>
017:     <div style="text-align: center;">
018:         <h1>**********************<br/>
019:         ☆☆     공통 푸터     ☆☆<br/>
020:         **********************</h1>
021:     </div>
022: </body>
023: </html>
```

3번째 줄의 th:fragment="base(title, content)"가 중요합니다. 이를 분해해서 설명하면 식별명이 base가 되고, 다른 파일에서 전달되는 파라미터(title, content)는 7번째 줄에서 title이 사용되고, 16번째 줄에서 content가 사용됩니다.

02 main.html 수정

공통 레이아웃을 사용하도록 main.html의 `<html>` 태그를 예제 6.42의 내용으로 수정합니다.

예제 6.42 공통 레이아웃 활용하기

```
001: <!DOCTYPE html>
002: <html xmlns:th="http://www.thymeleaf.org"
003:   th:replace="~{layout ::base(~{::title}, ~{::body})}">
004: <head>
005: ... 이하 기존 코드 ...
```

3번째 줄의 th:replace="~{layout :: base(~{::title}, ~{::body})}"만 추가할 부분입니다.

중요하기 때문에 분해해서 설명하겠습니다.

th:replace로 현재 `<html>` 태그를 layout.html의 base(title, content) 프래그먼트로 대체합니다.

layout :: base는 layout.html 파일의 base(title, content) 프래그먼트를 나타냅니다.

~{::title}, ~{::body}는 현재 HTML 파일(여기서는 main.html)의 `<title>` 태그와 `<body>` 태그의 내용을 각각 프래그먼트에 전달할 파라미터인 title과 content로 설정해서 base(title, content) 프래그먼트에 전달합니다.

'~(틸데)' 뒤에 이어지는 { } 안의 내용은 구체적으로 무엇을 가져오거나 조작할 것인지를 지정합니다. 쉽게 말해 ~(틸데)는 '이제부터 템플릿 식이 시작된다'라는 신호가 됩니다.

::title과 ::body는 현재 HTML 파일에서 `<title>`과 `<body>`의 내용을 가져오는 명령어입니다.

03 확인

뷰에 추가한 후 애플리케이션을 다시 실행하고 브라우저에서 페이지 새로고침 버튼을 누르면 화면이 표시됩니다.

공통 레이아웃에서 설정한 공통 헤더(그림 6.24)와 공통 푸터(그림 6.25)가 표시되는 것을 확인할 수 있습니다.

☆☆☆☆☆☆☆☆☆☆☆☆☆☆☆☆☆☆☆☆
☆☆　　　　　공통 헤더　　　　　☆☆
☆☆☆☆☆☆☆☆☆☆☆☆☆☆☆☆☆☆☆☆

hello world

그림 6.24 공통 레이아웃

=== 【푸터】 ===

☆☆☆☆☆☆☆☆☆☆☆☆☆☆☆☆☆☆☆☆
☆☆　　　　　공통 푸터　　　　　☆☆
☆☆☆☆☆☆☆☆☆☆☆☆☆☆☆☆☆☆☆☆

그림 6.25 공통 레이아웃 2

공통 레이아웃을 이용한 모습을 그림 6.26에서 확인할 수 있습니다.

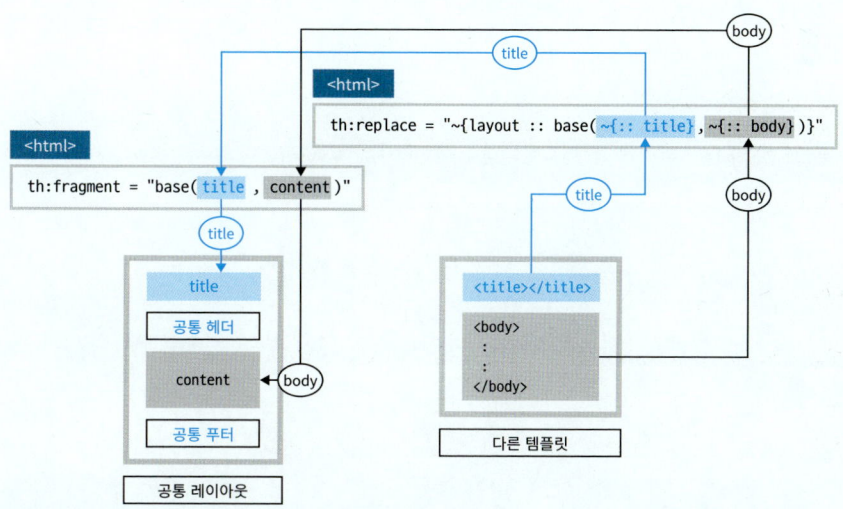

그림 6.26 공통 레이아웃의 구조

6-3-12 요약

이제 타임리프의 사용법을 어느 정도 이해할 수 있을 것입니다. 현재 시점에서 뷰는 컨트롤러에서 설정한 값을 표시하는 방법만 설명합니다. 이대로는 뷰에서 입력한 내용을 비즈니스 로직으로 처리할 수 없습니다.

다음 장에서는 뷰에서 입력한 값을 서버로 전송하고 컨트롤러에서 수신하는 방법을 설명합니다.

07장

서버로 데이터를 전송하는 방법

7-1 요청 파라미터 알아보기

7-2 여러 개의 요청 파라미터 전송하기

7-3 URL에 내장된 값 받기

요청 파라미터 알아보기

SECTION 7-1

이번 장에서는 뷰에서 입력한 값을 서버로 전송하고 컨트롤러에서 수신하는 방법을 설명합니다. 서버로 전송되는 값을 요청 파라미터라고 합니다. 먼저 요청 파라미터에 대해 설명합니다.

7-1-1 요청 파라미터란?

입력 화면과 같은 뷰에서 입력된 내용은 브라우저가 요청을 발행할 때 요청 파라미터로 요청에 저장되어 웹 애플리케이션 측에서 수신할 수 있습니다.

이처럼 웹 애플리케이션에 보내는 값을 요청 파라미터라고 합니다.

☐ GET 메서드와 POST 메서드의 요청에 대한 저장 방식의 차이점

다시 한번 복습하자면 요청(request)은 클라이언트에서 서버로 전달되는 정보입니다. 이때 요청은 요청 라인, 요청 헤더, 요청 본문의 세 가지로 구성됩니다(그림 7.1).

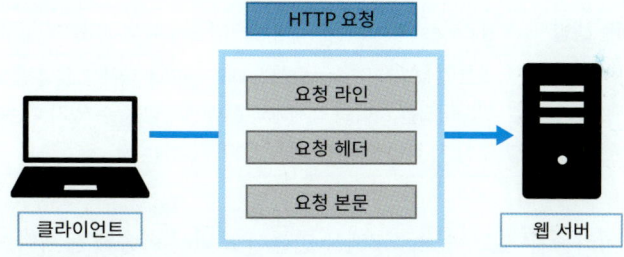

그림 7.1 요청

○ 요청 라인(Request Line)

- 서버에 무엇을 하고 싶은지 알려주는 첫 번째 줄입니다.
- 예시: `GET /index.html HTTP/1.1`
- 보충 설명: GET은 작업의 종류(메서드), `/index.html`은 대상 페이지, HTTP/1.1은 사용하는 HTTP 버전을 나타냅니다.

- **요청 헤더(Request Header)**
  - 서버에 추가 정보를 제공합니다.
  - 예시: User-Agent: Mozilla/5.0
  - 보충 설명: User-Agent는 브라우저의 종류를 나타냅니다. 그 외 다양한 정보(언어, 인코딩 등)를 포함합니다.

- **요청 본문(Request Body)**
  - 서버로 보내고 싶은 데이터 본체입니다.
  - 예시: 양식에 입력한 정보 등
  - 보충 설명: 주로 POST 메서드에서 사용됩니다. 데이터를 서버로 보낼 때 사용합니다.

7-1-2 요청 파라미터를 획득하는 방법

뷰에서 입력한 값이나 선택된 값, 숨겨진 파라미터로 내장된 값은 표 7.1의 방법으로 얻을 수 있습니다.

표 7.1 요청 파라미터를 획득하는 방법

방법	내용
@RequestParam을 이용하는 방법	@RequestParam 애너테이션을 이용해 파라미터를 하나하나 획득할 수 있습니다.
Form 클래스를 이용하는 방법	스프링 MVC가 Form 클래스 내의 필드에 대해 값을 자동으로 저장해 줍니다. 요청 파라미터를 하나의 객체에서 한꺼번에 받을 수 있기 때문에 실용적인 방법입니다. 수신 시 타입 변환과 포맷 지정이 가능합니다.

글만 봐서는 이해하기 어려울 수 있으니 프로그램을 만들어 보면서 학습해 봅시다.

7-1-3 요청 파라미터를 사용하는 프로그램 만들기

01 프로젝트 생성

스프링 이니셜라이저에서 프로젝트를 생성해서 진행하겠습니다. 웹 브라우저로 `https://start.spring.io/`에 접속한 후 다음 내용을 참조해서 설정합니다.

설정 내용

Project	Gradle - Groovy
Language	Java
Spring Boot	3.3.3 (3.x 버전이면 괜찮습니다)
Artifact	RequestParamSample
Name	RequestParamSample
Package name	com.example.demo
Packaging	Java
Java	21

※ 기타 항목은 기본 설정을 그대로 유지합니다.

추가 의존성으로 다음과 같이 선택하고 아래의 [GENERATE] 버튼을 클릭해 프로젝트를 생성합니다(그림 7.2).

- Spring Boot DevTools(개발자 도구)
- Lombok(개발자 도구)
- Thymeleaf(템플릿 엔진)
- Spring Web(웹)

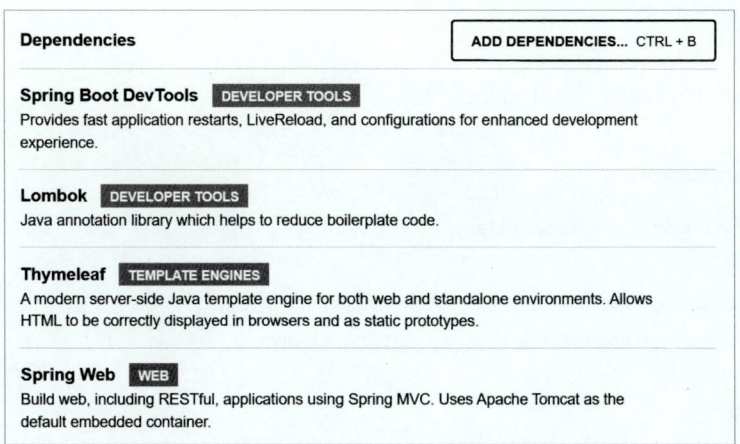

그림 7.2 추가 의존성

생성한 프로젝트 파일을 이전과 마찬가지로 C:\spring-project\ 폴더에서 압축을 풀고 IntelliJ IDEA 에서 불러옵니다.

02 컨트롤러와 뷰 생성

○ 컨트롤러 생성

컨트롤러를 생성합니다. RequestParamSample 프로젝트의 src/main/java 폴더에서 다음과 같은 패키 지와 클래스를 차례로 생성합니다(그림 7.3).

생성 내용

패키지	com.example.demo.controller
클래스	RequestParamController

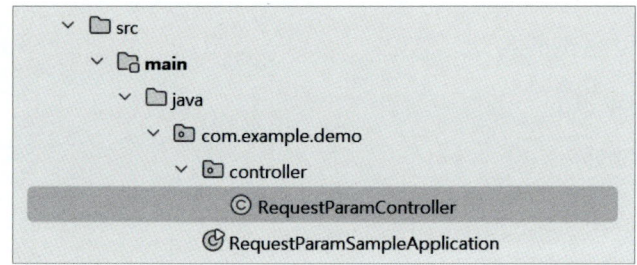

그림 7.3 컨트롤러 만들기

RequestParamController 클래스의 내용은 예제 7.1과 같습니다.

예제 7.1 RequestParamController

```
001: package com.example.demo.controller;
002:
003: import org.springframework.stereotype.Controller;
004: import org.springframework.web.bind.annotation.GetMapping;
005:
006: @Controller
007: public class RequestParamController {
008:
009:     // GET 및 URL(/show)
010:     @GetMapping("show")
011:     public String showView() {
```

```
012:        // 표시할 뷰 이름
013:        return "input";
014:    }
015: }
```

특별히 새롭게 설명할 내용은 없습니다. 코드에 작성한 주석을 참고하기 바랍니다.

○ 뷰 생성

showView 메서드의 반환값인 뷰 이름(input)에 대한 input.html을 생성해서 resources/templates 폴더에 배치하겠습니다.

src/main/resources → templates 폴더를 차례로 선택하고 마우스 오른쪽 버튼을 클릭한 후 [새로 만들기] → [HTML 파일]을 선택합니다. 파일명으로 'input.html'을 입력해서 HTML 파일을 생성합니다.

input.html의 내용은 예제 7.2와 같으며, 두 번째 줄에서 타임리프를 사용한다고 선언합니다.

예제 7.2 input.html

```
001: <!DOCTYPE html>
002: <html xmlns:th="http://www.thymeleaf.org">
003: <head>
004:   <meta charset="UTF-8">
005:   <title>RequestParam</title>
006: </head>
007: <body>
008:   <h1>입력 화면</h1>
009:   <hr>
010:   <form action="./output.html" method="get">
011:     <label for="get-value">입력 값:</label>
012:     <input type="text" id="get-value" name="val">
013:     <button type="submit">GET으로 전송</button>
014:   </form>
015:   <br/>
016:   <form action="./output.html" method="post">
017:     <label for="get-value">입력 값:</label>
018:     <input type="text" id="get-value" name="val">
019:     <button type="submit">POST로 전송</button>
020:   </form>
021: </body>
022: </html>
```

내추럴 템플릿의 장점을 보여주고자 여기서는 10번째와 16번째 줄에서 상대 참조로 출력할 파일인 `output.html`을 지정합니다. `action` 속성은 HTML의 `<form>` 태그 내에서 사용되며, 폼 데이터가 전송될 URL을 지정합니다.

12번째 줄과 18번째 줄의 `name="val"`의 `val`이 폼 데이터를 받은 곳에서 값을 가져오는 키가 됩니다.

이어서 데이터를 출력할 파일인 `output.html`을 생성합니다. `src/main/resources` → `templates` 폴더를 차례로 선택하고 마우스 오른쪽 버튼을 클릭한 후 [새로 만들기] → [HTML 파일]을 선택합니다. 파일명으로 'output.html'을 입력해 HTML 파일을 생성합니다.

`output.html`의 내용은 예제 7.3과 같으며, 두 번째 줄에서 타임리프를 사용한다고 선언합니다.

예제 7.3 output.html

```
001: <!DOCTYPE html>
002: <html xmlns:th="http://www.thymeleaf.org">
003: <head>
004:   <meta charset="UTF-8">
005:   <title>RequestParam</title>
006: </head>
007: <body>
008:   <h1>출력 화면</h1>
009:   <hr>
010:   <h2 th:text="${value}">전송된 값이 표시됩니다</h2>
011:   <a href="./input.html">입력 화면으로 이동</a>
012: </body>
013: </html>
```

10번째 줄에 `th:text="${value}"`라고 돼 있기 때문에 나중에 컨트롤러에서 `Model`에 저장할 값의 이름으로 `value`를 설정해야 합니다. 11번째 줄에서는 입력 화면으로 돌아갈 수 있는 링크를 생성합니다.

○ 내추럴 템플릿 사용해보기

프로젝트 창에서 `input.html`을 선택하고 마우스 오른쪽 버튼을 클릭한 후 [다음에서 열기] → [연결된 애플리케이션으로 열기]를 선택합니다. 입력 화면이 표시됩니다(그림 7.4).

그림 7.4 입력 화면

입력 화면의 첫 번째 입력란에 적절한 값을 입력하고 [GET으로 전송] 버튼을 클릭합니다. 그럼 출력 화면이 표시됩니다(그림 7.5). 여기서는 'test'를 입력했습니다.

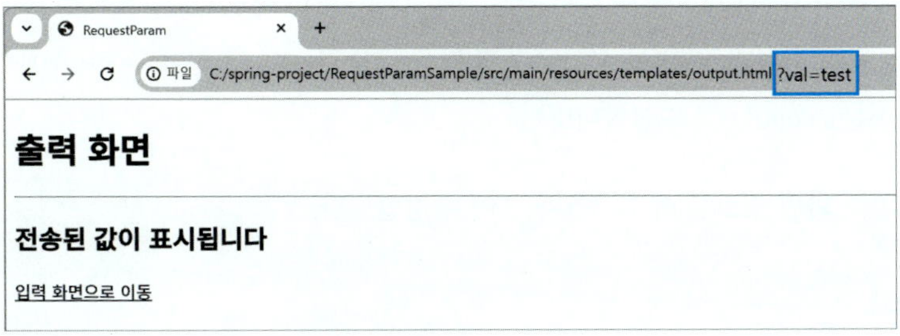

그림 7.5 출력 화면

화면 오른쪽 상단의 URL에서 GET의 요청 파라미터를 확인할 수 있습니다.

?val=test로 돼 있으므로 이름으로 'val', 값으로 'test'를 저장하고 있음을 알 수 있습니다.

두 번째 입력란에 값을 입력하고 [POST로 전송] 버튼을 클릭하면 요청 파라미터가 요청 본문에 저장되므로 URL로 확인할 수 없습니다.

내추럴 템플릿을 이용하면 이처럼 애플리케이션을 실행하지 않고도 화면 전환과 요청 파라미터를 확인할 수 있습니다.

03 컨트롤러와 뷰 수정

앞서 생성한 뷰(input.html/output.html)와 컨트롤러(RequestParamController)를 수정합니다.

○ 뷰 수정

input.html의 GET과 POST에 대한 두 `<form>` 태그 부분을 예제 7.4와 같이 수정합니다.

예제 7.4 input.html

```
001: <h1>입력 화면</h1>
002: <hr>
003: <form action="./output.html" th:action="@{/result}" method="get">
004:         :
005:         :
006: <form action="./output.html" th:action="@{/result}" method="post">
```

3번째 줄과 6번째 줄의 th:action="@{/result}"에 대해 설명하겠습니다. th:action은 타임리프에서 폼의 action 속성을 설정하기 위한 속성입니다. @{/result}는 @{ } 안에 서버 측에서 처리할 URL을 지정합니다(여기서는 /result를 지정합니다).

output.html의 입력 화면 링크를 예제 7.5와 같이 수정합니다.

예제 7.5 output.html

```
001: <h2 th:text="${value}">전송된 값이 표시됩니다</h2>
002: <a href="./input.html" th:href="@{/show}">입력 화면으로 이동</a>
```

2번째 줄의 th:href="@{/show}"에 대해 설명하겠습니다. th:href는 타임리프에서 HTML의 href 속성을 설정하기 위한 속성입니다. @{/show}는 @{ } 안에 링크를 클릭했을 때 브라우저가 이동할 URL을 나타냅니다(여기서는 /show를 지정했습니다).

○ 컨트롤러 수정

RequestParamController를 예제 7.6과 같이 수정합니다.

예제 7.6 RequestParamController

```
001: package com.example.demo.controller;
002:
003: import org.springframework.stereotype.Controller;
004: import org.springframework.ui.Model;
005: import org.springframework.web.bind.annotation.GetMapping;
006: import org.springframework.web.bind.annotation.PostMapping;
```

```
007:    import org.springframework.web.bind.annotation.RequestParam;
008:
009:    @Controller
010:    public class RequestParamController {
011:
012:        // GET 및 URL(/show)
013:        @GetMapping("show")
014:        public String showView() {
015:            // 표시할 뷰 이름
016:            return "input";
017:        }
018:
019:        // GET 및 URL(/result)
020:        @GetMapping("result")
021:        public String showResultGet(
022:            @RequestParam String val, Model model) {
023:            // 모델에 전송된 값 설정
024:            model.addAttribute("value", val);
025:            // 표시할 뷰 이름'
026:            return "output";
027:        }
028:
029:        // POST 및 URL(/result)
030:        @PostMapping("result")
031:        public String showResultPost(
032:            @RequestParam String val, Model model) {
033:            // 모델에 전송된 값 설정
034:            model.addAttribute("value", val);
035:            // 표시할 뷰 이름
036:            return "output";
037:        }
038:
039:    }
```

22, 32번째 줄의 각 메서드에서 사용하는 인수인 **@RequestParam String val**에 대해 설명하겠습니다.

@RequestParam 애너테이션을 사용하면 HTTP 요청의 파라미터를 메서드의 인수로 받을 수 있습니다.

String val 인수는 클라이언트로부터 전송된 **val**이라는 이름의 요청 파라미터 값을 받습니다. 뷰 측 입력 필드의 **name** 속성에 지정한 이름과 컨트롤러 측 요청 핸들러 메서드의 **@RequestParam**을 지정한 인수의 이름을 동일하게 설정하면 값을 받을 수 있습니다(그림 7.6).

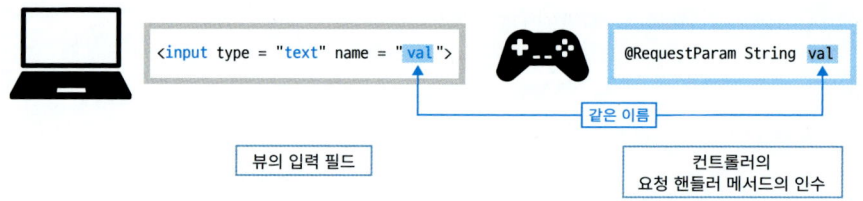

그림 7.6 @RequestParam으로 데이터 전달하기

04 실행과 확인

RequestParamSample 프로젝트의 com.example.demo 패키지에 있는 RequestParamSample Application 클래스를 선택하고 마우스 오른쪽 버튼을 클릭한 후 ['RequestParamSample Application.main()' 실행]을 선택합니다.

콘솔에서 대상 애플리케이션이 실행된 것을 확인한 후, 브라우저를 실행하고 주소 표시줄에 http://localhost:8080/show를 입력합니다. 그럼 입력 화면이 표시됩니다(그림 7.7).

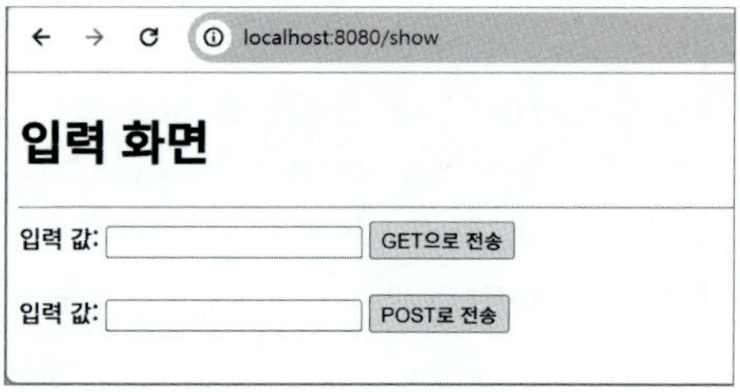

그림 7.7 입력 화면

첫 번째 입력란에 'GET'을 입력하고 [GET으로 전송] 버튼을 클릭합니다. 출력 화면이 표시됩니다(그림 7.8).

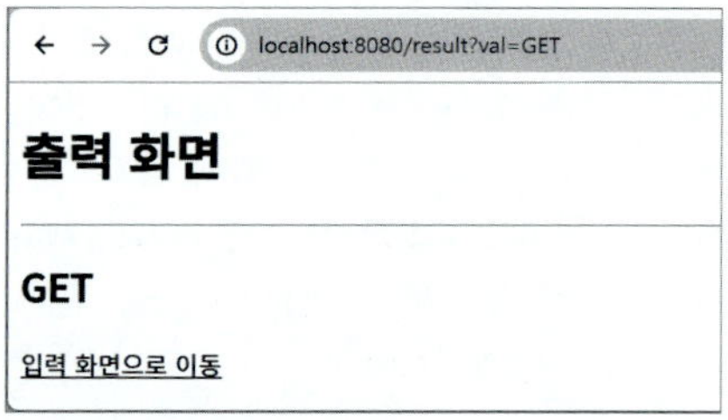

그림 7.8 출력 화면(GET)

'입력 화면으로 이동' 링크를 클릭해 입력 화면을 표시한 후 두 번째 입력란에 'POST'를 입력하고 [POST로 전송] 버튼을 클릭합니다. 출력 화면이 표시됩니다(그림 7.9).

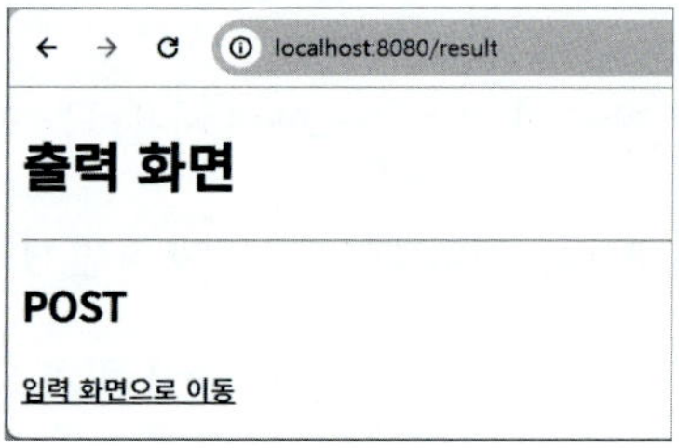

그림 7.9 출력 화면(POST)

GET 메서드와 POST 메서드로 값을 보내고 `@RequestParam`을 이용해 값을 수신하는 방법에 대한 감이 잡혔나요?

다음으로 여러 값을 전송하고 서버 측에서 수신하는 방법을 알아봅시다.

> **칼럼 / 애너테이션의 옵션 속성**
>
> 옵션 요소는 프로그래밍이나 소프트웨어 설정에서 필수적이지 않지만 사용할 수 있는 추가 설정 항목이나 기능을 말합니다. 다음은 `@RequestParam`의 옵션 속성입니다.
>
> - **`value 또는 name`**
>   웹 페이지에서 전송되는 정보의 이름을 지정합니다. `value`와 `name` 중 어느 쪽을 사용해도 같은 의미 입니다. 예를 들어, 웹 페이지에 이름을 입력하는 곳이 있고, 해당 입력란의 이름이 `"userName"`이라면 `@RequestParam(name="userName") String userName`이라고 작성하면 해당 정보를 받을 수 있습 니다. 참고로 메서드의 파라미터 이름이 HTTP 요청의 파라미터 이름과 일치하는 경우 `@RequestParam String userName`과 같이 `name` 속성(또는 `value` 속성)을 생략할 수 있습니다.
>
> - **`Required`**
>   `true`로 설정하면 이 정보가 반드시 필요하다는 의미이고, `false`로 설정하면 이 정보가 없어도 괜찮다는 의 미입니다. 기본값(초기 설정)은 `true`입니다.
>
> - **`defaultValue`**
>   정보가 없을 때 사용할 예비 값을 설정할 수 있습니다. 예를 들어, `defaultValue="홍길동"`이라 고 쓰면 이름을 보내지 않았을 때 자동으로 "홍길동"이라는 이름을 사용하게 됩니다(`@RequestParam (name="userName", required=false, defaultValue="홍길동") String userName`).

SECTION 7-2 여러 개의 요청 파라미터 전송하기

뷰에서 입력한 여러 값을 서버로 전송하고, Form 클래스를 이용해 여러 값을 수신해 봅시다. @RequestParam은 편리하지만 전달할 값이 많아질수록 요청 핸들러 메서드에서 @RequestParam이 부여된 인수가 늘어나기 때문에 번거롭습니다.

7-2-1 @RequestParam으로 여러 개의 값 받기

앞서 생성한 RequestParamSample 프로젝트를 사용합니다.

01 컨트롤러와 뷰 생성

○ 컨트롤러 생성

컨트롤러를 생성하겠습니다. RequestParamSample 프로젝트에서 src/main/java 폴더의 com.example.demo.controller 패키지에 RequestParamMultipleController 클래스를 생성합니다(그림 7.10).

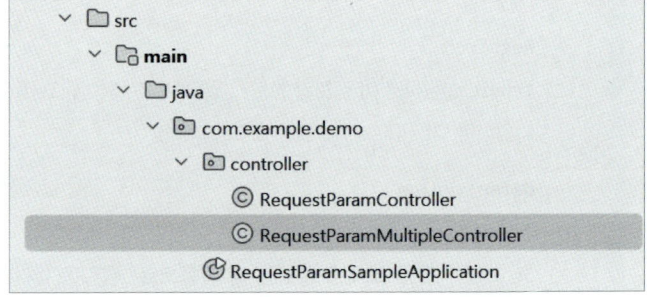

그림 7.10 컨트롤러 만들기

RequestParamMultipleController 클래스의 내용은 예제 7.7과 같습니다.

예제 7.7 RequestParamMultipleController

```
001: package com.example.demo.controller;
002:
003: import org.springframework.stereotype.Controller;
004: import org.springframework.web.bind.annotation.GetMapping;
005:
006: @Controller
007: public class RequestParamMultipleController {
008:
009:     // GET 및 URL(/multiple)
```

```
010:      @GetMapping("multiple")
011:      public String showView() {
012:        // 반환값으로 뷰 이름을 반환
013:        return "entry";
014:      }
015:    }
```

클라이언트에서 GET 메서드로 http://localhost:8080/multiple URL을 전송하면 RequestParam MultipleController 클래스의 showView 메서드가 호출되고, 13번째 줄에 반환값으로 뷰 이름(entry)를 반환합니다.

뷰 생성

showView 메서드에서 반환한 뷰 이름(entry)에 대한 entry.html을 생성해서 resources/templates 폴더에 배치하겠습니다. src/main/resources → templates 폴더를 차례로 선택하고 마우스 오른쪽 버튼을 클릭한 후 [새로 만들기] → [HTML 파일]을 선택합니다. 파일명으로 entry.html을 입력해서 HTML 파일을 생성합니다.

entry.html의 내용은 예제 7.8과 같습니다.

예제 7.8 entry.html

```
001:    <!DOCTYPE html>
002:    <html xmlns:th="http://www.thymeleaf.org">
003:    <head>
004:      <meta charset="UTF-8">
005:      <title>입력 화면</title>
006:    </head>
007:    <body>
008:      <form th:action="@{/confirm}" method="post">
009:        <div>
010:          <label for="name">이름: </label>
011:          <input type="text" name="name">
012:        </div>
013:        <div>
014:          <label for="age">나이: </label>
015:          <input type="number" name="age" min="1" max="100">
016:        </div>
017:        <div>
```

```
018:        <label for="birth">생년월일: </label>
019:        <input type="date" name="birth">
020:     </div>
021:     <input type="submit" value="제출">
022:   </form>
023: </body>
024: </html>
```

화면을 구성하는 입력 항목은 다양하지만 프레임워크를 이용한 개발에서는 입력 항목의 이름(name 속성)과 이를 받는 변수명을 동일하게 설정하는 것이 일반적입니다.

2번째 줄에서 타임리프를 사용한다고 선언하고, 8번째 줄의 `th:action="@{/confirm}"`은 /confirm URL으로 이동한다는 것을 나타냅니다.

15번째 줄의 type 속성에서 `type="number"`를 지정하면 숫자 입력란이 생성됩니다. max 속성은 입력할 수 있는 최댓값을 지정하고, min 속성은 입력할 수 있는 최솟값을 지정합니다.

19번째 줄의 type 속성에 `type="date"`를 지정하면 날짜 입력란이 생성됩니다. 주의할 점은 표시되는 날짜 형식은 실제 value 값과 다르다는 점입니다. 표시되는 날짜는 사용자의 브라우저에 설정된 로캘[12]에 따라 서식이 표시되지만 value 값은 항상 yyyy-MM-dd 형식이 됩니다.

02 컨트롤러에 대한 추가 사항

컨트롤러(RequestParamMultipleController)에 요청 핸들러 메서드를 추가합니다(예제 7.9).

예제 7.9 RequestParamMultipleController에 대한 추가 사항

```
001: // POST 및 URL(/confirm)
002: @PostMapping("confirm")
003: public String confirmView(Model model,
004:   @RequestParam String name,
005:   @RequestParam Integer age,
006:   @DateTimeFormat(iso = DateTimeFormat.ISO.DATE) @RequestParam LocalDate birth) {
007:     // Model에 저장
008:     model.addAttribute("name", name);
009:     model.addAttribute("age", age);
```

---

[12] 로캘(locale)은 시스템이나 소프트웨어의 언어 및 국가/지역 설정을 의미합니다.

```
010:        model.addAttribute("birth", birth);
011:        // 반환값으로 뷰 이름을 반환
012:     return "confirm";
013: }
```

3번째 줄의 Model은 8~10번째 줄의 값을 저장하기 위해 인수로 설정됩니다.

4~6번째 줄의 @RequestParam 뒤에 뷰 측에서 작성한 입력값의 name 속성과 같은 이름의 변수를 인수로 사용하면 요청 파라미터가 변수로 설정됩니다.

6번째 줄의 뷰 측에서 설정한 입력 필드인 type="date"의 값은 yyyy-MM-dd가 됩니다. 인수에 @DateTimeFormat(iso = DateTimeFormat.ISO.DATE)를 지정하면 yyyy-MM-dd 형식의 값으로 받을 수 있으며, 날짜 형식 값도 지정한 형식으로 분석 및 변환되어 변수로 설정됩니다.

03 뷰 생성(확인 화면)

confirmView 메서드의 반환값인 뷰 이름(confirm)에 대한 confirm.html을 생성해서 resources/templates 폴더에 배치합니다. src/main/resources → templates 폴더를 차례로 선택하고 마우스 오른쪽 버튼을 클릭한 후 [새로 만들기] → [HTML 파일]을 선택합니다. 파일명으로 'confirm.html'을 입력해서 HTML 파일을 생성합니다.

confirm.html의 내용은 예제 7.10과 같습니다.

예제 7.10 confirm.html

```
001: <!DOCTYPE html>
002: <html xmlns:th="http://www.thymeleaf.org">
003: <head>
004:   <meta charset="UTF-8">
005:   <title>확인 화면</title>
006: </head>
007: <body>
008:   <ul>
009:     <li>이름: [[${name}]]</li>
010:     <li>나이: [[${age}]]세</li>
011:     <li>생년월일: [[${birth}]]</li>
012:   </ul>
013: </body>
014: </html>
```

9~11번째 줄과 같이 고정값과 변수를 조합하고 싶다면 [[${ }]]를 사용합니다.

04 확인

example.demo 패키지에 있는 RequestParamSampleApplication 클래스를 선택하고 마우스 오른쪽 버튼을 클릭한 후 ['RequestParamSampleApplication.main()' 실행]을 선택합니다. 또는 프로그램이 이미 실행 중이라면 [다시 실행] 버튼을 클릭합니다.

브라우저를 실행하고 주소 표시줄에 http://localhost:8080/multiple을 입력하면 입력 화면이 표시됩니다.

표시된 입력 화면에서 '이름, 나이, 생년월일'을 임의로 입력한 후(그림 7.11) [제출] 버튼을 누르면 입력한 내용이 확인 화면에 표시됩니다(그림 7.12).

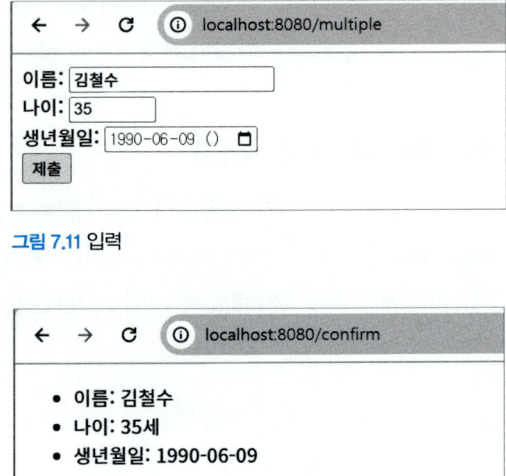

그림 7.11 입력

그림 7.12 확인

@RequestParam 애너테이션은 편리하지만 요청 파라미터를 개별 인수로 받기 때문에 입력 항목이 늘어날수록 인수가 늘어나 중복되는 문제가 있습니다. 스프링 MVC에서는 입력값을 저장하는 클래스를 준비해서 요청 파라미터를 일괄적으로 전달할 수 있습니다.

7-2-2 Form 클래스란?

Form 클래스는 스프링 MVC에서 자주 사용되는 클래스로, HTML 폼에서 전송된 데이터를 자바 객체로 받기 위한 클래스입니다. 주요 특징으로 HTML 폼을 구성하는 각 입력 필드의 name 속성을 필드로 가지고 있습니다.

Form 클래스는 컨트롤러의 요청 핸들러 메서드에서 사용되며, @ModelAttribute와 함께 사용되는 경우가 많습니다(@ModelAttribute에 대해서는 나중에 설명합니다).

01 Form 클래스 생성

입력값을 저장하기 위한 클래스로 Form 클래스라는 뷰의 폼을 표현하는 클래스를 생성하겠습니다. 프로젝트의 src/main/java 폴더에서 다음과 같은 패키지와 클래스를 차례로 생성합니다(그림 7.13).

생성 내용

패키지	com.example.demo.form
클래스	SampleForm

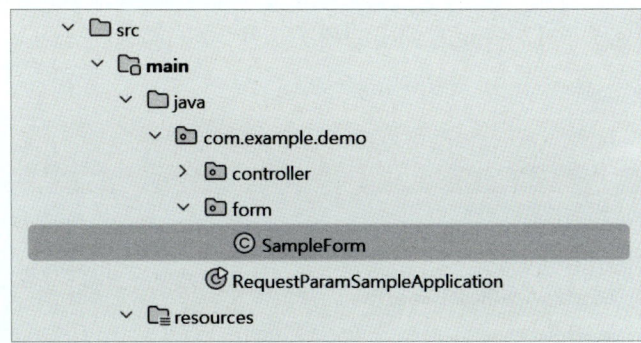

그림 7.13 SampleForm

Form 클래스의 내용은 예제 7.11과 같습니다.

예제 7.11 SampleForm

```
001: package com.example.demo.form;
002:
003: import java.time.LocalDate;
004:
005: import org.springframework.format.annotation.DateTimeFormat;
006:
007: import lombok.Data;
008:
009: @Data
010: public class SampleForm {
```

```
011:     private String name;
012:     private Integer age;
013:     @DateTimeFormat(iso = DateTimeFormat.ISO.DATE)
014:     private LocalDate birth;
015: }
```

9번째 줄에서 롬복의 기능을 이용해 게터/세터를 @Data로 생성합니다.

13번째 줄의 @DateTimeFormat에서 iso = DateTimeFormat.ISO.DATE로 지정하고 날짜 형식을 yyyy-MM-dd로 받도록 지정합니다.

02 컨트롤러 수정 및 추가

컨트롤러(RequestParamMultipleController)에 요청 핸들러 메서드를 수정 및 추가합니다. 앞서 생성한 confirmView 메서드를 주석 처리하고, Form 클래스를 인수로 사용해 confirmView 메서드를 새로 생성합니다(예제 7.12).

예제 7.12 confirmView(Form 클래스 사용)

```
001: // POST 및 URL(/confirm)
002: //@PostMapping("confirm")
003: //public String confirmView(Model model,
004: //    @RequestParam String name,
005: //    @RequestParam Integer age,
006: //    @DateTimeFormat(iso = DateTimeFormat.ISO.DATE) @RequestParam LocalDate birth) {
007: //    // Model에 저장
008: //    model.addAttribute("name", name);
009: //    model.addAttribute("age", age);
010: //    model.addAttribute("birth", birth);
011: //    // 반환값으로 뷰 이름을 반환
012: //    return "confirm";
013: //}
014:
015: // POST 및 URL(/confirm)
016: @PostMapping("confirm")
017: public String confirmView(SampleForm f) {
018:     // 반환값으로 뷰 이름을 반환
019:     return "confirm2";
020: }
```

16~20번째 줄의 @PostMapping("confirm")에서 POST 및 /confirm URL에 대응하는 요청 핸들러 메서드인 confirmView를 새로 생성하고, 인수로 입력값을 저장하기 위한 클래스인 Form을 인수로 받습니다. 19번째 줄의 반환값으로 뷰 이름인 "confirm2"를 반환합니다.

요청 핸들러 메서드인 confirmView의 인수에서 Model이 사라지고, Model 대신 Form 클래스가 인수로 설정돼 있습니다. 데이터를 뷰로 표시하고 싶다면 데이터를 넘겨주는 역할을 하는 Model을 인수로 설정해야 할 것입니다. 왜 Model이 인수에서 사라졌는지는 나중에 자세히 설명하겠습니다.

03 뷰 생성(확인 화면: Form 클래스 사용)

confirmView 메서드의 반환값인 뷰 이름(confirm2)에 대한 confirm2.html을 생성해서 resources/templates 폴더에 배치합니다.

src/main/resources → templates 폴더를 선택하고 마우스 오른쪽 버튼을 클릭한 후 [새로 만들기] → [HTML 파일]을 선택합니다. 파일명으로 'confirm2.html'을 입력해서 HTML 파일을 생성합니다.

confirm2.html의 내용은 예제 7.13과 같습니다.

예제 7.13 confirm2.html

```
001:    <!DOCTYPE html>
002:    <html xmlns:th="http://www.thymeleaf.org">
003:    <head>
004:        <meta charset="UTF-8">
005:        <title>확인 화면: Form 클래스 사용</title>
006:    </head>
007:    <body>
008:        <ul th:object="${sampleForm}">
009:            <li>이름: [[*{name}]]</li>
010:            <li>나이: [[*{age}]]세</li>
011:            <li>생년월일: [[*{birth}]]</li>
012:        </ul>
013:    </body>
014:    </html>
```

8번째 줄의 th:object="${sampleForm}"은 뷰 측에서 설정한 데이터를 정리한 Form 클래스를 지정합니다. 소문자로 시작하는 sampleForm은 왠지 SampleForm 클래스를 참조하는 것 같지만, 왜 소문자로 시작하는지는 나중에 자세히 설명할 예정이니 조금만 기다려 주시기 바랍니다.

9~11번째 줄에 사용된 [[*{name}]], [[*{age}]], [[*{birth}]]는 타임리프의 표현식으로, sampleForm 객체의 name, age, birth 필드의 값을 각각 표시합니다.

04 확인

com.example.demo 패키지에 있는 RequestParamSampleApplication 클래스를 선택하고 마우스 오른쪽 버튼을 클릭한 후 ['RequestParamSampleApplication.main()' 실행]을 선택합니다. 또는 프로그램이 이미 실행 중이라면 [다시 실행] 버튼을 클릭합니다.

브라우저를 실행하고 주소 표시줄에 http://localhost:8080/multiple을 입력하면 입력 화면이 표시됩니다. 표시된 입력 화면에서 '이름, 나이, 생년월일'을 입력한 후 (그림 7.14) [제출] 버튼을 누르면 입력한 내용이 확인 화면에 표시됩니다(그림 7.15).

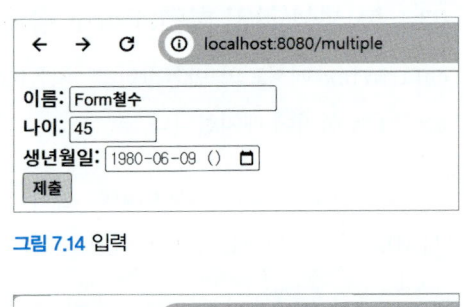

그림 7.14 입력

그림 7.15 확인(Form 클래스 사용)

Form 클래스를 이용해 여러 개의 요청 파라미터를 받을 수 있게 됐습니다.

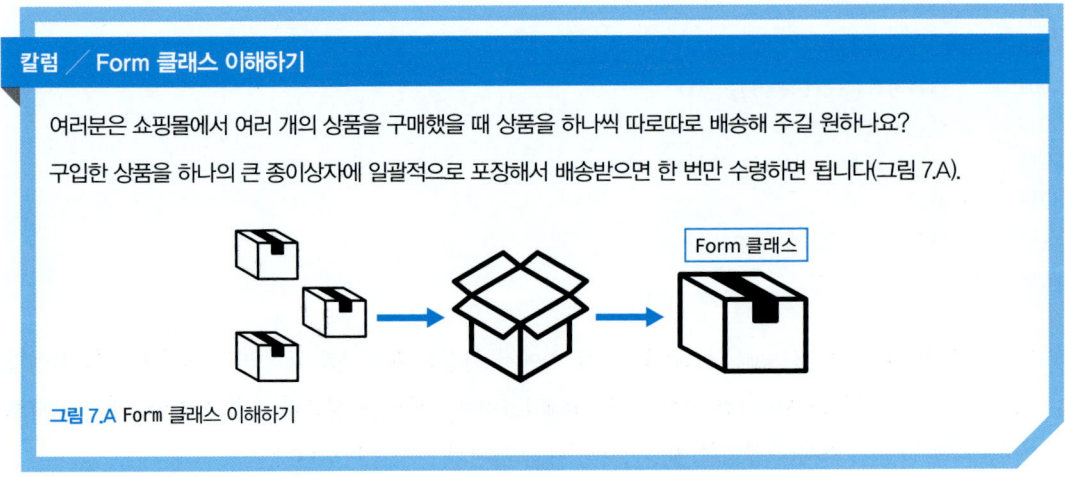

칼럼 / Form 클래스 이해하기

여러분은 쇼핑몰에서 여러 개의 상품을 구매했을 때 상품을 하나씩 따로따로 배송해 주길 원하나요?

구입한 상품을 하나의 큰 종이상자에 일괄적으로 포장해서 배송받으면 한 번만 수령하면 됩니다(그림 7.A).

그림 7.A Form 클래스 이해하기

7-2-3 요약

지금까지 배운 내용을 일목요연하게 정리해 보겠습니다.

☐ Form 클래스 소개

Form 클래스는 하나의 화면(뷰)에서 사용할 데이터를 모아두기 위한 클래스입니다. 이를 이용하면 데이터를 관리하기가 쉬워집니다.

Form 클래스는 일반 자바 클래스(POJO)로 만듭니다.

☐ 데이터 연결(바인딩)

화면에 입력하는 데이터(name 속성)와 Form 클래스의 필드명을 동일하게 설정하면 자동으로 데이터가 연결됩니다.

☐ 데이터 타입 변환

입력된 데이터는 Form 클래스의 필드 타입에 맞게 자동으로 변환됩니다.

☐ Model과 Form 클래스

스프링 MVC에서는 요청 핸들러 메서드의 인수로 Form 클래스를 지정하면 해당 Form 클래스가 자동으로 Model에 저장됩니다. 따라서 굳이 Model을 메서드 인수로 명시하지 않아도 됩니다. 이 것은 @ModelAttribute라는 애너테이션을 생략한 작성 방법입니다. 자세한 내용은 8-2-3절 '@ModelAttribute란?'에서 설명합니다. 이 같은 이유로 RequestParamMultipleController의 요청 핸들러 메서드인 confirmView의 인수에서 Model이 등장하지 않은 것입니다.

Model에 저장된 Form 클래스는 기본적으로 '요청 범위(request scope)'로 설정돼 있기 때문에 응답이 전송된 후에는 사라집니다.

☐ 이름 짓는 방법

Form 클래스를 Model에 저장할 때 특별히 이름을 지정하지 않으면 클래스 이름이 소문자로 시작하는 형태(소문자)로 Model에 저장됩니다.

예: CalcForm은 calcForm으로 저장, Form은 form으로 저장

이러한 이유로 확인 화면인 confirm2.html에서 소문자로 시작하는 sampleForm이 사용된 것입니다. 명시적으로 이름을 지정할 경우 '@ModelAttribute("aaa") SampleForm f'라고 하면 Model에는 aaa로 저장됩니다.

URL에 내장된 값 받기

SECTION 7-3

이번에는 링크 등 URL에 포함된 값을 가져오는 방법과 동일한 뷰에 여러 개의 버튼이 있을 때 처리를 분리하는 방법에 대해 프로그램을 작성하면서 설명합니다.

7-3-1 프로젝트 생성(링크)

스프링 이니셜라이저에서 프로젝트를 생성해서 진행하겠습니다. 웹 브라우저로 `https://start.spring.io/`에 접속한 후 다음 내용을 참조해서 설정합니다.

설정 내용

Project	Gradle - Groovy
Language	Java
Spring Boot	3.3.3 (3.x 버전이면 괜찮습니다)
Artifact	PathVariableSample
Name	PathVariableSample
Package name	com.example.demo
Packaging	Java
Java	21

※ 기타 항목은 기본 설정을 그대로 유지합니다.

추가 의존성으로 다음을 선택하고 아래의 [GENERATE] 버튼을 클릭해 프로젝트를 생성합니다.

- Spring Boot DevTools(개발자 도구)
- Thymeleaf(템플릿 엔진)
- Spring Web(웹)

생성한 프로젝트 파일을 이전과 마찬가지로 `C:\spring-project\` 폴더에서 압축을 풀고 IntelliJ IDEA 에서 불러옵니다.

01 컨트롤러와 뷰 생성

○ 컨트롤러 생성

컨트롤러를 생성합니다. src/main/java → com.example.demo 패키지로 이동한 후 다음과 같은 패키지와 클래스를 차례로 생성합니다(그림 7.16).

생성 내용

패키지	com.example.demo.controller
클래스	PathVariableController

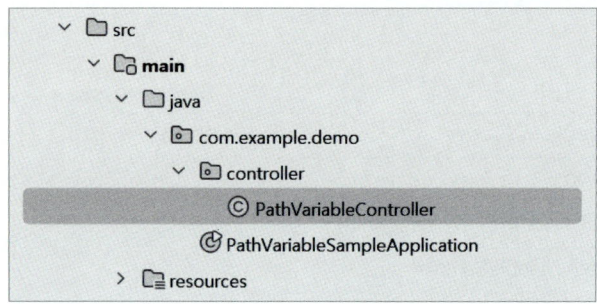

그림 7.16 컨트롤러 만들기

PathVariableController 클래스의 내용은 예제 7.14와 같습니다.

예제 7.14 PathVariableController

```
001: package com.example.demo.controller;
002:
003: import org.springframework.stereotype.Controller;
004: import org.springframework.web.bind.annotation.GetMapping;
005:
006: @Controller
007: public class PathVariableController {
008:     // GET 및 URL(/show)
009:     @GetMapping("show")
010:     public String showView() {
011:         // 반환값으로 뷰 이름을 반환
012:         return "show";
013:     }
014: }
```

특별히 새로 설명할 내용은 없지만 클라이언트에서 GET 메서드로 http://localhost:8080/show URL을 전송하면 `PathVariableController` 클래스의 `showView` 메서드가 호출되고, 12번째 줄에서 반환값으로 뷰 이름인 show를 반환합니다.

○ 뷰 생성

`showView` 메서드의 반환값인 뷰 이름(show)에 대한 `show.html`을 생성해서 `resources/templates` 폴더에 배치하겠습니다. `src/mai/resources` → `templates` 폴더를 차례로 선택하고 마우스 오른쪽 버튼을 클릭한 후 [새로 만들기] → [HTML 파일]을 선택합니다. 파일명으로 'show.html'을 입력해서 HTML 파일을 생성합니다.

`show.html`의 내용은 예제 7.15와 같습니다.

예제 7.15 show.html

```html
001: <!DOCTYPE html>
002: <html xmlns:th="http://www.thymeleaf.org">
003: <head>
004:     <meta charset="UTF-8">
005:     <title>URL 임베딩과 버튼 판별</title>
006: </head>
007: <body>
008:     <div>
009:         <!-- URL에 값 삽입 -->
010:         <h3><a th:href="@{/function/1}">기능-1</a></h3>
011:         <h3><a th:href="@{/function/2}">기능-2</a></h3>
012:         <h3><a th:href="@{/function/3}">기능-3</a></h3>
013:         <!-- 같은 form 태그 안에 있는 여러 개의 버튼 -->
014:         <form th:action="@{/send}" method="post">
015:             <input type="submit" value="버튼 A" name="a">
016:             <input type="submit" value="버튼 B" name="b">
017:             <input type="submit" value="버튼 C" name="c">
018:         </form>
019:     </div>
020: </body>
021: </html>
```

2번째 줄에서 타임리프를 사용한다고 선언합니다. 10번째 줄의 `th:href="@{/function/1}"`은 /function/1 URL의 링크를 생성합니다.

@를 { 앞에 붙임으로써 컨텍스트 경로를 의식하지 않습니다.

컨텍스트 경로는 웹 애플리케이션이 웹 서버에서 식별되기 위한 경로입니다. 이를 통해 동일한 웹 서버에서 여러 애플리케이션이 실행되는 경우에도 각각의 애플리케이션을 구분할 수 있습니다.

마지막 숫자가 URL에 포함된 값이 되며, 11~12번째 줄도 마찬가지입니다.

14~18번째 줄에서는 같은 form 태그 안에 버튼이 3개 있습니다. 버튼을 클릭하면 모든 버튼이 /send URL로 POST로 전송됩니다. 어떤 버튼을 눌렀는지 판단하는 데 중요한 것이 name 속성입니다. 이 name 속성을 이용해 컨트롤러의 요청 핸들러 메서드에서 처리를 구분합니다.

02 컨트롤러에 추가(링크 처리)

컨트롤러(PathVariableController)에 요청 핸들러 메서드를 추가합니다(예제 7.16).

예제 7.16 selectFunction 메서드

```
001: // GET 및 URL(/function/{no})
002: // ※{no}는 동적으로 값이 바뀝니다.
003: @GetMapping("/function/{no}")
004: public String selectFunction(@PathVariable Integer no) {
005:   // 뷰 이름 초기화
006:   String view = null;
007:   switch (no) {
008:   case 1:
009:     view = "pathvariable/function1";
010:     break;
011:   case 2:
012:     view = "pathvariable/function2";
013:     break;
014:   case 3:
015:     view = "pathvariable/function3";
016:     break;
017:   }
018:   // 반환값으로 뷰 이름을 반환
019:   return view;
020: }
```

3번째 줄의 @GetMapping("/function/{no}")에서 GET 및 URL(/function/{no})에 대응합니다.

{no}는 플레이스홀더(placeholder)입니다. 플레이스홀더에 URL에 포함된 값이 저장되며, 4번째 줄에서 @PathVariable을 지정한 플레이스홀더의 이름과 동일한 변수명을 지정하면 플레이스홀더에 저장된 값이 @PathVariable을 지정한 변수에 저장됩니다(그림 7.17).

7~17번째 줄에서는 no 변수의 값을 switch 문으로 처리해 뷰 이름을 확정합니다.

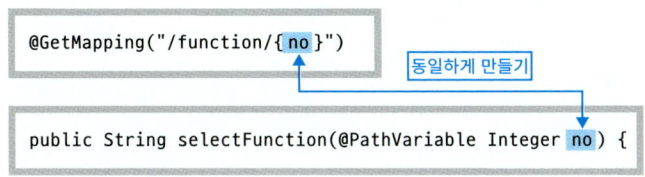

그림 7.17 플레이스홀더

03 뷰 생성(기능 화면)

selectFunction 메서드의 반환값인 뷰 이름에 대한 파일을 생성해서 resources/templates 폴더에 배치하겠습니다. 이번에는 여러 개의 파일을 생성할 것이므로 먼저 파일을 묶을 폴더를 생성합니다. src/main/resources → templates 폴더를 차례로 선택하고 마우스 오른쪽 버튼을 클릭한 후 [새로 만들기] → [경로]를 선택합니다. [새 디렉터리] 창이 표시되면 'pathvariable'를 입력해 폴더를 생성합니다.

생성한 폴더를 선택한 후 마우스 오른쪽 버튼을 클릭하고 [새로 만들기] → [HTML 파일]을 선택합니다. 파일명으로 function1.html을 입력해서 HTML 파일을 생성합니다(그림 7.18).

function1.html의 내용은 예제 7.17과 같습니다.

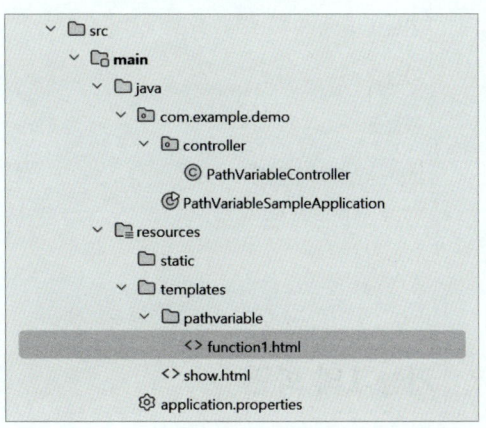

그림 7.18 파일 만들기

예제 7.17 function1

```
001: <!DOCTYPE html>
002: <html>
003: <head>
004:   <meta charset="UTF-8">
005:   <title>기능 1</title>
006: </head>
007: <body>
008:   <h1>기능 1의 화면</h1>
009: </body>
010: </html>
```

function1.html과 마찬가지로 function2.html, function3.html을 생성합니다. 파일 내용의 차이는 5번째 줄의 `<title>` 태그의 내용을 '기능 2', '기능 3'으로 변경하고, 8번째 줄의 `<h1>` 태그의 내용을 '기능 2의 화면', '기능 3의 화면'으로 변경한 것뿐입니다.

04 확인(링크)

PathVariableSample 프로젝트의 `com.example.demo` 패키지에 있는 `PathVariableSampleApplication` 클래스를 선택하고 마우스 오른쪽 버튼을 클릭한 후 ['PathVariableSampleApplication.main()' 실행]을 선택합니다. 브라우저를 실행하고 주소 표시줄에 `http://localhost:8080/show`를 입력합니다. 그럼 링크 화면이 표시됩니다(그림 7.19). 각 링크를 눌러 해당 뷰를 확인합니다(그림 7.20).

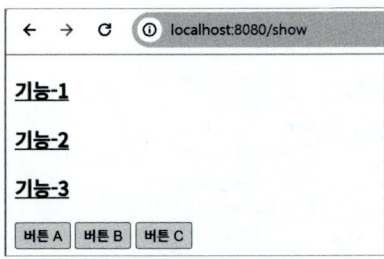

그림 7.19 링크 표시

그림 7.20 링크 확인

7-3-2 프로젝트 생성(버튼)

생성한 PathVariableSample 프로젝트에 버튼을 판별하는 내용을 추가합니다.

01 컨트롤러에 추가(버튼 판별 처리)

컨트롤러인 `PathVariableController`에 요청 핸들러 메서드를 추가합니다(예제 7.18).

예제 7.18 `PathVariableController` 버튼 처리

```
001:   /** "버튼 A" 누르기 처리 */
002:   @PostMapping(value = "send", params = "a")
003:   public String showAView() {
004:       // 반환값으로 뷰 이름을 반환
005:       return "submit/a";
006:   }
007:
008:   /** "버튼 B" 누르기 처리 */
009:   @PostMapping(value = "send", params = "b")
010:   public String showBView() {
011:       // 반환값으로 뷰 이름을 반환
012:       return "submit/b";
013:   }
014:
015:   /** "버튼 C" 누르기 처리 */
016:   @PostMapping(value = "send", params = "c")
017:   public String showCView() {
018:       // 반환값으로 뷰 이름을 반환
019:       return "submit/c";
020:   }
```

2, 9, 16번째 줄에서 요청 매핑 애너테이션의 `parameters` 속성에 뷰 측 버튼에 대한 `name` 속성을 설정해서 동일한 /send URL에 POST로 전송되는 요청에 대해 어떤 버튼이 눌렸는지 판별합니다. `value` 속성 이외도 설정할 수 있으므로 `value` 속성을 명시적으로 기술해야 합니다.

02 뷰 생성(버튼 누르기 확인 화면)

메서드의 반환값인 뷰 이름에 대한 파일을 생성하고 resources/templates 폴더에 배치하겠습니다. 이번에는 여러 개의 파일을 생성할 것이므로 먼저 파일을 묶을 폴더를 생성합니다. src/main/resources → templates 폴더를 차례로 선택하고 마우스 오른쪽 버튼을 클릭한 후 [새로 만들기] → [경로]를 선택합니다. [새 디렉터리] 창이 표시되면 'submit'을 입력해 폴더를 생성합니다. 방금 생성한 submit 폴더를 생성하고 선택한 후 마우스 오른쪽 버튼을 클릭한 후 [새로 만들기] → [HTML 파일]을 선택합니다. 파일명으로 a.html을 입력해서 HTML 파일을 생성합니다(그림 7.21).

a.html의 내용은 예제 7.19와 같습니다.

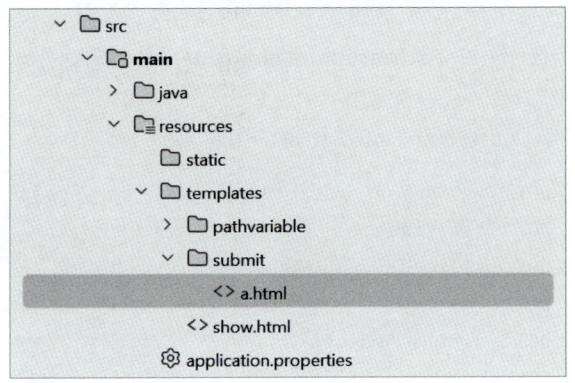

그림 7.21 파일 만들기

예제 7.19 a.html

```
001: <!DOCTYPE html>
002: <html>
003: <head>
004: <meta charset="UTF-8">
005:     <title>a</title>
006: </head>
007: <body>
008:     <h1>버튼 A를 누른 화면</h1>
009: </body>
010: </html>
```

a.html과 마찬가지로 b.html, c.html을 생성합니다. 파일 내용의 차이는 5번째 줄의 <title> 태그의 내용을 각각 b, c로 변경하고, 8번째 줄의 <h1> 태그의 내용을 각각 '버튼 B를 누른 화면', '버튼 C를 누른 화면'으로 변경하는 것뿐입니다.

03 확인(버튼)

PathVariableSample 프로젝트의 com.example.demo 패키지에 있는 PathVariableSampleApplication 클래스를 선택하고 마우스 오른쪽 버튼을 클릭한 후 ['PathVariableSampleApplication.main()' 실행]을 선택합니다. 또는 프로그램이 이미 실행 중이라면 [다시 실행] 버튼을 클릭합니다.

브라우저를 실행하고 주소 표시줄에 http://localhost:8080/show를 입력합니다. 그럼 '버튼 누르기 화면'이 표시됩니다. 각 버튼을 눌러 뷰를 확인합니다(그림 7.22).

그림 7.22 버튼 확인

> **칼럼 / @PathVariable과 @RequestParam의 차이점**
>
> @PathVariable과 @RequestParam의 차이점은 다음과 같습니다.
>
> ○ **@PathVariable**
>
> - 사용처: URL의 경로 부분에 포함된 데이터를 가져오고 싶을 때 사용
> - 사용 예시: /users/123의 123이라는 사용자 ID를 취득하는 경우 등
> - 특징: URL 구조에서 직접 파라미터를 추출
>
> ○ **@RequestParam**
>
> - 사용처: 쿼리 파라미터나 폼 데이터로 전송되는 값을 가져오고 싶을 때 사용
> - 사용 예시: /users?userId=123의 userId=123이라는 쿼리 파라미터를 조회하는 경우 등
> - 특징: 요청 본문이나 URL의 쿼리 부분에서 파라미터를 가져옴
>
> @PathVariable과 @RequestParam은 모두 스프링 MVC에서 클라이언트로부터 요청 데이터를 컨트롤러 메서드의 파라미터로 받기 위한 애너테이션이지만 @PathVariable은 URL 경로에 내장된 고정된 값을 가져오는 데 반해 @RequestParam은 좀 더 동적인 쿼리 파라미터나 폼 데이터를 가져오는 데 적합합니다.

08장

유효성 검사 기능 알아보기

8-1 입력 체크 알아보기

8-2 단일 항목 검사를 사용하는 프로그램 만들기

8-3 상관 항목 검사를 사용하는 프로그램 만들기

SECTION 8-1
입력 체크 알아보기

7장 '서버로 데이터를 전송하는 방법'의 내용을 이해했나요? 뷰에서 입력할 때 궁금해하는 내용 중 '숫자를 입력하게 하고 싶은데, 문자열을 입력했을 때 어떻게 되는가'라는 의문이 있을 수 있습니다. 이번 장에서는 뷰에서 입력한 값에 대해 입력 체크를 하는 유효성 검사 기능에 대해 설명합니다.

8-1-1 유효성 검사와 유효성 검사기

☐ 유효성 검사

유효성 검사(validation)는 사용자가 입력한 데이터(예: 이름, 이메일 주소, 비밀번호 등)가 올바른 형식인지 확인하는 방법입니다. 현실 세계에 비유하자면 공항의 보안 검사와 같은 것입니다. 보안 검사는 승객이 비행기에 탑승하기 전에 소지품이 안전한지 확인하는 것입니다.

☐ 유효성 검사기

유효성 검사기(validator)는 프로그램 내에서 데이터가 올바른 형식인지 확인하는 기능이나 코드를 말합니다. 즉, 유효성 검사를 수행하는 기능 또는 프로그램을 말합니다.

현실 세계에 비유하자면 공항의 보안 검사를 하는 직원이나 기계와 같은 존재입니다(그림 8.1).

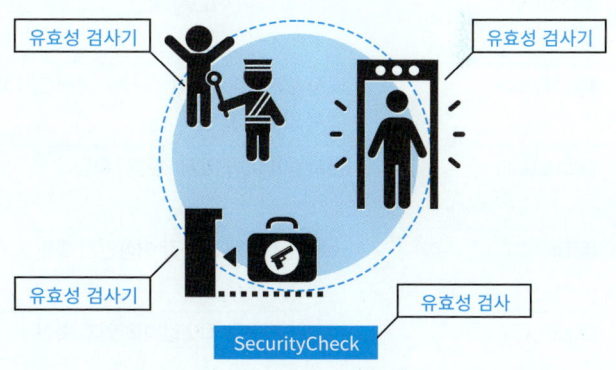

그림 8.1 현실 세계의 유효성 검사와 유효성 검사기

☐ 유효성 검사의 종류

유효성 검사는 크게 두 가지로 나눌 수 있습니다.

- 단일 항목 검사
- 상관 항목 검사(상관관계 체크)

8-1-2 단일 항목 검사란?

단일 항목 검사는 입력 항목 하나하나에 대해 설정하는 입력 체크 기능입니다. 단일 항목 검사를 위해서는 Form 클래스 등의 필드에 애너테이션을 부여합니다.

입력 체크에는 여러 종류의 애너테이션이 있습니다. 주로 자바 EE의 Bean Validation이나 하이버네이트 프레임워크의 Hibernate Validator가 많이 사용됩니다. 이러한 애너테이션을 이용하면 예를 들어 텍스트 상자에 숫자만 입력할 수 있다고 제한하거나 이메일 주소가 올바른 형식인지를 확인할 수 있습니다.

또한 숫자 입력 필드에 문자열이 입력된 경우와 같은 타입 변환 검사는 특별한 애너테이션을 지정하지 않고 입력 체크 기능을 활성화하기만 하면 자동으로 수행됩니다.

표 8.1은 Bean Validation에 정의된 유효성 검사 애너테이션 예제를 나타냅니다. 이러한 애너테이션은 `javax.validation.constraints` 패키지에 정의돼 있습니다.

표 8.1 Bean Validation 애너테이션

애너테이션	설명	사용 예시
@NotNull	값이 null이 아닌지 확인	`@NotNull` `private String name;`
@NotEmpty	문자열이 비어 있지 않거나 컬렉션이 비어 있지 않은지 확인	`@NotEmpty` `private String name;`
@NotBlank	문자열이 비어 있지 않은지 확인	`@NotBlank` `private String name;`
@Min	수치가 지정된 최솟값 이상인지 확인	`@Min(18)` `private int age;`
@Max	수치가 지정한 최댓값 이하인지 확인	`@Max(100)` `private int age;`
@Size	문자열, 배열 또는 컬렉션의 크기가 지정된 범위 내에 있는지 확인	`@Size(min=1, max=10)` `private String name;`
@Pattern	문자열이 지정한 정규 표현식과 일치하는지 확인	`@Pattern(regexp="^[a-zA-Z]+$")` `private String name;`

애너테이션	설명	사용 예시
@Email	문자열이 유효한 이메일 주소 형식인지 확인	@Email private String email;
@Positive	숫자가 양수인지 확인	@Positive private int value;
@PositiveOrZero	숫자가 양수 또는 0인지 확인	@PositiveOrZero private int value;
@Negative	숫자가 음수인지 확인	@Negative private int value;
@NegativeOrZero	숫자가 음수 또는 0인지 확인	@NegativeOrZero private int value;

표 8.2는 Hibernate Validator의 고유 애너테이션을 나열한 것으로, Hibernate Validator에는 앞서 설명한 Bean Validation(=Java EE 표준)에서 정의된 애너테이션 외에도 자체적인 유효성 검사 애너테이션이 정의돼 있습니다.

표 8.2 Hibernate Validator 애너테이션

애너테이션	설명	사용 예시
@Length	문자열 길이가 지정한 범위 내에 있는지 확인	@Length(min=5, max=20) private String username;
@Range	수치가 지정한 범위 내에 있는지 확인	@Range(min=1, max=100) private int score;
@CreditCardNumber	문자열이 유효한 신용카드 번호인지 확인	@CreditCardNumber private String creditCard;

표 8.1과 표 8.2의 애너테이션 외에도 더 많은 종류가 있는데, 필요할 때 공식 사이트나 참고 사이트 등을 참고하면 됩니다.

☐ null 체크 애너테이션

@NotNull, @NotEmpty, @NotBlank는 모두 미입력 확인 기능을 제공하지만 각기 다른 특성을 가지고 있기 때문에 이를 이해하고 구분해서 사용해야 합니다.

표 8.3은 각 애너테이션이 어떤 상황에서 오류를 발생시키는지 보여줍니다.

표 8.3 null 체크 애너테이션

애너테이션	내용
@NotNull	null일 경우 오류, 빈 문자열("") 및 공백은 허용
@NotEmpty	null이나 빈 문자열("")인 경우 오류, 공백은 허용
@NotBlank	null, 빈 문자열(""), 공백(반각 공백, 탭 등)이 있을 경우 오류

단, 전각 공백만 있는 경우에는 체크되지 않으므로 주의해야 합니다. 또한 @NotEmpty와 @NotBlank는 컬렉션, 문자열, 배열에 대해 사용하는 것으로, 정수형에는 적용할 수 없습니다. 정수형(Integer)에 이를 적용하면 `javax.validation.UnexpectedTypeException`이 발생합니다. 정수형에는 @NotNull을 사용하세요.

8-1-3 상관 항목 검사란?

상관 항목 검사는 단일 필드가 아닌 여러 필드를 조합해서 검사하는 것을 말합니다. 이러한 검사에는 크게 세 가지 방법이 있습니다.

- @AssertTrue를 이용하는 방법
- Bean Validation을 이용하는 방법
- 스프링 프레임워크의 Validator 인터페이스를 구현하는 방법

Bean Validation을 사용하려면 자체적으로 애너테이션을 작성해야 하는데, 이를 위해서는 전문적인 지식이 필요합니다. 따라서 난이도가 높은 것으로 알려져 있습니다.

여기서는 비교적 간단한 @AssertTrue를 활용하는 방법과 Validator 인터페이스를 구현하는 방법에 초점을 맞춰 설명합니다.

8-1-4 요약

마지막으로 입력 체크의 필요성에 대해 생각해 봅시다. 입력 체크는 사용자의 데이터가 애플리케이션에 안전하고 정확한지 확인하는 매우 중요한 단계입니다. 예를 들어, 숫자가 필요한 곳에 문자열이 입력되거나 날짜 범위가 부정확한 경우 프로그램은 예상치 못한 오류를 출력할 수 있습니다. 또한 프런트엔드

(뷰 측)에서 제한하는 것만으로는 충분하지 않으며, 브라우저의 개발 툴을 통해 값을 재작성할 수 있습니다. 이 경우 보안 위험도 증가하기 때문에 백엔드 측의 입력 체크가 필수적입니다[13].

이처럼 입력 체크(유효성 검사 기능)는 데이터의 무결성을 유지하고 애플리케이션의 신뢰성과 보안을 강화하기 위해 필요한 기능입니다(그림 8.2).

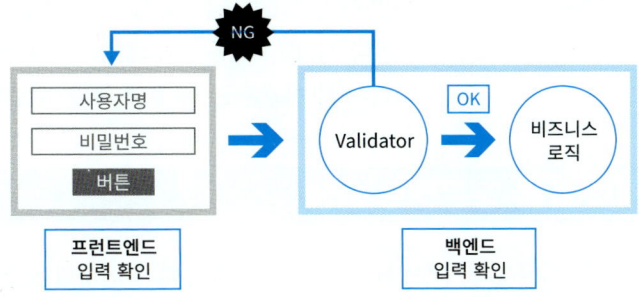

그림 8.2 입력 체크

> **칼럼 / 학습 조언**
>
> 그림이나 도표를 그리면서 학습하는 것은 정보를 이해하고 기억하는 데 매우 효과적인 방법입니다. 특히 프로그래밍을 학습할 때는 코드의 흐름과 구조를 시각화해서 이해도를 높일 수 있습니다.
>
> - **시각적 학습의 효과**
>   그림이나 도표를 활용한 학습을 통해 복잡한 개념과 흐름을 시각적으로 파악해서 이해도를 높일 수 있습니다.
>
> - **학습 내용 정리 및 이해**
>   그림이나 도표를 그리면서 학습 내용을 자기만의 방식으로 정리하고 개념을 명확히 할 수 있습니다. 이는 특히 프로그래밍과 같이 논리적 사고가 필요한 분야에서 효과적입니다.
>
> - **적극적 학습 태도**
>   그림을 그리는 행위 자체가 능동적인 학습이 되어 수동적인 학습보다 기억에 더 잘 남습니다. 스스로 생각하고 쓰면서 더 깊이 이해할 수 있습니다.
>
> - **시각적 피드백**
>   그림이나 도표를 통해 학습한 내용의 이해도를 시각적으로 확인할 수 있습니다. 불명확한 부분이나 오해가 있는 경우 한눈에 알 수 있습니다.

---

13 프런트엔드는 사용자가 직접 보고 만지는 부분입니다. 주로 '외관'과 '사용자와의 상호작용'을 담당합니다. 백엔드는 사용자에게는 보이지 않지만 시스템을 지원하는 중요한 부분입니다. 데이터 처리와 비즈니스 로직을 담당합니다.

SECTION 8-2 단일 항목 검사를 사용하는 프로그램 만들기

단일 항목 검사를 사용해 뷰에서 입력한 값에 대해 유효성 검사를 하는 프로그램을 만들어 봅시다. 작성할 내용은 입력 화면에서 숫자를 입력하고 합산 결과를 표시하는 간단한 프로그램이지만 유효성 검사를 통해 확인된 경우 입력 화면에 오류 메시지를 표시합니다.

8-2-1 프로젝트 생성

스프링 이니셜라이저에서 프로젝트를 생성해서 진행하겠습니다. 웹 브라우저로 `https://start.spring.io/`에 접속한 후 다음 내용을 참조해서 설정합니다.

설정 내용

Project	Gradle - Groovy
Language	Java
Spring Boot	3.3.3 (3.x 버전이면 괜찮습니다)
Artifact	ValidationSample
Name	ValidationSample
Package name	com.example.demo
Packaging	Java
Java	21

※ 기타 항목은 기본 설정을 그대로 유지합니다.

추가 의존성을 다음과 같이 선택하고 아래의 [GENERATE] 버튼을 클릭해 프로젝트를 생성합니다(그림 8.3). Validation을 의존성으로 선택하면 검증 기능인 Bean Validation과 Hibernate Validator를 사용할 수 있게 됩니다.

- Spring Boot DevTools(개발자 도구)
- Lombok(개발자 도구)
- Validation(입출력)
- Thymeleaf(템플릿 엔진)
- Spring Web(웹)

그림 8.3 의존성

생성한 프로젝트 파일을 이전과 마찬가지로 `C:\spring-project\` 폴더에서 압축을 풀고 IntelliJ IDEA에서 불러옵니다.

8-2-2 애플리케이션 계층 생성

01 Form 클래스 생성

Form 클래스라는 뷰의 폼을 표현하는 클래스를 생성합니다. ValidationSample 프로젝트의 `src/main/java` 폴더에서 다음과 같은 패키지와 클래스를 차례로 생성합니다(그림 8.4).

생성 내용

패키지	`com.example.demo.form`
클래스	`CalcForm`

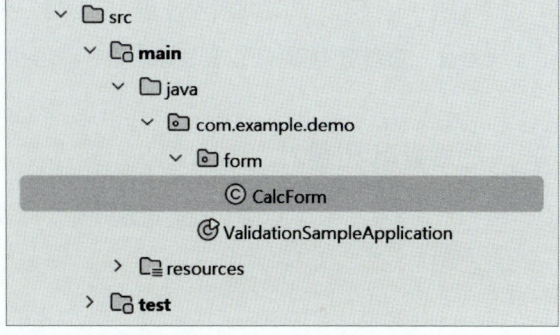

그림 8.4 `CalcForm`

CalcForm 클래스의 내용은 예제 8.1과 같습니다.

예제 8.1 CalcForm

```
001:  package com.example.demo.form;
002:
003:  import org.hibernate.validator.constraints.Range;
004:
005:  import jakarta.validation.constraints.NotNull;
006:  import lombok.Data;
007:
008:  @Data
009:  public class CalcForm {
010:     @NotNull(message = "왼쪽: 숫자가 입력되지 않았습니다.")
011:     @Range(min = 1, max = 10, message = "왼쪽: {min}~{max} 범위의 숫자를 입력하세요.")
012:     private Integer leftNum;
013:     @NotNull(message = "오른쪽: 숫자가 입력되지 않았습니다.")
014:     @Range(min = 1, max = 10, message = "오른쪽: {min}~{max} 범위의 숫자를 입력하세요.")
015:     private Integer rightNum;
016:  }
```

10번째와 13번째 줄의 `@NotNull`은 값이 null(미입력)이 아닌지 확인합니다. 만약 값이 null인 경우 '왼쪽(오른쪽): 숫자가 입력되지 않았습니다.'라는 오류 메시지가 표시됩니다.

11번째와 14번째 줄의 `@Range`는 값이 1~10 범위 내에 있는지 확인합니다. 만약 값이 이 범위를 벗어나면 '왼쪽(오른쪽): 1~10 범위의 숫자를 입력하세요.'라는 오류 메시지가 표시됩니다.

`{min}`과 `{max}`는 설정한 최솟값(1)과 최댓값(10)으로 자동 대체됩니다.

즉, 단일 항목 검사용 애너테이션에 `message` 속성을 추가하고 메시지를 설정하면 유효성 검사(입력 체크)에 걸렸을 때 설정한 오류 메시지를 표시합니다. 메시지 내에서 `{속성명}`이라는 형식(여기서는 `min`이나 `max`)을 사용하면 해당 속성에 설정한 값을 오류 메시지에 포함시킬 수 있습니다.

02 컨트롤러 만들기

컨트롤러를 생성합니다. `src/main/java` 폴더에서 다음과 같은 패키지와 클래스를 차례로 생성합니다.

생성 내용

패키지	com.example.demo.controller
클래스	ValidationController

ValidationController 클래스의 내용은 예제 8.2와 같습니다.

예제 8.2 ValidationController

```
001: package com.example.demo.controller;
002:
003: import org.springframework.stereotype.Controller;
004: import org.springframework.web.bind.annotation.GetMapping;
005: import org.springframework.web.bind.annotation.ModelAttribute;
006:
007: import com.example.demo.form.CalcForm;
008:
009: @Controller
010: public class ValidationController {
011:   /** '폼 연동 빈' 초기화 */
012:   @ModelAttribute
013:   public CalcForm setUpForm() {
014:     return new CalcForm();
015:   }
016:
017:   /** 입력 화면 표시 */
018:   @GetMapping("show")
019:   public String showView() {
020:     // 반환값으로 뷰 이름을 반환
021:     return "entry";
022:   }
023: }
```

12~15번째 줄의 유효성 검사를 할 때는 폼 연동 빈(Form-Backing Bean) 설정이 필요합니다.

폼 연동 빈의 초기화는 @ModelAttribute 애너테이션을 부여한 메서드로 합니다. 이 메서드를 생성하는 방법은 @ModelAttribute 애너테이션을 부여하고, HTML의 `<form>` 태그에 바인딩할 Form 클래스를 초기화해서 반환값으로 반환합니다.

@ModelAttribute 애너테이션이 부여된 메서드는 이 클래스의 요청 핸들러 메서드를 실행하기 전에 호출되며, 요청 범위로 Model에 저장됩니다. Model에 저장될 때, 명시적으로 이름을 지정하지 않으면 저장할 Form 클래스 이름의 소문자 카멜케이스(camelCase)로 Model에 저장됩니다.

> **칼럼 / 폼 연동 빈이란?**
>
> 폼 연동 빈(Form-Backing Bean)은 웹 애플리케이션에서 자주 사용되는 개념입니다. 이 빈(자바 클래스의 인스턴스)은 HTML 폼의 데이터를 일시적으로 저장하는 역할을 합니다.
>
> 간단히 말해, 사용자가 웹 페이지의 양식에 입력한 데이터(예: 이름, 이메일 주소, 비밀번호 등)는 서버로 전송되기 전에 이 폼 연동 빈에 일시적으로 저장됩니다. 그리고 이 빈이 서버 측에서 처리되어 비즈니스 로직에 전달됩니다.
>
> 폼 연동 빈의 장점은 다음과 같습니다.
>
> - **유효성 검사(입력 체크)**
>   빈에 설정된 애너테이션과 메서드를 통해 입력 데이터가 올바른지 쉽게 확인할 수 있습니다.
>
> - **코드 정리**
>   폼에서 전송되는 여러 데이터를 하나의 빈으로 관리함으로써 코드가 정리되고 가독성이 향상됩니다.
>
> - **재사용성**
>   동일한 데이터 구조를 가진 다른 폼에서 동일한 폼 연동 빈을 재사용할 수 있습니다.

03 뷰 생성(입력 화면)

showView 메서드의 반환값인 뷰 이름(entry)에 대한 entry.html을 생성해서 resources/templates 폴더에 배치하겠습니다.

src/main/resources → templates 폴더를 차례로 선택하고 마우스 오른쪽 버튼을 클릭한 후 [새로 만들기] → [HTML 파일]을 선택합니다. 파일명으로 'entry.html'을 입력해서 HTML 파일을 생성합니다.

entry.html의 내용은 예제 8.3과 같습니다.

예제 8.3 entry.html

```
001: <!DOCTYPE html>
002: <html xmlns:th="http://www.thymeleaf.org">
003: <head>
004:   <meta charset="UTF-8">
005:   <title>입력 화면</title>
006: </head>
```

```
007: <body>
008:   <form th:action="@{/calc}" method="post" th:object="${calcForm}">
009:     <div>
010:       <input type="text" th:field="*{leftNum}">
011:       +
012:       <input type="text" th:field="*{rightNum}">
013:     </div>
014:     <input type="submit" value="계산">
015:   </form>
016: </body>
017: </html>
```

8~15번째 줄의 th:object 속성을 설정하고, 값에 Model에 저장된 Form 클래스의 소문자 카멜케이스를 지정합니다. th:field 속성에 *{ 필드명 }을 지정해 Form 클래스의 필드와 연동합니다. th:field 속성을 사용하면 HTML로 표시될 때 id 속성, name 속성, value 속성이 자동으로 생성됩니다.

04 컨트롤러에 대한 추가 사항

컨트롤러(ValidationController)에 요청 핸들러 메서드를 추가합니다(예제 8.4).

예제 8.4 ValidationController에 대한 추가 사항

```
001: /** 확인 화면 표시: Form 클래스 사용 */
002: @PostMapping("calc")
003: public String confirmView(@Validated CalcForm form,
004:   BindingResult bindingResult, Model model) {
005:   // 입력 체크
006:   if (bindingResult.hasErrors()) {
007:     // 입력 오류
008:     // 입력 화면으로
009:     return "entry";
010:   }
011:   // 입력 오류 없음
012:   // 덧셈 실행
013:   Integer calcResult = form.getLeftNum() + form.getRightNum();
014:   // Model에 저장
015:   model.addAttribute("result", calcResult);
016:   // 확인 화면으로 이동
017:   return "confirm";
018: }
```

3번째 줄의 @Validated 애너테이션을 단일 항목 검사 애너테이션을 설정한 Form 클래스에 부여해서 유효성 검증을 실행합니다. 실행한 결과(오류 정보)는 BindingResult 인터페이스에 저장됩니다.

6~10번째 줄에서는 BindingResult 인터페이스의 hasErrors 메서드의 반환값으로 '오류 유무(true: 오류 있음/false: 오류 없음)'를 확인할 수 있습니다. 오류가 있는 경우 입력 화면으로 전환합니다.

참고로 유효성 검증을 실행할 때 @Validated 애너테이션을 부여한 클래스와 BindingResult 인터페이스는 세트로 인수로 사용해야 하며, 순서도 반드시 @Validated → BindingResult 순서로 사용해야 합니다.

05 뷰에 추가(입력 화면)

뷰(entry.html)에 오류 표시 로직을 추가합니다(예제 8.5).

예제 8.5 entry.html에 대한 추가 사항

```
001: <!-- 오류 표시 -->
002: <ul th:if="${#fields.hasErrors('*')}">
003:     <li th:each="err:${#fields.errors('*')}" th:text="${err}"></li>
004: </ul>
```

<form> 탭에서 오류를 표시하고 싶은 부분에 위 내용을 추가합니다(여기서는 계산 버튼 아래에 추가했습니다).

2번째 줄의 #fields.hasErrors 메서드에서 오류가 존재하는지 여부를 판단합니다.

3번째 줄 #fields.errors 메서드에서 오류 메시지를 배열로 반환하기 위해 th:each 속성을 이용해 표시합니다. 모든 필드의 오류를 가져오려면 #fields.errors 메서드의 인수로 *를 전달하지만, 개별 오류를 가져오려면 인수로 필드 이름을 전달합니다.

06 뷰 생성(확인 화면)

confirmView 메서드의 반환값인 뷰 이름(confirm)에 대한 confirm.html을 생성해서 resources/templates 폴더에 배치하겠습니다.

src/main/resources → templates 폴더를 차례로 선택하고 마우스 오른쪽 버튼을 클릭한 후 [새로 만들기] → [HTML 파일]을 선택합니다. 파일명으로 'confirm.html'을 입력해서 HTML 파일을 생성합니다.

confirm.html의 내용은 예제 8.6과 같습니다.

예제 8.6 confirm.html

```
001:  <!DOCTYPE html>
002:  <html xmlns:th="http://www.thymeleaf.org">
003:  <head>
004:    <meta charset="UTF-8">
005:    <title>확인 화면</title>
006:  </head>
007:  <body>
008:    <h2>계산 결과</h2>
009:    <h3>[[${calcForm.leftNum}]]+[[${calcForm.rightNum}]]=[[${result}]]</h3>
010:  </body>
011:  </html>
```

9번째 줄에서는 요청 핸들러 메서드의 인수로 전달한 Form 클래스가 Model에 저장된 키인 calcForm을 이용해 '객체명.필드' 형식으로 데이터를 참조하고, result에서 합산 결과를 표시합니다.

07 확인

com.example.demo 패키지에 있는 ValidationSampleApplication 클래스를 선택하고 마우스 오른쪽 버튼을 클릭한 후 ['ValidationSampleApplication.main()' 실행]을 선택합니다.

브라우저를 실행하고 주소 표시줄에 http://localhost:8080/show를 입력하면 입력 화면이 나타납니다(그림 8.5).

입력 화면에서 미입력 또는 범위를 벗어난 값을 입력한 후 [계산] 버튼을 누르면 입력 화면에 오류 메시지가 표시됩니다. 입력 체크에 걸리지 않을 경우 확인 화면에 덧셈 결과가 표시됩니다.

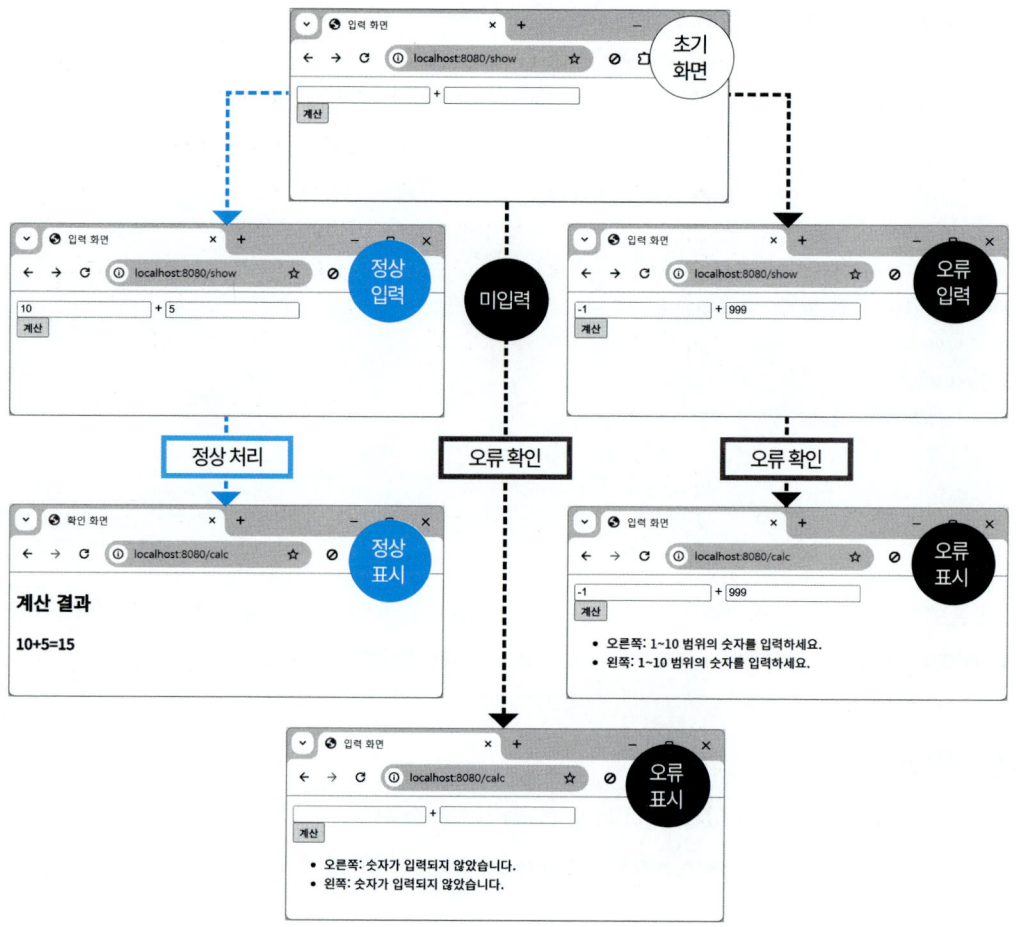

그림 8.5 유효성 검증 흐름

8-2-3 @ModelAttribute란?

스프링 MVC에서 자주 사용되는 애너테이션인 @ModelAttribute에 대해 자세히 알아보겠습니다.

메서드에 @ModelAttribute를 사용하는 경우

앞서 작성한 프로젝트에서 사용했던 방법입니다. @ModelAttribute가 부여된 메서드는 컨트롤러의 요청 핸들러 메서드가 호출되기 전에 자동으로 실행됩니다. 이 메서드의 반환값은 자동으로 모델에 추가됩니다(예제 8.7).

예제 8.7 메서드에 @ModelAttribute 사용하기

```
001:  @Controller
002:  public class MyController {
003:
004:    @ModelAttribute("message")
005:    public String setupMessage() {
006:      return "Hello, World!";
007:    }
008:
009:    @GetMapping("/greet")
010:    public String greet() {
011:      return "greeting-page";
012:    }
013:  }
```

예제 8.7에서는 setupMessage 메서드에 @ModelAttribute가 부여돼 있기 때문에 greet 메서드가 호출되기 전에 setupMessage 메서드가 실행됩니다. 그리고 값으로 "Hello, World!"라는 문자열이 message라는 이름으로 Model에 저장됩니다.

☐ 메서드 인수에 @ModelAttribute를 사용하는 경우

@ModelAttribute가 부여된 인수는 요청 파라미터에서 자동으로 바인딩된 객체를 받습니다. 이는 주로 폼 데이터를 받을 때 사용됩니다(예제 8.8).

예제 8.8 @ModelAttribute를 메서드 인수로 사용하기

```
001:  @Controller
002:  public class MyController {
003:
004:    @RequestMapping("/result")
005:    public String submitForm(@ModelAttribute("userForm") User user) {
006:      // 폼에서 전송된 데이터는 User 객체에 바인딩됨
007:      System.out.println("사용자명: " + user.getUserName());
008:      return "result-page";
009:    }
010:  }
```

예제 8.8에서 submitForm 메서드가 호출되면 @ModelAttribute("userForm") User user에서 User 클래스의 인스턴스가 자동으로 생성되고, 요청 파라미터가 해당 필드에 바인딩됩니다. 이후 @ModelAttribute("userForm")에서 값으로 User 클래스의 인스턴스가 userForm이라는 이름으로 Model에 저장됩니다.

이 두 가지 사용법은 각각 다른 경우에 유용합니다. 메서드에 @ModelAttribute를 사용하는 경우 여러 요청 핸들러 메서드에서 공통 모델 속성을 설정할 때 유용합니다. 반면 @ModelAttribute를 메서드 인수로 사용하는 경우 주로 폼의 데이터를 모델 객체에 바인딩할 때 사용합니다.

메서드 인수에 @ModelAttribute를 사용하는 경우(생략형)

@ModelAttribute는 생략할 수 있으며, 스프링 MVC는 @Controller 클래스의 요청 핸들러 메서드 인수에 사용자 정의 데이터 타입(이 경우 User 클래스)이 있는 경우 자동으로 해당 타입의 새 인스턴스를 생성하고 요청 매개변수를 객체에 바인딩합니다.

따라서 예제 8.9와 같이 작성하는 방법도 동일하게 동작합니다.

주의할 점은 이번에는 Model에 클래스를 저장할 때 축약형으로 만들었기 때문에 이름을 지정하지 않았다는 점입니다. 따라서 클래스 이름이 소문자로 시작하는 형태(소문자)로 Model에 저장됩니다.

즉, User → user가 되어 Model에 저장되는 이름은 user가 됩니다.

예제 8.9 메서드 인수에 @ModelAttribute 사용(생략형)

```
001:   @Controller
002:   public class MyController {
003:
004:     @RequestMapping("/result")
005:     public String submitForm(User user) {
006:       // 폼에서 전송된 데이터는 User 객체에 바인딩됨
007:       System.out.println("사용자 이름: " + user.getUserName());
008:       return "result-page";
009:     }
010:   }
```

위 내용은 7-2절 '여러 개의 요청 파라미터 전송하기'의 '요약'에서도 설명합니다. 함께 참고해서 @ModelAttribute에 대한 이해도를 높여보세요.

SECTION 8-3 상관 항목 검사를 사용하는 프로그램 만들기

여기서는 상관 항목 검사를 사용해 뷰에서 입력한 값에 대해 유효성 검사를 수행하는 프로그램을 작성해 보겠습니다. 여기서는 비교적 간단한 `@AssertTrue`를 이용하는 방법과 `Validator` 인터페이스를 구현하는 방법에 초점을 맞춰 설명합니다.

8-3-1 프로젝트 생성

스프링 이니셜라이저에서 프로젝트를 생성해서 진행하겠습니다. 웹 브라우저로 `https://start.spring.io/`에 접속한 후 다음 내용을 참조해서 설정합니다.

설정 내용

Project	Gradle - Groovy
Language	Java
Spring Boot	3.3.3 (3.x 버전이면 괜찮습니다)
Artifact	CorrelationValidationSample
Name	CorrelationValidationSample
Package name	com.example.demo
Packaging	Java
Java	21

※ 기타 항목은 기본 설정을 그대로 유지합니다.

추가 의존성으로 다음과 같이 선택하고 아래의 [GENERATE] 버튼을 클릭해 프로젝트를 생성합니다. 'Validation'을 의존성으로 선택하면 유효성 검증 기능인 Bean Validation과 Hibernate Validator를 사용할 수 있게 됩니다.

- Spring Boot DevTools(개발자 도구)
- Lombok(개발자 도구)
- Validation(입출력)
- Thymeleaf(템플릿 엔진)
- Spring Web(웹)

생성한 프로젝트 파일을 이전과 마찬가지로 C:\spring-project\ 폴더에서 압축을 풀고 IntelliJ IDEA 에서 불러옵니다.

8-3-2 @AssertTrue 활용법

01 Form 클래스 생성

Form 클래스라는 뷰의 폼을 표현하는 클래스를 생성합니다. src/main/java 폴더에서 다음과 같은 패키지와 클래스를 차례로 생성합니다(그림 8.6).

생성 내용

패키지	com.example.demo.form
클래스	SampleForm

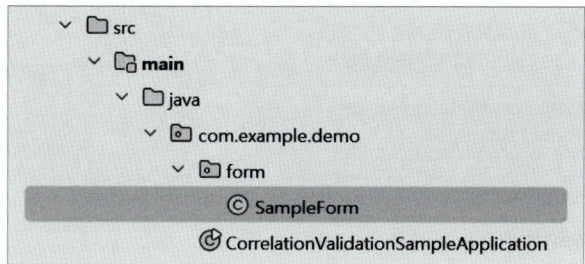

그림 8.6 SampleForm

SampleForm 클래스의 내용은 예제 8.10과 같습니다.

예제 8.10 SampleForm

```
001: package com.example.demo.form;
002:
003: import java.util.Objects;
004:
005: import jakarta.validation.constraints.AssertTrue;
006: import lombok.Data;
007:
008: @Data
009: public class SampleForm {
```

```
010:    /** 비밀번호 */
011:    private String password;
012:    /** 확인용 비밀번호 */
013:    private String confirmPassword;
014:
015:    // 비밀번호와 확인용 비밀번호가 일치하는지 확인
016:    @AssertTrue(message = "비밀번호가 일치하지 않습니다")
017:    public boolean isSamePassword() {
018:        return Objects.equals(password, confirmPassword);
019:    }
020: }
```

16번째 줄부터 19번째 줄까지가 상관 항목 검사입니다. 폼 클래스 내에 비밀번호와 확인용 비밀번호라는 두 필드가 같은 값인지 비교하고, 그 판정 결과를 나타내는 부울을 반환하는 메서드를 생성합니다. 생성한 메서드에 `@AssertTrue`를 부여합니다. 메서드 이름은 `is`로 시작해야 합니다.

18번째 줄의 `Objects.equals` 메서드는 자바에서 두 객체가 같은지 여부를 확인하는 유용한 메서드입니다. 같으면 `true`, 그렇지 않으면 `false`를 반환합니다. 이 메서드의 특징은 `null`을 안전하게 처리할 수 있다는 점입니다.

02 컨트롤러 만들기

컨트롤러를 생성합니다. src/main/java 폴더에서 다음과 같은 패키지와 클래스를 차례로 생성합니다.

생성 내용

패키지	com.example.demo.controller
클래스	CheckController

CheckController 클래스의 내용은 예제 8.11과 같습니다.

예제 8.11 CheckController

```
001: package com.example.demo.controller;
002:
003: import org.springframework.stereotype.Controller;
004: import org.springframework.ui.Model;
005: import org.springframework.validation.BindingResult;
```

```
006:    import org.springframework.validation.annotation.Validated;
007:    import org.springframework.web.bind.annotation.GetMapping;
008:    import org.springframework.web.bind.annotation.PostMapping;
009:
010:    import com.example.demo.form.SampleForm;
011:
012:    @Controller
013:    public class CheckController {
014:      // 입력 화면 표시
015:      @GetMapping()
016:      public String showForm(SampleForm form) {
017:        return "entry";
018:      }
019:
020:      // 상관 항목 검사 실행
021:      @PostMapping
022:      public String check(@Validated SampleForm form,
023:        BindingResult bindingResult, Model model) {
024:        // 유효성 검사 수행
025:        if (bindingResult.hasErrors()) {
026:          return "entry";
027:        }
028:        model.addAttribute("message", "입력에 문제가 없습니다");
029:        return "result";
030:      }
031:    }
```

16번째 줄의 요청 핸들러 메서드인 showForm(SampleForm form)에서 유효성 검사를 위해 폼 연동 빈을 사용하고 있습니다. 8-2절 '단일 항목 검사를 사용하는 프로그램 만들기'에서 작성한 프로그램은 메서드에 @ModelAttribute를 사용하는 방법이었지만 여기서는 요청 핸들러 메서드의 인수로 @ModelAttribute를 사용하는 방법을 생략형으로 구현하고 있습니다.

8-2-3절 '@ModelAttribute란?'에서 자세히 설명하고 있으니 잊어버린 분들은 참고하기 바랍니다.

03 뷰 만들기

showForm 메서드의 반환값인 뷰 이름(entry)에 대한 entry.html을 생성해서 resources/templates 폴더에 배치하겠습니다.

src/main/resources → templates 폴더를 차례로 선택하고 마우스 오른쪽 버튼을 클릭한 후 [새로 만들기] → [HTML 파일]을 선택합니다. 파일명으로 entry.html을 입력해서 HTML 파일을 생성합니다.

entry.html의 내용은 예제 8.12와 같습니다.

예제 8.12 entry.html

```
001:   <!DOCTYPE html>
002:   <html xmlns:th="http://www.thymeleaf.org">
003:   <head>
004:     <title>상관 항목 검사</title>
005:   </head>
006:   <body>
007:     <h1>@AssertTrue 활용</h1>
008:     <form th:action="@{/}" th:object="${sampleForm}" method="post">
009:       <p>비밀번호         <input type="password" th:field="*{password}" /></p>
010:       <p>확인용 비밀번호 <input type="password" th:field="*{confirmPassword}" /></p>
011:       <!-- 상관 항목 검사 오류 메시지 -->
012:       <p th:if="${#fields.hasErrors('samePassword')}"
013:          th:errors="*{samePassword}" style="color: red;">
014:          상관 항목 검사 오류
015:       </p>
016:       <p><input type="submit" value="확인" /></p>
017:     </form>
018:   </body>
019:   </html>
```

12~15번째 줄이 상관 항목 검사의 오류를 표시하는 부분입니다.

13번째 줄의 th:errors="*{samePassword}" 부분은 SampleForm 클래스의 isSamePassword() 메서드를 뷰 측에서 *{samePassword}로 참조하는 부분입니다.

주의할 점은 뷰 측에서 참조하는 방법은 필드를 직접 참조하지 않고, isSamePassword() 메서드(게터)의 is를 생략하고 대문자를 소문자로 바꾸어 samePassword로 참조하는 것입니다. 반환값이 부울인 경우 게터 이름은 get이 아닌 is로 시작합니다.

> **칼럼 / 여러 구현 방법이 존재하는 이유**
>
> 왜 여러 가지 구현 방법이 있을까요? 장점을 생각해 봅시다.
>
> 여러분이 식당에 갔다고 가정해 봅시다. 식당에서 제공하는 메뉴가 여러 가지가 있습니다. 그래서 햄버거, 샐러드, 튀김덮밥 등 원하는 메뉴를 선택할 수 있습니다.
>
> ○ **프로그래밍과의 연관성**
>
> 이 식당의 메뉴는 프로그래밍의 여러 가지 구현 방법과 유사합니다.
>
> 앞에서 @ModelAttribute의 사용법을 여러 가지로 설명했습니다. 이 책은 초보자를 대상으로 하기 때문에 여러 가지 사용법을 설명하면 오히려 혼란을 줄까봐 걱정했습니다. 그래서 이 책의 초판에서는 가급적 한 가지 방법만 설명했습니다.
>
> 하지만 여러 가지 구현 방법을 알려주는 편이 초보자에게 더 도움이 될 것으로 판단해서 이번에는 여러 가지 방법을 설명합니다. 다음에 여러 구현 방법을 학습하면 어떤 이점이 있는지 설명합니다.
>
> - **선택의 폭이 넓어진다**
>
>   자신의 취향과 필요에 따라 메뉴(방법)를 선택할 수 있습니다. 건강한 음식을 원한다면 샐러드(방법 1)를, 푸짐한 양을 원한다면 햄버거(방법 2)를 선택하면 됩니다.
>
> - **유연성**
>
>   메뉴가 많으면 고객의 다양한 요구에 대응할 수 있습니다. 마찬가지로 여러 가지 구현 방법을 알고 있으면 다양한 프로젝트와 상황에 대응할 수 있습니다.
>
> - **학습 기회**
>
>   메뉴가 많으면 손님이 새로운 요리를 맛볼 기회가 많아집니다. 마찬가지로, 여러 가지 구현 방법을 알고 있으면 기술이 확장됩니다.
>
> 이처럼 여러 가지 구현 방법이 있다는 것은 선택의 폭이 넓어지고, 유연성이 높아지며, 새로운 것을 배울 수 있는 기회가 많아진다는 장점이 있습니다.

다음은 마찬가지로 check 메서드의 반환값인 뷰 이름(result)에 대한 result.html을 생성해서 resources/templates 폴더에 배치합니다.

result.html의 내용은 예제 8.13과 같습니다.

예제 8.13 result.html

```
001: <!DOCTYPE html>
002: <html xmlns:th="http://www.thymeleaf.org">
003: <head>
004:     <title>상관 항목 검사</title>
005: </head>
006: <body>
007:     <h1 th:text="${message}">메시지</h1>
008: </body>
009: </html>
```

7번째 줄에서 상관 항목 검사에 걸리지 않는 경우, 즉 정상 입력인 경우 컨트롤러에서 설정한 메시지를 표시합니다.

04 확인

com.example.demo 패키지에 있는 CorrelationValidationSampleApplication 클래스를 선택하고 마우스 오른쪽 버튼을 클릭한 후 ['CorrelationValidationSampleApplication.main()' 실행]을 선택합니다.

브라우저를 실행하고 주소 표시줄에 http://localhost:8080/을 입력하면 입력 화면이 나타납니다(그림 8.7).

그림 8.7 입력 화면 표시

비밀번호에 'aaa'를 입력하고 확인용 비밀번호에 'bbb'를 입력한 후 [확인] 버튼을 클릭하면 Form 클래스에 설정한 @AssertTrue의 상관 항목 검사에 걸려 메시지가 표시됩니다(그림 8.8).

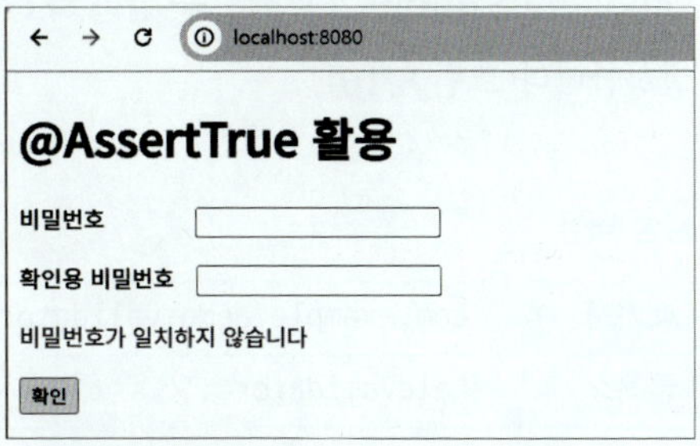

그림 8.8 입력값 오류

비밀번호와 확인용 비밀번호에 동일한 값을 입력한 후 [확인] 버튼을 클릭하면 상관 항목 검사를 무사히 통과하고 result.html이 표시됩니다(그림 8.9).

그림 8.9 입력값 정상

8-3-3 Validator 인터페이스 구현 방법

☐ 상관 항목 검사 내용

8-2절 '단일 항목 검사를 사용하는 프로그램 만들기'에서 작성한 프로그램인 ValidationSample에 스프링 프레임워크에서 제공하는 `Validator` 인터페이스를 구현해서 상관 항목 검사를 생성합니다. 작성하는 상관 항목 검사의 내용은 왼쪽 입력 항목이 홀수이고 오른쪽 입력 항목이 짝수가 아니면 오류가 발생하는 체크입니다(특별한 의미는 없습니다).

☐ Validator 인터페이스 생성 절차

`Validator` 인터페이스를 구현하는 상관 항목 검사 생성 절차는 크게 두 가지로 나뉩니다.

1. 스프링 프레임워크에서 제공하는 `Validator` 인터페이스의 구현 클래스에 상관 항목 검사를 직접 작성합니다.
2. 컨트롤러에 생성한 상관 항목 검사를 주입하고, `WebDataBinder` 인터페이스의 `addValidators` 메서드로 상관 항목 검사를 등록해서 스프링 MVC에서 사용할 수 있도록 합니다.

01 Validator 구현 클래스 생성

ValidationSample 프로젝트를 열고 `src/main/java` 폴더에서 다음과 같은 패키지와 클래스를 차례로 생성합니다(그림 8.10).

생성 내용

패키지	com.example.demo.validator
클래스	CalcValidator

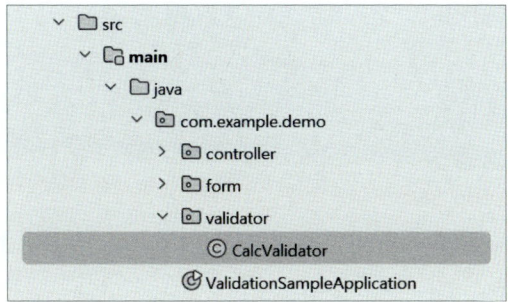

그림 8.10 CalcValidator

CalcValidator 클래스의 내용은 예제 8.14와 같습니다.

예제 8.14 CalcValidator

```
001: package com.example.demo.validator;
002:
003: import org.springframework.stereotype.Component;
004: import org.springframework.validation.Errors;
005: import org.springframework.validation.Validator;
006:
007: import com.example.demo.form.CalcForm;
008:
009: @Component
010: public class CalcValidator implements Validator {
011:     @Override
012:     public boolean supports(Class<?> clazz) {
013:         // 인수로 전달된 Form이 입력 체크 대상인지 여부를 논리값으로 반환
014:         return CalcForm.class.isAssignableFrom(clazz);
015:     }
016:
017:     @Override
018:     public void validate(Object target, Errors errors) {
019:         // 대상 Form 가져오기
020:         CalcForm form = (CalcForm) target;
021:         // 값이 들어있는지 판단
022:         if (form.getLeftNum() != null && form.getRightNum() != null) {
023:             // (왼쪽 입력 항목이 '홀수'이고 오른쪽 입력 항목이 '짝수'가 아닌 경우)
024:             if (! ((form.getLeftNum() % 2 == 1) && (form.getRightNum() % 2 == 0))) {
025:                 // 오류 발생 시 직접 오류 메시지를 지정
026:                 errors.rejectValue("leftNum", null,
```

```
027:                     "왼쪽 숫자는 홀수, 오른쪽 숫자는 짝수여야 합니다.");
028:             }
029:         }
030:     }
031: }
```

9번째 줄에서 @Component 애너테이션을 클래스에 부여해서 인스턴스 생성 대상으로 설정합니다.

12~15번째 줄의 supports 메서드에서 인수로 전달된 Form이 입력 체크 대상인지 여부를 논리값으로 반환합니다. 여기서는 CalcForm 클래스가 체크 대상입니다.

18~30번째 줄의 validate 메서드에서 인수로 전달된 Object target을 CalcForm 클래스로 변환해서 상관 항목 검사 코드를 작성합니다. 오류가 발생하면 인수 Errors errors의 rejectValue 메서드에 오류 메시지를 저장합니다.

26번째 줄에 나온 errors.rejectValue 메서드의 인수에 대해 설명하겠습니다.

- **필드명("leftNum")**
  이 인수는 오류 메시지가 적용될 필드를 지정합니다. 이번에는 leftNum이라는 필드에 오류 메시지를 적용합니다.

- **오류 코드(null)**
  이 인수는 보통 오류 코드나 오류 메시지의 키를 지정합니다. 이번에는 오류 코드를 사용하지 않으므로 null을 지정합니다.

- **기본 메시지("왼쪽 숫자는 홀수, 오른쪽 숫자는 짝수여야 합니다.")**
  이 인수에는 표시할 오류 메시지 텍스트를 직접 지정합니다.

02 컨트롤러에 대한 추가 사항

컨트롤러(ValidationController)를 다음과 같이 수정합니다(예제 8.15).

예제 8.15 ValidationController

```
001: @Controller
002: @RequiredArgsConstructor
003: public class ValidationController {
004:
005:     /** 주입 */
006:     private final CalcValidator calcValidator;
```

```
007: 
008:     /** 상관 항목 검사 등록 */
009:     @InitBinder("calcForm")
010:     public void initBinder(WebDataBinder webDataBinder){
011:       webDataBinder.addValidators(calcValidator);
012:     }
013: 
014:     ▼▼▼ 아래는 기존 코드 ▼▼▼
```

2번째와 6번째 줄에서 롬복 애너테이션과 `final`을 이용해 앞서 생성한 상관 항목 검사를 위한 `CalcValidator`를 주입합니다.

9~12번째 줄의 `@InitBinder` 애너테이션을 부여한 메서드로 상관 항목 검사를 등록합니다. `@InitBinder` 애너테이션에는 체크 대상 `Form` 클래스의 `Model`에서 식별명을 지정합니다. 이번에는 `calcForm`이 됩니다. 식별명을 지정하지 않으면 `Model`에 저장된 모든 객체에 대해 상관 항목 검사가 적용되며, 상관 항목 검사의 내용과 일치하지 않는 경우 예외가 발생합니다.

`WebDataBinder` 인터페이스의 `addValidators` 메서드를 통해 상관 항목 검사를 등록하면 `CalcValidator`가 이 폼 객체에 대한 유효성 검사기로 추가됩니다.

03 확인

`ValidationSample` 프로젝트의 `com.example.demo` 패키지에 있는 `ValidationSampleApplication` 클래스를 선택하고 마우스 오른쪽 버튼을 클릭한 후 ['ValidationSampleApplication.main()' 실행]을 선택합니다. 또는 프로그램이 이미 실행 중이라면 [다시 실행] 버튼을 클릭합니다.

브라우저를 실행하고 주소 표시줄에 `http://localhost:8080/show`를 입력하면 입력 화면이 표시됩니다. 입력 화면에서 상관 항목을 확인할 내용을 입력한 후 [확인] 버튼을 누르면 입력 화면에 오류 메시지가 표시됩니다(그림 8.11).

그림 8.11 상관 항목 검사

칼럼 / 유효성 검사의 실행 순서

하나의 필드에 대해 여러 개의 유효성 검사 애너테이션을 설정한 경우 모든 유효성 검사가 수행되어 오류 메시지가 여러 개 표시될 수 있습니다.

```
@NotBlank(message = "미입력은 허용되지 않습니다!")
@Length(min = 1, message = "1글자 이상 입력해 주세요!")
private String name;
```

뷰에서 항목을 입력하지 않은 경우 `@NotBlank`와 `@Length(min = 1)`이라는 두 검사에 걸려 다음과 같은 오류 메시지가 표시됩니다:

- 1글자 이상 입력해 주세요!
- 미입력은 허용되지 않습니다!

검사되는 순서는 `@NotBlank` → `@Length(min = 1)`과 같이 설정된 유효성 검사 애너테이션의 순서대로 실행되는 것이 아닙니다. 무작위로 검사됩니다. 따라서 오류 메시지 표시 순서도 다음과 같이 무작위로 표시됩니다.

- 미입력은 허용되지 않습니다!
- 1글자 이상 입력해 주세요!

- 1글자 이상 입력해 주세요!
- 미입력은 허용되지 않습니다!

이처럼 오류 메시지가 무작위로 표시되는 현상을 방지하기 위해서는 유효성 검사를 그룹화하고 실행 순서를 설정하는 방법을 사용합니다. 그러려면 인터페이스에 `@GroupSequence` 애너테이션을 설정하면 됩니다.

이 책에서는 `@GroupSequence` 애너테이션의 작성 방법은 설명하지 않지만 관심 있는 분들은 인터넷에서 "@GroupSequence"를 키워드로 검색해 보시기 바랍니다.

O/R 매퍼(MyBatis) 알아보기

9-1 MyBatis 알아보기

9-2 MyBatis 사용해보기

9-3 resultMap 알아보기

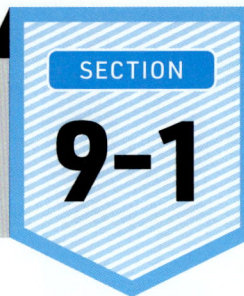

SECTION 9-1 MyBatis 알아보기

현재 자바 프로그램 개발에서는 데이터베이스와의 접근 처리를 위해 O/R 매퍼(Object Relational Mapper)라는 프레임워크를 사용하는 경우가 많습니다. 여기서는 O/R 매퍼에 대해 간단히 설명하고, 스프링과 궁합이 좋은 O/R 매퍼인 MyBatis를 사용해 프로그램을 작성해 보겠습니다.

9-1-1 O/R 매퍼란?

O/R 매퍼를 간단히 설명하면 애플리케이션에서 다루는 O(Object; 객체)와 R(Relational; 관계형 데이터베이스)의 데이터를 매핑하는 것입니다.

좀 더 자세히 설명하면 O/R 매퍼는 미리 설정된 객체와 관계형 데이터베이스의 대응 관계 정보를 바탕으로 인스턴스의 데이터를 해당 테이블에 내보내거나 데이터베이스에서 값을 읽어와 인스턴스에 대입하는 등의 작업을 자동으로 수행합니다(그림 9.1).

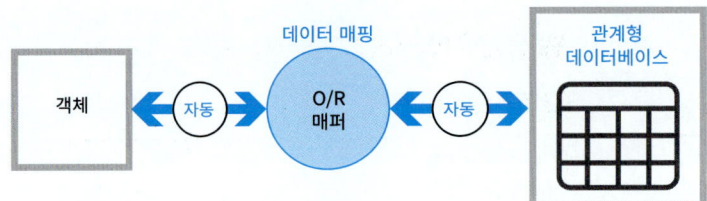

그림 9.1 O/R 매퍼

9-1-2 MyBatis란?

MyBatis는 O/R 매퍼 중 하나입니다. MyBatis는 무료로 사용할 수 있는 오픈소스 소프트웨어로, 아파치 라이선스(Apache License)[14]라는 라이선스로 배포되고 있습니다.

MyBatis의 특징은 SQL을 직접 작성할 수 있다는 점입니다. SQL을 XML 파일이나 자바의 애너테이션을 이용해 작성할 수 있습니다.

---

14 아파치 라이선스는 상업적, 비상업적 목적에 관계없이 자유롭게 사용, 수정, 재배포할 수 있습니다.

또한 MyBatis를 스프링과 연동해서 좀 더 효율적인 애플리케이션 개발을 할 수 있습니다.

9-1-3 MyBatis 사용법

MyBatis를 사용하는 방법에는 애너테이션을 사용하는 방법과 매퍼 파일(XML 파일)을 사용하는 방법이 있습니다. 구체적인 사용법은 뒤에서 설명할 예정이므로 여기서는 간략하게 설명합니다.

☐ 애너테이션 사용법

자바 인터페이스에 애너테이션을 사용해 SQL을 직접 작성합니다(예제 9.1).

예제 9.1 애너테이션 사용 예시

```
001: public interface BookMapper {
002:     @Select("SELECT * FROM books WHERE id = #{id}")
003:     Book getBookById(int id);
004: }
```

☐ 매퍼 파일 사용법

XML 파일을 사용해 SQL을 작성합니다(예제 9.2). 이 XML 파일을 매퍼 파일이라고 부릅니다.

매퍼 파일 내에서는 SQL과 그 결과를 자바 객체에 매핑하는 방법을 정의하기 때문에 매퍼 파일이라고 합니다.

예제 9.2 매퍼 파일 사용 예시

```
001: <mapper namespace="com.example.BookMapper">
002:     <select id="getBookById" parameterType="int" resultType="com.example.Book">
003:         SELECT * FROM books WHERE id = #{id}
004:     </select>
005: </mapper>
```

애너테이션을 사용하는 방법은 간단한 SQL의 경우 편리하지만 복잡한 SQL이나 재사용이 필요한 경우 매퍼 파일을 사용하는 방법을 권장합니다. 이 책에서는 매퍼 파일을 사용하는 방법을 설명합니다.

SECTION 9-2 MyBatis 사용해보기

스프링과 MyBatis를 연동해서 프로젝트를 만들면서 MyBatis 사용법을 익혀봅시다. MyBatis 외에도 라이브러리를 사용하므로 단계별로 설명하겠습니다.

9-2-1 프로젝트 생성

스프링 이니셜라이저에서 프로젝트를 생성해서 진행하겠습니다. 웹 브라우저로 `https://start.spring.io/`에 접속한 후 다음 내용을 참조해서 설정합니다.

설정 내용

Project	Gradle - Groovy
Language	Java
Spring Boot	3.3.3 (3.x 버전이면 괜찮습니다)
Artifact	MyBatisSample
Name	MyBatisSample
Package name	com.example.demo
Packaging	Java
Java	21

※ 기타 항목은 기본 설정을 그대로 유지합니다.

추가 의존성에서 Spring Boot DevTools, Lombok, MyBatis Framework, H2 Database, Thymeleaf, Spring Web을 선택하고 아래의 [GENERATE] 버튼을 클릭해 프로젝트를 생성합니다(그림 9.2).

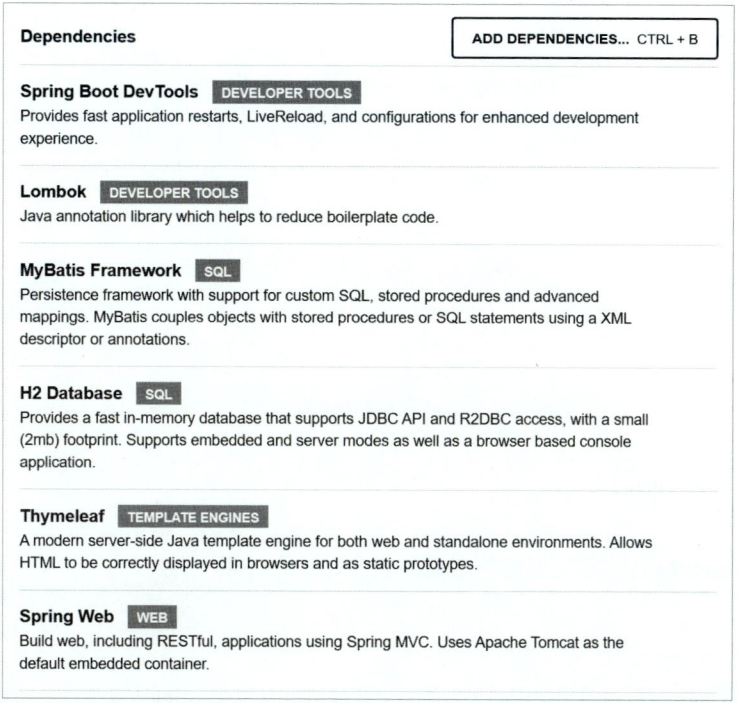

그림 9.2 추가 의존성

- **MyBatis Framework(SQL)**

    스프링 부트와 MyBatis를 결합할 수 있는 도구로, MyBatis는 데이터베이스에 쉽게 접근할 수 있어 개발 생산성을 향상시킬 수 있습니다.

- **H2 Database(SQL)**

    H2 데이터베이스는 가볍고 빠른 자바 기반 데이터베이스이며, 개발 및 테스트용으로 권장하는 데이터베이스입니다.

생성한 프로젝트 파일을 이전과 마찬가지로 `C:\spring-project\` 폴더에서 압축을 풀고 IntelliJ IDEA에서 불러옵니다.

☐ application.properties란?

스프링 부트 프로젝트에서 `application.properties` 파일은 애플리케이션의 설정과 속성을 정의하는 파일입니다.

프로젝트 생성 시 `src/main/resources` 폴더 아래에 배치됩니다(그림 9.3).

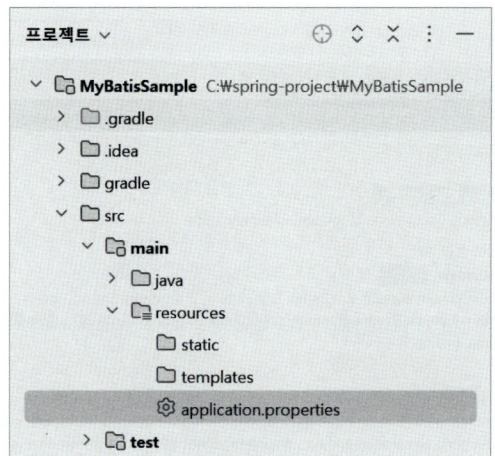

그림 9.3 application.properties

application.properties의 주요 특징과 장점은 다음과 같습니다.

- **키-값 형식**

    application.properties는 키-값 형식으로 작성되어 읽기 및 쓰기가 용이합니다.

- **환경별 설정**

    각 환경(개발, 테스트, 프로덕션 등)마다 다른 application.properties 파일을 둘 수 있습니다. 이를 통해 환경별 설정을 쉽게 관리할 수 있습니다.

- **외부화된 설정**

    애플리케이션 코드에서 설정을 분리하면 설정 변경이 쉬워지고, 재컴파일이나 재배포가 필요없어집니다.

이번 예제 애플리케이션에 사용할 application.properties 파일을 작성해 봅시다. application.properties 파일의 내용을 예제 9.3과 같이 작성합니다. #은 주석입니다.

예제 9.3 application.properties

```
001: # 데이터베이스 접속 URL
002: # 여기서는 H2 데이터베이스의 메모리 모드를 사용
003: spring.datasource.url=jdbc:h2:mem:testdb
004:
005: # 데이터베이스의 드라이버 클래스
006: # 여기서는 H2 데이터베이스의 드라이버를 지정
007: spring.datasource.driver-class-name=org.h2.Driver
008:
```

```
009:   # 데이터베이스 접속 시 사용자 이름
010:   spring.datasource.username=sa
011:
012:   # 데이터베이스 접속 시 비밀번호. 여기서는 비밀번호를 설정하지 않음.
013:   spring.datasource.password=
014:
015:   # H2 데이터베이스의 콘솔을 활성화하기 위한 설정
016:   # 이를 통해 브라우저에서 H2 콘솔에 접근할 수 있음
017:   spring.h2.console.enabled=true
```

예제 9.3에 설정 내용을 주석으로 자세히 설명해 놓았으니 참고하기 바랍니다.

3번째 줄의 `spring.datasource.url=jdbc:h2:mem:testdb`의 각 부분에 대해 좀 더 자세히 설명합니다.

○ spring.datasource.url

스프링 부트의 데이터 소스 설정의 일부로 데이터베이스 연결 URL을 지정하는 키입니다.

○ jdbc:h2:mem:testdb

이 URL은 JDBC(Java Database Connectivity)를 사용해 H2 데이터베이스에 연결하기 위한 URL입니다(표 9.1).

표 9.1 H2 데이터베이스의 연결 URL을 구성하는 항목

항목	설명
jdbc	자바 애플리케이션이 데이터베이스에 연결하기 위한 프로토콜을 나타냅니다.
h2	사용할 데이터베이스의 종류입니다. 이 경우 H2 데이터베이스를 사용한다는 것을 나타냅니다.
mem	H2 데이터베이스의 메모리 모드입니다. 이 설정은 데이터베이스가 메모리 내에 존재하고 애플리케이션이 종료되면 데이터가 사라지는 모드입니다.
testdb	메모리 내 데이터베이스의 이름입니다. 사용자가 임의로 정할 수 있습니다.

○ H2 데이터베이스의 메모리 모드란?

H2 데이터베이스는 디스크에 영구적으로 데이터를 저장하는 '디스크 모드'와 애플리케이션이 실행되는 동안만 데이터를 메모리에 보관하는 '메모리 모드'의 두 가지 모드가 있습니다. 메모리 모드는 테스트나 개발 중에 임시 데이터베이스로 사용하기에 편리합니다. 애플리케이션이 종료되면 메모리 모드 데이터베이스의 데이터는 사라집니다.

schema.sql과 data.sql

스프링 부트에서는 특정 이름의 SQL 파일을 src/main/resources 폴더 아래에 배치하면 애플리케이션 시작 시 자동으로 데이터베이스 초기화 및 데이터 삽입을 할 수 있습니다.

schema.sql

이 파일에는 테이블 생성, 인덱스 정의, 외래키 설정 등 데이터베이스 구조와 관련된 SQL 문장을 작성하며, 스프링 부트 애플리케이션이 시작될 때 schema.sql 파일이 존재하면 그 안에 있는 SQL 문장이 자동으로 실행되어 데이터베이스 구조가 생성됩니다.

data.sql

이 파일에는 테이블에 데이터 등록(INSERT 문) 등 초기 데이터 설정과 관련된 SQL 문장을 작성합니다.

파일 실행 순서

schema.sql에 정의된 테이블 구조를 생성하고(①), data.sql의 SQL 문이 실행되어(②) 테이블 구조에 초기 데이터가 삽입됩니다.

> **칼럼 / 주의점**
>
> 이러한 파일을 사용하려면 데이터베이스 자동 초기화 설정이 활성화돼 있어야 합니다. 스프링 부트의 기본 설정은 내장 데이터베이스(예: H2 등)를 사용하는 경우 이 기능이 활성화돼 있습니다. 이 파일들은 애플리케이션이 시작될 때 한 번만 실행됩니다. 따라서 애플리케이션을 재시작할 때마다 데이터베이스가 초기화되므로 주의해야 합니다(이번에는 H2 데이터베이스를 사용하므로 별도의 설정을 작성하지 않아도 자동 초기화 설정이 활성화돼 있습니다).

schema.sql과 data.sql 파일 만들기

src/main/resources 폴더를 선택하고 마우스 오른쪽 버튼을 클릭한 후 [새로 만들기] → [파일]을 선택합니다(그림 9.4). 파일명으로 각각 schema.sql, data.sql을 지정해 생성합니다(그림 9.5).

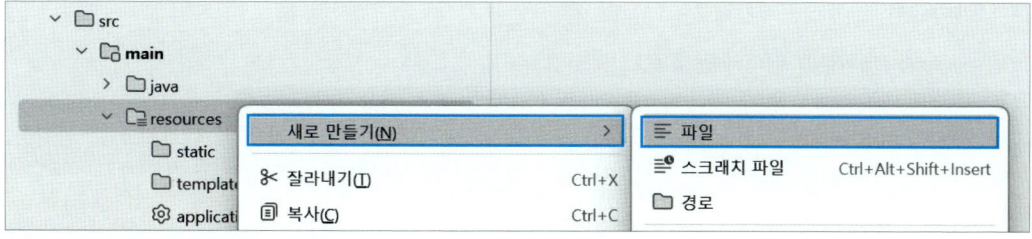

그림 9.4 파일 만들기

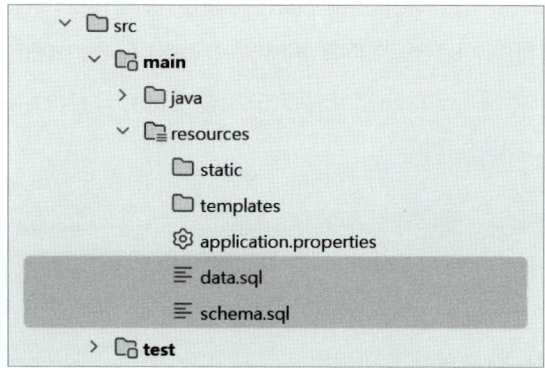

그림 9.5 파일 만들기 2

schema.sql에 예제 9.4, data.sql에 예제 9.5의 내용을 작성합니다. 주석에 자세히 설명돼 있으므로 설명은 생략합니다. --는 주석입니다.

예제 9.4 schema.sql

```
001: -- books 테이블 생성
002: CREATE TABLE books (
003:   -- 기본키로서의 ID: 자동 증가
004:   id INT PRIMARY KEY AUTO_INCREMENT,
005:   -- 책 제목: NULL을 허용하지 않음
006:   title VARCHAR(255) NOT NULL,
007:   -- 책 저자명: NULL을 허용하지 않음
008:   author VARCHAR(255) NOT NULL
009: );
```

예제 9.5 data.sql

```
001: -- books 테이블에 데이터를 등록
002: INSERT INTO books (title, author) VALUES ('스프링 부트 핵심 가이드', '장정우');
003: INSERT INTO books (title, author) VALUES ('그림으로 쉽게 이해하는 웹/HTTP/네트워크', '임지영');
004: INSERT INTO books (title, author) VALUES ('엘라스틱서치 바이블', '여동현');
```

H2 콘솔 실행

MyBatisSample 프로젝트를 실행하기 위해 `com.example.demo` 패키지에 있는 `MyBatisSampleApplication` 클래스를 선택하고 마우스 오른쪽 버튼을 클릭한 후 ['MyBatisSampleApplication.main()' 실행]을 선택합니다. 브라우저를 열고 주소 표시줄에 `http://localhost:8080/h2-console`을 입력하면 H2 콘솔 화면이 표시됩니다.

H2 콘솔은 H2 데이터베이스의 웹 기반 관리 도구입니다. 이 콘솔을 사용하면 브라우저에서 직접 H2 데이터베이스에 접속해 SQL을 실행하거나 데이터베이스의 내용을 확인할 수 있습니다(그림 9.6).

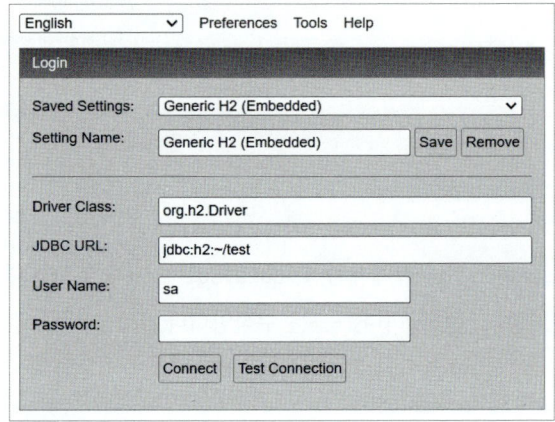

그림 9.6 H2 콘솔

이 책에서는 영어 표기가 이해하기 어렵기 때문에 왼쪽 상단의 풀다운 메뉴를 통해 언어를 다음과 같이 한국어로 변경했습니다(그림 9.7).

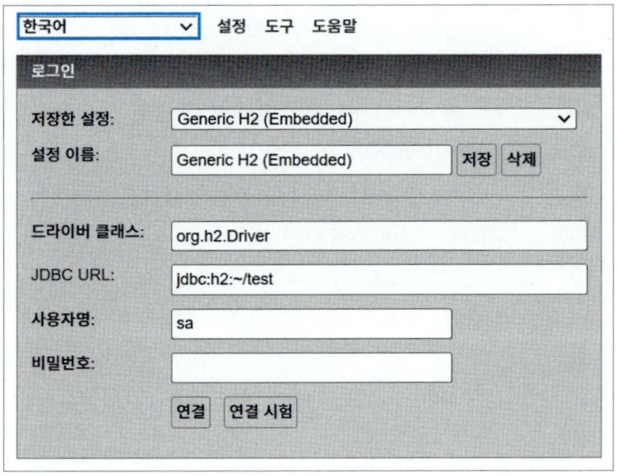

그림 9.7 H2 콘솔 2

H2 콘솔의 로그인 화면에 표시되는 각 항목에 대해 설명합니다(표 9.2).

표 9.2 H2 콘솔 항목

항목	설명
저장한 설정 (Saved Settings)	드롭다운 메뉴에서 이전에 저장된 연결 설정을 선택할 수 있으며, H2 콘솔은 다른 데이터베이스 연결 설정을 저장해서 나중에 쉽게 재사용할 수 있습니다.
설정 이름 (Setting Name)	현재 연결 설정의 이름입니다. 새 연결 설정을 저장하거나 기존 설정을 업데이트할 때 이 이름을 사용합니다.
드라이버 클래스 (Driver Class)	사용할 JDBC 드라이버의 클래스 이름을 지정합니다. H2 데이터베이스의 경우 이 필드에는 기본적으로 org.h2.Driver가 입력돼 있습니다.
JDBC URL	데이터베이스 연결 URL을 지정합니다. 이 URL은 데이터베이스의 위치와 연결 방법에 대한 정보를 담고 있습니다. 예를 들어, 메모리 모드로 H2 데이터베이스에 접속할 경우 jdbc:h2:mem:testdb와 같은 URL이 사용됩니다.
사용자명 (User Name)	데이터베이스에 접속할 때 사용자 이름을 입력합니다. H2 데이터베이스의 기본 사용자 이름은 sa입니다.
비밀번호 (Password)	데이터베이스에 연결할 때 비밀번호를 입력합니다. H2 데이터베이스의 기본 비밀번호는 비어 있습니다(아무것도 입력하지 않음).

앞서 `application.properties`에 작성한 내용을 H2 콘솔에 설정합니다(그림 9.8).

설정 내용

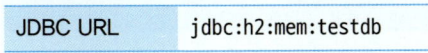

※ 기타 항목은 기본 설정 그대로 유지합니다.

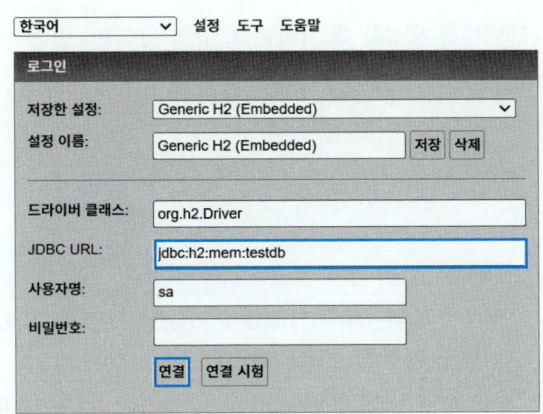

그림 9.8 H2 콘솔 3

[연결] 버튼을 누르면 관리 화면이 나타나며, schema.sql과 data.sql을 통해 생성된 BOOKS 테이블을 확인할 수 있습니다(그림 9.9).

간단한 사용법으로 BOOKS 테이블을 클릭하면 오른쪽의 SQL을 작성하는 부분에 'SELECT * FROM BOOKS' 라고 적혀 있습니다. [실행] 버튼을 누르면 결과가 하단에 표시됩니다.

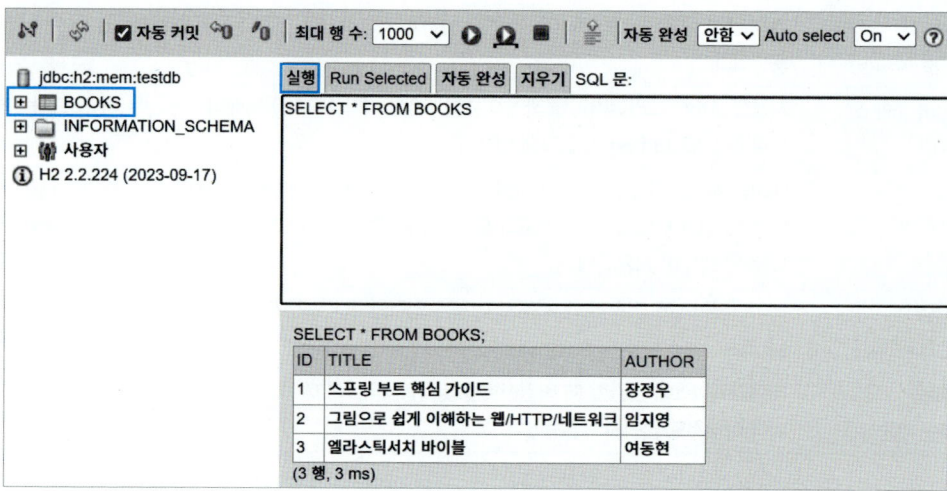

그림 9.9 H2 콘솔 3

9-2-2 엔티티 생성

규약(규칙)

MyBatis를 사용하는 경우 엔티티를 생성할 때 지켜야 할 규약(규칙)이 있습니다. 이 규약은 MyBatis가 SQL로 가져오는 결과 데이터와 자바의 객체를 적절히 매핑하기 위해 사용됩니다. 표 9.3에 4가지 규칙을 설명합니다.

표 9.3 엔티티의 규약

번호	규칙	내용
1	클래스 이름은 임의	엔티티의 이름은 자유롭게 정할 수 있지만, 일반적으로 데이터베이스의 테이블 이름이나 그 내용을 반영하는 이름을 설정합니다.
2	인수 없는 생성자	MyBatis는 엔티티 인스턴스를 생성할 때 기본 생성자(인수가 없는 생성자)를 사용합니다. 따라서 인수가 없는 생성자가 필수적으로 포함돼 있어야 합니다.

번호	규칙	내용
3	필드명	엔티티의 필드 이름은 대상 테이블의 칼럼명과 일치해야 합니다. 그러면 MyBatis는 SQL로 가져온 결과 데이터와 자바의 객체를 자동으로 매핑합니다.
4	게터/세터	자바 캡슐화 원칙에 따라 필드에는 게터 및 세터 메서드를 갖는 것이 권장되며, MyBatis는 이러한 메서드를 사용하여 엔티티의 필드 값을 가져오거나(get) 설정(set)합니다.

생성

MyBatisSample의 src/main/java 폴더에서 다음과 같은 패키지와 클래스를 차례로 생성합니다.

생성 내용

패키지	com.example.demo.entity
클래스	Book

Book 클래스의 내용은 예제 9.6과 같습니다. 새로 설명할 내용이 없으므로 설명은 생략합니다.

예제 9.6 엔티티

```
001: package com.example.demo.entity;
002:
003: import lombok.Data;
004:
005: @Data
006: public class Book {
007:   /** 도서 ID */
008:   private int id;
009:   /** 제목 */
010:   private String title;
011:   /** 저자 */
012:   private String author;
013: }
```

9-2-3 매퍼 파일 사용법

규약(규칙)

매퍼 파일을 사용할 때는 표 9.4에 제시된 규약(규칙)을 따릅니다.

표 9.4 매퍼 파일 규약

번호	규칙	내용
1	매퍼 인터페이스 생성	엔티티에 대응하는 매퍼 인터페이스를 생성합니다.
2	매퍼 파일 생성	매퍼 인터페이스에 해당하는 XML 파일을 생성합니다. 이 파일은 SQL 쿼리와 자바 메서드의 매핑을 정의합니다.

매퍼 인터페이스 생성

MyBatisSample의 src/main/java 폴더에서 다음과 같은 패키지와 인터페이스를 차례로 생성합니다.

설정 내용

패키지	com.example.demo.mapper
클래스	BookMapper

BookMapper 인터페이스의 내용은 예제 9.7과 같습니다.

예제 9.7 매퍼 인터페이스

```
001: package com.example.demo.mapper;
002:
003: import java.util.List;
004:
005: import org.apache.ibatis.annotations.Mapper;
006:
007: import com.example.demo.entity.Book;
008:
009: @Mapper
010: public interface BookMapper {
011:     /** 모든 책을 가져옴 */
```

```
012:     List<Book> getAllBooks();
013:     /** id로 1건을 조회 */
014:     Book getBookById(int id);
015:     /** 등록 */
016:     void insertBook(Book book);
017:     /** 업데이트 */
018:     void updateBook(Book book);
019:     /** 삭제 */
020:     void deleteBookById(int id);
021: }
```

9번째 줄의 @Mapper는 MyBatis의 애너테이션으로, 자바 인터페이스가 MyBatis의 매퍼임을 나타냅니다. 이 애너테이션을 사용하면 MyBatis는 이 인터페이스의 구현을 자동으로 생성하고 SQL 작업을 수행하기 위한 메서드를 제공합니다.

@Mapper의 주요 특징은 다음과 같습니다(표 9.5).

표 9.5 @Mapper의 특징

특징	설명
자동 구현	@Mapper 애너테이션이 지정된 인터페이스는 구현할 필요가 없으며, MyBatis가 자동으로 구현해줍니다.
스프링과의 통합	스프링 부트 프로젝트에서 @Mapper를 사용하면 매퍼가 자동으로 스프링의 컴포넌트로 등록됩니다. 이를 통해 @Autowired를 사용해 매퍼를 다른 컴포넌트에 주입할 수 있습니다.
SQL 매핑	해당 매퍼 파일에 SQL을 정의하면 @Mapper 인터페이스의 메서드가 매퍼 파일의 SQL에 매핑됩니다.

☐ MyBatis 플러그인(선택 사항)

Jetbrains 마켓플레이스는 IntelliJ IDEA 사용자가 플러그인을 손쉽게 검색, 설치 및 관리할 수 있는 곳으로, IDE의 기능을 확장할 수 있는 다양한 플러그인이 제공되며, 개발자는 이를 통해 작업의 효율성을 높일 수 있습니다(MyBatis 관련 작업을 효율적으로 하기 위한 도구를 설치하는 작업입니다. 특별히 필요하지 않은 분은 '매퍼 파일 생성' 절로 넘어가세요).

여기서는 마켓플레이스를 이용해 IntelliJ IDEA용 MyBatis 플러그인을 설치합시다. IntelliJ IDEA의 메뉴에서 [파일] → [설정]을 선택하고(단축키: Ctrl + Alt + S), [플러그인]을 클릭합니다(그림 9.10).

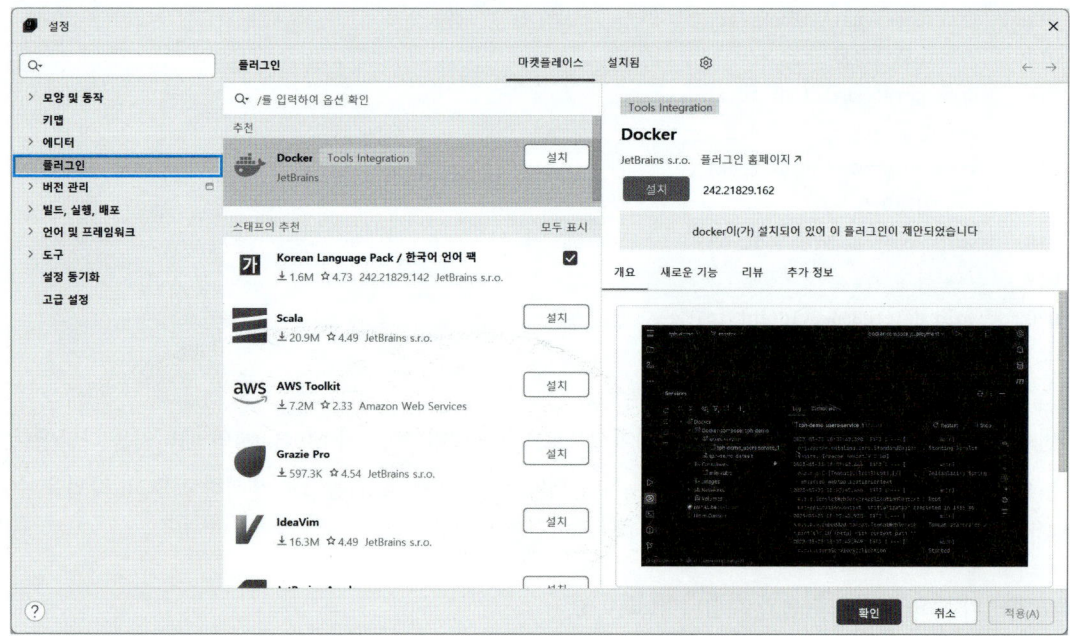

그림 9.10 마켓플레이스

검색창에 키워드로 'mybatis'를 입력하고 [Enter] 키를 눌러 원하는 플러그인을 검색합니다. 검색 결과에서 플러그인을 선택하고 [설치] 버튼을 클릭합니다. 여기서는 매퍼 파일과 XML 파일 사이를 간편하게 이동할 수 있는 플러그인인 'MyBatisX 1.6.3(버전은 시점에 따라 변경될 수 있음)'을 설치합니다(그림 9.11).

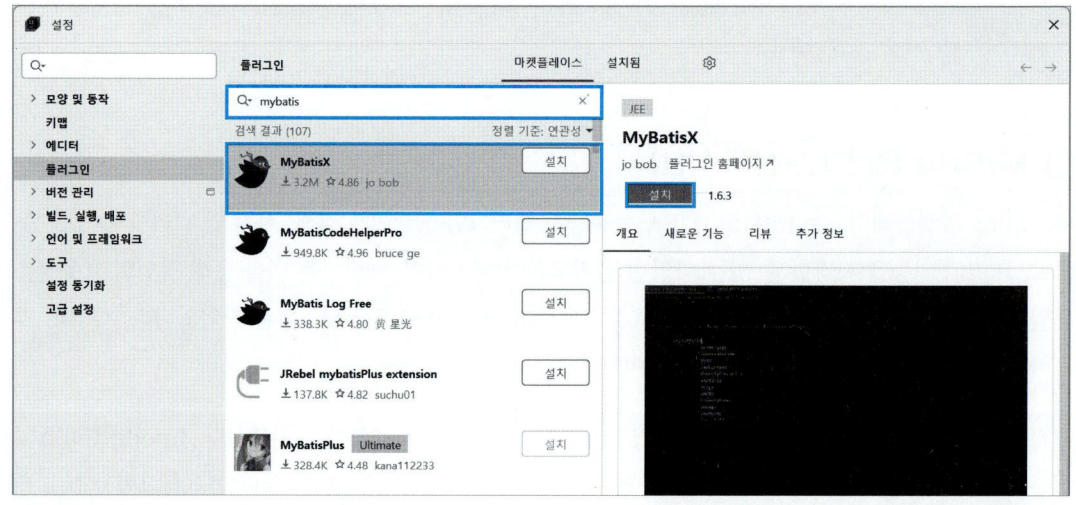

그림 9.11 설치

플러그인 설치가 완료되면 특별한 절차 없이 플러그인이 활성화되어 사용 가능한 상태가 되고, 앞서 작성했던 BookMapper 클래스에 MyBatisX 아이콘이 표시됩니다(그림 9.12).

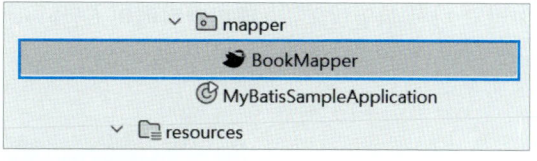

그림 9.12 활성화된 플러그인

매퍼 파일 생성

먼저 매퍼 파일을 배치할 디렉터리를 만들겠습니다. MyBatisSample 프로젝트의 src/main/resources 폴더를 선택하고 마우스 오른쪽 버튼을 클릭한 후 [새로 만들기] → [경로]를 선택합니다(그림 9.13).

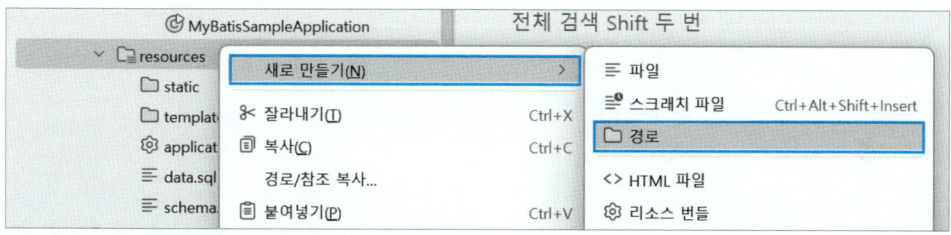

그림 9.13 디렉터리 만들기

[새 디렉터리] 대화상자에서 'com/example/demo/mapper'를 입력해서 디렉터리를 생성합니다(그림 9.14).

그림 9.14 디렉터리 만들기 2

다음으로 매퍼 파일을 생성합니다. 매퍼 파일 생성 규칙으로 src/main/resources 폴더 아래에 앞에서 생성한 바와 같이 매퍼 인터페이스 패키지와 동일한 계층의 폴더에 '**매퍼인터페이스명.xml**'이라는 파일명으로 정의합니다. 따라서 src/main/resources/com/example/demo/mapper 폴더를 선택하고 마우스 오른쪽 버튼을 클릭한 후 [새로 만들기] → [파일]을 선택합니다(그림 9.15).

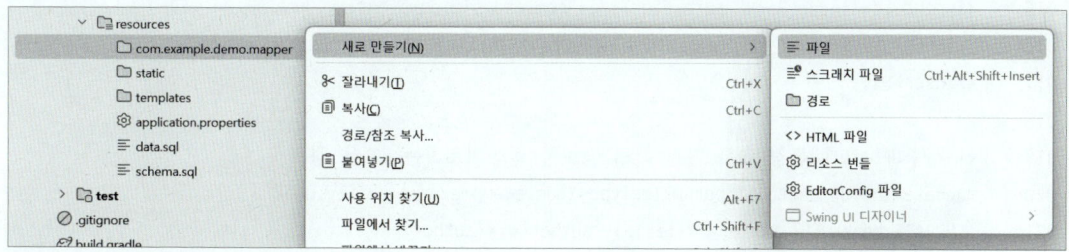

그림 9.15 매퍼 파일 생성

그리고 나서 파일명으로 '<매퍼인터페이스명>.xml'에 해당하는 BookMapper.xml을 입력해 매퍼 파일을 생성합니다(그림 9.16).

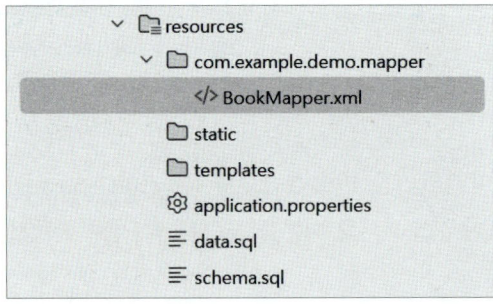

그림 9.16 매퍼 파일 생성 2

BookMapper.xml 파일의 내용을 예제 9.8과 같이 작성합니다.

예제 9.8 매퍼 파일

```xml
001: <?xml version="1.0" encoding="UTF-8"?>
002: <!DOCTYPE mapper PUBLIC "-//mybatis.org//DTD Mapper 3.0//EN" "http://mybatis.org/dtd/mybatis-3-mapper.dtd">
003: <mapper namespace="com.example.demo.mapper.BookMapper">
004:   <!-- 【 SELECT 】 모든 책을 가져오기 위한 SQL을 정의 -->
005:   <select id="getAllBooks" resultType="com.example.demo.entity.Book">
006:     SELECT id, title, author FROM books ORDER BY id
007:   </select>
008:
009:   <!-- 【 SELECT 】 특정 ID를 가진 책을 가져오기 위한 SQL을 정의 -->
010:   <select id="getBookById" resultType="com.example.demo.entity.Book">
011:     SELECT id, title, author FROM books WHERE id = #{id}
012:   </select>
013:
014:   <!-- 【 INSERT 】 새로운 책을 데이터베이스에 추가하는 SQL을 정의 -->
015:   <insert id="insertBook" parameterType="com.example.demo.entity.Book">
016:     INSERT INTO books (title, author) VALUES (#{title}, #{author})
017:   </insert>
018:
019:   <!-- 【 UPDATE 】 특정 ID를 가진 책의 정보를 업데이트하는 SQL을 정의 -->
020:   <update id="updateBook" parameterType="com.example.demo.entity.Book">
021:     UPDATE books SET title = #{title}, author = #{author}
022:     WHERE id = #{id}
```

```
023:    </update>
024:
025:    <!-- [DELETE] 특정 ID를 가진 책의 정보를 삭제하는 SQL을 정의 -->
026:    <delete id="deleteBookById" parameterType="int">
027:      DELETE FROM books WHERE id = #{id}
028:    </delete>
029: </mapper>
```

3번째 줄의 namespace에는 매퍼 파일이 연관된 인터페이스의 전체 수정 이름을 지정합니다. 정규화된 이름은 '패키지명+클래스명'입니다. 정규화된 이름을 FQCN(Fully Qualified Class Name)이라고도 합니다.

5, 10, 15, 20, 26번째 줄의 id에는 namespace에서 설정한 인터페이스의 메서드 이름을 설정합니다(그림 9.17).

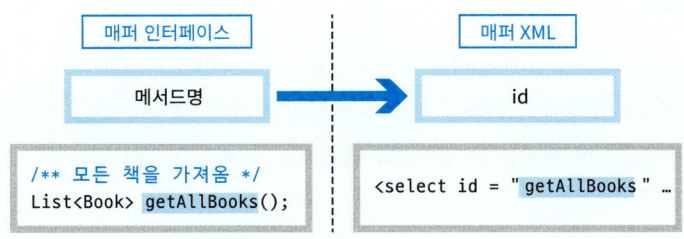

그림 9.17 메서드와 id

☐ CRUD란?

CRUD는 시스템의 기본 조작을 나타내는 4개의 머리글자로 구성된 단어입니다. 각각 Create(생성), Read(읽기), Update(업데이트), Delete(삭제)를 의미합니다.

이러한 작업은 참조 영역과 업데이트 영역으로 나눌 수 있습니다.

- **참조 영역**

    Read(R): 데이터를 읽는 작업(데이터베이스에서 정보를 가져오는 것일 뿐, 데이터 자체를 변경하지 않음)

- **업데이트 영역**

    Create(C): 새로운 데이터를 데이터베이스에 추가하는 작업
    Update(U): 기존 데이터를 변경하는 작업
    Delete(D): 데이터베이스에서 데이터를 삭제하는 작업

정리하면, 참조 영역은 데이터를 보기만 하고 데이터를 변경하지 않는 조작을 의미합니다. 업데이트 영역은 데이터에 어떠한 변경을 가하는 작업을 나타냅니다. 표 9.6은 CRUD와 매퍼 파일에서 사용하는 각 태그와의 관계를 나타냅니다.

표 9.6 태그와의 관계

CRUD	SQL	태그	분류	속성 유형
C	INSERT	<insert>	업데이트 영역	parameterType
R	SELECT	<select>	참조 영역	resultType
U	UPDATE	<update>	업데이트 영역	parameterType
D	DELETE	<delete>	업데이트 영역	parameterType

표 9.6에 기술된 parameterType과 resultType에 대해 설명합니다.

○ **parameterType**

MyBatis의 매핑 파일에서 SQL에 전달되는 파라미터의 자바 타입을 FQCN으로 지정하기 위한 속성입니다. 이 속성을 사용함으로써 MyBatis는 올바른 타입의 파라미터를 SQL에 적절히 바인딩할 수 있습니다. 바인딩은 일반적으로 두 가지를 연결하거나 연관시키는 것을 의미합니다.

○ **resultType**

FQCN으로 SQL 결과를 어느 자바 클래스에 매핑할지를 지정하고, FQCN으로 지정한 클래스의 필드와 SQL 결과의 헤더 이름이 일치하면 결과 데이터를 필드에 바인딩합니다(그림 9.18).

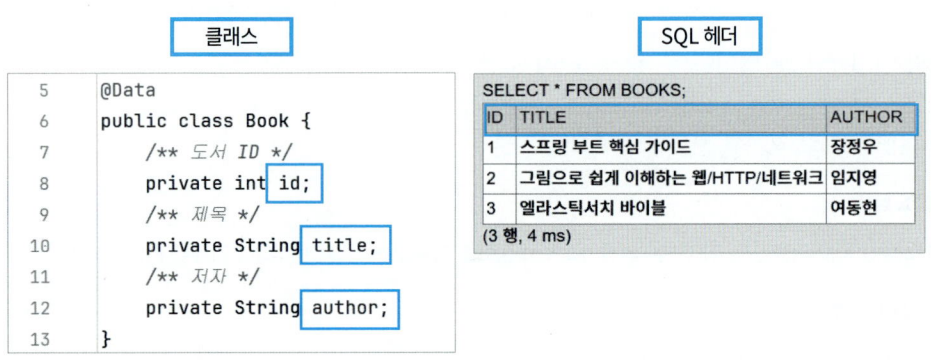

그림 9.18 바인딩

예제 9.8의 11번째 줄에 있는 `#{ id }`는 플레이스홀더라고 불리는 것입니다. 플레이스홀더는 나중에 특정 값으로 대체될 예약된 위치를 나타내며, MyBatis에서는 이 플레이스홀더를 사용해 SQL 문에 동적으로 값을 삽입할 수 있습니다. 플레이스홀더의 장점은 SQL 주입 공격[15]을 방지할 수 있다는 점입니다. SQL 문에 직접 값을 삽입하는 대신 플레이스홀더를 사용하면 MyBatis가 안전하게 값을 이스케이프 처리해서 SQL을 실행합니다.

MyBatis에서 매퍼 인터페이스 메서드의 인수가 하나뿐인 경우 `parameterType`을 생략할 수 있으며, MyBatis는 자동으로 그 유일한 인수의 타입을 `parameterType`으로 인식합니다(이 책에서는 이해를 돕기 위해 15, 20, 26번째 줄에서 `parameterType`을 명시적으로 기술하고 있습니다).

16, 21~22번째 줄에서 사용하는 플레이스홀더는 `parameterType`에 지정한 FQCN의 엔티티의 각 필드명을 기술하고 있습니다(그림 9.19).

```xml
<!--【 INSERT 】새로운 책을 데이터베이스에 추가하는 SQL을 정의 -->
<insert id="insertBook" parameterType="com.example.demo.entity.Book">
    INSERT INTO books (title, author) VALUES (#{title}, #{author})
</insert>
```

Book 클래스의 필드명을 #{}(플레이스홀더)로 둘러싸서 지정

그림 9.19 parameterType

9-2-4 컨트롤러 만들기

MyBatisSample의 `src/main/java` 폴더에서 다음과 같은 패키지와 클래스를 차례로 생성합니다.

생성 내용

패키지	`com.example.demo.controller`
클래스	`BookController`

---

[15] SQL 주입 공격은 애플리케이션의 입력 필드에 잘못된 SQL 문을 삽입해 데이터베이스를 무단으로 조작하는 공격 기법입니다. 이를 통해 공격자는 데이터베이스의 정보를 훔치거나 변경, 삭제할 수 있습니다.

BookController 클래스의 내용은 예제 9.9와 같습니다.

예제 9.9 컨트롤러

```
001: package com.example.demo.controller;
002:
003: import org.springframework.stereotype.Controller;
004: import org.springframework.ui.Model;
005: import org.springframework.web.bind.annotation.GetMapping;
006: import org.springframework.web.bind.annotation.PathVariable;
007:
008: import com.example.demo.entity.Book;
009: import com.example.demo.mapper.BookMapper;
010:
011: import lombok.RequiredArgsConstructor;
012:
013:
014: @Controller
015: @RequiredArgsConstructor
016: public class BookController {
017:     // DI
018:     private final BookMapper bookMapper;
019:
020:     // 메뉴 화면 표시
021:     @GetMapping("/")
022:     public String showIndex() {
023:         return "book/index";
024:     }
025:
026:     // 모든 책 보기
027:     @GetMapping("/list")
028:     public String showAllBooks(Model model) {
029:         model.addAttribute("message", "목록 보기");
030:         model.addAttribute("books", bookMapper.getAllBooks());
031:         return "book/success";
032:     }
033:
034:     // 특정 ID를 가진 책 가져오기
```

```java
035:     @GetMapping("/detail/{id}")
036:     public String showBook(@PathVariable int id, Model model) {
037:         model.addAttribute("message", "상세 보기");
038:         model.addAttribute("book", bookMapper.getBookById(id));
039:         return "book/success";
040:     }
041:
042:     // 새 책 만들기
043:     @GetMapping("/create")
044:     public String createBook(Model model) {
045:         // 등록용 더미 데이터
046:         Book book = new Book();
047:         book.setTitle("자바/스프링 개발자를 위한 실용주의 프로그래밍");
048:         book.setAuthor("김우근");
049:         bookMapper.insertBook(book);
050:         model.addAttribute("message", "등록 성공");
051:         return "book/success";
052:     }
053:
054:     // 특정 ID를 가진 책 업데이트
055:     @GetMapping("/update/{id}")
056:     public String updateBook(@PathVariable int id, Model model) {
057:         // 업데이트용 더미 데이터
058:         Book book = new Book();
059:         book.setId(id);
060:         book.setTitle("업데이트된 제목");
061:         book.setAuthor("업데이트된 저자");
062:         bookMapper.updateBook(book);
063:         model.addAttribute("message", "업데이트 성공");
064:         return "book/success";
065:     }
066:
067:     // 특정 ID를 가진 책 삭제
068:     @GetMapping("/delete/{id}")
069:     public String deleteBook(@PathVariable int id, Model model) {
070:         bookMapper.deleteBookById(id);
071:         model.addAttribute("message", "삭제 성공");
072:         return "book/success";
073:     }
074: }
```

새롭게 설명할 내용은 없습니다. 이번에는 MyBatis의 동작 확인을 위해 뷰는 `index.html`과 `success.html`의 두 개로 한정하고, 컨트롤러상에서의 등록, 업데이트는 고정된 데이터로 처리합니다.

9-2-5 뷰 만들기

`index.html`과 `success.html`이라는 두 개의 파일을 생성합니다.

먼저 두 파일을 배치할 폴더를 만들겠습니다. 다음과 같은 설정 내용을 참고해서 MyBatisSample 프로젝트의 `src/main/resources/templates` 폴더를 선택하고 마우스 오른쪽 버튼을 클릭한 후 [새로 만들기] → [경로]를 선택하고, [새 디렉터리] 대화상자에서 'book'을 입력해 디렉터리를 생성합니다.

설정 내용

파일 위치	src/main/resources/templates/book
파일명	index.html, success.html

방금 생성한 `src/main/resources/templates/book` 폴더를 선택하고 마우스 오른쪽 버튼을 클릭한 후 [새로 만들기] → [HTML 파일]을 선택하고, 파일명으로 'index.html'을 입력해 HTML 파일을 생성합니다. 같은 방법으로 `success.html`도 생성합니다(그림 9.20).

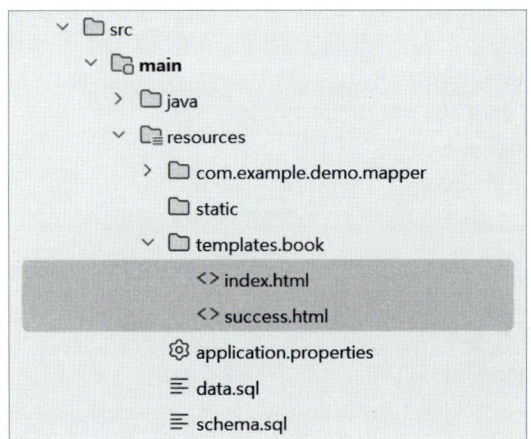

그림 9.20 뷰 만들기

`index.html` 파일의 내용은 예제 9.10, `success.html` 파일의 내용은 예제 9.11과 같이 작성합니다.

예제 9.10 index.html

```
001: <!DOCTYPE html>
002: <html xmlns:th="http://www.thymeleaf.org">
003: <head>
004:   <meta charset="UTF-8">
005:   <title>메뉴 화면</title>
006: </head>
007: <body>
008:   <h1>도서 관리 메뉴</h1>
009:   <ul>
010:     <li><a th:href="@{/list}">도서 목록</a></li>
011:     <li><a th:href="@{/detail/2}">도서 상세 정보</a></li>
012:     <li><a th:href="@{/create}">도서 등록</a></li>
013:     <li><a th:href="@{/update/2}">도서 수정</a></li>
014:     <li><a th:href="@{/delete/2}">도서 삭제</a></li>
015:   </ul>
016: </body>
017: </html>
```

11, 13, 14번째 줄에서는 고정 파라미터로 '2'를 전달합니다.

예제 9.11 success.html

```
001: <!DOCTYPE html>
002: <html xmlns:th="http://www.thymeleaf.org">
003: <head>
004:   <meta charset="UTF-8">
005:   <title>작업 결과</title>
006: </head>
007: <body>
008:   <h1 th:text="${message}">메시지</h1>
009:   <!-- 도서 목록의 경우 -->
010:   <table th:if="${books}" border="1">
011:     <thead>
012:       <tr>
013:         <th>ID</th>
014:         <th>제목</th>
015:         <th>저자</th>
016:       </tr>
017:     </thead>
```

```
018:        <tbody>
019:          <tr th:each="book : ${books}">
020:            <td th:text="${book.id}">ID</td>
021:            <td th:text="${book.title}">제목</td>
022:            <td th:text="${book.author}">저자</td>
023:          </tr>
024:        </tbody>
025:      </table>
026:      <!-- 도서 상세 정보의 경우 -->
027:      <div th:if="${book}">
028:        <p>
029:          <strong>ID: </strong>
030:          <span th:text="${book.id}">ID</span>
031:        </p>
032:        <p>
033:          <strong>제목: </strong>
034:          <span th:text="${book.title}">제목</span>
035:        </p>
036:        <p>
037:          <strong>저자: </strong>
038:          <span th:text="${book.author}">저자</span>
039:        </p>
040:      </div>
041:      <a th:href="@{/}">메뉴로 돌아가기</a>
042:    </body>
043: </html>
```

새로 설명할 내용은 없으며, 8번째 줄의 `<h1 th:text="${message}">메시지</h1>`에서 각 처리 결과 메시지를 표시하고, 10번째와 27번째 줄에서 `th:if`를 이용해 도서 목록과 도서 상세 정보 처리를 구분합니다.

9-2-6 동작 확인

프로그램이 완성됐으므로 동작을 확인해봅시다. MyBatisSample 프로젝트의 `com.example.demo` 패키지에 있는 `MyBatisSampleApplication` 클래스를 선택하고 마우스 오른쪽 버튼을 클릭한 후 ['MyBatisSampleApplication.main()' 실행]을 선택합니다(그림 9.21).

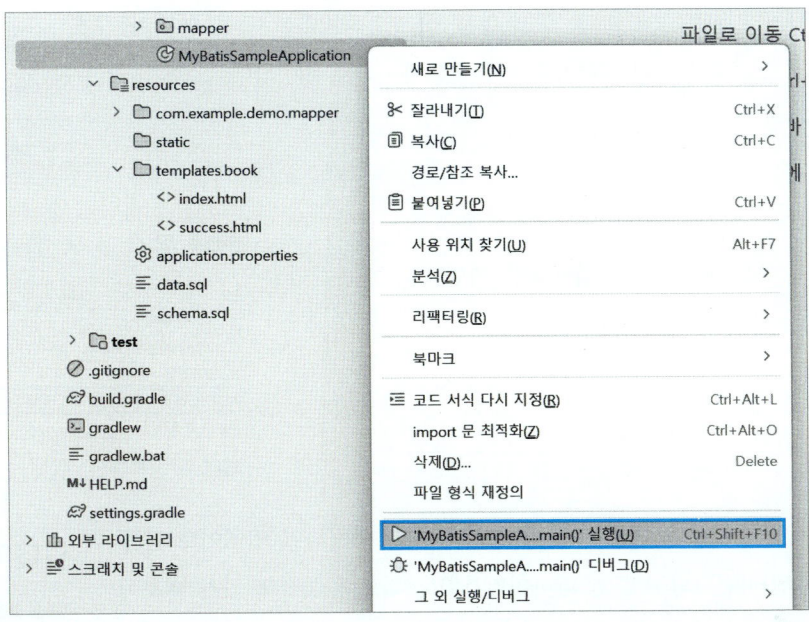

그림 9.21 프로젝트 시작

브라우저를 실행하고 주소 표시줄에 `http://localhost:8080/`을 입력하면 앞에서 만든 `index.html`이 표시됩니다(그림 9.22).

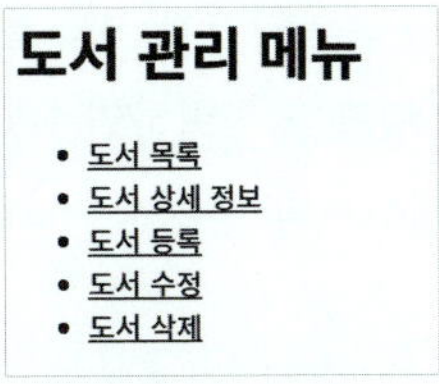

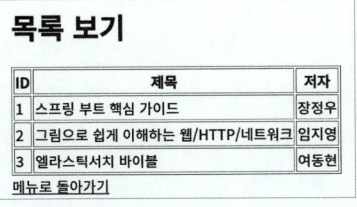

그림 9.22 `index.html` 보기

'도서 목록' 링크를 클릭하면 `success.html`에 도서 목록이 표시됩니다(그림 9.23).

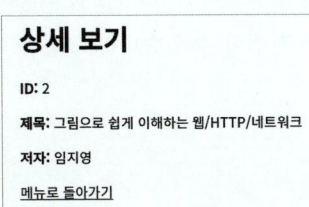

그림 9.23 목록 표시

'메뉴로 돌아가기' 링크를 클릭한 후 '도서 상세 정보' 링크를 클릭하면 도서의 상세 정보가 표시됩니다(그림 9.24). 파라미터가 고정적으로 설정돼 있기 때문에 ID가 2에 해당하는 데이터가 표시됩니다.

그림 9.24 도서 상세 정보

'메뉴로 돌아가기' 링크를 클릭한 후 '도서 등록' 링크를 클릭하면 '등록 성공' 메시지가 표시됩니다(그림 9.25). 컨트롤러 측에서 고정 데이터로 데이터베이스에 도서 등록이 수행됩니다.

등록 성공

메뉴로 돌아가기

그림 9.25 등록 성공

'메뉴로 돌아가기' 링크를 클릭한 후 확인을 위해 '도서 목록' 링크를 클릭하면 새로 생성된 도서 데이터를 확인할 수 있습니다(그림 9.26).

목록 보기

ID	제목	저자
1	스프링 부트 핵심 가이드	장정우
2	그림으로 쉽게 이해하는 웹/HTTP/네트워크	임지영
3	엘라스틱서치 바이블	여동현
4	자바/스프링 개발자를 위한 실용주의 프로그래밍	김우근

메뉴로 돌아가기

그림 9.26 등록 확인

'메뉴로 돌아가기' 링크를 클릭한 후 '도서 수정' 링크를 클릭하면 '업데이트 성공' 메시지가 표시됩니다(그림 9.27). 파라미터가 고정적으로 설정돼 있기 때문에 ID가 2에 해당하는 데이터가 업데이트됩니다.

업데이트 성공

메뉴로 돌아가기

그림 9.27 업데이트 성공

'메뉴로 돌아가기' 링크를 클릭한 후 확인을 위해 '도서 목록' 링크를 클릭하면 ID가 2에 해당하는 도서 데이터가 업데이트된 것을 확인할 수 있습니다(그림 9.28).

목록 보기

ID	제목	저자
1	스프링 부트 핵심 가이드	장정우
2	업데이트된 제목	업데이트된 저자
3	엘라스틱서치 바이블	여동현
4	자바/스프링 개발자를 위한 실용주의 프로그래밍	김우근

메뉴로 돌아가기

그림 9.28 업데이트 확인

'메뉴로 돌아가기' 링크를 클릭한 후 '도서 삭제' 링크를 클릭하면 '삭제 성공' 메시지가 표시됩니다(그림 9.29). 파라미터가 고정적으로 설정돼 있기 때문에 ID가 2에 해당하는 데이터가 삭제됩니다.

삭제 성공

메뉴로 돌아가기

그림 9.29 삭제 성공

'메뉴로 돌아가기' 링크를 클릭한 후 확인을 위해 '도서 목록' 링크를 클릭하면 ID가 2에 해당하는 도서의 데이터가 삭제된 것을 확인할 수 있습니다(그림 9.30).

목록 보기

ID	제목	저자
1	스프링 부트 핵심 가이드	장정우
3	엘라스틱서치 바이블	여동현
4	자바/스프링 개발자를 위한 실용주의 프로그래밍	김우근

메뉴로 돌아가기

그림 9.30 삭제 확인

9-2-7 요약

MyBatis 사용법을 단계별로 되돌아봅시다(그림 9.31).

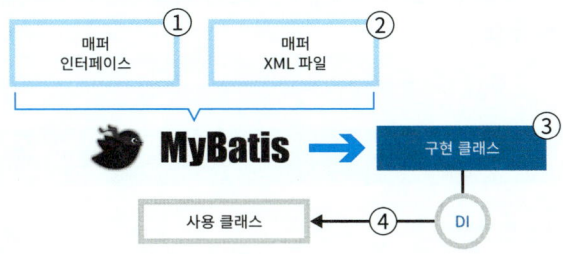

그림 9.31 MyBatis 사용법 복습

① 매퍼 인터페이스를 생성합니다. 인터페이스에 @Mapper를 부여합니다.

② 매퍼 XML 파일을 생성합니다. src/main/resources 폴더 아래에 매퍼 인터페이스와 동일한 패키지 구성으로 설정하고, 파일명은 인터페이스 이름과 일치하도록 합니다. 그리고 namespace 속성에 FQCN으로 매퍼 인터페이스를 설정합니다(이 과정에서 인터페이스와 매퍼 파일이 매핑됩니다). 매퍼 인터페이스의 메서드명과 각 태그의 id 속성을 일치시킵니다(이 과정에서 인터페이스의 메서드와 매퍼 파일에 작성된 SQL이 매핑됩니다).

③ MyBatis는 위의 ①과 ②를 참조해서 구현 클래스를 생성합니다. 따라서 우리는 구현 클래스를 생성할 필요가 없습니다. 이때 스프링과 연동돼 있기 때문에 인스턴스 생성도 함께 이뤄집니다.

④ ③에서 생성한 구현 클래스를 사용하고자 하는 클래스에서는 DI를 수행해 MyBatis가 생성한 구현 클래스를 사용할 수 있습니다.

SECTION 9-3 resultMap 알아보기

여기서는 MyBatis를 이용해 여러 테이블을 참조하는 방법을 알아봅니다. 테이블 간의 복잡한 연관관계(일대일, 일대다 등)나 조인을 다룰 경우 resultMap을 사용하면 쉽게 구현할 수 있습니다.

9-3-1 resultMap이란?

resultMap은 데이터베이스의 테이블과 자바의 엔티티 클래스를 어떻게 매핑할 것인지를 정의하기 위한 설정입니다. 좀 더 자세히 설명하면, 데이터베이스의 테이블에서 SQL로 가져온 결과 데이터를 resultMap을 이용해 MyBatis에 어떻게 결과 데이터를 자바의 객체에 저장할 것인지 알려줍니다(그림 9.32).

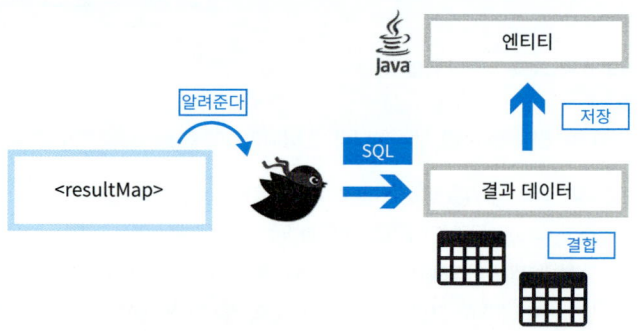

그림 9.32 resultMap 이해하기

바로 프로그램을 만들어 보면서 resultMap에 대해 알아봅시다.

9-3-2 테이블 구성

앞서 생성한 MyBatisSample 프로젝트를 사용합니다. 여러 테이블을 다루기 위해 schema.sql을 예제 9.12와 같이 다시 작성합니다.

예제 9.12 schema.sql

```
001: -- 출판사 정보를 저장하는 테이블
002: CREATE TABLE publishers (
003:   id INT PRIMARY KEY AUTO_INCREMENT, -- 기본키로서의 ID. 자동으로 증가
004:   name VARCHAR(255) NOT NULL -- 출판사명. NULL은 허용되지 않음
005: );
006:
```

```
007:    -- 책 정보를 저장하는 테이블
008:    CREATE TABLE books (
009:      id INT PRIMARY KEY AUTO_INCREMENT, -- 기본키로서의 ID. 자동으로 증가
010:      title VARCHAR(255) NOT NULL, -- 책 제목. NULL은 허용되지 않음
011:      author VARCHAR(255) NOT NULL, -- 책의 저자명. NULL은 허용되지 않음
012:      publisher_id INT, -- 출판사 ID. 출판사 테이블과 연관시키는 출판사 ID
013:      FOREIGN KEY (publisher_id) REFERENCES publishers(id) -- 출판사 테이블에 대한 외래키 제약조건
014:    );
015:
016:    -- 책에 대한 리뷰를 저장하는 테이블
017:    CREATE TABLE reviews (
018:      id INT PRIMARY KEY AUTO_INCREMENT, -- 기본키로서의 ID. 자동으로 증가
019:      book_id INT NOT NULL, -- 리뷰 대상 도서의 ID. NULL은 허용되지 않음
020:      review_text TEXT, -- 리뷰 텍스트. NULL 허용
021:      FOREIGN KEY (book_id) REFERENCES books(id) -- 도서 테이블에 대한 외래키 제약조건
022:    );
```

테이블 구성은 다음과 같습니다(그림 9.33).

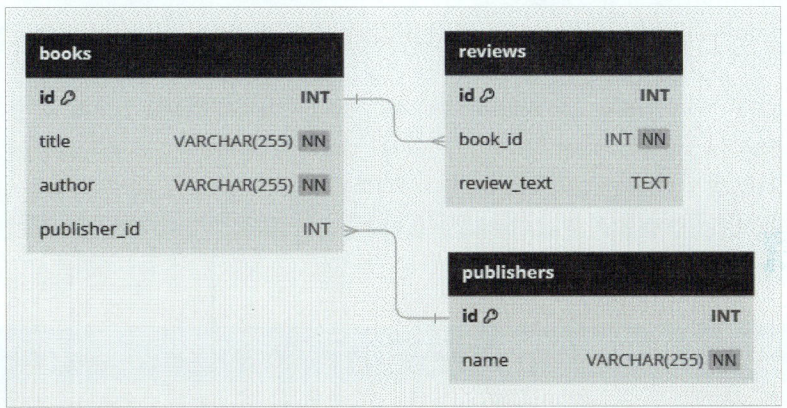

그림 9.33 테이블 구성

앞의 테이블에는 다음과 같은 관계가 있습니다.

- **books(도서)와 publishers(출판사)**

    books 테이블의 publisher_id 칼럼은 publishers 테이블의 id 칼럼에 대한 외래키입니다. 이를 통해 각 책은 하나의 출판사와 연결됩니다(일대일 관계). 반대로 한 출판사는 여러 권의 책을 출판할 수 있습니다(일대다 관계).

- **books(도서)와 reviews(리뷰)**

    reviews 테이블의 book_id 칼럼은 books 테이블의 id 칼럼에 대한 외래키입니다. 이를 통해 각 리뷰는 한 권의 책과 연결됩니다(일대일 관계). 반대로 한 책에 여러 개의 리뷰를 작성할 수 있습니다(일대다 관계).

테이블 구성이 변경됐으므로 더미 데이터도 수정해 봅시다. data.sql을 예제 9.13과 같이 다시 작성합니다.

예제 9.13 data.sql

```
-- publishers 테이블에 데이터 등록
INSERT INTO publishers (name) VALUES ('위키북스');
INSERT INTO publishers (name) VALUES ('위키미디어');

-- books 테이블에 데이터 등록
INSERT INTO books (title, author, publisher_id) VALUES ('생성형 AI 업무 혁신', '박찬규, 윤가희', 1);
INSERT INTO books (title, author, publisher_id) VALUES ('브릭메카의 미니 변신 로봇', '최상철', 2);
INSERT INTO books (title, author, publisher_id) VALUES ('AI가 훔쳐간 인문학', '김철수', 1);

-- reviews 테이블에 데이터 등록
INSERT INTO reviews (book_id, review_text) VALUES (1, '매우 유용한 책이었습니다.');
INSERT INTO reviews (book_id, review_text) VALUES (2, '아이가 정말 좋아해요.');
INSERT INTO reviews (book_id, review_text) VALUES (2, '자투리 브릭을 활용할 수 있어서 마음에 들어요.');
INSERT INTO reviews (book_id, review_text) VALUES (2, '변신 로봇이 아기자기하고 귀여워요.');
INSERT INTO reviews (book_id, review_text) VALUES (3, 'AI에 관한 통찰력이 돋보입니다.');
```

9-3-3 엔티티 추가 및 수정

01 출판사용 엔티티 추가

먼저, 출판사를 나타내는 엔티티를 생성합니다.

MyBatisSample 프로젝트에서 src/main/java 폴더의 com.example.demo.entity 패키지를 선택하고 마우스 오른쪽 버튼을 클릭한 후, [새로 만들기] → [Java 클래스]를 선택합니다. 클래스명으로 'Publisher'를 입력해 생성합니다.

Publisher 클래스의 내용은 예제 9.14와 같습니다. 새로 설명할 내용이 없으므로 설명은 생략합니다.

예제 9.14 Publisher

```
001: package com.example.demo.entity;
002:
003: import lombok.Data;
004:
005: @Data
006: public class Publisher {
007:     /** 출판사 ID */
008:     private int id;
009:     /** 출판사명 */
010:     private String name;
011: }
```

02 리뷰용 엔티티 추가

다음으로 리뷰를 나타내는 엔티티를 생성합니다.

MyBatisSample 프로젝트에서 src/main/java 폴더의 com.example.demo.entity 패키지를 선택하고 마우스 오른쪽 버튼을 클릭한 후, [새로 만들기] → [Java 클래스]를 선택합니다. 클래스명으로 'Review'를 입력해 생성합니다.

Review 클래스의 내용은 예제 9.15와 같습니다. 새로 설명할 내용이 없으므로 설명은 생략합니다.

예제 9.15 Review

```
001: package com.example.demo.entity;
002:
003: import lombok.Data;
004:
005: @Data
006: public class Review {
007:     /** 리뷰 ID */
008:     private int id;
009:     /** 도서 ID */
010:     private int bookId;
011:     /** 리뷰 내용 */
012:     private String reviewText;
013: }
```

03 도서용 엔티티 수정

com.example.demo.entity 패키지의 Book 클래스에 대해 책과 출판사의 일대일 관계와 책과 리뷰의 일대다 관계를 필드로 추가하는 작업을 수행합니다. 수정된 내용은 예제 9.16과 같습니다.

예제 9.16 Book

```
001: package com.example.demo.entity;
002:
003: import java.util.List;
004:
005: import lombok.Data;
006:
007: @Data
008: public class Book {
009:     /** 도서 ID */
010:     private int id;
011:     /** 제목 */
012:     private String title;
013:     /** 저자 */
014:     private String author;
015:     /** 책과 출판사의 일대일 관계 */
016:     private Publisher publisher;
017:     /** 책과 리뷰의 일대다 관계 */
018:     private List<Review> reviews;
019: }
```

16번째 줄의 `private Publisher publisher;`는 책과 출판사의 관계가 일대일이므로 필드 타입이 Publisher이고, 18번째 줄의 `private List<Review> reviews;`는 책과 리뷰의 관계가 일대다이므로 필드 타입이 List<Review>로 돼 있습니다.

9-3-4 매퍼 파일 수정

일대일 및 일대다 관계를 MyBatis에 알려주기 위해 매퍼 파일에 `resultMap`을 사용해 설명합니다. 수정 내용은 다음과 같습니다.

수정 내용

파일 위치	src/main/resources/com/example/demo/mapper
파일명	BookMapper.xml

☐ resultMap: 책과 출판사의 일대일 관계

BookMapper의 `<mapper namespace="com.example.demo.mapper.BookMapper">` 바로 아래에 예제 9.17을 추가합니다.

예제 9.17 resultMap: 책과 출판사의 일대일 관계

```xml
001: <!-- 책과 출판사의 일대일 관계 -->
002: <resultMap id="BookWithPublisherResult"
003:    type="com.example.demo.entity.Book">
004:    <id property="id" column="id" />
005:    <result property="title" column="title" />
006:    <result property="author" column="author" />
007:    <association property="publisher"
008:       javaType="com.example.demo.entity.Publisher">
009:       <id property="id" column="publisher_id" />
010:       <result property="name" column="publisher_name" />
011:    </association>
012: </resultMap>
```

예제 9.17의 resultMap을 구성하는 각 태그와 속성에 대해 설명합니다(표 9.7~표 9.10).

표 9.7 `<resultMap>`(2번째 줄 태그)

속성	설명
id	resultMap의 고유 식별자입니다. 다른 곳에서 참조할 때 이 ID를 사용합니다.
type	resultMap이 매핑하는 자바 엔티티 클래스의 정규화된 이름입니다.

표 9.8 `<id>`(4번째 줄 태그)

속성	설명
property	엔티티 클래스(자바 객체)의 기본키에 해당하는 필드명입니다.
column	SQL 실행 결과 데이터의 칼럼명입니다. 기본키에 해당하는 칼럼으로 설정합니다.

표 9.9 <result>(5~6번째 줄 태그)

속성	설명
property	엔티티 클래스의 필드명입니다.
column	SQL 실행 결과 데이터의 칼럼명입니다.

표 9.10 <association>(7번째 줄 태그)

속성	설명
property	엔티티 클래스 내에서 관련 객체(이 경우 Publisher)를 보유하는 필드명입니다.
javaType	관련 객체의 자바 타입입니다. FQCN으로 지정합니다.

`<association>` 내의 `<id>`와 `<result>` 태그(9, 10번째 줄)는 관련 객체(Publisher) 내의 필드와 SQL 실행 결과 데이터의 매핑을 정의합니다. 칼럼과 자바 엔티티 클래스의 필드를 어떻게 매핑할 것인지를 상세히 지정할 수 있습니다. 특히 `<association>` 태그를 사용하면 일대일과 같은 복잡한 관계도 표현할 수 있습니다.

resultMap: 책과 리뷰의 일대다 관계

다음으로 책과 리뷰의 일대다 관계에 대한 resultMap을 작성해 봅시다. 방금 설명한 `<resultMap>` 바로 아래에 예제 9.18을 추가합니다.

예제 9.18 resultMap: 책과 리뷰의 일대다 관계

```xml
001: <!-- 책과 리뷰의 일대다 관계 -->
002: <resultMap id="BookWithReviewsResult"
003:   type="com.example.demo.entity.Book">
004:   <id property="id" column="id" />
005:   <result property="title" column="title" />
006:   <result property="author" column="author" />
007:   <collection property="reviews" ofType="com.example.demo.entity.Review">
008:     <id property="id" column="review_id" />
009:     <result property="bookId" column="book_id" />
010:     <result property="reviewText" column="review_text" />
011:   </collection>
012: </resultMap>
```

<collection> 내의 <id>와 <result> 태그(8~10번째 줄)는 컬렉션 내 각 엔티티(Review)의 필드와 SQL 실행 결과 데이터의 매핑을 정의합니다.

예제 9.18의 resultMap을 구성하는 각 태그와 속성에 대해 표 9.11과 같이 설명합니다.

표 9.11 <collection>(7번째 줄 태그)

속성	설명
property	엔티티 클래스(이 경우 Book) 내에서 리뷰 리스트를 보관할 필드명을 지정합니다. 이 필드는 일반적으로 리스트나 세트 같은 컬렉션 타입입니다.
ofType	컬렉션을 구성하는 각 요소의 자바 타입(이 경우 Review)을 FQCN으로 지정합니다.

☐ SQL 수정(책과 출판사의 일대일 관계)

BookMapper의 아래 부분(예제 9.19)을 예제 9.20으로 다시 작성합니다.

예제 9.19 재작성하기 전

```
001:    <!-- 【SELECT】모든 책을 가져오기 위한 SQL을 정의 -->
002:    <select id="getAllBooks" resultType="com.example.demo.entity.Book">
003:        SELECT id, title, author FROM books ORDER BY id
004:    </select>
```

예제 9.20 재작성한 후

```
001:    <!-- 【SELECT】모든 책(출판사)을 가져오기 위한 SQL 정의 -->
002:    <select id="getAllBooks" resultMap="BookWithPublisherResult">
003:        SELECT
004:          b.id, b.title, b.author,
005:          p.id as publisher_id, p.name as publisher_name
006:        FROM books b
007:        INNER JOIN publishers p ON b.publisher_id = p.id
008:        ORDER BY b.id
009:    </select>
```

3~8번째 줄이 실행하는 SQL로, books 테이블(별칭 b)과 publishers 테이블(별칭 p)을 INNER JOIN하고 있습니다[16]. 이 조인을 통해 책과 출판사를 연관시켜 데이터를 가져옵니다.

---

16 별칭(alias)은 데이터베이스의 테이블명이나 칼럼명에 대해 임시 이름을 부여하는 것을 말합니다.

5번째 줄의 `p.name as publisher_name`에서는 별칭인 `publisher_name`을 설정해 `resultMap`에서 설정한 `column` 속성의 값과 일치시킵니다.

조회된 결과 데이터는 두 번째 줄의 `resultMap="BookWithPublisherResult"`를 통해 방금 생성한 `resultMap`의 BookWithPublisherResult와 연결됩니다. BookWithPublisherResult의 `type` 속성에 Book 클래스를 FQCN으로 설정했기 때문에 자바의 Book 엔티티에 매핑되어 결과 데이터가 저장됩니다.

☐ SQL 수정(책과 리뷰의 일대다 관계)

BookMapper의 아래 부분(예제 9.21)을 예제 9.22로 다시 작성합니다.

예제 9.21 재작성하기 전

```xml
<!-- 【 SELECT 】 특정 ID를 가진 책을 가져오기 위한 SQL을 정의 -->
<select id="getBookById" resultType="com.example.demo.entity.Book">
    SELECT id, title, author FROM books WHERE id = #{id}
</select>
```

예제 9.22 재작성한 후

```xml
<!-- 【 SELECT 】 특정 ID를 가진 책(리뷰)을 가져오기 위한 SQL을 정의 -->
<select id="getBookById" resultMap="BookWithReviewsResult">
    SELECT
      b.id, b.title, b.author, b.publisher_id,
      r.id as review_id, r.book_id, r.review_text
    FROM books b
    INNER JOIN reviews r ON b.id = r.book_id
    WHERE b.id = #{id}
</select>
```

3~8번째 줄이 실행하는 SQL로, books 테이블(별칭 b)과 reviews 테이블(별칭 r)을 INNER JOIN하고 있습니다. `WHERE b.id = #{id}`에서 조회할 책의 ID를 지정합니다. 여기서 `#{id}`는 플레이스홀더입니다. 플레이스홀더는 프로그램에서 전달받은 값(책의 ID)으로 대체됩니다. 조회된 결과 데이터는 두 번째 줄의 `resultMap="BookWithReviewsResult"`를 통해 BookWithReviewsResult라는 `resultMap`을 통해 자바의 Book 엔티티에 매핑되어 결과 데이터가 저장됩니다.

9-3-5 뷰 수정

뷰 파일에 책과 출판사의 일대일 관계와 책과 리뷰의 일대다 관계에서 데이터를 가져오는 부분을 추가합니다.

수정 내용

파일 위치	src/main/resources/templates/book
파일명	success.html

success.html을 예제 9.23으로 수정합니다.

예제 9.23 success.html

```
001: <!DOCTYPE html>
002: <html xmlns:th="http://www.thymeleaf.org">
003: <head>
004:   <meta charset="UTF-8">
005:   <title>작업 결과</title>
006: </head>
007: <body>
008:   <h1 th:text="${message}">메시지</h1>
009:   <!-- 도서 목록의 경우 -->
010:   <table th:if="${books}" border="1">
011:     <thead>
012:       <tr>
013:         <th>ID</th>
014:         <th>제목</th>
015:         <th>저자</th>
016:         <th>출판사</th>
017:       </tr>
018:     </thead>
019:     <tbody>
020:       <tr th:each="book : ${books}">
021:         <td th:text="${book.id}">ID</td>
022:         <td th:text="${book.title}">제목</td>
023:         <td th:text="${book.author}">저자</td>
024:         <td th:text="${book.publisher.name}">출판사</td>
025:       </tr>
```

```
026:      </tbody>
027:    </table>
028:    <!-- 도서 상세 정보의 경우 -->
029:    <div th:if="${book}">
030:      <p>
031:        <strong>ID: </strong>
032:        <span th:text="${book.id}">ID</span>
033:      </p>
034:      <p>
035:        <strong>제목: </strong>
036:        <span th:text="${book.title}">제목</span>
037:      </p>
038:      <p>
039:        <strong>저자: </strong>
040:        <span th:text="${book.author}">저자</span>
041:      </p>
042:      <hr>
043:      <!-- 리뷰 목록 -->
044:      <div th:if="${book.reviews}">
045:        <h3>리뷰 목록:</h3>
046:        <ul>
047:          <li th:each="review : ${book.reviews}">
048:            <span th:text="${review.reviewText}">리뷰 텍스트</span>
049:          </li>
050:        </ul>
051:      </div>
052:    </div>
053:    <a th:href="@{/}">메뉴로 돌아가기</a>
054:  </body>
055: </html>
```

24번째 줄의 `<td th:text="${book.publisher.name}">출판사</td>`가 책과 출판사의 일대일 관계에서 데이터를 가져오는 부분입니다. `${book.publisher.name}`은 자바 객체 `book`의 `publisher` 필드의 `name` 속성을 참조합니다.

44~51번째 줄이 책과 리뷰의 일대다의 관계에서 데이터를 가져오는 부분입니다.

44번째 줄의 `<div th:if="${book.reviews}">`는 `book.reviews`가 `null` 또는 비어 있지 않은 경우에만 표시됩니다. 즉, 리뷰가 존재하는 경우에만 이 `<div>` 안의 내용이 표시됩니다.

47번째 줄 `<li th:each="review : ${book.reviews}">`의 `<li>` 태그는 book.reviews에 포함된 각 리뷰에 대해 하나씩 생성되며, th:each 속성이 리스트의 각 항목(리뷰)에 대해 이 `<li>` 태그를 반복하는 역할을 합니다.

48번째 줄 `<span th:text="${review.review.reviewText}">`리뷰 텍스트`</span>`의 `<span>` 태그는 각 리뷰의 텍스트 내용(reviewText)을 표시합니다.

9-3-6 동작 확인

프로그램이 완성됐으므로 동작을 확인해 봅시다. MyBatisSample 프로젝트의 `com.example.demo` 패키지에 있는 `MyBatisSampleApplication` 클래스를 선택하고 마우스 오른쪽 버튼을 클릭한 후 ['MyBatisSampleApplication.main()' 실행]을 선택합니다. 또는 프로그램이 이미 실행 중이라면 [다시 실행] 버튼을 클릭합니다.

브라우저를 실행하고 주소 표시줄에 `http://localhost:8080/`을 입력하면 앞에서 생성한 `index.html`이 표시됩니다(그림 9.34).

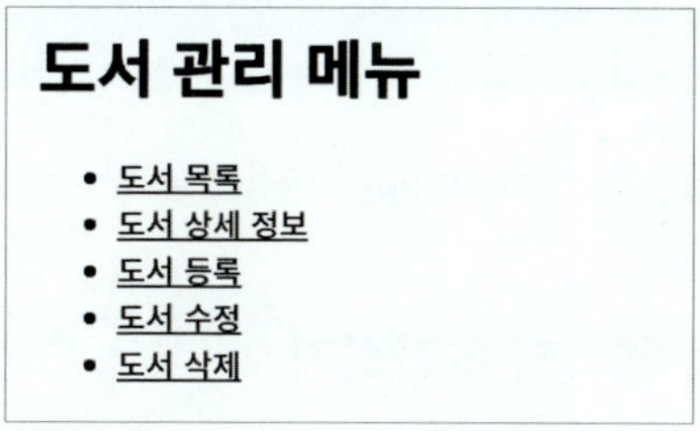

그림 9.34 브라우저 표시

'도서 목록' 링크를 클릭하면 `success.html`에 도서 목록이 표시됩니다(그림 9.35).

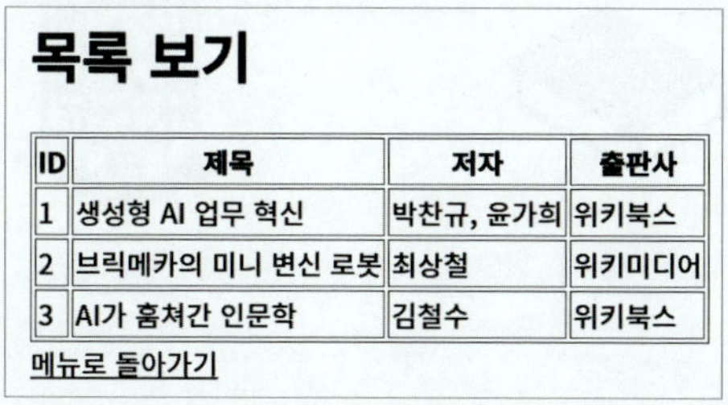

그림 9.35 목록 화면

도서와 출판사의 일대일 관계로부터 가져온 출판사명을 확인할 수 있습니다. '메뉴로 돌아가기' 링크를 클릭한 후 '도서 상세 정보' 링크를 클릭합니다(그림 9.36).

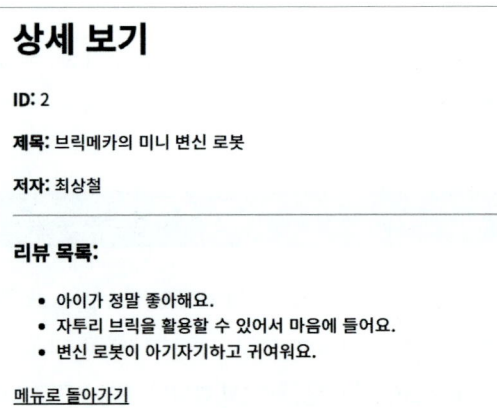

그림 9.36 상세 화면

책과 리뷰의 일대다 관계로부터 책에 대한 리뷰를 가져올 수 있음을 확인할 수 있습니다.

9-3-7 요약

책과 출판사의 일대일 관계를 대상으로 `resultMap`의 사용법을 단계별로 살펴봅시다.

01 도서 엔티티에 출판사 엔티티 추가하기

먼저 책(Book) 엔티티에 출판사(Publisher) 엔티티를 추가합니다. 이렇게 하면 하나의 책이 하나의 출판사와 연결될 수 있게 됩니다(그림 9.37).

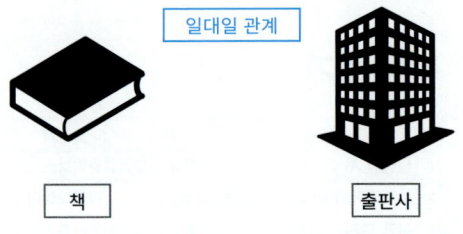

그림 9.37 일대일 관계

02 매퍼 파일에 resultMap 추가하기

다음으로 MyBatis의 매퍼 파일(XML 파일)에 resultMap을 추가합니다. 이 resultMap은 SQL 결과 데이터를 자바 엔티티에 매핑하는 방법을 정의합니다(그림 9.38).

```xml
<!-- 책과 출판사의 일대일 관계 -->
<resultMap id="BookWithPublisherResult"
           type="com.example.demo.entity.Book">
    <id property="id" column="id" />
    <result property="title" column="title" />
    <result property="author" column="author" />
    <association property="publisher"
                 javaType="com.example.demo.entity.Publisher">
        <id property="id" column="publisher_id" />
        <result property="name" column="publisher_name" />
    </association>
</resultMap>
```

그림 9.38 resultMap

03 SQL 작성

다음으로 책과 출판사 정보를 가져오는 SQL을 매퍼 파일에 작성합니다. **02** 에서 작성한 resultMap 구조'(그림 9.38)와 **03** 에서 작성한 SQL 결과(그림 9.39)를 이용해 데이터가 **01** 의 엔티티에 저장됩니다.

```sql
SELECT
    b.id, b.title, b.author,
    p.id as publisher_id, p.name as publisher_name
FROM books b
INNER JOIN publishers p ON b.publisher_id = p.id;
```

ID	TITLE	AUTHOR	PUBLISHER_ID	PUBLISHER_NAME
1	생성형 AI 업무 혁신	박찬규, 윤가희	1	위키북스
2	브릭메카의 미니 변신 로봇	최상철	2	위키미디어
3	AI가 훔쳐간 인문학	김철수	1	위키북스

(3 행, 0 ms)

그림 9.39 SQL의 결과 데이터

주목할 점은 그림 9.39의 결과 데이터의 칼럼명과 resultMap의 column 속성을 같은 이름으로 지정해야 한다는 점입니다(그림 9.40).

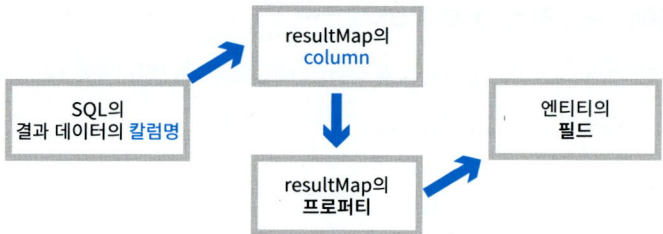

그림 9.40 SQL 결과 데이터가 저장되는 흐름

04 뷰에 반영

마지막으로 뷰(HTML 파일)에 도서 엔티티에 저장된 출판사 엔티티의 정보를 표시하는 코드를 추가합니다(그림 9.41).

```
<tbody>
  <tr th:each="book : ${books}">
    <td th:text="${book.id}">ID</td>
    <td th:text="${book.title}">제목</td>
    <td th:text="${book.author}">저자</td>
    <td th:text="${book.publisher.name}">출판사</td>
  </tr>
</tbody>
```

그림 9.41 뷰에 반영

여기서 `${book.publisher.name}`이라는 표기 방식은 자바의 게터 메서드를 사용해 데이터를 가져옵니다. 구체적으로는 먼저 book 객체의 getPublisher() 메서드가 호출되고(그림 9.42), 그 결과 (Publisher 객체)의 getName() 메서드가 호출됩니다(그림 9.43).

```
7   @Data
8   public class Book {
9       /** 도서 ID */
10      private int id;
11      /** 제목 */
12      private String title;
13      /** 저자 */
14      private String author;
15      /** 책과 출판사의 일대일 관계 */
16      private Publisher publisher;
17      /** 책과 리뷰의 일대다 관계 */
18      private List<Review> reviews;
```

그림 9.42 도서 엔티티

```
5    @Data
6    public class Publisher {
7        /** 출판사 ID */
8        private int id;
9        /** 출판사명 */
10       private String name;
```

그림 9.43 출판사 엔티티

위와 같이 `resultMap`을 사용해 책과 출판사의 일대일 관계에서 데이터를 얻을 수 있습니다.

10장

애플리케이션 제작 준비하기

- **10-1** 애플리케이션 개요
- **10-2** ToDo 앱 만들기 준비하기
- **10-3** 테이블과 데이터 만들기

애플리케이션 개요

SECTION 10-1

이번 장부터는 이 책의 후반부입니다. 1장부터 9장까지 학습한 내용을 바탕으로 스프링을 이용해 웹 애플리케이션을 만들어 보겠습니다. 이번에 만들 애플리케이션은 IT 신입사원 교육에서 자주 등장하는 'ToDo 앱'입니다.

10-1-1 ToDo 앱이란?

ToDo 앱은 일상 업무와 일정을 관리하기 위한 애플리케이션입니다.

간단히 말해, 사용자가 자신의 할일을 생성하고, 열람하고, 업데이트하고, 삭제함으로써 할일을 효율적으로 정리하고 관리할 수 있도록 도와줍니다.

10-1-2 프로젝트 생성 준비

☐ 기능 목록

ToDo 앱의 기능은 표 10.1과 같습니다.

표 10.1 기능 목록

No	기능	설명
1	목록 보기	등록된 '할일'을 나열합니다.
2	상세 보기	PK(기본키)로 대상의 '할일'에 대한 세부 정보를 표시합니다.
3	등록	'할일'을 등록합니다
4	업데이트	등록된 '할일'을 변경합니다.
5	삭제	등록된 '할일'을 삭제합니다.

☐ URL 매핑

ToDo 앱의 URL에 대한 역할을 표 10.2에서 설명합니다. 라우팅 처리 로직을 생성할 때 사용합니다.

표 10.2 URL 목록

No	역할	HTTP 메서드	URL
1	목록 화면 보기	GET	/todos
2	상세 화면 보기	GET	/todos/{id}
3	등록 화면 보기	GET	/todos/form
4	등록 처리	POST	/todos/save
5	업데이트 화면 보기	GET	/todos/edit/{id}
6	업데이트 처리	POST	/todos/update
7	삭제 처리	POST	/todos/delete/{id}

테이블

ToDo 앱에서 사용하는 테이블 구성은 다음과 같습니다(표 10.3). 이번에는 데이터베이스에 1-3절 '개발 환경 준비(PostgreSQL)'에서 설치한 PostgreSQL을 사용합니다.

표 10.3 todos 테이블

테이블명: todos

칼럼	타입	제약조건	비고
id (할일의 ID)	serial	PK	SERIAL 타입을 사용하면 새로운 레코드가 추가될 때마다 해당 칼럼의 값이 자동으로 1씩 증가합니다. PK입니다.
todo (할일)	varchar(255)	NOT NULL	최대 255자까지 가변 길이의 문자열을 저장합니다. 제약조건으로 인해 NULL을 허용하지 않습니다.
detail (상세 정보)	text		길이 제한이 없는 문자열을 저장합니다.
created_at (작성 일자)	timestamp without time zone		레코드가 생성된 날짜와 시간을 기록합니다. 일반적으로 이 필드는 레코드 생성 시 자동으로 설정되며, 이후 변경하지 않습니다.
updated_at (업데이트 일자)	timestamp without time zone		레코드가 업데이트된 날짜와 시간을 기록합니다. 레코드가 업데이트될 때마다 값을 업데이트합니다.

화면 전환 흐름

그림 10.1은 생성할 화면의 전환 흐름을 나타냅니다.

- '목록 화면'에서 '등록 화면'을 표시합니다. 할일을 등록한 후 '목록 화면'을 표시합니다.

- '목록 화면'에서 '상세 화면'을 표시합니다.

- '상세 화면'에서 PK인 ID를 이용해 대상 ToDo 데이터를 가져와 '업데이트 화면'을 표시합니다. 할일을 업데이트한 후 '목록 화면'을 표시합니다.

- '상세 화면'에서 할일을 삭제하고, PK인 ID를 이용해 대상 ToDo 데이터를 삭제합니다. 실행 후 '목록 화면'이 표시됩니다.

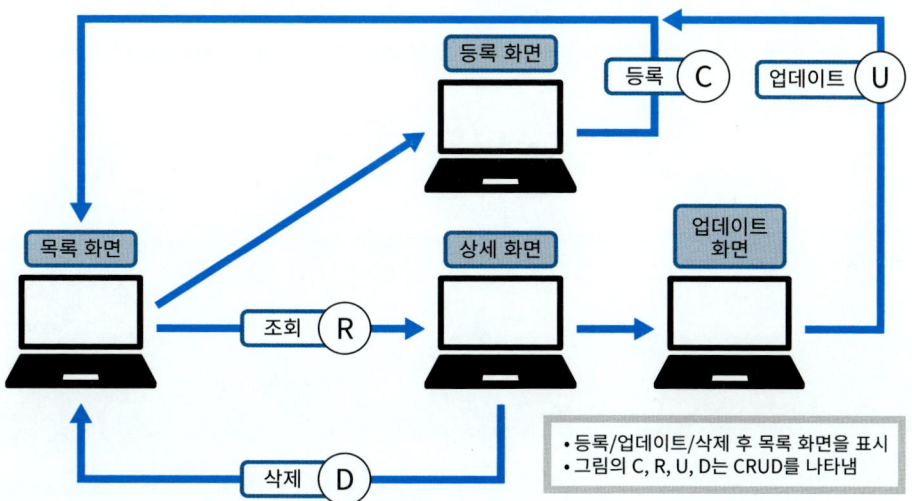

그림 10.1 화면 전환

10-1-3 제작 절차

ToDo 앱의 제작 절차는 다음과 같습니다.

1. 이번 애플리케이션에서는 H2 데이터베이스가 아닌 개발 환경 구축에서 설치한 PostgreSQL을 이용해 PostgreSQL에 DB와 테이블을 생성합니다.

2. 스프링 이니셜라이저를 이용해 스프링 프로젝트를 생성한 후 IDE에 프로젝트를 가져옵니다(스프링 이니셜라이저에 대해서는 뒤에서 설명합니다).

3. `application.properties`에 DB 접속 정보, MyBatis가 실행하는 SQL 로그 표시 등을 설정하고, `schema.sql`과 `data.sql`을 준비합니다.

4. 패키지를 구성하고 각 클래스를 생성합니다. 생성 순서로 이번에는 이해하기 쉽도록 사용되는 클래스(호출되는 클래스)부터 생성하겠습니다.

5. 컴포넌트는 엔티티 → 리포지터리 → 서비스 → 컨트롤러 → 뷰의 순서로 생성합니다(각 컴포넌트 및 계층에 대해서는 뒤에서 설명합니다).

6. 마지막으로 애플리케이션의 동작을 확인합니다.

이제 ToDo 앱을 직접 만들 수 있을 정도로 감이 잡혔나요?

애플리케이션을 제작할 때 주의할 점은 한 번에 모든 것을 만들려고 하지 말라는 것입니다. 먼저 정상 처리 흐름을 만든 후, 입력 체크, 예외 처리 등 부수적인 처리 흐름을 만들어나가야 합니다. 그럼 바로 애플리케이션을 만들어 봅시다.

ToDo 앱 만들기 준비하기

SECTION 10-2

이번에 만들 ToDo 앱의 개요를 정리했으니, 이제 데이터베이스와 프로젝트를 만들어 보겠습니다. 또한 프로그램을 작성할 때 반드시 알아야 할 계층화에 대해서도 설명합니다.

10-2-1 데이터베이스 생성

1-3절 '개발 환경 준비(PostgreSQL)'에서 설치한 데이터베이스에서 이번 웹 애플리케이션에서 사용할 DB와 사용자를 생성합니다.

01 pgadmin 실행

윈도우 화면 왼쪽 하단의 검색창에서 'pgadmin[17]'을 입력하고(그림 10.2), 코끼리 아이콘(그림 10.3)을 클릭해 pgadmin을 실행합니다(그림 10.4).

그림 10.2 pgadmin 실행 1

그림 10.3 pgadmin 실행 2

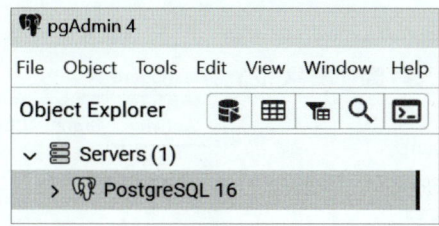

그림 10.4 pgadmin 실행 3

---

[17] pgadmin은 PostgreSQL을 조작하기 위한 GUI 관리 도구입니다.

표시된 화면에서 PostgreSQL 16 아이콘을 더블클릭하면 비밀번호를 요구합니다(그림 10.5). 설치 시 설정한 비밀번호를 입력하고 'Save Password'에 체크한 후 [OK] 버튼을 클릭합니다. 이 책에서는 비밀번호를 'postgres'로 설정했습니다.

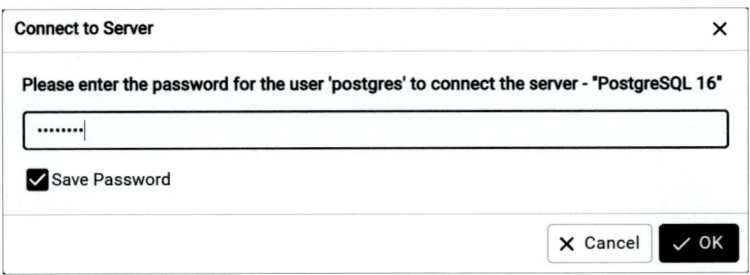

그림 10.5 비밀번호 입력

인증이 완료되면 PostgreSQL 16에 들어갑니다. 표시된 [Databases] → [postgres]는 설치 시 기본적으로 생성되는 DB입니다(그림 10.6).

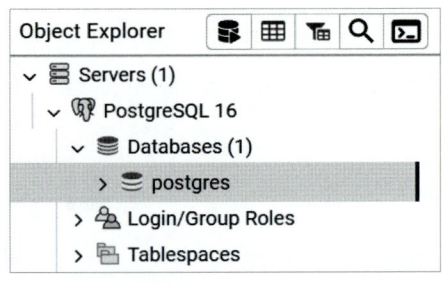

그림 10.6 postgres

02 사용자(역할) 생성

왼쪽의 트리뷰에서 [Login/Group Roles]를 선택하고 마우스 오른쪽 버튼을 눌러 [Create] → [Login/Group Role]을 클릭합니다(그림 10.7).

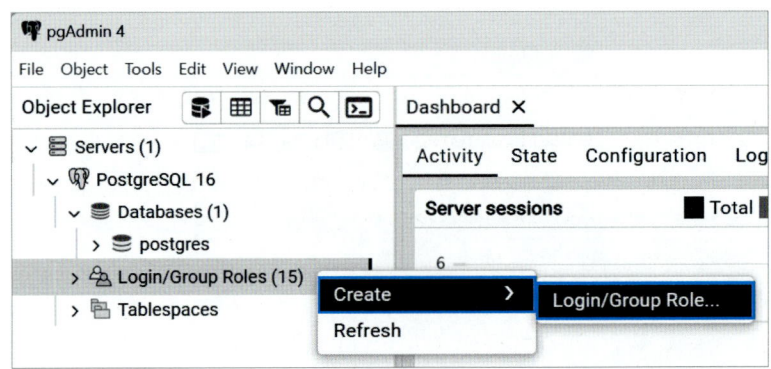

그림 10.7 사용자 생성 1

[General] 탭의 [Name] 항목에 'springuser'라는 사용자명을 입력합니다(그림 10.8). 탭을 전환하면서 필요한 설정을 합니다.

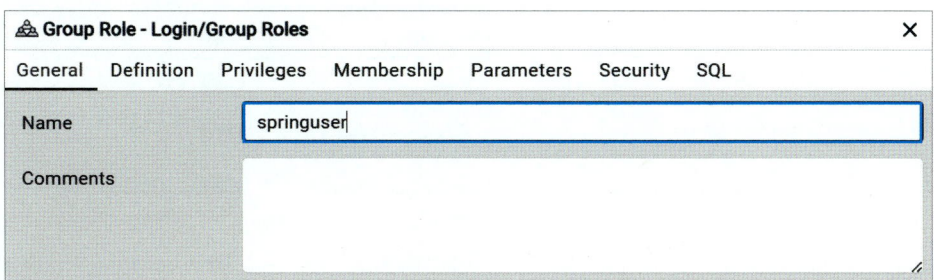

그림 10.8 이름

[Definition] 탭의 [Password] 항목에 임의의 비밀번호를 입력합니다. 이 책에서는 비밀번호로 'p@ss'를 사용하겠습니다(그림 10.9).

그림 10.9 Definition 탭

[Definition] 탭의 항목 설명은 표 10.4와 같습니다.

표 10.4 Definition 탭

항목	설명
Password	데이터베이스에 로그인할 때 사용할 비밀번호를 설정합니다.
Account expires	이 항목은 역할(사용자 또는 그룹)이 데이터베이스에 접근할 수 있는 기한을 설정하기 위한 항목입니다. 설정한 날짜가 되면 해당 역할은 데이터베이스에 로그인할 수 없게 됩니다. 기한을 설정하지 않으려면 필드를 비워둡니다.
Connection limit	이 항목은 특정 사용자가 동시에 설정할 수 있는 최대 데이터베이스 연결 수를 설정합니다. 숫자를 5로 설정하면 사용자는 동시에 최대 5개의 연결을 설정할 수 있습니다. 무제한으로 설정하려면 이 필드에 -1을 설정합니다.

[Privileges] 탭에서 [Can login] 항목과 [Superuser] 항목을 ON으로 설정하고 그림 10.10과 같이 설정합니다.

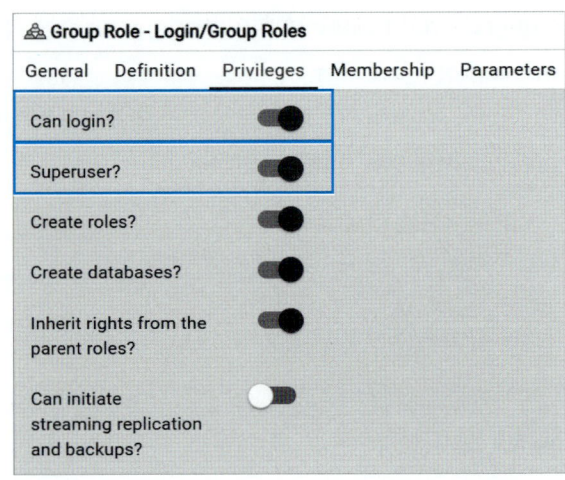

그림 10.10 Privileges 탭

[Privileges] 탭의 항목에 대한 설명은 표 10.5와 같습니다.

표 10.5 Privileges 태그

항목	설명
Can login?	이 옵션을 활성화하면 이 사용자는 PostgreSQL 데이터베이스에 로그인할 수 있습니다.
Superuser?	슈퍼 유저는 모든 데이터베이스와 사용자에 대한 모든 권한을 가집니다. 일반적으로 관리자만이 이 권한을 가져야 합니다.
Create roles?	이 옵션이 활성화된 경우 사용자는 새로운 역할(사용자)을 생성할 수 있습니다.
Create databases?	이 옵션이 활성화된 경우 사용자는 새 데이터베이스를 생성할 수 있습니다.
Inherit rights from the parent roles?	이 옵션이 활성화된 경우 사용자는 부모 역할로부터 권한을 상속받습니다.
Can initiate streaming replication and backups?	이 옵션이 활성화된 경우 사용자는 스트리밍 복제 및 백업을 시작할 수 있습니다.
Bypass RLS?	이 옵션이 활성화된 경우 RLS(Row-Level Security)가 적용되지 않습니다.

설정이 완료됐으므로 화면 오른쪽 하단의 [Save] 버튼을 클릭해 사용자를 생성합니다(그림 10.11).

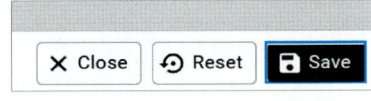

그림 10.11 사용자 생성

[Login/Group Roles]에 'springuser'가 생성된 것을 확인할 수 있습니다(그림 10.12).

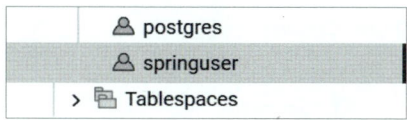

그림 10.12 사용자 생성 완료

03 DB 생성

왼쪽 트리뷰에서 [Databases]를 선택하고 마우스 오른쪽 버튼을 눌러 [Create] → [Database]를 클릭합니다(그림 10.13).

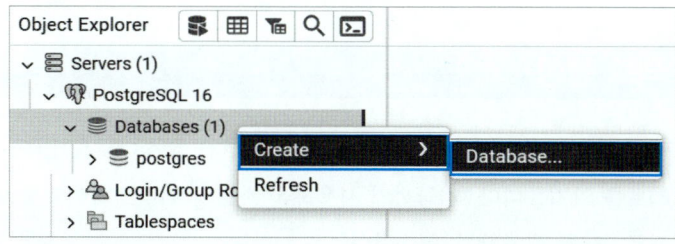

그림 10.13 데이터베이스 생성

[General] 탭에서 [Database] 항목에 'springdb', Owner 항목에 'springuser'를 설정하고, 화면 오른쪽 하단의 [Save] 버튼을 클릭합니다(그림 10.14).

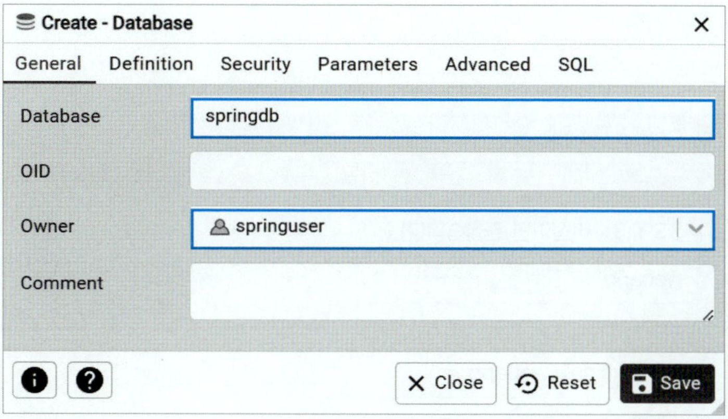

그림 10.14 데이터베이스 생성 2

[Databases] 안에 'springdb'가 생성된 것을 확인할 수 있습니다(그림 10.15).

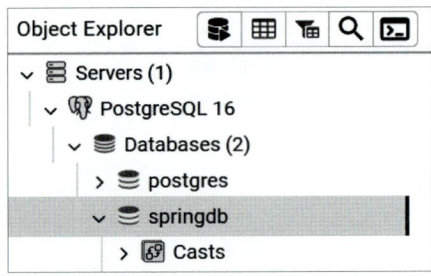

그림 10.15 데이터베이스 생성 완료

ToDo 앱에 사용할 springdb 데이터베이스를 만들었으니, 이제 프로젝트를 만들어 봅시다.

10-2-2 프로젝트 생성

스프링 이니셜라이저를 이용해 스프링 프로젝트를 생성합니다. 생성 후 IDE(이 책에서는 IntelliJ IDEA)에 해당 프로젝트를 가져옵니다. 지금까지 사용해온 스프링 이니셜라이저를 이용하면 IDE에 구애받지 않고 스프링 프로젝트를 생성할 수 있습니다.

☐ 프로젝트 생성

스프링 이니셜라이저에서 프로젝트를 생성해서 진행하겠습니다. 웹 브라우저로 `https://start.spring.io/`에 접속한 후 다음 내용을 참조해서 설정합니다.

설정 내용

Project	Gradle - Groovy
Language	Java
Spring Boot	3.3.3 (3.x 버전이면 괜찮습니다)
Artifact	webapp
Name	webapp
Package name	com.example.webapp
Packaging	Java
Java	21

※ 기타 항목은 기본 설정을 그대로 유지합니다.

추가 의존성으로 Spring Boot DevTools, Lombok, Spring Web, MyBatis Framework, Thymeleaf, PostgreSQL Driver를 추가하고 하단의 [GENERATE] 버튼을 클릭해 프로젝트를 생성합니다. 생성한 프로젝트 파일을 이전과 마찬가지로 C:\spring-project\ 폴더에서 압축을 풀고 IntelliJ IDEA에서 불러옵니다(그림 10.16).

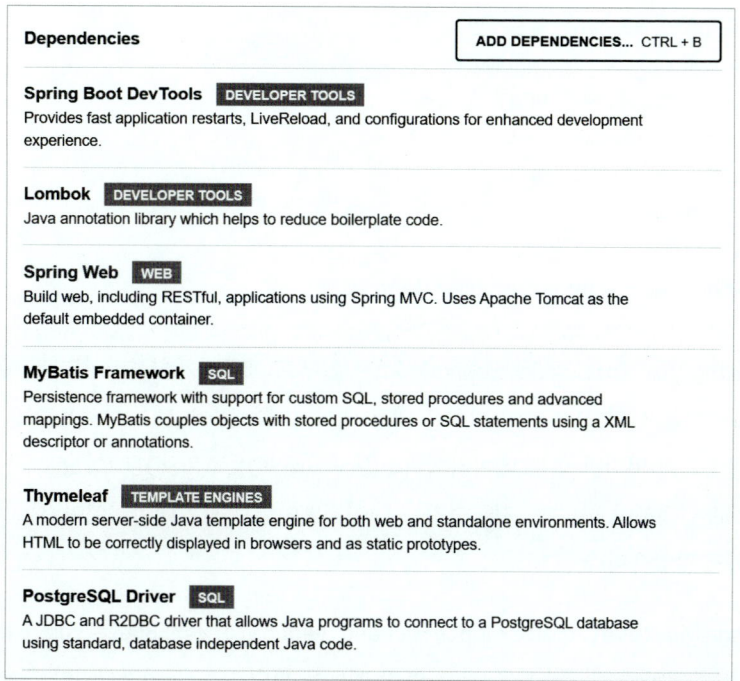

그림 10.16 추가 의존성

이번에 처음 사용하는 PostgreSQL Driver는 애플리케이션과 PostgreSQL 데이터베이스를 연결하는 가교 역할을 하는 도구입니다.

10-2-3 application.properties 설정

프로젝트 내에 있는 application.properties에 DB 접속 정보, MyBatis 로그 표시 등을 설정하고, schema.sql과 data.sql을 준비해서 DB에 대한 테이블을 생성하고 더미 데이터 등록을 수행합니다.

☐ application.properties에 대한 설명

src/main/resources 폴더의 application.properties에 예제 10.1의 내용을 작성합니다.

예제 10.1 application.properties

```
001: # 데이터소스
002: # Postgres 드라이버 설정
003: spring.datasource.driver-class-name=org.postgresql.Driver
004: # 데이터베이스 접속 URL 설정
005: spring.datasource.url=jdbc:postgresql://localhost:5432/springdb
006: # 데이터베이스 접속을 위한 사용자명 설정
007: spring.datasource.username=springuser
008: # 데이터베이스 접속을 위한 비밀번호 설정
009: spring.datasource.password=p@ss
010: # SQL 스크립트 초기화 모드 설정
011: spring.sql.init.mode=always
012: # 로그 표시 설정
013: logging.level.com.example.webapp.repository=DEBUG
```

11번째 줄의 `spring.sql.init.mode=always`는 스프링 부트 애플리케이션이 시작될 때마다 SQL 스크립트를 실행하도록 하는 설정입니다. 이 설정은 내장 데이터베이스(예: H2, HSQLDB, Derby 등)에서는 기본적으로 활성화돼 있지만 외부 데이터베이스(PostgreSQL, MySQL, Oracle 등)를 사용하는 경우에는 명시적으로 설정해야 합니다. 지금까지는 데이터베이스로 H2 데이터베이스를 사용했기 때문에 이 설명이 필요하지 않았습니다.

13번째 줄의 `logging.level.com.example.webapp.repository=DEBUG`는 `com.example.webapp.repository` 패키지 내의 클래스에 대한 로그 출력 레벨을 DEBUG로 설정합니다. MyBatis를 사용하는 경우 `logging.level`을 DEBUG로 설정하면 실행되는 SQL 쿼리, 파라미터 등 자세한 정보가 로그에 출력됩니다. `logging.level` 뒤에 있는 `com.example.webapp.repository`는 애플리케이션 내의 특정 패키지를 가리키며, 이 패키지에 속한 클래스의 로그 출력을 제어합니다.

로그 레벨은 `DEBUG`, `INFO`, `WARN`, `ERROR` 등이 있으며, 각각 다른 상세 수준의 로그 정보를 제공합니다.

이번에 설정하는 DEBUG 레벨은 개발 중 자세한 정보를 얻는 데 사용되며, 애플리케이션의 동작을 세밀하게 추적하는 데 도움이 됩니다.

▢ schema.sql 만들기

`src/main/resources` 폴더를 선택하고 마우스 오른쪽 버튼을 클릭한 후 [새로 만들기] → [파일]을 선택합니다. 파일명을 'schema.sql'로 지정해서 파일을 생성하고 예제 10.2의 내용을 작성합니다.

예제 10.2 schema.sql

```
001:    -- 테이블이 존재하면 삭제
002:    DROP TABLE IF EXISTS todos;
003:
004:    -- 테이블 만들기
005:    CREATE TABLE todos (
006:        -- id(할일 ID): 기본키
007:        ID serial PRIMARY KEY,
008:        -- todo(할일): NULL 허용하지 않음
009:        todo varchar(255) NOT NULL,
010:        -- detail(설명)
011:        detail text,
012:        -- created_at(작성 일자)
013:        created_at timestamp without time zone,
014:        -- updated_at(업데이트 일자)
015:        updated_at timestamp without time zone
016:    );
```

2번째 줄의 DROP TABLE IF EXISTS는 지정한 테이블이 이미 데이터베이스에 존재할 경우 해당 테이블을 삭제하는 SQL 명령어입니다. 애플리케이션을 실행할 때마다 테이블을 삭제하고 재생성한 후 더미 데이터를 등록하는 방식으로 이번 애플리케이션을 만들려고 하기 때문에 이렇게 작성했습니다.

data.sql 생성

src/main/resources 폴더를 선택하고 마우스 오른쪽 버튼을 클릭한 후 [새로 만들기] → [파일]을 선택합니다. 파일명을 'data.sql'로 지정해서 파일을 생성하고 예제 10.3의 내용을 작성합니다.

예제 10.3 data.sql

```
001:    -- 첫 번째 데이터 등록
002:    INSERT INTO todos (todo, detail, created_at, updated_at)
003:    VALUES
004:    ('쇼핑', '마트에서 식재료 구입하기', CURRENT_TIMESTAMP, CURRENT_TIMESTAMP);
005:    -- 두 번째 데이터 등록
006:    INSERT INTO todos (todo, detail, created_at, updated_at)
007:    VALUES
008:    ('도서관에 가기', '책 빌리기', CURRENT_TIMESTAMP, CURRENT_TIMESTAMP);
009:    -- 세 번째 데이터 등록
010:    INSERT INTO todos (todo, detail, created_at, updated_at)
```

```
011:    VALUES
012:    ('헬스장 가기', '운동하기', CURRENT_TIMESTAMP, CURRENT_TIMESTAMP);
```

schema.sql에서 생성한 테이블에 더미 데이터를 등록하는 INSERT 문을 작성했습니다.

10-2-4 계층화

☐ 계층

3-2-2절 '5가지 규칙'에서 애플리케이션을 만들 때 계층으로 구분하는 것이 좋다고 설명했습니다. 이번에 만들 웹 애플리케이션은 다음과 같이 3개의 계층으로 나누어 개발합니다.

- 애플리케이션 계층
- 도메인 계층
- 인프라 계층

애플리케이션 계층, 도메인 계층, 인프라 계층은 에릭 에반스(Eric Evans)의 '도메인 주도 설계(Domain Driven Design)', 줄여서 'DDD'에서 설명하는 용어입니다. 이 책에서도 이 용어를 사용하고 있지만 DDD의 개념을 그대로 따르는 것은 아닙니다. 5-1절 'MVC 모델 알아보기'에서 설명한 MVC 모델은 업무 기능이나 다루는 데이터 요구사항이 복잡해질수록 업무 처리 내용을 기술하는 모델(Model: M)이 담당하는 부분이 많아져 모델의 비대화라는 문제가 발생하게 됩니다. MVC 모델의 설계상 모델이 담당하는 역할 자체를 줄일 수 없기 때문에 모델 내의 역할 분담을 좀 더 명확하게 하고, 애플리케이션의 계층 구조를 적용해 비대해지는 모델을 분할하려는 것이 계층화의 개념입니다.

각 계층에는 그림 10.17과 같은 컴포넌트(부품)가 포함돼 있습니다.

계층에 대해 표 10.6에 정리했습니다. 표현이 조금 어렵게 느껴진다면 3장 '스프링 프레임워크의 핵심 기능(DI) 알아보기'의 표 3.1을 참고한 후 다시 한번 보면 이해하기가 더 쉬울 것입니다.

표 10.6 계층 설명

계층	역할
애플리케이션 계층	클라이언트로부터 받은 요청을 제어하고 도메인 계층을 사용해 애플리케이션을 제어합니다.
도메인 계층	도메인 객체에 대한 애플리케이션의 업무 처리를 수행합니다.
인프라 계층	도메인 객체에 대한 CRUD 조작을 수행해 데이터 영속화(데이터 저장)를 담당합니다.

계층화의 엄격한 규칙으로 애플리케이션 계층과 인프라 계층은 도메인 계층에 의존하지만 도메인 계층은 다른 계층에 의존해서는 안 된다는 규칙이 있습니다.

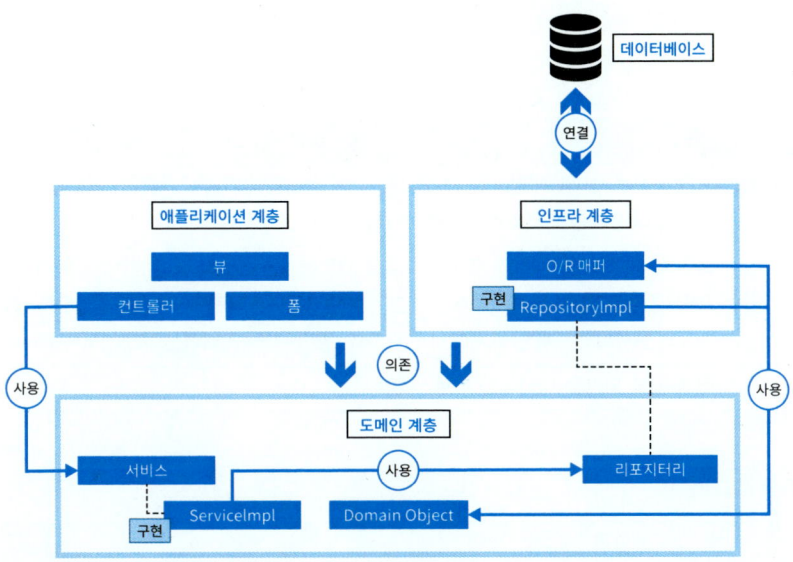

그림 10.17 계층

의존성이란 쉽게 말해 임포트(import)해서 사용하는 것을 말합니다. 즉, 도메인 계층의 변경으로 애플리케이션 계층의 변경이 발생하는 것은 허용되지만, 애플리케이션 계층의 변경으로 도메인 계층의 변경이 발생하는 것은 허용되지 않습니다. 쉽게 말해, 도메인 계층은 애플리케이션 계층이나 인프라 계층의 컴포넌트를 임포트해서 사용하지 않기 때문에 애플리케이션 계층이나 인프라 계층의 변경에 영향을 받지 않는다는 것입니다(그림 10.18).

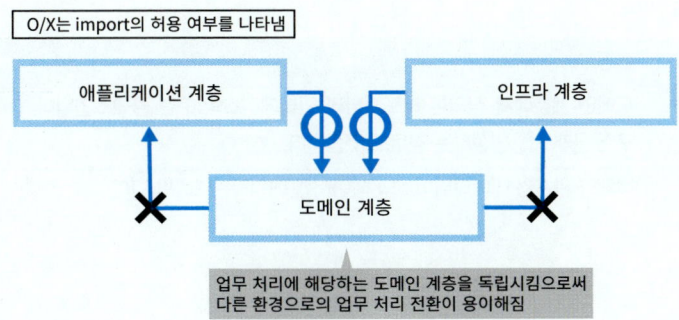

그림 10.18 도메인 계층

계층별 구성요소 설명

애플리케이션 계층, 도메인 계층, 인프라 계층별 컴포넌트에 대한 설명은 표 10.8 ~ 표 10.10에 나와 있습니다.

표 10.7 애플리케이션 계층 컴포넌트

컴포넌트	설명
컨트롤러(Controller)	요청을 프로세스에 매핑하고, 그 결과를 뷰에 전달합니다. 주요 처리는 컨트롤러 내에서 수행하지 않고 도메인 계층의 서비스를 호출합니다.
폼(Form)	화면의 폼을 표현합니다. 화면의 입력값을 컨트롤러에 전달하거나, 컨트롤러에서 화면에 결과를 출력할 때 등에 사용됩니다. 도메인 계층이 애플리케이션 계층에 의존하지 않도록 폼에서 도메인 객체로의 변환이나 도메인 객체에서 폼으로의 변환은 애플리케이션 계층에서 수행해야 합니다.
뷰(View)	쉽게 말해 '외관'을 나타내는 부분입니다.

표 10.8 도메인 계층의 컴포넌트

컴포넌트	설명
도메인 객체(Domain Object)	업무 처리를 수행하는 데 필요한 개념이나 규칙을 표현하는 넓은 개념의 컴포넌트입니다(이 책에서는 엔티티가 도메인 객체에 해당합니다).
서비스(Service)	서비스는 인터페이스입니다. 업무 처리의 정의만 기술합니다(구현 내용은 기술하지 않습니다).
ServiceImpl	서비스 인터페이스의 구현 클래스입니다. 애플리케이션의 업무 처리 자체를 나타냅니다.
리포지터리(Repository)	리포지터리는 인터페이스입니다. 데이터베이스에 대한 데이터 조작이나 CRUD 처리 등을 정의합니다(구현 내용은 기술하지 않습니다).

표 10.9 인프라 계층의 컴포넌트

컴포넌트	설명
RepositoryImpl	도메인 계층에서 정의한 리포지터리 인터페이스의 구현 클래스입니다. O/R 매퍼가 리포지터리 구현 클래스를 생성하는 경우도 있습니다.
O/R 매퍼	객체와 관계형 데이터베이스의 데이터를 매핑하는 도구입니다.

테이블과 데이터 만들기

SECTION 10-3

앞에서 생성한 application.properties, schema.sql, data.sql을 이용해 Postgre SQL에 테이블과 더미 데이터가 등록되는 것을 확인하겠습니다. PostgreSQL의 관리 도구인 pgadmin의 사용법에 대해서도 설명합니다.

10-3-1 애플리케이션 실행

webapp 프로젝트의 com.example.webapp 패키지에 있는 WebappApplication 클래스를 선택하고 마우스 오른쪽 버튼을 클릭한 후 ['WebappApplication.main()' 실행]을 선택합니다.

스프링 부트 프로젝트에서는 시작 시 application.properties 파일에 작성된 설정 내용을 참조합니다. 설정 내용을 통해 대상 데이터베이스를 알 수 있습니다. 이후 대상 데이터베이스에 대해 순차적으로 src/main/resources 폴더 아래에 있는 schema.sql로부터 테이블이 생성되고, data.sql로부터 데이터가 등록됩니다(그림 10.19).

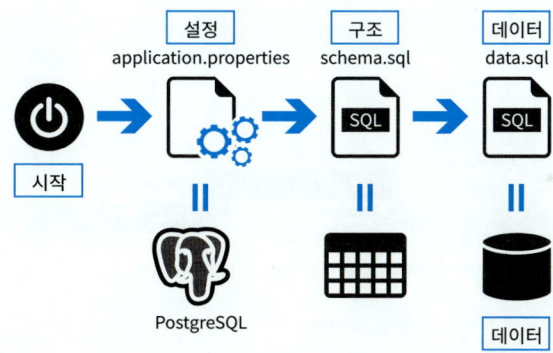

그림 10.19 구동 시 동작 흐름

10-3-2 테이블 확인

pgadmin을 실행해 DB가 생성되고 대상 테이블에 테스트 데이터가 삽입된 것을 확인합니다. 윈도우 화면 왼쪽 하단의 검색창에서 'pgadmin'을 입력하고 코끼리 아이콘이 나타나면 이를 더블클릭해서 pgadmin을 실행합니다.

[Servers]를 클릭하고 비밀번호를 묻는 화면이 나타나면 설치 시 설정한 비밀번호를 입력합니다(이 책에서는 'postgres'라는 비밀번호로 설정했습니다).

[PostgreSQL 16] → [Databases] → [springdb]가 생성돼 있는지 확인합니다(그림 10.20).

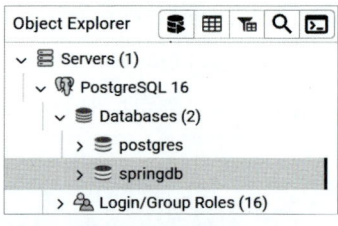

그림 10.20 대상 데이터베이스

[springdb] → [schemas] → [public] → [tables] → [todos]가 생성돼 있는지 확인합니다(그림 10.21).

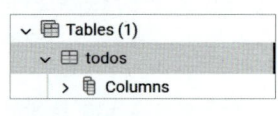

그림 10.21 테이블

10-3-3 데이터 확인

todos 테이블을 선택하고 마우스 오른쪽 버튼으로 클릭한 후 [Scripts] → [SELECT Script]를 클릭합니다(그림 10.22).

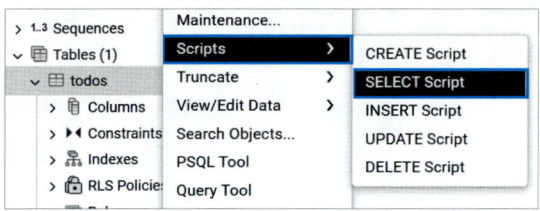

그림 10.22 SELECT Script

SQL을 작성할 수 있는 화면이 표시되고 앞에서 선택한 테이블에 대한 SELECT 문이 작성돼 있습니다(그림 10.23).

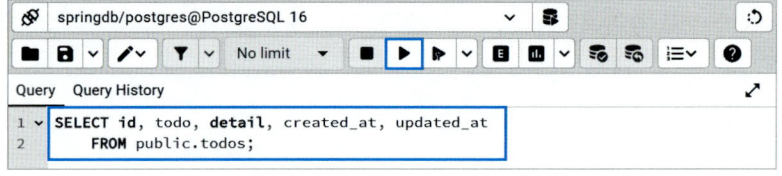

그림 10.23 Query Tool

[▶]을 클릭하면 선택한 테이블에 등록된 데이터를 확인할 수 있습니다(그림 10.24).

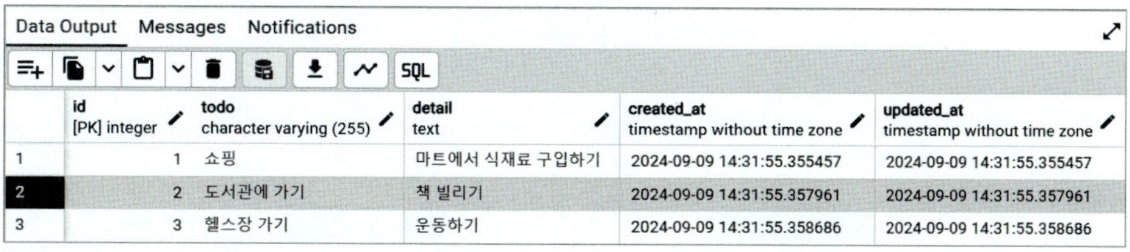

그림 10.24 등록 데이터

생성할 컴포넌트 목록

ToDo 앱에서 생성할 컴포넌트를 다음 표에 정리했습니다(표 10.10).

표 10.10 생성할 컴포넌트

No	계층	컴포넌트	컴포넌트명	비고
1	애플리케이션 계층	뷰	-	외관 및 화면을 나타냅니다.
2	애플리케이션 계층	컨트롤러	ToDoController	제어를 담당합니다.
3	애플리케이션 계층	폼	ToDoForm	화면의 형태를 표현합니다.
4	도메인 계층	서비스	ToDoService	인터페이스로 작성합니다.
5	도메인 계층	ServiceImpl	ToDoServiceImpl	서비스를 구현합니다.
6	도메인 계층	도메인 객체	ToDo	여기서는 엔티티와 동일합니다.
7	도메인 계층	리포지터리	ToDoMapper	인터페이스로 작성합니다(이번에는 MyBatis의 매퍼 파일을 사용하는 방식으로 생성하므로 이름은 'xxMapper'로 지정하겠습니다).
8	인프라 계층	RepositoryImpl	-	O/R 매퍼에 의해 자동 생성됩니다.
9	인프라 계층	O/R 매퍼	-	MyBatis

이렇게 해서 프로젝트 템플릿, 데이터베이스, 테이블, 더미 데이터를 생성했으므로 애플리케이션 개발 준비가 완료됐습니다. 다음 장부터 단계별로 ToDo 앱을 만들어 봅시다.

현재 진행 상황은 그림 10.25와 같습니다.

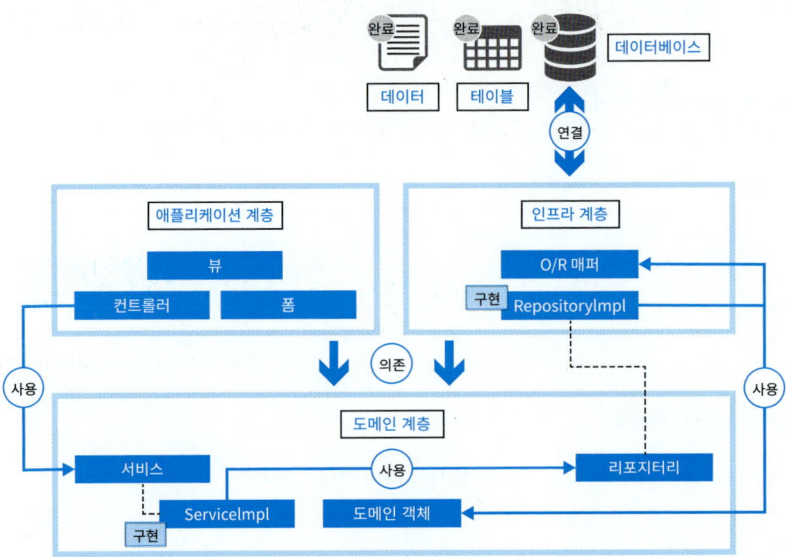

그림 10.25 지금까지의 진행 상황

11장

앱 만들기
(데이터베이스 조작)

11-1 도메인 객체와 리포지터리 만들기

11-2 SQL 생각해보기

11-3 매퍼 파일 만들기

SECTION 11-1 도메인 객체와 리포지터리 만들기

현재로서는 데이터베이스의 테이블 구조만 알고 있는 상태입니다. 여러 가지 생성 방법이 있지만 초보자에게 추천하는 생성 방법은 사용되는 쪽의 클래스에서 생성하는 방법입니다.

11-1-1 이번에 만드는 컴포넌트

표 11.1은 ToDo 앱에서 생성하는 컴포넌트의 생성 현황을 보여줍니다. 표 11.1에서 No.6~No.9가 이번에 생성할 부분입니다.

표 11.1 생성 예정 컴포넌트

No	계층	컴포넌트	컴포넌트명	비고
1	애플리케이션 계층	뷰	-	외관 및 화면입니다.
2	애플리케이션 계층	컨트롤러	ToDoController	제어를 담당합니다.
3	애플리케이션 계층	폼	ToDoForm	화면 형태를 표현합니다.
4	도메인 계층	서비스	ToDoService	인터페이스로 생성합니다.
5	도메인 계층	ServiceImpl	ToDoServiceImpl	서비스를 구현합니다.
6	도메인 계층	도메인 객체	ToDo	여기서는 엔티티와 동일합니다.
7	도메인 계층	리포지터리	ToDoMapper	인터페이스로 생성합니다(이번에는 MyBatis의 매퍼 파일을 사용하는 방식으로 생성하므로 이름은 'xxMapper'로 하겠습니다).
8	인프라 계층	RepositoryImpl	-	O/R 매퍼에 의해 자동 생성됩니다.
9	인프라 계층	O/R 매퍼	-	MyBatis

11-1-2 도메인 객체: 엔티티 생성하기

테이블 구조를 확인했으므로 먼저 도메인 계층의 컴포넌트인 도메인 객체를 생성합니다. 도메인 객체는 업무 처리를 수행하는 데 필요한 개념이나 규칙을 표현하는 넓은 개념이며, 그중 식별자가 동일하면 동일하다고 간주하는 컴포넌트를 '엔티티(Entity)'라고 합니다. 우선 todos(할일) 테이블의 1번 레코드에 해당하는 엔티티를 생성해 봅시다.

webapp의 `src/main/java` 폴더에서 다음과 같은 패키지와 클래스를 차례로 생성합니다.

생성 내용

패키지	com.example.webapp.entity
클래스	ToDo

ToDo 클래스의 내용은 예제 11.1과 같습니다.

예제 11.1 ToDo

```
001:  package com.example.webapp.entity;
002:
003:  import java.time.LocalDateTime;
004:
005:  import lombok.AllArgsConstructor;
006:  import lombok.Data;
007:  import lombok.NoArgsConstructor;
008:
009:  /**
010:   * 할일: 엔티티
011:   */
012:  @Data
013:  @NoArgsConstructor
014:  @AllArgsConstructor
015:  public class ToDo {
016:      /** 할일 ID */
017:      private Integer id;
018:      /** 할일 */
019:      private String todo;
020:      /** 할일 상세 보기 */
021:      private String detail;
022:      /** 작성 일자 */
023:      private LocalDateTime createdAt;
024:      /** 업데이트 일자 */
025:      private LocalDateTime updatedAt;
026:  }
```

ToDo 클래스는 schema.sql에서 작성한 todos 테이블의 칼럼에 해당하는 필드를 가진 엔티티입니다. 쉽게 말해, todos 테이블의 한 로우에 해당하는 클래스입니다.

이번에 만들 애플리케이션에서는 O/R 매퍼인 MyBatis를 사용합니다. MyBatis는 결과 데이터를 자바 객체에 매핑할 때 해당 객체의 기본 생성자(인수가 없는 생성자)를 사용합니다. 따라서 결과 데이터를 저장하기 위한 자바 객체(Entity)는 기본 생성자를 가져야 합니다.

12번째 줄의 `@Data`를 클래스에 부여하면 해당 클래스에 대해 게터/세터 등 유용한 메서드를 자동으로 생성합니다.

13번째 줄 `@NoArgsConstructor`를 클래스에 부여해서 기본 생성자를 자동으로 생성합니다.

14번째 줄 `@AllArgsConstructor`를 클래스에 부여하면 클래스의 모든 필드를 인수로 받는 생성자를 자동으로 생성합니다.

위의 세 가지 애너테이션은 롬복의 애너테이션입니다.

11-1-3 리포지터리 생성

리포지터리는 인터페이스로 생성합니다. 여기에 todos 테이블의 데이터 조작 메서드를 작성합니다(구현 내용은 작성하지 않음). 그럼 todos 테이블을 위한 리포지터리를 생성하겠습니다. webapp의 src/main/java 폴더에서 다음과 같은 패키지와 인터페이스를 차례로 생성합니다.

생성 내용

패키지	com.example.webapp.repository
클래스	ToDoMapper

ToDoMapper 인터페이스의 내용은 예제 11.2와 같습니다.

예제 11.2 ToDoMapper

```
001: package com.example.webapp.repository;
002:
003: import java.util.List;
004:
005: import org.apache.ibatis.annotations.Mapper;
006: import org.apache.ibatis.annotations.Param;
007:
008: import com.example.webapp.entity.ToDo;
009:
```

```java
010:    /**
011:     * ToDo: 리포지터리
012:     */
013:    @Mapper
014:    public interface ToDoMapper {
015:
016:        /**
017:         * 모든 '할일'을 가져옵니다.
018:         */
019:        List<ToDo> selectAll();
020:
021:        /**
022:         * 지정된 ID에 해당하는 '할일'을 가져옵니다.
023:         */
024:        ToDo selectById(@Param("id") Integer id);
025:
026:        /**
027:         * '할일'을 등록합니다.
028:         */
029:        void insert(ToDo toDo);
030:
031:        /**
032:         * '할일'을 업데이트합니다.
033:         */
034:        void update(ToDo toDo);
035:
036:        /**
037:         * 지정된 ID의 '할일'을 삭제합니다.
038:         */
039:        void delete(@Param("id") Integer id);
040:    }
```

이번에는 O/R 매퍼에 MyBatis를 사용하기 위해 13번째 줄에서 `@Mapper`를 인터페이스에 부여합니다. `@Mapper`는 인터페이스가 MyBatis의 매퍼임을 나타냅니다.

매퍼는 자바의 객체와 데이터베이스의 테이블 간의 매핑을 정의하는 것입니다.

24, 39번째 줄의 `@Param`은 메서드의 인수에 이름을 붙여 나중에 생성하는 매퍼 파일 내 SQL의 플레이스홀더와 연관시킬 수 있습니다. MyBatis에서는 메서드의 인수가 1개인 경우 `@Param`을 생략할 수 있지만 명시적인 이름을 부여해서 가독성을 높이고 싶거나 향후 메서드가 여러 개의 인수를 가질 가능성이 있는 경우에는 `@Param`을 사용합니다.

SECTION 11-2 SQL 생각해보기

여기서는 ToDo 앱의 기능인 목록 보기, 상세 보기, 등록, 업데이트, 삭제에 사용할 SQL을 작성해 보겠습니다.

11-2-1 SQL 작성

Repository 인터페이스에 대응하는 매퍼 파일을 생성하기 전에 pgadmin을 사용해 생성할 SQL의 동작을 확인해 보겠습니다.

프로그램을 만들 때 단계별 접근 방식의 장점은 다음과 같습니다.

- **이해하기 쉬움**
  작은 단계별로 진행하면 각 단계마다 무슨 일이 일어나고 있는지 쉽게 이해할 수 있습니다.

- **오류 식별**
  작은 단계별로 코드를 작성하면 오류가 발생했을 때 오류가 발생한 위치를 쉽게 파악할 수 있습니다.

- **손쉬운 수정**
  작은 단계별로 진행하면 필요한 수정 사항도 작아질 수 있습니다.

- **복잡한 문제 분해**
  큰 문제를 작은 부분으로 나누어 생각하면 복잡한 문제도 쉽게 해결할 수 있습니다.

앞에서 생성한 DB에서 대상 테이블에 대해 SQL 문장을 실행해 봅시다.

pgadmin을 실행한 후 [Databases] → [springdb] → [Schemas] → [public] → [Tables] → [todos]를 차례로 선택하고, 헤더에 있는 [Tools] → [Query Tool]을 클릭합니다(그림 11.1).

표시된 Query Tool 화면에 예제 11.3을 작성합니다.

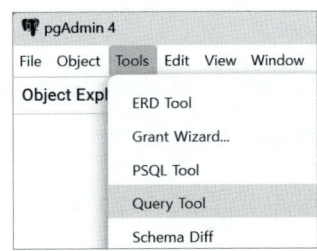

그림 11.1 Query Tool

예제 11.3 SQL 문

```sql
001: -- selectAll 메서드에서 사용
002: SELECT id, todo, detail, created_at, updated_at FROM todos;
003: -- selectById 메서드에서 사용
004: SELECT id, todo, detail, created_at, updated_at FROM todos WHERE id = 1;
005: -- insert 메서드에서 사용
006: INSERT INTO todos (todo, detail, created_at, updated_at)
007: VALUES
008: ('티켓 구매', '세종문화회관', CURRENT_TIMESTAMP, CURRENT_TIMESTAMP);
009: -- update 메서드에서 사용
010: UPDATE todos SET todo='쇼핑', detail='백화점에서 쇼핑하기',
011:   updated_at=CURRENT_TIMESTAMP WHERE id = 1;
012: -- delete 메서드에서 사용
013: DELETE FROM todos WHERE id = 4;
```

코드에서 색상으로 강조한 부분은 나중에 동적으로 값을 변경하는 부분입니다.

Query Tool 화면에서 실행하고자 하는 SQL 문을 마우스로 선택한 후, 헤더에 있는 [▶]을 클릭하면 SQL이 정상적으로 동작하는 것을 확인할 수 있습니다.

조금 더 자세히 확인 방법을 설명하면, 예를 들어 4번째 줄의 SELECT로 시작하는 SQL 문을 마우스로 선택한 상태로 만든 후(그림 11.2), 헤더에 있는 [▶]을 클릭하면 SQL 실행 결과가 화면 하단에 표시됩니다(그림 11.3).

그림 11.2 SQL 선택

id [PK] integer	todo character varying (255)	detail text	created_at timestamp without time zone	updated_at timestamp without time zone
1	쇼핑	마트에서 식재료 구입하기	2024-09-10 14:25:50.341391	2024-09-10 14:25:50.341391

그림 11.3 SQL 결과

2번째 줄(전체 검색), 4번째 줄(PK로 1건 검색), 6~8번째 줄(등록), 10~11번째 줄(업데이트), 13번째 줄(삭제)에 대해 위에서부터 순서대로 SQL 문을 선택한 후 [▶]을 클릭해 실행한 후 각 SQL에 문제가 없는지 확인합니다.

각 SQL 문이 정상적으로 동작하는 것을 확인할 수 있었습니다. 이제 이 SQL을 매퍼 파일에 작성해 보겠습니다. 데이터를 초기화하기 위해 webapp 프로젝트를 재시작해 봅시다.

매퍼 파일 만들기

SECTION 11-3

pgadmin에서 작성한 SQL이 정상적으로 동작하는 것을 확인했습니다. 매퍼 파일에 확인한 SQL을 작성한 후, 리포지터리 인터페이스의 메서드와 연결해서 MyBatis에 리포지터리 인터페이스의 구현 클래스를 생성합시다.

11-3-1 매퍼 파일 생성

webapp의 `src/main/resources` 폴더를 선택하고 마우스 오른쪽 버튼을 클릭한 후 [새로 만들기] → [경로]를 선택합니다. [새 디렉터리] 대화상자에서 'com/example/webapp/repository'를 입력해서 디렉터리를 생성합니다(그림 11.4).

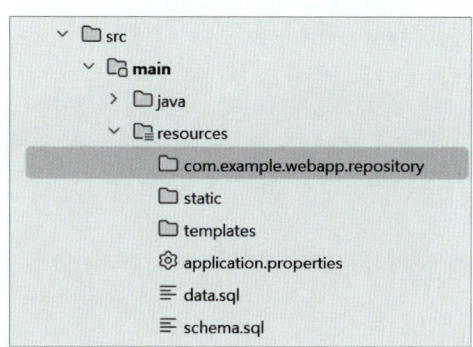

그림 11.4 디렉터리 만들기

다음으로 매퍼 파일을 생성합니다. 방금 생성한 폴더에서 마우스 오른쪽 버튼을 클릭한 후 [새로 만들기] → [파일]을 선택합니다. [새 파일] 대화상자에서 '<리포지터리인터페이스명>.xml'이라는 파일명(여기서는 `ToDoMapper.xml`)을 입력해 매퍼 파일을 생성합니다(그림 11.5).

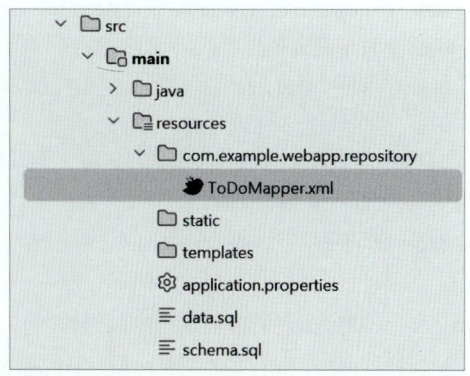

그림 11.5 매퍼 파일

ToDoMapper.xml 파일의 내용은 다음과 같습니다.

예제 11.4 매퍼 파일

```xml
001: <?xml version="1.0" encoding="UTF-8"?>
002: <!DOCTYPE mapper PUBLIC "-//mybatis.org//DTD Mapper 3.0//EN" "http://mybatis.org/dtd/mybatis-3-mapper.dtd">
003: <mapper namespace="com.example.webapp.repository.ToDoMapper">
004:   <!-- 전체 검색 -->
005:   <select id="selectAll" resultType="com.example.webapp.entity.ToDo">
006:     SELECT id, todo, detail, created_at as createdAt,
007:     updated_at as updatedAt FROM todos
008:   </select>
009:   <!-- 1건 검색 -->
010:   <select id="selectById" resultType="com.example.webapp.entity.ToDo">
011:     SELECT id, todo, detail, created_at as createdAt,
012:     updated_at as updatedAt FROM todos WHERE id = #{id}
013:   </select>
014:   <!-- 등록 -->
015:   <insert id="insert">
016:     INSERT INTO todos (todo, detail, created_at, updated_at)
017:     VALUES
018:     (#{todo}, #{detail}, CURRENT_TIMESTAMP, CURRENT_TIMESTAMP)
019:   </insert>
020:   <!-- 업데이트 -->
021:   <update id="update">
022:     UPDATE todos SET todo = #{todo}, detail = #{detail},
023:     updated_at = CURRENT_TIMESTAMP WHERE id = #{id}
024:   </update>
025:   <!-- 삭제 -->
026:   <delete id="delete">
027:     DELETE FROM todos WHERE id = #{id}
028:   </delete>
029: </mapper>
```

5번째, 10번째 줄의 resultType에는 todos 테이블에 해당하는 ToDo 엔티티 클래스를 FQCN으로 설정합니다. 이는 SQL 결과를 어떤 자바 클래스에 매핑할지를 지정하는 것으로, FQCN에서 지정한 resultType에서 지정한 클래스의 필드와 SQL 결과의 헤더명이 일치하면 결과 데이터를 필드에 바인딩합니다.

#{필드명}은 MyBatis의 플레이스홀더입니다. 앞서 pgadmin에서 실행한 SQL에서 동적으로 값을 수정하고 싶은 부분은 플레이스홀더로 변경합니다.

15, 21, 26번째 줄은 매퍼 인터페이스 메서드의 인수가 하나만 있는 경우 parameterType을 생략할 수 있기 때문에 생략했습니다.

MyBatis에 대한 자세한 내용은 9-1절 'MyBatis 알아보기'에서 설명하고 있습니다. 앞의 설명 내용이 잘 이해되지 않는 분들은 참고하기 바랍니다.

11-3-2 동작 확인

webapp의 src/main/java 폴더 아래에 있는 com.example.webapp 패키지, WebappApplication 클래스를 예제 11.5와 같이 수정합니다.

예제 11.5 WebappApplication

```
001: package com.example.webapp;
002:
003: import org.springframework.boot.SpringApplication;
004: import org.springframework.boot.autoconfigure.SpringBootApplication;
005:
006: import com.example.webapp.entity.ToDo;
007: import com.example.webapp.repository.ToDoMapper;
008:
009: import lombok.RequiredArgsConstructor;
010:
011: @SpringBootApplication
012: @RequiredArgsConstructor
013: public class WebappApplication {
014:
015:   public static void main(String[] args) {
016:     SpringApplication.run(WebappApplication.class, args)
017:         .getBean(WebappApplication.class).exe();
018:   }
019:
020:   /** DI */
021:   private final ToDoMapper mapper;
022:
```

```
023:    public void exe() {
024:        // ★ 전체 검색
025:        System.out.println("=== 전체 검색 ===");
026:        for (ToDo row : mapper.selectAll()) {
027:            System.out.println(row);
028:        }
029:        // ★ 1건 검색
030:        System.out.println("=== 1건 검색 ===");
031:        System.out.println(mapper.selectById(1));
032:        // ★ 등록
033:        // 등록 데이터 생성
034:        ToDo todo = new ToDo();
035:        todo.setTodo("리포지터리 테스트");
036:        todo.setDetail("DB에 등록");
037:        mapper.insert(todo);
038:        System.out.println("=== 등록 확인 ===");
039:        System.out.println(mapper.selectById(4));
040:        // ★ 업데이트
041:        ToDo target = mapper.selectById(4);
042:        target.setTodo("리포지터리 테스트: 업데이트");
043:        target.setDetail("DB에 업데이트");
044:        mapper.update(target);
045:        System.out.println("=== 업데이트 확인 ===");
046:        System.out.println(mapper.selectById(4));
047:        // ★ 삭제
048:        mapper.delete(4);
049:        System.out.println("=== 삭제 확인 ===");
050:        for (ToDo row : mapper.selectAll()) {
051:            System.out.println(row);
052:        }
053:    }
054: }
```

12번째 줄의 `@RequiredArgsConstructor`와 21번째 줄의 `private final ToDoMapper mapper;`에서 MyBatis가 구현해줄 클래스를 ToDoMapper 인터페이스에 주입하고 있습니다. 롬복 애너테이션인 `@RequiredArgsConstructor`는 final 한정자가 부여된 필드를 인수로 받는 생성자를 생성합니다. 스프링에서는 생성자가 하나인 경우 `@Autowired`를 생략할 수 있기 때문에 뒤에서 `@Autowired`를 생략하고 생성자 주입을 수행합니다.

17번째 줄의 `.getBean(WebappApplication.class).exe();`에서 23번째 줄의 `exe()` 메서드를 실행하고 있습니다.

`exe()` 메서드 내에서는 26번째 줄의 `mapper.selectAll()`에서 전체 검색, 31번째 줄의 `mapper.selectById(1)`에서 1건 검색(여기서는 ID가 1인 데이터를 검색), 37번째 줄의 `mapper.insert(todo);`에서 등록 처리(자동 채번이 발생해서 ID가 4인 데이터가 등록), 44번째 줄의 `mapper.update(target);`에서 업데이트 처리(여기서는 ID가 4인 데이터를 한 번 조회한 후 데이터를 업데이트), 48번째 줄의 `mapper.delete(4);`에서 삭제 처리(여기서는 ID가 4인 데이터를 삭제)합니다.

지금까지 작성한 프로그램의 동작을 확인해봅시다. `WebappApplication` 클래스를 선택하고 마우스 오른쪽 버튼을 클릭한 후 ['WebappApplication.main()' 실행]을 클릭해 애플리케이션을 실행합니다. 또는 프로그램이 이미 실행 중이라면 [다시 실행] 버튼을 클릭합니다.

시작 클래스인 `WebappApplication`을 재작성해서 MyBatis를 이용한 데이터베이스 접근을 확인할 수 있었습니다.

`application.properties`에 설정한 `logging.level.com.example.webapp.repository=DEBUG`를 통해 MyBatis가 내부적으로 실행하는 SQL을 터미널에서 확인할 수 있습니다(그림 11.6).

```
: ==>  Preparing: SELECT id, todo, detail, created_at as createdAt, updated_at as updatedAt FROM todos WHERE id = ?
: ==> Parameters: 4(Integer)
: <==      Total: 1
edAt=2024-09-09T15:03:23.601218)
: ==>  Preparing: DELETE FROM todos WHERE id = ?
: ==> Parameters: 4(Integer)
: <==    Updates: 1
: ==>  Preparing: SELECT id, todo, detail, created_at as createdAt, updated_at as updatedAt FROM todos
: ==> Parameters: 
: <==      Total: 3
```

그림 11.6 내부적으로 실행되는 SQL

일반적인 개발에서는 자바로 작성한 클래스의 동작을 확인할 때 JUnit이라는 테스트 프레임워크를 사용해 단위 테스트를 수행합니다. 이 책은 초보자를 대상으로 하기 때문에 위와 같은 방법으로 진행했습니다. 현재 진행 상황은 그림 11.7과 같습니다.

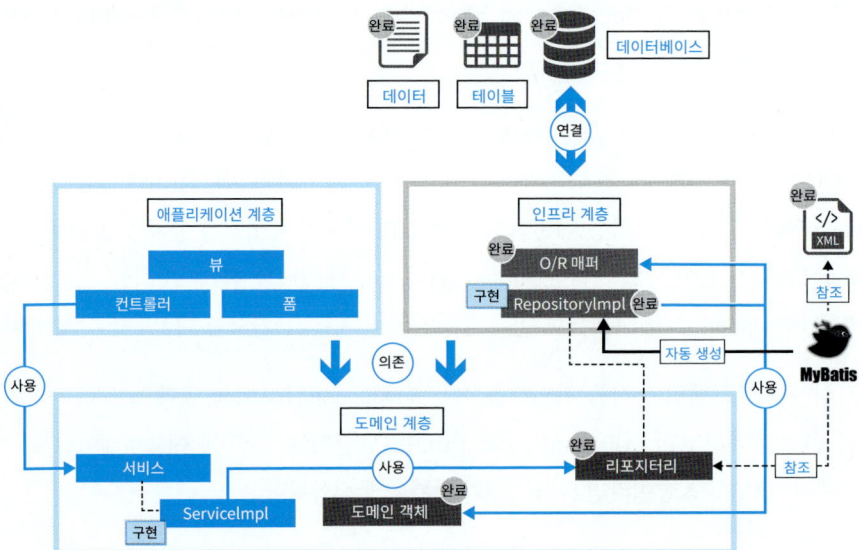

그림 11.7 지금까지의 진행 상황

다음으로 도메인 계층의 인터페이스인 서비스와 구현 클래스인 ServiceImpl을 생성해 봅시다.

12장

앱 만들기(서비스)

12-1 서비스와 ServiceImpl 만들기

12-2 트랜잭션 관리 알아보기

SECTION 12-1 서비스와 ServiceImpl 만들기

도메인 계층의 서비스 인터페이스와 서비스 구현 클래스는 업무 처리(서비스 제공)를 담당하기 때문에 매우 중요한 부분입니다.

12-1-1 이번에 만드는 컴포넌트

표 12.1은 ToDo 앱에서 생성하는 컴포넌트의 현황을 보여줍니다. 파란색으로 강조 표시한 부분이 이번에 생성할 부분입니다.

표 12.1 생성 예정 컴포넌트

No	계층	컴포넌트	컴포넌트명	비고
1	애플리케이션 계층	뷰	-	외관 및 화면입니다.
2	애플리케이션 계층	컨트롤러	ToDoController	제어를 담당합니다.
3	애플리케이션 계층	폼	ToDoForm	화면 형태를 표현합니다.
4	도메인 계층	서비스	ToDoService	인터페이스로 생성합니다.
5	도메인 계층	ServiceImpl	ToDoServiceImpl	서비스를 구현합니다.
6	도메인 계층	도메인 객체	ToDo	여기서는 엔티티와 동일합니다.
7	도메인 계층	리포지터리	ToDoMapper	인터페이스로 생성합니다(이번에는 MyBatis의 매퍼 파일을 사용하는 방식으로 생성하므로 이름은 'xxMapper'로 하겠습니다).
8	인프라 계층	RepositoryImpl	-	O/R 매퍼에 의해 자동 생성됩니다.
9	인프라 계층	O/R 매퍼	-	MyBatis

12-1-2 서비스 생성

먼저 서비스 인터페이스를 생성합니다. 여기서 작성하는 업무 처리(제공하는 서비스)는 할일에 대한 CRUD 처리가 됩니다(구현 내용은 작성하지 않습니다).

webapp의 src/main/java 폴더에서 다음과 같은 패키지와 클래스를 차례로 생성합니다(그림 12.1).

설정 내용

패키지	com.example.webapp.service
인터페이스	ToDoService

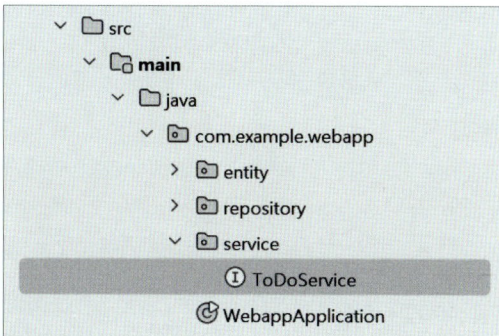

그림 12.1 ToDoService 인터페이스 생성

ToDoService 인터페이스의 내용은 예제 12.1과 같습니다. 할일의 CRUD 처리를 위한 메서드 정의를 기술하고 있습니다.

예제 12.1 ToDoService

```
001: package com.example.webapp.service;
002:
003: import java.util.List;
004:
005: import com.example.webapp.entity.ToDo;
006:
007: /**
008:  * ToDo: 서비스
009:  */
010: public interface ToDoService {
011:
012:     /**
013:      * 모든 '할일'을 조회합니다.
014:      */
015:     List<ToDo> findAllToDo();
016:
017:     /**
018:      * 특정 ID의 '할일'을 조회합니다.
019:      */
```

```
020:    ToDo findByIdToDo(Integer id);
021:
022:    /**
023:     * '할일'을 새로 등록합니다.
024:     */
025:    void insertToDo(ToDo toDo);
026:
027:    /**
028:     * '할일'을 업데이트합니다.
029:     */
030:    void updateToDo(ToDo toDo);
031:
032:    /**
033:     * 특정 ID의 '할일'을 삭제합니다.
034:     */
035:    void deleteToDo(Integer id);
036: }
```

12-1-3 ServiceImpl 생성

다음으로 ServiceImpl 구현 클래스를 생성합니다.

webapp의 src/main/java 폴더에서 com.example.webapp.service 패키지에 있는 ToDoService 인터페이스로 이동합니다. ToDoService 인터페이스의 이름에서 [Alt + Enter]를 눌러 [인터페이스 구현]을 선택합니다(그림 12.2). (또는 인터페이스명에서 마우스 오른쪽 버튼을 클릭한 후 [컨텍스트 액션 표시] → [인터페이스 구현]을 차례로 선택합니다).

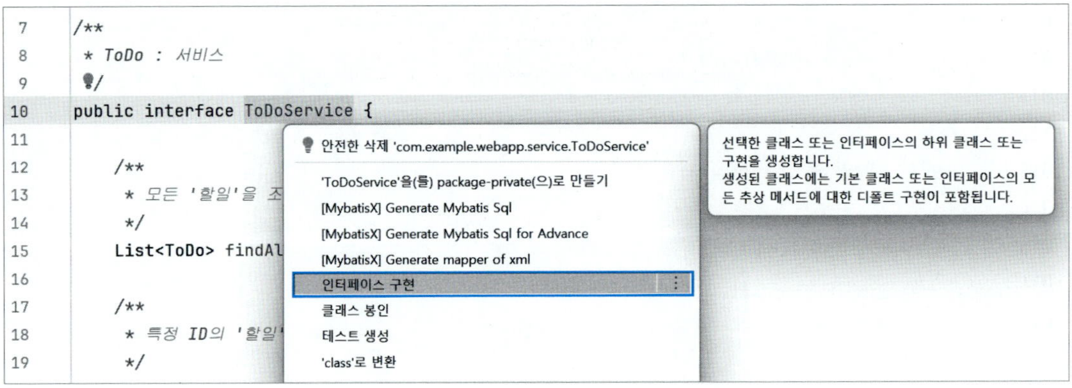

그림 12.2 구현 클래스 만들기

[인터페이스 구현] 대화상자가 표시되면 다음과 같이 설정한 후 [확인] 버튼을 클릭합니다(그림 12.3).

설정 내용

클래스 생성	ToDoServiceImpl
대상 패키지	com.example.webapp.service.impl

※ 기타 항목은 기본 설정 그대로 유지합니다.

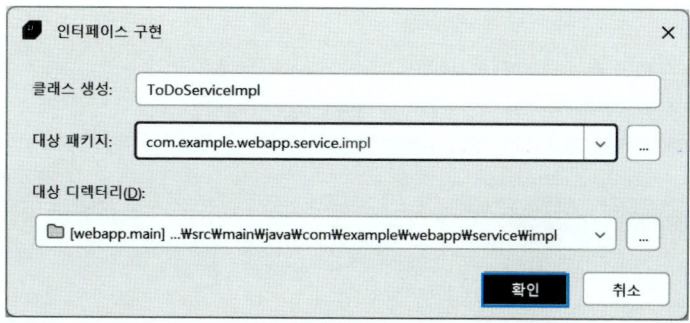

그림 12.3 구현 클래스 만들기 2

그러고 나면 [구현할 메서드 선택] 대화상자가 나타나는데, 현재 상태 그대로 [확인] 버튼을 클릭합니다(그림 12.4).

그림 12.4 구현 클래스 만들기 3

ToDoServiceImpl 클래스의 내용은 예제 12.2와 같습니다.

예제 12.2 ToDoServiceImpl

```
001: package com.example.webapp.service.impl;
002:
003: import java.util.List;
004:
005: import org.springframework.stereotype.Service;
006: import org.springframework.transaction.annotation.Transactional;
007:
008: import com.example.webapp.entity.ToDo;
009: import com.example.webapp.repository.ToDoMapper;
010: import com.example.webapp.service.ToDoService;
011:
012: import lombok.RequiredArgsConstructor;
013:
014: /**
015:  * ToDo: 서비스 구현 클래스
016:  */
017: @Service
018: @Transactional
019: @RequiredArgsConstructor
020: public class ToDoServiceImpl implements ToDoService {
021:
022:     /** DI */
023:     private final ToDoMapper toDoMapper;
024:
025:     @Override
026:     public List<ToDo> findAllToDo() {
027:         return toDoMapper.selectAll();
028:     }
029:
030:     @Override
031:     public ToDo findByIdToDo(Integer id) {
032:         return toDoMapper.selectById(id);
033:     }
034:
035:     @Override
```

```
036:    public void insertToDo(ToDo toDo) {
037:      toDoMapper.insert(toDo);
038:    }
039:
040:    @Override
041:    public void updateToDo(ToDo toDo) {
042:      toDoMapper.update(toDo);
043:    }
044:
045:
046:    @Override
047:    public void deleteToDo(Integer id) {
048:      toDoMapper.delete(id);
049:    }
050:  }
```

재정의한 메서드에서는 모두 ToDoMapper에 처리를 위임합니다.

17번째 줄에서 @Service를 클래스에 부여해서 인스턴스 생성 대상으로 지정합니다.

18번째 줄의 @Transactional이 여기서 중요한 부분입니다.

@Transactional

@Transactional은 스프링에서 제공하는 애너테이션입니다. 이를 메서드나 클래스에 부여하면 해당 메서드나 클래스 내의 처리 내용이 트랜잭션을 통해 관리됩니다. 트랜잭션 관리에 대해 자세히 설명하겠습니다.

SECTION 12-2 트랜잭션 관리에 대해 알아보기

여기서는 4-3-1절 '트랜잭션 관리'에서 가볍게 설명한 `@Transactional` 애너테이션에 대해 그 사용법을 포함해서 설명하겠습니다.

12-2-1 트랜잭션이란?

트랜잭션은 데이터베이스나 컴퓨터 프로그램에서 사용되는 개념으로, 여러 개의 처리 내용을 하나로 묶은 것을 말합니다(그림 12.5). 트랜잭션은 성공하거나 실패할 수밖에 없습니다.

처리 도중에 실패하면 트랜잭션이 실행되기 전으로 되돌아갑니다. 이를 '롤백'이라고 합니다.

처리가 모두 성공하면 처리가 확정됩니다. 이를 '커밋'이라고 합니다. 트랜잭션이 적용되면 중간에 성공하거나 중간에 실패하는 일은 없습니다.

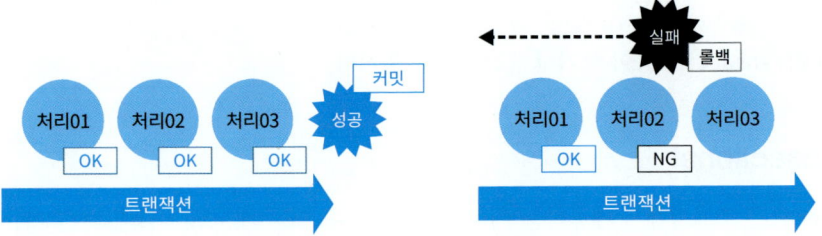

그림 12.5 트랜잭션

12-2-2 트랜잭션 경계란?

트랜잭션은 시작과 끝을 명시적으로 지정해야 하며, 시작부터 끝까지의 범위를 '트랜잭션 경계'라고 합니다(그림 12.6). 결론적으로 트랜잭션 경계는 서비스 구현 클래스에 설정합니다.

MVC 모델에서 서비스 처리는 모델에 속합니다. 서비스는 모델의 일부이며, 서비스 처리의 진입점(시작)으로 볼 수 있습니다. 따라서 트랜잭션 경계는 서비스의 구현 클래스로 지정합니다.

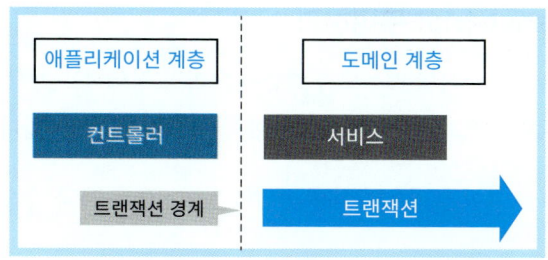

그림 12.6 트랜잭션 경계

12-2-3 트랜잭션 관리 방법

트랜잭션 관리를 위해서는 스프링 프레임워크에서 제공하는 @Transactional 애너테이션을 사용합니다.

사용법은 간단합니다. 클래스나 메서드에 @Transactional 애너테이션을 부여하면 트랜잭션이 관리되고, 트랜잭션의 시작, 커밋, 롤백이 자동으로 이뤄집니다.

롤백 발생 조건은 비검사 예외(RuntimeException 및 그 하위 클래스)가 발생한 경우입니다. 검사 예외(Exception 및 그 하위 클래스 중 RuntimeException이 아닌 것)가 발생하면 롤백되지 않고 커밋되므로 주의해야 합니다.

클래스에 @Transactional 부여하기

클래스에 @Transactional을 부여해서 클래스 내의 모든 메서드에 트랜잭션 제어를 적용할 수 있습니다(@Transactional 애너테이션은 public 메서드에만 적용됨).

클래스에 @Transactional을 부여할 경우의 적용 범위와 장단점은 다음과 같습니다.

- **적용 범위**

  클래스에 부여하면 해당 클래스 내의 모든 메서드에 트랜잭션 관리가 적용됩니다.

- **장점**

  클래스 내 모든 메서드에 일괄적으로 트랜잭션 관리를 적용할 수 있어 코드가 간단해집니다.

- **단점**

  트랜잭션을 필요로 하지 않는 메서드까지 트랜잭션 관리가 적용될 수 있습니다. 이는 성능에 영향을 미칠 수 있습니다.

📋 메서드에 @Transactional 부여하기

메서드에 @Transactional을 부여하면 메서드가 호출된 타이밍(정확히는 메서드 시작 전)에 트랜잭션이 시작되고, 대상 메서드가 정상적으로 종료되면 커밋, 예외로 종료되면 롤백됩니다.

메서드에 @Transactional을 부여할 경우의 적용 범위와 장단점은 다음과 같습니다.

- **적용 범위**

    메서드에 부여한 경우 해당 메서드에만 트랜잭션 관리가 적용됩니다.

- **장점**

    개별 메서드에 대한 트랜잭션 여부를 제어할 수 있기 때문에 유연성이 있습니다.

- **단점**

    클래스 내의 많은 메서드에 개별적으로 애너테이션을 지정해야 하기 때문에 코드가 중복될 수 있습니다.

권장하는 방법은 클래스에 @Transactional 애너테이션을 부여하는 방법입니다. 트랜잭션 경계 설정이 필요한 것은 업데이트 처리(등록, 업데이트, 삭제)를 포함한 서비스 처리뿐이지만 설정 누락으로 인한 버그를 방지하기 위해 클래스에 @Transactional 애너테이션을 부여하는 것을 권장합니다.

두 방법 모두 애너테이션을 부여하기만 하면 자동으로 커밋과 롤백을 해주기 때문에 매우 편리합니다. @Transactional 애너테이션은 내부적으로 AOP(Aspect-Oriented Programming: 관점지향 프로그래밍)를 이용합니다. AOP가 무엇인지 잘 모르겠다면 4장 '스프링 프레임워크의 핵심 기능(AOP) 알아보기'를 참고하세요.

12-2-4 동작 확인

리포지터리를 생성할 때 수행한 동작 확인과 동일한 방법으로 이번에 생성한 서비스 처리의 동작도 확인해 보겠습니다. 이를 위해 WebappApplication을 수정하겠습니다.

01 동작 확인

webapp의 src/main/java 폴더 아래에 있는 com.example.webapp 패키지, WebappApplication 클래스를 예제 12.3과 같이 수정합니다.

예제 12.3 WebappApplication

```
001: package com.example.webapp;
002:
003: import org.springframework.boot.SpringApplication;
004: import org.springframework.boot.autoconfigure.SpringBootApplication;
005:
006: import com.example.webapp.entity.ToDo;
007: import com.example.webapp.service.ToDoService;
008:
009: import lombok.RequiredArgsConstructor;
010:
011: @SpringBootApplication
012: @RequiredArgsConstructor
013: public class WebappApplication {
014:
015:   public static void main(String[] args) {
016:     SpringApplication.run(WebappApplication.class, args)
017:       .getBean(WebappApplication.class).exe();
018:   }
019:   /** DI */
020:   private final ToDoService service;
021:
022:   public void exe() {
023:     // ★ 전체 검색
024:     System.out.println("=== 전체 검색 ===");
025:     for (ToDo row : service.findAllToDo()) {
026:       System.out.println(row);
027:     }
028:     // ★ 1건 검색
029:     System.out.println("=== 1건 검색 ===");
030:     System.out.println(service.findByIdToDo(1));
031:     // ★ 등록
032:     // 등록 데이터 생성
033:     ToDo todo = new ToDo();
034:     todo.setTodo("서비스 테스트");
035:     todo.setDetail("ToDo 등록 서비스");
036:     service.insertToDo(todo);
037:     System.out.println("=== 등록 확인 ===");
038:     System.out.println(service.findByIdToDo(4));
039:     // ★ 업데이트
```

```
040:        ToDo target = service.findByIdToDo(4);
041:        target.setTodo("서비스 테스트: 업데이트");
042:        target.setDetail("ToDo 업데이트 서비스");
043:        service.updateToDo(target);
044:        System.out.println("=== 업데이트 확인 ===");
045:        System.out.println(service.findByIdToDo(4));
046:        // ★ 삭제
047:        service.deleteToDo(4);
048:        System.out.println("=== 삭제 확인 ===");
049:        for (ToDo row : service.findAllToDo()) {
050:          System.out.println(row);
051:        }
052:      }
053:    }
```

리포지터리를 생성할 때 수행한 동작 확인과 동일한 내용을 이번에는 서비스를 통해 수행합니다. 주요 변경 사항은 20번째 줄의 `private final ToDoService service;`를 추가하는 것입니다. 이 변경 사항을 적용한 후 애플리케이션을 실행해 동작을 확인해 봅시다.

인프라 계층과 도메인 계층의 생성이 완료됐습니다. 현재 진행 상황은 다음과 같습니다(그림 12.7).

이제 애플리케이션 계층을 만들어 봅시다.

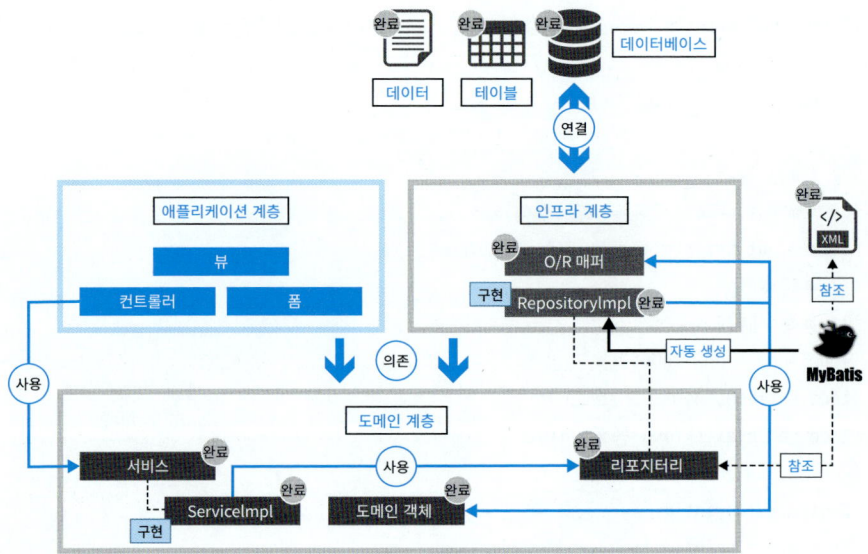

그림 12.7 지금까지의 진행 상황

앱 만들기
(애플리케이션 계층)

13-1 ToDo 앱의 조회 기능 구현하기

13-2 ToDo 앱의 등록 및 업데이트 기능 구현하기

13-3 ToDo 앱의 삭제 기능 구현하기

SECTION 13-1 ToDo 앱의 조회 기능 구현하기

앞에서 인프라 계층과 도메인 계층의 프로그램을 제작했으므로 이제 애플리케이션 계층을 만들 차례입니다. 이 계층에서는 화면과 요청 핸들러 메서드 등을 개발해서 ToDo 앱의 완성도를 높입니다.

13-1-1 이번에 만들 컴포넌트

표 13.1은 ToDo 앱에서 생성하는 컴포넌트의 생성 현황을 보여줍니다. 파란색으로 강조 표시한 부분이 이번에 생성할 부분입니다.

표 13.1 생성 예정 컴포넌트

No	계층	컴포넌트	컴포넌트명	비고
1	애플리케이션 계층	뷰	-	외관 및 화면입니다.
2	애플리케이션 계층	컨트롤러	ToDoController	제어를 담당합니다.
3	애플리케이션 계층	폼	ToDoForm	화면 형태를 표현합니다.
4	도메인 계층	서비스	ToDoService	인터페이스로 생성합니다.
5	도메인 계층	ServiceImpl	ToDoServiceImpl	서비스를 구현합니다.
6	도메인 계층	도메인 객체	ToDo	여기서는 엔티티와 동일합니다.
7	도메인 계층	리포지터리	ToDoMapper	인터페이스로 생성합니다(이번에는 MyBatis의 매퍼 파일을 사용하는 방식으로 생성하므로 이름은 'xxMapper'로 하겠습니다).
8	인프라 계층	RepositoryImpl	-	O/R 매퍼에 의해 자동 생성됩니다.
9	인프라 계층	O/R 매퍼	-	MyBatis

13-1-2 컨트롤러 생성(ToDo 목록, ToDo 상세)

ToDo 앱의 CRUD를 위한 컨트롤러를 생성합니다. 컨트롤러는 요청을 처리 로직에 매핑하고 그 결과를 뷰에 전달하는 제어를 담당합니다.

webapp의 src/main/java 폴더에서 다음과 같은 패키지와 클래스를 차례로 생성합니다.

설정 내용

패키지	com.example.webapp.controller
클래스	ToDoController

ToDoController 클래스의 내용은 표 13.1과 같습니다. 이번에 작성할 부분은 아래 URL에 대응하는 요청 핸들러 메서드입니다(표 13.2).

표 13.2 URL 목록

No	역할	HTTP 메서드	URL
1	목록 화면 보기	GET	/todos
2	상세 화면 보기	GET	/todos/{id}

예제 13.1 ToDoController

```
001: package com.example.webapp.controller;
002:
003: import org.springframework.stereotype.Controller;
004: import org.springframework.ui.Model;
005: import org.springframework.web.bind.annotation.GetMapping;
006: import org.springframework.web.bind.annotation.PathVariable;
007: import org.springframework.web.bind.annotation.RequestMapping;
008: import org.springframework.web.servlet.mvc.support.RedirectAttributes;
009:
010: import com.example.webapp.entity.ToDo;
011: import com.example.webapp.service.ToDoService;
012:
013: import lombok.RequiredArgsConstructor;
014:
015: /**
016:  * ToDo : 컨트롤러
017:  */
018: @Controller
019: @RequestMapping("/todos")
020: @RequiredArgsConstructor
021: public class ToDoController {
022:
```

```
023:    /** DI */
024:    private final ToDoService toDoService;
025:
026:    /**
027:     * '할일' 목록을 표시합니다.
028:     */
029:    @GetMapping
030:    public String list(Model model) {
031:      model.addAttribute("todos", toDoService.findAllToDo());
032:      return "todo/list";
033:    }
034:
035:    /**
036:     * 특정 ID의 '할일'에 대한 세부 정보를 표시합니다.
037:     */
038:    @GetMapping("/{id}")
039:    public String detail(@PathVariable Integer id, Model model,
040:        RedirectAttributes attributes) {
041:      // 특정 ID에 해당하는 '할일' 정보를 획득
042:      ToDo toDo = toDoService.findByIdToDo(id);
043:      if (toDo != null) {
044:        // 대상 데이터가 있는 경우 모델에 저장
045:        model.addAttribute("todo", toDoService.findByIdToDo(id));
046:        return "todo/detail";
047:      } else {
048:        // 대상 데이터가 없는 경우 플래시 메시지 설정
049:        attributes.addFlashAttribute("errorMessage", "대상 데이터가 없습니다");
050:        // 리디렉션
051:        return "redirect:/todos";
052:      }
053:    }
054:  }
```

39번째 줄에서는 `@PathVariable Integer id`를 사용해 URL에서 할일의 ID를 가져옵니다. PathVariable 사용법에 대한 자세한 내용은 7-3절 'URL에 내장된 값 받기'에서 확인할 수 있습니다.

42번째 줄에서는 `toDoService.findByIdToDo(id)`를 사용해 id에 해당하는 ToDo를 검색합니다. 검색한 '할일'이 존재하면 `Model`에 `"todo"` 키로 저장하고 상세 화면을 표시합니다.

존재하지 않는 경우 오류 메시지를 플래시 메시지에 추가하고 할일 목록 화면으로 리디렉션합니다.

플래시 메시지

40번째 줄에 사용된 `RedirectAttributes`는 스프링 MVC에서 리디렉션 시 일시적으로 데이터를 전달하기 위한 객체입니다. 이를 통해 리디렉션 대상 페이지에 표시할 메시지 등을 설정할 수 있습니다. 이렇게 전달되는 데이터를 플래시 메시지라고 합니다.

49번째 줄의 `attributes.addFlashAttribute("errorMessage", "대상 데이터가 없습니다");`에서는 오류 메시지를 플래시 메시지로 설정합니다.

리디렉션

리디렉션은 웹사이트나 페이지의 URL이 변경됐을 때 자동으로 새로운 URL로 전송하는 메커니즘입니다. 이 프로세스는 HTTP의 302 상태 코드를 사용해 실행됩니다. 이 상태 코드는 브라우저에 지정된 다른 URL로 이동하라는 의미이며, 스프링 MVC에서는 `"redirect:"`라는 문자열을 사용해 리디렉션을 수행합니다.

51번째 줄의 `return "redirect:/todos";`에서는 할일 목록 페이지를 표시하는 `/todos` URL로 리디렉션합니다.

PRG 패턴

웹 애플리케이션에서 리디렉션의 대표적인 용례로 PRG 패턴을 들 수 있습니다. 이 패턴의 이름은 Post, Redirect, Get의 머리글자를 딴 것으로, POST 메서드의 요청에 대해 Redirect를 반환한 후 GET 메서드로 응답하는 전환 대상 화면을 표시하는 디자인 패턴[18]입니다. 이 패턴을 사용하면 브라우저를 다시 로딩했을 때 폼 데이터가 이중으로 전송되는 것을 방지할 수 있습니다. 구체적으로 POST 요청 후 리디렉션해서 GET 요청으로 화면을 표시합니다(그림 13.1).

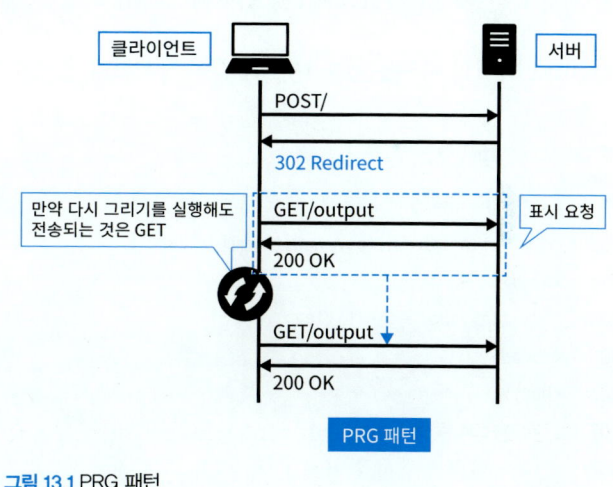

그림 13.1 PRG 패턴

---

[18] 디자인 패턴이란 선배들의 경험을 통해 만들어진 좋은 예시를 말합니다.

13-1-3 뷰 생성(ToDo 목록, ToDo 상세)

뷰에 해당하는 파일은 기본적으로 프로젝트의 src/main/resources/templates 폴더에 배치해야 합니다. templates 폴더 아래에 todo 폴더와 목록 화면용 list.html 파일, 상세 화면용 detail.html 파일을 생성합니다.

📋 목록 화면용 뷰

다음 설정 내용을 참고해서 디렉터리와 파일을 생성하겠습니다.

설정 내용

디렉터리	webapp/src/main/resources/templates/todo
파일	list.html

먼저 webapp의 src/main/resources 폴더 아래의 templates 폴더를 선택하고 마우스 오른쪽 버튼을 클릭한 후 [새로 만들기] → [경로]를 선택합니다. 디렉터리명으로 'todo'를 입력해 생성합니다.

방금 생성한 디렉터리를 선택하고 마우스 오른쪽 버튼을 클릭한 후 [새로 만들기] → [HTML 파일]을 선택합니다. 파일명으로 'list.html'를 입력해 HTML 파일을 생성합니다.

list.html 파일의 내용을 예제 13.2와 같이 작성합니다.

예제 13.2 list.html

```html
001: <!DOCTYPE html>
002: <html xmlns:th="http://www.thymeleaf.org">
003: <head>
004:   <title>ToDo 목록</title>
005: </head>
006: <body>
007:   <h2>ToDo 목록</h2>
008:   <!-- 플래시 메시지 표시 -->
009:   <p th:if="${errorMessage}"
010:      th:text="${errorMessage}" style="color: red;">
011:     오류 메시지
012:   </p>
```

```
013:    <table border="1" width="300">
014:      <thead>
015:        <tr>
016:          <th>ID</th>
017:          <th>ToDo</th>
018:          <th>상세 보기</th>
019:        </tr>
020:      </thead>
021:      <tbody>
022:        <tr th:each="todo : ${todos}">
023:          <td th:text="${todo.id}"></td>
024:          <td th:text="${todo.todo}"></td>
025:          <td>
026:            <a th:href="@{/todos/{id}(id=${todo.id})}">
027:              상세 보기
028:            </a>
029:          </td>
030:        </tr>
031:      </tbody>
032:    </table>
033:  </body>
034: </html>
```

9~12번째 줄에서는 대상 할일 항목이 존재하지 않는 경우 플래시 메시지를 표시합니다.

22~30번째 줄에서는 컨트롤러에서 Model에 저장한 키인 "todos"를 사용해 각 할일의 ID, ToDo, 상세 화면으로 연결되는 링크를 표시합니다.

22번째 줄의 `<tr th:each="todo : ${todos}}">`는 th:each 속성을 사용해 서버 측에서 전달받은 할일 목록을 저장한 키인 "todos"를 사용해 목록의 각 요소인 ToDo 엔티티를 순서대로 가져와 테이블의 행(`<tr>`)을 반복적으로 생성합니다.

26번째 줄의 `<a th:href="@{/todos/{id}(id=${todo.id})}">`는 th:href 속성을 사용해 상세 링크의 URL을 동적으로 생성합니다.

`@{/todos/{id}(id=${todo.id})}` 부분을 통해 URL의 `{id}` 부분에 todo.id 값이 삽입됩니다. 이로써 각 할일의 상세 페이지로 연결되는 링크가 생성됩니다. `{id}` 부분은 URL 파라미터의 플레이스홀더(대체되는 부분)입니다. `(id=${todo.id})` 부분에서 플레이스홀더인 `{id}`에 삽입할 값을 지정합니다.

이러한 형식을 REST 형식이라고 합니다(그림 13.2).

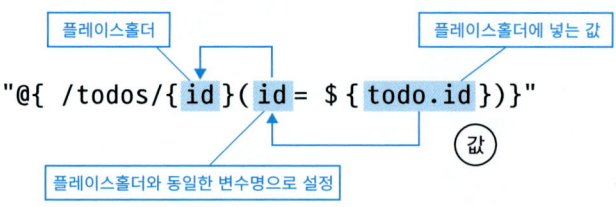

그림 13.2 REST 형식

📋 상세 화면용 뷰

앞서와 같은 방법으로 src/main/resources/templates/todo 폴더를 선택하고 마우스 오른쪽 버튼을 클릭한 후 [새로 만들기] → [HTML 파일]을 선택하고, 파일명으로 'detail.html'을 입력해 HTML 파일을 생성합니다.

detail.html 파일의 내용을 예제 13.3과 같이 작성합니다.

예제 13.3 detail.html

```html
001: <!DOCTYPE html>
002: <html xmlns:th="http://www.thymeleaf.org">
003: <head>
004:   <title>ToDo 상세 보기</title>
005: </head>
006: <body>
007:   <h2>ToDo 상세 보기</h2>
008:   <table border="1">
009:     <tr>
010:       <th>ID</th>
011:       <td th:text="${todo.id}"></td>
012:     </tr>
013:     <tr>
014:       <th>제목</th>
015:       <td th:text="${todo.todo}"></td>
016:     </tr>
017:     <tr>
018:       <th>상세 보기</th>
019:       <td th:text="${todo.detail}"></td>
```

```
020:      </tr>
021:      <tr>
022:        <th>등록 일시</th>
023:        <td th:text="${todo.createdAt.format(
024:          T(java.time.format.DateTimeFormatter).
025:          ofPattern('yyyy/MM/dd HH:mm:ss'))}">
026:        </td>
027:      </tr>
028:      <tr>
029:        <th>업데이트 일시</th>
030:        <td th:text="${todo.updatedAt.format(
031:          T(java.time.format.DateTimeFormatter).
032:          ofPattern('yyyy/MM/dd HH:mm:ss'))}">
033:        </td>
034:      </tr>
035:    </table>
036:    <a th:href="@{/todos}">ToDo 목록으로 가기</a>
037:  </body>
038: </html>
```

8~35번째 줄에서는 서버 측에서 전달받은 ToDo 엔티티를 대상으로 키인 "todo"를 사용해 ID, ToDo 내용, 세부 정보를 테이블의 각 셀에 표시합니다.

23~26번째 줄에서는 등록한 날짜와 시간을 포맷으로 표시합니다. `todo.createdAt`은 `LocalDateTime` 타입의 날짜 데이터입니다. 이 날짜 데이터를 `yyyy/MM/dd HH:mm:ss` 형식으로 포매팅하기 위해 `format` 메서드를 이용하며, 타임리프 템플릿 내에서 자바 클래스에 접근할 때는 `T(...)` 구문을 사용합니다. 여기서는 `java.time.format.DateTimeFormatter` 클래스를 참조해서 커스텀 날짜/시간 형식을 지정하고 있으며, 30~33번째 줄의 업데이트 날짜 및 시간도 비슷한 방식으로 처리합니다.

36번째 줄의 `<a th:href="@{/todos}">ToDo 목록으로 가기</a>` 링크를 클릭하면 /todos URL로 이동해서 ToDo 목록 화면을 표시합니다.

13-1-4 동작 확인

ToDo 목록 표시와 ToDo 상세 보기 프로그램이 완료됐으니 웹 애플리케이션을 실행해 정상적으로 생성됐는지 동작을 확인해 봅시다.

01 WebappApplication 수정

동작을 확인하기 전에 webapp의 `src/main/java` 폴더 아래에 있는 `com.example.webapp` 패키지의 `WebappApplication` 클래스를 원래대로 복원해야 합니다. 예제 13.4와 같이 수정합니다.

예제 13.4 WebappApplication을 원래대로 복원하기

```
001: package com.example.webapp;
002:
003: import org.springframework.boot.SpringApplication;
004: import org.springframework.boot.autoconfigure.SpringBootApplication;
005:
006: @SpringBootApplication
007: public class WebappApplication {
008:
009:     public static void main(String[] args) {
010:         SpringApplication.run(WebappApplication.class, args);
011:     }
012: }
```

스프링 부트로 웹 애플리케이션을 만들 때는 일반적으로 이 클래스를 수정할 필요가 없습니다. 이 클래스를 실행하면 스프링 부트 애플리케이션이 실행되고 웹 서버가 시작됩니다. 그러면 애플리케이션이 웹 요청을 받을 수 있는 상태가 됩니다.

리포지터리와 서비스를 생성한 후 `WebappApplication`을 수정한 이유는 각 계층의 동작을 단계별로 확인하기 위해서입니다.

02 ToDo 목록 확인

`WebappApplication` 클래스를 선택하고 마우스 오른쪽 버튼을 클릭한 후 ['WebappApplication. main()' 실행]을 클릭해 애플리케이션을 실행합니다. 브라우저를 실행하고 `http://localhost:8080/todos`를 입력하면 ToDo 목록 화면이 나타납니다(그림 13.3).

ToDo 목록

ID	ToDo	상세 보기
1	쇼핑	상세 보기
2	도서관에 가기	상세 보기
3	헬스장 가기	상세 보기

그림 13.3 ToDo 목록 화면

03 ToDo 상세 보기 확인

ToDo 목록 화면에서 ID가 2인 항목의 '상세 보기' 링크를 클릭합니다. `http://localhost:8080/todos/2`가 GET으로 전송되어 ToDo 상세 화면이 표시됩니다(그림 13.4).

ToDo 상세 보기	
ID	2
제목	도서관에 가기
상세 보기	책 빌리기
등록 일시	2024/09/09 16:16:14
업데이트 일시	2024/09/09 16:16:14

ToDo 목록으로 가기

그림 13.4 상세 보기 화면

SECTION 13-2 ToDo 앱: 등록 및 업데이트 구현하기

목록 표시와 상세 보기 프로그램의 제작이 완료됐으므로 이제 할일 등록과 업데이트를 구현해 보겠습니다. 먼저 화면의 폼에 대응하는 Form 클래스를 생성합니다.

13-2-1 폼 생성

ToDo 등록 및 업데이트에 사용할 Form 클래스를 생성합니다. Form 클래스는 화면의 폼을 표현합니다. 화면에서 입력한 값을 컨트롤러에 전달하거나, 컨트롤러에서 화면에 결과를 출력할 때 사용합니다.

webapp의 src/main/java 폴더에서 다음과 같은 패키지와 클래스를 차례로 생성합니다.

설정 내용

패키지	com.example.webapp.form
클래스	ToDoForm

ToDoForm 클래스의 내용은 예제 13.5와 같습니다.

예제 13.5 ToDoForm

```
001: package com.example.webapp.form;
002:
003: import lombok.AllArgsConstructor;
004: import lombok.Data;
005: import lombok.NoArgsConstructor;
006:
007: /**
008:  * 할일: Form
009:  */
010: @Data
011: @NoArgsConstructor
012: @AllArgsConstructor
013: public class ToDoForm {
014:   /** 할일 ID */
015:   private Integer id;
```

```
016:    /** 할일 */
017:    private String todo;
018:    /** 할일 상세 내용 */
019:    private String detail;
020:    /** 새 항목 여부 */
021:    private Boolean isNew;
022: }
```

주목할 점은 21번째 줄의 `private Boolean isNew;`입니다. `true`인 경우 새 할일 등록을, `false`인 경우 할일 업데이트를 나타냅니다.

13-2-2 헬퍼 만들기

컨트롤러는 주로 다음과 같은 두 가지 역할을 수행합니다.

- **화면 전환 제어**
  요청에 따라 적절한 화면으로 전환하고 처리 결과에 해당하는 뷰를 반환합니다.

- **도메인 계층 서비스 호출**
  요청에 따른 업무 처리를 수행합니다.

즉, 컨트롤러의 주요 역할은 라우팅(URL 매핑과 전환 대상 페이지 반환)입니다. 그 외의 처리가 필요한 경우 다른 클래스로 분리하고 처리를 위임함으로써 컨트롤러가 비대해지는 것을 방지합니다. 이 책에서는 컨트롤러를 지원하는 클래스를 헬퍼 클래스라고 부릅니다. 이번 예제에서는 '폼 → 엔티티'와 '엔티티 → 폼'으로의 변환 작업을 헬퍼 클래스에 위임합니다.

webapp의 src/main/java 폴더에서 다음과 같은 패키지와 클래스를 차례로 생성합니다.

설정 내용

패키지	com.example.webapp.helper
클래스	ToDoHelper

칼럼 / 폼과 엔티티의 차이점

폼과 엔티티는 웹 애플리케이션 개발에서 자주 사용되는 개념입니다. 비슷해 보이지만 역할이 다릅니다.

각각의 정의, 역할, 특징은 표 13.A, 표 13.B와 같습니다.

표 13.A 폼

정의	사용자가 웹 페이지에서 입력하는 데이터를 수신하는 객체입니다.
역할	사용자의 입력을 일시적으로 저장하고 서버로 전송하는 데 사용됩니다.
특징	입력 검증(유효성 검사) 등을 위해 사용되는 경우가 많습니다.

표 13.B 엔티티

정의	애플리케이션의 비즈니스 로직이나 데이터베이스의 테이블을 표현하는 객체입니다.
역할	애플리케이션의 핵심 데이터와 비즈니스 규칙을 보유하며, 영속화(저장) 대상입니다.
특징	데이터베이스의 테이블에 대응하며, 데이터 영속성에 중점을 둡니다.

○ 폼과 엔티티의 차이점

폼은 사용자의 입력을 처리하기 위한 것이고, 엔티티는 애플리케이션의 비즈니스 로직이나 데이터베이스의 데이터를 관리하기 위한 것입니다. 이러한 차이점을 이해하고 적절한 상황에서 폼과 엔티티를 구분해서 사용하도록 합시다(그림 13.A).

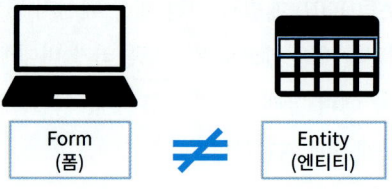

그림 13.A 폼과 엔티티

ToDoHelper 클래스의 내용은 예제 13.6과 같습니다.

예제 13.6 ToDoHelper

```
001: package com.example.webapp.helper;
002:
003: import com.example.webapp.entity.ToDo;
004: import com.example.webapp.form.ToDoForm;
```

```
005:
006:   /**
007:    * ToDo: 헬퍼
008:    */
009:   public class ToDoHelper {
010:     /**
011:      * ToDo로 변환
012:      */
013:     public static ToDo convertToDo(ToDoForm form) {
014:       ToDo todo = new ToDo();
015:       todo.setId(form.getId());
016:       todo.setTodo(form.getTodo());
017:       todo.setDetail(form.getDetail());
018:       return todo;
019:     }
020:
021:     /**
022:      * ToDoForm으로 변환
023:      */
024:     public static ToDoForm convertToDoForm(ToDo todo) {
025:       ToDoForm form = new ToDoForm();
026:       form.setId(todo.getId());
027:       form.setTodo(todo.getTodo());
028:       form.setDetail(todo.getDetail());
029:       // 업데이트 화면 설정
030:       form.setIsNew(false);
031:       return form;
032:     }
033:   }
```

'폼 → 엔티티', '엔티티 → 폼'으로의 변환을 static 메서드로 작성했습니다.

13-2-3 컨트롤러 수정(ToDo 등록, ToDo 업데이트)

앞에서 생성한 ToDoController 클래스에 할일의 등록/업데이트 요청 핸들러 메서드를 추가합니다.

이번에 작성할 부분은 표 13.3의 URL에 해당하는 요청 핸들러 메서드입니다.

표 13.3 URL 목록

No	역할	HTTP 메서드	URL
1	등록 화면 보기	GET	/todos/form
2	등록 처리	POST	/todos/save
3	업데이트 화면 보기	GET	/todos/edit/{id}
4	업데이트 처리	POST	/todos/update

추가할 내용은 예제 13.7과 같습니다. 작성 후 오류가 발생하면 오류가 발생한 곳에서 [Alt + Enter]를 눌러 import 문을 정리합니다.

예제 13.7 요청 핸들러 메서드 추가

```
001: // === 등록 및 업데이트 처리 추가 ===
002: /**
003:  * 새 할일 등록 화면을 표시합니다.
004:  */
005: @GetMapping("/form")
006: public String newToDo(@ModelAttribute ToDoForm form) {
007:     // 새 할일 등록 화면 설정
008:     form.setIsNew(true);
009:     return "todo/form";
010: }
011:
012: /**
013:  * 새 할일을 등록합니다.
014:  */
015: @PostMapping("/save")
016: public String create(ToDoForm form,
017:     RedirectAttributes attributes) {
018:     // 엔티티로 변환
019:     ToDo ToDo = ToDoHelper.convertToDo(form);
020:     // 등록 실행
021:     toDoService.insertToDo(ToDo);
022:     // 플래시 메시지
023:     attributes.addFlashAttribute("message", "새 ToDo가 생성됐습니다");
024:     // PRG 패턴
025:     return "redirect:/todos";
```

```
026:    }
027:
028:    /**
029:     * 특정 ID의 수정 화면을 표시합니다.
030:     */
031:    @GetMapping("/edit/{id}")
032:    public String edit(@PathVariable Integer id, Model model,
033:        RedirectAttributes attributes) {
034:      // ID에 해당하는 할일을 가져옵니다.
035:      ToDo target = toDoService.findByIdToDo(id);
036:      if (target != null) {
037:        // 대상 데이터가 있는 경우 폼으로 변환
038:        ToDoForm form = ToDoHelper.convertToDoForm(target);
039:        // 모델에 저장
040:        model.addAttribute("toDoForm", form);
041:        return "todo/form";
042:      } else {
043:        // 대상 데이터가 없는 경우 플래시 메시지를 설정
044:        attributes.addFlashAttribute("errorMessage", "대상 데이터가 없습니다");
045:        // 목록 화면으로 리디렉션
046:        return "redirect:/todos";
047:      }
048:    }
049:
050:    /**
051:     * 할일을 업데이트합니다.
052:     */
053:    @PostMapping("/update")
054:    public String update(ToDoForm form,
055:        RedirectAttributes attributes) {
056:      // 엔티티로 변환
057:      ToDo ToDo = ToDoHelper.convertToDo(form);
058:      // 할일 업데이트
059:      toDoService.updateToDo(ToDo);
060:      // 플래시 메시지
061:      attributes.addFlashAttribute("message", "ToDo가 업데이트됐습니다");
062:      // PRG 패턴
063:      return "redirect:/todos";
064:    }
```

현재 등록 및 업데이트 시 유효성 검사 기능은 설정돼 있지 않습니다. 계층화를 고려해서 헬퍼 클래스에서 생성한 '폼 → 엔티티'로의 변환을 19, 57번째 줄에서 수행하고, '엔티티 → 폼'으로의 변환을 38번째 줄에서 수행합니다.

만약 계층화에 대해 잘 모르는 부분이 있다면 10-2-4절 '계층화'를 참고하세요.

13-2-4 뷰 생성 (ToDo 등록, ToDo 업데이트)

templates 폴더 아래의 todo 폴더에 등록 및 업데이트 화면용 form.html 파일을 생성합니다.

webapp의 src/main/resources 폴더 아래의 templates/todo 폴더를 선택하고 마우스 오른쪽 버튼을 클릭한 후 [새로 만들기] → [HTML 파일]을 선택하고, 파일명으로 'form.html'을 입력해 HTML 파일을 생성합니다.

form.html 파일의 내용을 예제 13.8과 같이 작성합니다.

예제 13.8 form.html

```
001: <!DOCTYPE html>
002: <html xmlns:th="http://www.thymeleaf.org">
003: <head>
004:   <title>ToDo 폼</title>
005: </head>
006: <body>
007:   <!-- 제목: 등록 또는 편집 -->
008:   <h2 th:if="${toDoForm.isNew}">새 ToDo 등록</h2>
009:   <h2 th:unless="${toDoForm.isNew}">ToDo 편집</h2>
010:   <!-- 액션: 등록 또는 편집 -->
011:   <form th:action="${toDoForm.isNew} ? @{/todos/save} : @{/todos/update}"
012:     th:object="${toDoForm}" method="post">
013:     <!-- id는 업데이트 시 필요하기 때문에 hidden으로 보유 -->
014:     <input type="hidden" th:field="*{id}">
015:     <table>
016:       <tr>
017:         <th>ToDo</th>
018:         <td>
019:           <input type="text" th:field="*{todo}">
```

```
020:          </td>
021:        </tr>
022:        <tr>
023:          <th>상세</th>
024:          <td>
025:            <textarea rows="5" cols="30" th:field="*{detail}">
026:            </textarea>
027:          </td>
028:        </tr>
029:      </table>
030:      <!-- 버튼: 등록 또는 편집 -->
031:      <input th:if="${toDoForm.isNew}" type="submit" value="등록">
032:      <input th:unless="${toDoForm.isNew}" type="submit" value="업데이트">
033:    </form>
034:    <a th:href="@{/todos}">돌아가기</a></a>
035:  </body>
036: </html>
```

Form 클래스에서 설정한 isNew 필드를 사용해 제목과 버튼, 액션을 등록 또는 업데이트로 구분합니다.

8~9번째 줄에서는 th:if와 th:unless를 사용해 toDoForm.isNew의 값이 true인지 false인지에 따라 표시할 제목을 결정합니다. toDoForm.isNew가 true인 경우 새 할일 등록을 위한 제목이 표시되고, false인 경우 업데이트를 위한 제목이 표시됩니다.

31~32번째 줄의 버튼 표시에도 동일한 처리 방법을 적용합니다.

11번째 줄에서는 th:action에 삼항 연산자를 사용해 toDoForm.isNew가 true인 경우 새 할일 등록을 위한 /todos/save URL을, false인 경우 업데이트를 위한 /todos/update URL을 설정해 폼을 전송할 곳(액션)을 동적으로 전환합니다.

14번째 줄의 <input type="hidden" th:field="*{id}">는 업데이트 시 할일 ID가 필요하기 때문에 type="hidden"의 input 필드를 사용해 ID를 폼에 포함시켰습니다. 사용자에게는 보이지 않지만 폼으로 데이터를 제출할 때 포함할 수 있는 필드를 생성합니다.

생성된 뷰 수정

새 할일 등록 및 업데이트와 연계하기 위해 이미 앞에서 생성한 2개의 파일을 수정합니다.

수정 내용

파일 위치	src/main/resources/templates/todo
파일명	list.html

일반 화면(list.html)에 처리 완료를 나타내는 플래시 메시지 생성과 새 할일 등록 화면으로 연결되는 링크를 예제 13.9와 같이 추가합니다.

예제 13.9 list.html에 추가하기

```html
001: <body>
002:   <h2>ToDo 목록</h2>
003:   <!-- 플래시 메시지 표시 -->
004:   <p th:if="${message}" th:text="${message}"
005:     style="color: blue;">완료 메시지
006:   </p>
007:   <p th:if="${errorMessage}"
008:     th:text="${errorMessage}" style="color: red;">
009:     오류 메시지
010:   </p>
011:   ...
012:   기존 코드는 생략
013:   ...
014:   </table>
015:   <a th:href="@{/todos/form}">새 할일 등록</a>
016: </body>
```

4~6번째 줄의 `<p th:if="${message}" th:text="${message}" style="color: blue;">완료 메시지</p>`에서 등록 및 업데이트 완료 시 표시할 플래시 메시지를 설정합니다.

15번째 줄의 `<a th:href="@{/todos/form}">새 할일 등록</a>`에서는 목록 화면에서 새 할일 등록 화면으로 이동하는 링크를 설정합니다.

수정 내용

파일 위치	src/main/resources/templates/todo
파일명	detail.html

상세 화면(detail.html)에서 편집 화면으로 연결되는 링크를 예제 13.10과 같이 작성합니다.

예제 13.10 detail.html에 추가

```
001:    ...
002:       기존 코드는 생략
003:    ...
004:    </table>
005:    <a th:href="@{/todos/edit/{id}(id=${todo.id})}">편집</a>
006:    <a th:href="@{/toDos}}">ToDo 목록으로 가기</a>
007:    </body>
008:    </html>
```

5번째 줄 `<a th:href="@{/todos/edit/{id}(id=${todo.id})}">편집</a>`의 {id} 부분은 URL 파라미터의 플레이스홀더(대체되는 부분)입니다.

`(id=${todo.id})` 부분에서 플레이스홀더인 {id}에 삽입할 값을 지정하는 REST 형식입니다. `${todo.id}`는 todo 객체의 id 속성 값을 가져옵니다.

13-2-5 동작 확인

ToDo 등록과 ToDo 업데이트를 처리하는 부분이 완료됐으니 웹 애플리케이션을 실행하고 브라우저를 실행해 `http://localhost:8080/todos`를 입력합니다. 등록 및 업데이트가 정상적으로 동작하는지 확인해 봅시다.

01 ToDo 등록 처리 확인

목록 화면에서 '새 할일 등록' 링크를 클릭합니다. GET으로 `http://localhost:8080/todos/form`이 전송되어 새 ToDo 등록 화면이 표시되며, ToDo 항목에 '학습', 상세 내용에 '스프링 학습'을 입력하고 [등록] 버튼을 클릭합니다. 목록 화면에 플래시 메시지가 표시됩니다(그림 13.5).

그림 13.5 목록 화면: 등록

02 ToDo 업데이트 처리 확인

목록 화면에서 ID가 4인 항목의 '상세 보기' 링크를 클릭해서 표시되는 상세 화면에서 '편집' 링크를 클릭합니다. http://localhost:8080/todos/edit/4가 GET으로 전송되어 ToDo 편집 화면이 표시됩니다. ToDo 항목을 '프로그래밍 학습', 상세 내용을 '스프링 MVC 학습'으로 값을 수정하고 [업데이트] 버튼을 클릭합니다. 그럼 업데이트가 진행되어 목록 화면에 플래시 메시지가 표시됩니다(그림 13.6).

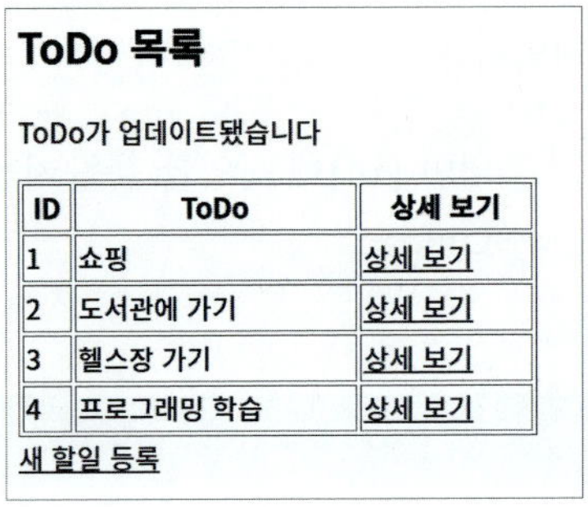

그림 13.6 목록 화면: 업데이트

ToDo 앱: 삭제 구현하기

SECTION 13-3

등록 및 업데이트를 처리하는 부분이 완성됐으므로 마지막으로 삭제를 처리하는 부분을 구현하겠습니다.

13-3-1 컨트롤러 생성(ToDo 삭제)

할일 삭제 요청 핸들러 메서드를 **ToDoController** 클래스에 추가합니다.

이번에 작성할 부분은 아래 URL에 대응하는 요청 핸들러 메서드입니다(표 13.4).

표 13.4 URL 목록

No	역할	HTTP 메서드	URL
1	삭제 처리	POST	/todos/delete/{id}

추가할 내용은 예제 13.11과 같습니다.

예제 13.11 ToDo 삭제 추가

```
001: /**
002:  * 특정 ID의 할일을 삭제합니다.
003:  */
004: @PostMapping("/delete/{id}")
005: public String delete(@PathVariable Integer id, RedirectAttributes attributes) {
006:     // 삭제 처리
007:     toDoService.deleteToDo(id);
008:     // 플래시 메시지
009:     attributes.addFlashAttribute("message", "ToDo가 삭제됐습니다");
010:     // PRG 패턴
011:     return "redirect:/todos";
012: }
```

소스코드에 주석으로 상세히 설명하고 있으며, 특별히 새로 설명할 내용이 없으므로 설명을 생략하겠습니다.

13-3-2 뷰 생성 (ToDo 삭제)

templates 폴더의 todo 폴더 아래에 있는 상세 화면용 detail.html 파일에 ToDo 삭제 버튼을 추가합니다.

수정 내용

파일 위치	src/main/resources/templates/todo
파일명	detail.html

detail.html에 추가할 내용은 예제 13.12와 같습니다.

예제 13.12 ToDo 삭제 버튼 추가

```
001:    ...
002:        기존 코드는 생략
003:    ...
004:    </table>
005:    <a th:href="@{/todos/edit/{id}(id=${todo.id})}">편집</a>
006:    <form th:action="@{/todos/delete/{id}(id=${todo.id})}" method="post">
007:        <input type="submit" value="삭제">
008:    </form>
009:    <a th:href="@{/toDos}}">ToDo 목록으로 가기</a></a>
010:    </body>
011:    </html>
```

6번째 줄에서 REST 형식으로 상세 화면에 표시되는 할일의 ID 값을 플레이스홀더인 {id}에 전달해서 action 속성에 해당하는 URL을 생성합니다.

13-3-3 동작 확인

ToDo 삭제 처리 부분이 완성됐으니 웹 애플리케이션을 실행하고 브라우저를 실행해 http://localhost:8080/todos를 입력합니다. 삭제 처리가 정상적으로 이뤄지는지 동작을 확인합니다.

01 ToDo 삭제 처리 확인

목록 화면에서 ID가 1인 행의 '상세 보기' 링크를 클릭했을 때 표시되는 상세 화면에서 [삭제] 버튼을 클릭합니다. http://localhost:8080/todos/delete/1이 POST로 전송되어 ToDo 삭제 처리가 실행됩니다. PRG 패턴으로 삭제 처리가 이뤄지고 목록 화면에 플래시 메시지가 표시됩니다(그림 13.7).

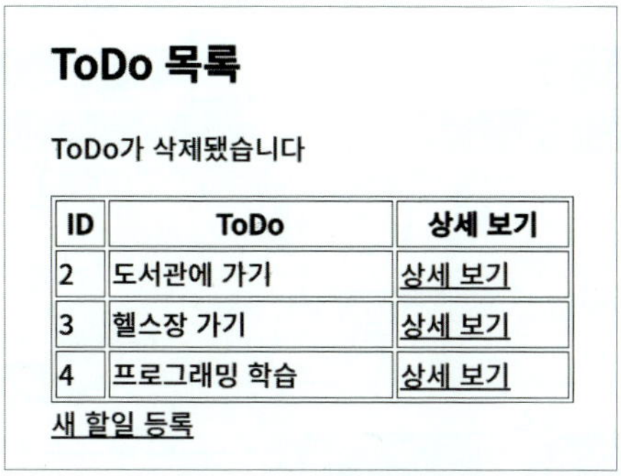

그림 13.7 목록 화면: 삭제

02 ToDo 데이터가 존재하지 않는 경우 확인

동작 확인의 마지막으로 데이터베이스에 존재하지 않는 할일의 동작을 확인합니다. 존재하지 않는 ID가 999인 항목을 표시하도록 브라우저 주소 표시줄에 http://localhost:8080/todos/999를 입력하면 데이터가 존재하지 않는다는 메시지가 목록 화면에 표시됩니다(그림 13.8).

그림 13.8 데이터가 존재하지 않음

그림 13.9는 지금까지의 진행 상황을 보여줍니다.

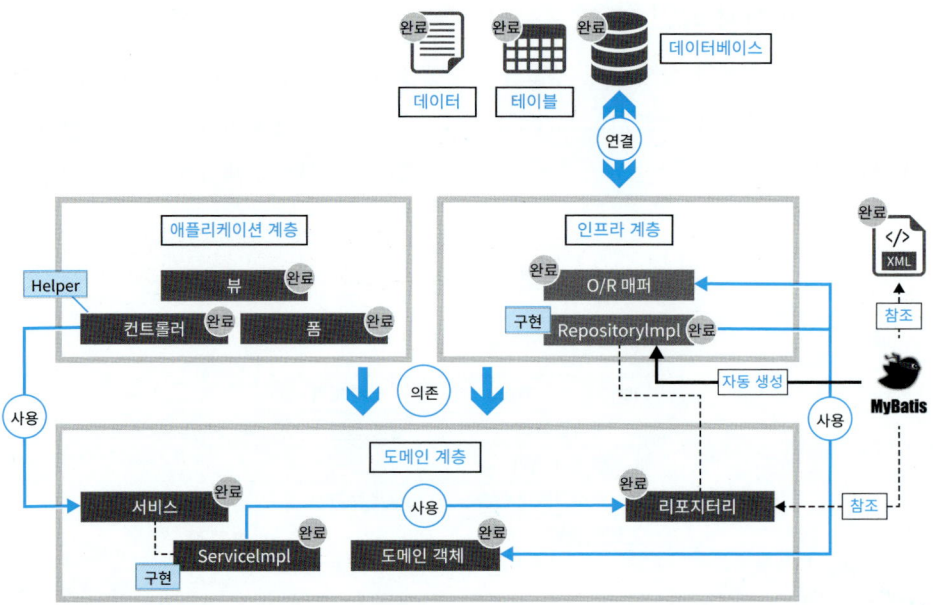

그림 13.9 지금까지의 진행 상황

ToDo 앱의 정상적인 처리 흐름과 관련해서 CRUD 처리가 모두 무사히 완료됐습니다. 단계별로 한 단계씩을 염두에 두고 프로그램을 만들었기 때문에 혼동하지 않고 만들 수 있었던 것 같습니다.

다만 현재 ToDo 앱은 어떤 값이라도 등록 및 업데이트가 가능한 무방비 상태입니다.

할일 등록 및 업데이트 시 입력 체크를 설정해 잘못된 값으로부터 ToDo 앱을 보호합시다(그림 13.10).

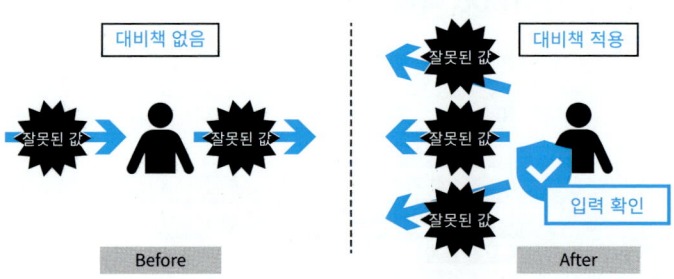

그림 13.10 입력 체크

14장

입력 체크 구현하기

14-1 입력 체크 준비하기

14-2 입력 체크 구현하기

SECTION 14-1 입력 체크 준비하기

현재 ToDo 앱은 CRUD 처리를 성공적으로 완료했지만 입력 체크가 아직 구현돼 있지 않습니다. 따라서 잘못된 입력이 발생하면 애플리케이션이 예상치 못한 동작을 할 수 있습니다. 이 문제를 해결하기 위해서는 유효성 검사를 구현하는 것이 중요합니다.

14-1-1 유효성 검사 고려하기

ToDo 앱에 설정하는 유효성 검사는 표 14.1과 같습니다.

표 14.1 입력 체크

항목	유효성 검사	메시지
ToDo	미입력 체크	ToDo는 필수입니다.
상세	범위 확인	상세 내용은 {min}~{max}자 이내로 입력하세요.

14-1-2 스프링 이니셜라이저로 의존성 추가하기

브라우저에서 https://start.spring.io/에 접속해 스프링 이니셜라이저를 표시합니다(그림 14.1).

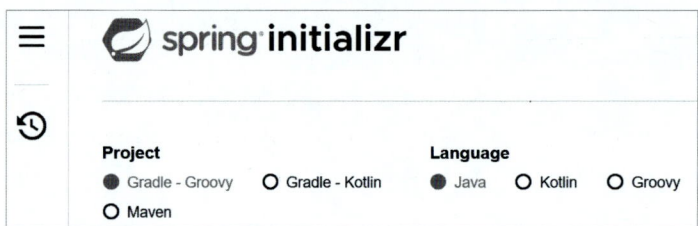

그림 14.1 스프링 이니셜라이저

화면 오른쪽의 [Dependencies] 옆에 있는 [ADD DEPENDENCIES]를 클릭합니다(그림 14.2).

그림 14.2 ADD DEPENDENCIES 1

표시된 화면에서 'validation'을 입력하고 [Valida
tion]을 클릭합니다(그림 14.3).

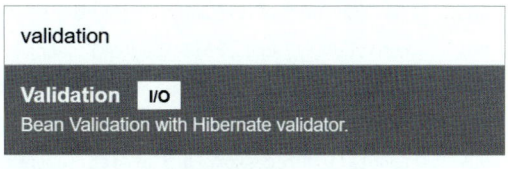

그림 14.3 ADD DEPENDENCIES 2

화면 하단의 [EXPLORE]를 클릭합니다
(그림 14.4).

그림 14.4 ADD DEPENDENCIES 3

표시된 화면에서 dependencies 블록에 주목해서 implementation 'org.springframework.
boot:spring-boot-starter-validation'을 복사합니다(그림 14.5).

```
20   dependencies {
21       implementation 'org.springframework.boot:spring-boot-starter-validation'
22       testImplementation 'org.springframework.boot:spring-boot-starter-test'
23       testRuntimeOnly 'org.junit.platform:junit-platform-launcher'
24   }
```

그림 14.5 ADD DEPENDENCIES 3

implementation 'org.springframework.boot:spring-boot-starter-validation'은 스프링 부트 프로젝트에 유효성 검사 기능을 추가하기 위한 의존성입니다. 이 의존성을 프로젝트 빌드 설정에 추가하면 애플리케이션 내에서 데이터의 유효성 검사를 수행할 수 있게 됩니다.

스프링 이니셜라이저는 더 이상 사용하지 않으므로 화면을 닫고, webapp 프로젝트 내 build.gradle 내 dependencies 블록에 앞에서 복사한 implementation 'org.springframework.boot:spring-boot-starter-validation'을 붙여넣습니다[19](예제 14.1).

예제 14.1 build.gradle 1

```
001:  dependencies {
002:      implementation 'org.springframework.boot:spring-boot-starter-thymeleaf'
003:      implementation 'org.springframework.boot:spring-boot-starter-validation'
004:      implementation 'org.springframework.boot:spring-boot-starter-web'
```

---
[19] 책 출간 시점에 따라 implementation 'org.mybatis.spring.boot:mybatis-spring-boot-boot-starter:3.0.3' 등에 부여되는 버전 번호가 달라질 수 있습니다.

```
005:     implementation 'org.mybatis.spring.boot:mybatis-spring-boot-starter:3.0.3'
006:     compileOnly 'org.projectlombok:lombok'
007:     developmentOnly 'org.springframework.boot:spring-boot-devtools'
008:     runtimeOnly 'org.postgresql:postgresql'
009:     annotationProcessor 'org.projectlombok:lombok'
010:     testImplementation 'org.springframework.boot:spring-boot-starter-test'
011:     testImplementation 'org.mybatis.spring.boot:mybatis-spring-boot-starter-test:3.0.3'
012: }
```

항목을 붙여넣은 후 `build.gradle`을 새로고침해서 설정을 업데이트합니다. IntelliJ IDEA의 우측에 표시된 Gradle 아이콘을 클릭하거나 메뉴에서 [보기] → [도구 창] → [Gradle]을 차례로 선택해 Gradle 도구 창을 엽니다(그림 14.6).

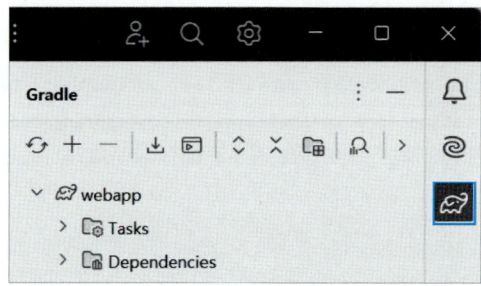

그림 14.6 build.gradle 2

그러고 나서 Gradle 도구 창의 맨 왼쪽에 있는 새로고침 아이콘을 클릭해 Gradle 프로젝트를 다시 로드합니다(그림 14.7).

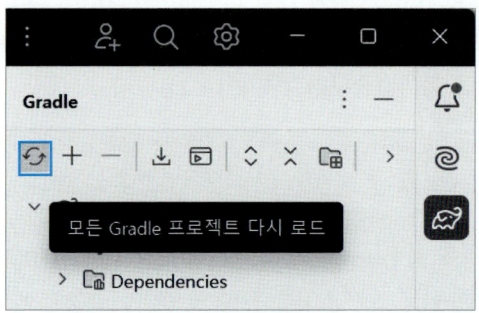

그림 14.7 Gradle 프로젝트 다시 로드

그럼 설정 내용이 반영되면서 프로젝트 내에서 유효성 검사 기능을 사용할 수 있게 됩니다.

입력 체크 구현하기

SECTION 14-2

유효성 검사를 추가할 준비가 끝났습니다. 폼 → 컨트롤러 → 뷰의 순서로 입력 체크를 작성해 봅시다.

14-2-1 폼 클래스 수정

유효성 검사를 추가하기 위해 ToDo 등록 및 업데이트용 폼 클래스를 수정합니다.

수정 내용

패키지	com.example.webapp.form
이름	ToDoForm

ToDoForm 클래스의 내용은 예제 14.2와 같습니다.

예제 14.2 ToDoForm

```
001: package com.example.webapp.form;
002:
003: import jakarta.validation.constraints.NotBlank;
004: import jakarta.validation.constraints.Size;
005: import lombok.AllArgsConstructor;
006: import lombok.Data;
007: import lombok.NoArgsConstructor;
008:
009: /**
010:  * 할일: 폼
011:  */
012: @Data
013: @NoArgsConstructor
014: @AllArgsConstructor
015: public class ToDoForm {
016:     /** 할일 ID */
017:     private Integer id;
018:     /** 할일 */
```

```
019:     @NotBlank(message = "ToDo는 필수입니다.")
020:     private String todo;
021:     /** 할일 상세 */
022:     @Size(min = 1, max = 100, message = "상세 내용은 {min}~{max}자 이내로 입력하세요.")
023:     private String detail;
024:     /** 새 할일 여부 */
025:     private Boolean isNew;
026: }
```

19번째 줄의 `@NotBlank`는 필드가 비어 있지 않아야 한다는 것을 나타냅니다. 이는 사용자가 이 필드에 어떤 문자를 입력해야 함을 의미합니다. 아무것도 입력하지 않으면 'ToDo는 필수입니다.'라는 오류 메시지가 표시됩니다.

22번째 줄의 `@Size` 애너테이션은 필드의 글자 수가 1자 이상 100자 이내여야 한다는 것을 나타냅니다. 이 범위를 초과하는 글자가 입력되면 '상세 내용은 1~100자 이내로 입력하세요.'라는 오류 메시지가 표시됩니다.

14-2-2 컨트롤러 수정

ToDo용 컨트롤러 클래스에 유효성 검사를 수행하는 부분을 추가합니다.

수정 내용

패키지	com.example.webapp.controller
이름	ToDoController

ToDoController 클래스의 내용은 예제 14.3과 같습니다.

예제 14.3 ToDoController

```
001: ... 기존 코드 생략 ...
002:
003:     /**
004:      * 새 할일을 등록합니다.
005:      */
006:     @PostMapping("/save")
```

```
007:    public String create(@Validated ToDoForm form,
008:        BindingResult bindingResult,
009:        RedirectAttributes attributes) {
010:      // === 유효성 검사 ===
011:      // 입력 체크 NG: 입력 화면 표시
012:      if (bindingResult.hasErrors()) {
013:        // 새 할일 등록 화면 설정
014:        form.setIsNew(true);
015:        return "todo/form";
016:      }
017:      // 엔티티로 변환
018:      ToDo ToDo = ToDoHelper.convertToDo(form);
019:      // 할일 등록
020:      toDoService.insertToDo(ToDo);
021:      // 플래시 메시지
022:      attributes.addFlashAttribute("message", "새 ToDo가 생성됐습니다");
023:      // PRG 패턴
024:      return "redirect:/todos";
025:    }
026:
027: ... 기존 코드 생략 ...
028:
029:    /**
030:     * 할일을 업데이트합니다.
031:     */
032:    @PostMapping("/update")
033:    public String update(@Validated ToDoForm form,
034:        BindingResult bindingResult,
035:        RedirectAttributes attributes) {
036:      // === 유효성 검사 ===
037:      // 입력 체크 NG: 입력 화면 표시
038:      if (bindingResult.hasErrors()) {
039:        // 업데이트 화면 설정
040:        form.setIsNew(false);
041:        return "todo/form";
042:      }
043:      // 엔티티로 변환
044:      ToDo ToDo = ToDoHelper.convertToDo(form);
045:      // 할일 업데이트
```

```
046:        toDoService.updateToDo(ToDo);
047:        // 플래시 메시지
048:        attributes.addFlashAttribute("message", "ToDo가 업데이트됐습니다");
049:        // PRG 패턴
050:        return "redirect:/todos";
051:    }
052:
053: ... 기존 코드 생략 ...
```

7, 33번째 줄의 `@Validated`는 제출된 폼 데이터에 대해 유효성 검사(입력 체크)를 수행하도록 지시하며, ToDoForm 클래스에 정의된 유효성 검사 애너테이션(`@NotBlank`, `@Size` 등)에 따라 입력값이 적절한지 여부를 확인합니다.

8, 34번째 줄의 `BindingResult`는 유효성 검사 결과를 보관하는 객체입니다. `@Validated`에 의한 유효성 검사 후, 이 객체를 통해 오류 여부를 확인할 수 있습니다.

12, 38번째 줄의 `bindingResult.hasErrors()` 메서드를 이용해 유효성 검사 오류가 있는지 확인합니다. 입력 체크에 오류가 있으면 `true`를 반환하고, 오류가 없으면 `false`를 반환합니다.

14-2-3 뷰 수정

ToDo용 등록/편집 화면에 유효성 검사 메시지를 표시하는 부분을 추가합니다.

수정 내용

파일 위치	src/main/resources/templates/todo
파일명	form.html

form.html의 내용은 예제 14.4와 같습니다.

예제 14.4 form.html

```
001: ... 기존 코드 생략 ...
002: <table>
003:   <tr>
004:     <th>ToDo</th>
005:     <td>
```

```
006:          <input type="text" th:field="*{todo}">
007:          <!-- todo용: 유효성 검사 오류 표시 -->
008:          <span th:if="${#fields.hasErrors('todo')}"
009:            th:errors="*{todo}" style="color: red;">
010:            오류가 있는 경우 표시
011:          </span>
012:        </td>
013:      </tr>
014:      <tr>
015:        <th>상세 보기</th>
016:        <td>
017:          <textarea rows="5" cols="30" th:field="*{detail}">
018:          </textarea>
019:          <!-- 상세 내용: 유효성 검사 오류 표시 -->
020:          <span th:if="${#fields.hasErrors('detail')}"
021:            th:errors="*{detail}" style="color: red;">
022:            오류가 있는 경우 표시
023:          </span>
024:        </td>
025:      </tr>
026:    </table>
```

8~9번째 줄의 `<span th:if="${#fields.hasErrors('todo')}" th:errors="*{todo}" style="color: red;">`는 유효성 검사 오류가 있을 때 오류 메시지를 표시하기 위한 것입니다. 좀 더 자세히 설명하겠습니다.

th:if 속성은 조건부로 요소를 표시하는 데 사용되며, `${#fields.hasErrors(todo)}`로 todo 필드에 유효성 검사 오류가 있는지 확인합니다. 오류가 있으면 **true**를 반환하고, 이 경우 `<span>` 요소가 표시됩니다.

th:errors 속성은 특정 필드의 유효성 검사 오류 메시지를 표시합니다. *{todo}는 ToDoForm의 todo 속성과 관련된 오류 메시지를 표시한다는 의미입니다.

style="color: red;" 속성은 오류 메시지의 텍스트 색상을 빨간색으로 설정합니다.

20~21번째 줄도 비슷한 방식으로 처리합니다.

이렇게 해서 폼 → 컨트롤러 → 뷰의 작성이 완료됐습니다.

14-2-4 동작 확인

입력 체크 구현이 완료됐습니다. 이제 ToDo 등록 및 편집 처리에 유효성 검사가 적용됐습니다. 웹 애플리케이션을 실행해 이러한 검사가 제대로 작동하는지 확인해 봅시다.

01 유효성 검사: 등록 화면

프로젝트를 실행합니다. 브라우저를 실행한 후 `http://localhost:8080/todos`를 입력하고, 표시된 ToDo 목록 화면에서 '새 할일 등록' 링크를 클릭해 ToDo 등록 화면을 표시하고, ToDo와 상세 내용을 입력하지 않은 채로 [등록] 버튼을 클릭해 유효성 검사 오류 메시지가 표시되는 것을 확인합니다(그림 14.8).

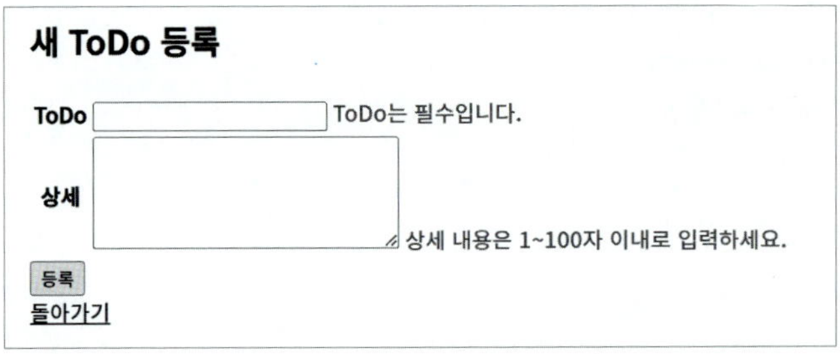

그림 14.8 ToDo 등록 화면 1

상세 항목에 101자를 입력해도 유효성 검사 오류 메시지가 표시되는 것을 확인합니다(그림 14.9).

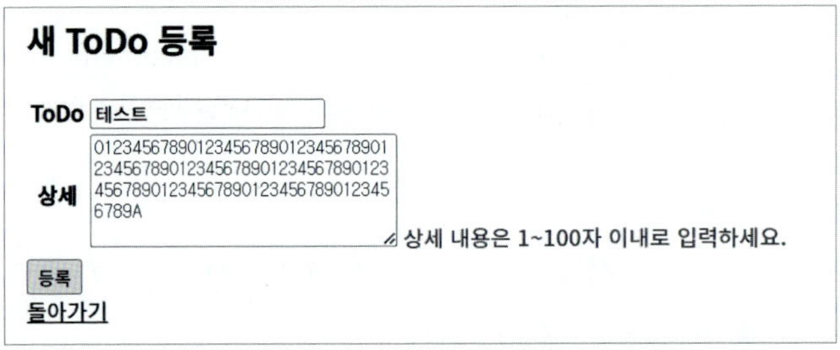

그림 14.9 ToDo 등록 화면 2

02 유효성 검사: 업데이트 화면

ToDo 목록 화면에서 ID가 1인 항목의 '상세 보기' 링크를 클릭해 ToDo 상세 화면을 표시합니다. '편집' 링크를 클릭해 ToDo 편집 화면을 표시하고, ToDo 및 상세 내용을 입력하지 않은 채로 수정한 후 [업데이트] 버튼을 클릭해 유효성 검사 오류 메시지가 표시되는 것을 확인합니다(그림 14.10).

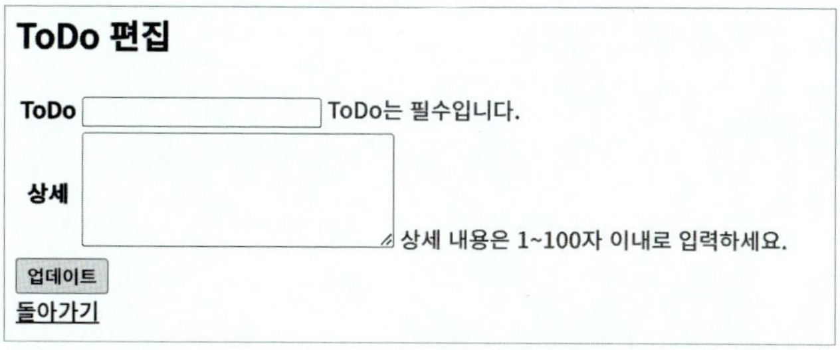

그림 14.10 ToDo 편집 화면 1

상세 항목에 101자를 입력해도 유효성 검사 오류 메시지가 표시되는 것을 확인합니다(그림 14.11).

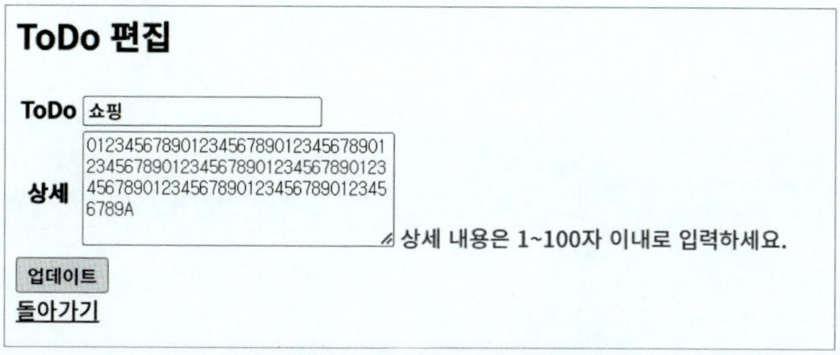

그림 14.11 ToDo 편집 화면 2

이로써 ToDo 앱은 어떤 값으로도 등록 및 업데이트되는 무방비 상태에서 입력 체크라는 방패를 얻어 잘못된 값으로부터 ToDo 앱을 보호할 수 있게 됐습니다.

15장

로그인 인증 구현하기

15-1	스프링 시큐리티 개요
15-2	스프링 시큐리티를 도입하자
15-3	인가에 대해 알아보자
15-4	커스텀 오류 페이지란?

스프링 시큐리티 개요

SECTION 15-1

이번 장부터는 조금 난이도가 높아집니다. 인증(authentication)이란 사용자가 자신의 신원을 증명하는 방법을 말합니다. 쉽게 말해 로그인 처리에 해당합니다. 스프링에는 로그인 처리를 쉽게 구현할 수 있는 기능이 있습니다.

15-1-1 스프링 시큐리티란?

스프링 시큐리티(Spring Security)는 스프링 프로젝트에서 제공하는 프레임워크로, 인증과 인가, 그리고 기타 여러 가지 보안 조치를 간단하게 구현할 수 있습니다. 다양한 기능을 제공하기 때문에 초보자에게는 다소 어렵게 느껴질 수 있습니다. 이 책에서는 스프링 시큐리티의 기본적인 부분을 설명합니다(그림 15.1). 더 깊게 알고자 한다면 다른 책을 참고해서 학습하기 바랍니다.

그림 15.1 스프링 시큐리티

🗖 인증 및 인가

스프링 시큐리티가 제공하는 인증과 인가에 대한 내용은 표 15.1과 같습니다.

표 15.1 인증 및 인가

용어	설명
인증(Authentication)	사용자가 자신의 신원을 증명하는 방법. 간단히 말해 로그인을 말합니다.
인가(Authorization)	인증된 사용자가 특정 리소스에 접근할 수 있는지 여부를 결정하는 방법. 간단히 말해 권한을 의미합니다.

15-1-2 메뉴 화면 만들기

스프링 시큐리티에 대한 설명에 들어가기에 앞서, 나중에 생성할 로그인 화면에서 인증이 성공하면 메뉴 화면으로 넘어갈 수 있도록 먼저 메뉴 화면을 생성합니다. 메뉴 화면에는 ToDo 목록 링크를 추가합니다.

01 컨트롤러 생성

메뉴용 컨트롤러를 생성합니다. webapp의 src/main/java 폴더에서 다음과 같은 패키지와 클래스를 차례로 생성합니다.

설정 내용

패키지	com.example.webapp.controller
클래스	MenuController

MenuController 클래스의 내용은 예제 15.1과 같습니다.

예제 15.1 MenuController

```java
001: package com.example.webapp.controller;
002:
003: import org.springframework.stereotype.Controller;
004: import org.springframework.web.bind.annotation.GetMapping;
005: import org.springframework.web.bind.annotation.RequestMapping;
006:
007: /**
008:  * Menu: 컨트롤러
009:  */
010: @Controller
011: @RequestMapping("/")
012: public class MenuController {
013:
014:     /**
015:      * 메뉴 화면 표시
016:      */
017:     @GetMapping
018:     public String showMenu() {
```

```
019:         // templates 폴더 아래의 menu.html로 전환
020:         return "menu";
021:     }
022: }
```

http://localhost:8080/ URL에서 메뉴 화면으로 전환하는 요청 핸들러 메서드만 작성했습니다.

02 뷰 생성(메뉴 화면)

templates 폴더 아래에 메뉴 화면용 menu.html 파일을 생성합니다.

webapp의 src/main/resources 안의 templates 폴더를 선택하고 마우스 오른쪽 버튼을 클릭한 후 [새로 만들기] → [HTML 파일]을 선택하고, 파일명으로 'menu.html'을 입력해 HTML 파일을 생성합니다.

> **팁 / IntelliJ IDEA에서 폴더가 합쳐져서 표시될 때**
>
> 지금까지 진행한 작업으로 IntelliJ IDEA에서 templates 폴더가 다음과 같이 표시될 수 있습니다 (그림 15.A).
>
>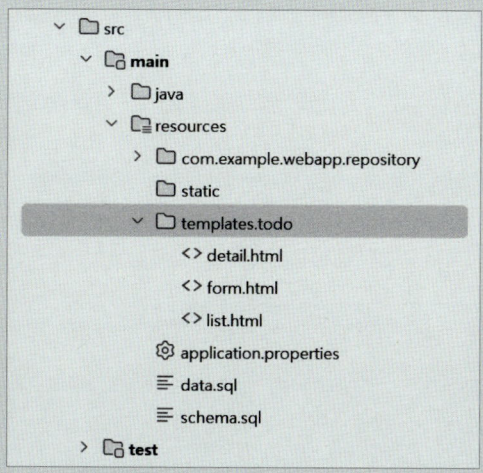
>
> 그림 15.A templates 폴더
>
> 이 상태에서 앞의 방법으로 HTML 파일을 추가하면 templates 폴더가 아닌 templates/todo 폴더에 파일이 생성됩니다.

이 문제를 해결하려면 프로젝트 도구 창 오른쪽 위의 세로 점으로 표시된 [옵션] 버튼을 클릭한 후 [모양] → [중간 패키지 압축]을 선택해 체크를 해제합니다(그림 15.B).

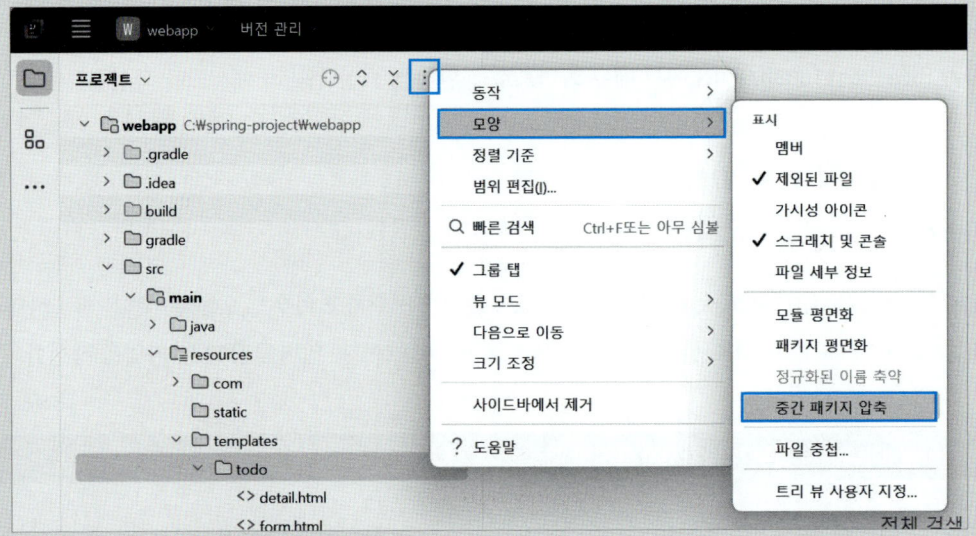

그림 15.B '중간 패키지 압축' 선택 해제

그림 프로젝트의 폴더 구조가 다음과 같이 표시되고, `templates` 폴더를 직접 선택해 파일을 생성할 수 있습니다(그림 15.C).

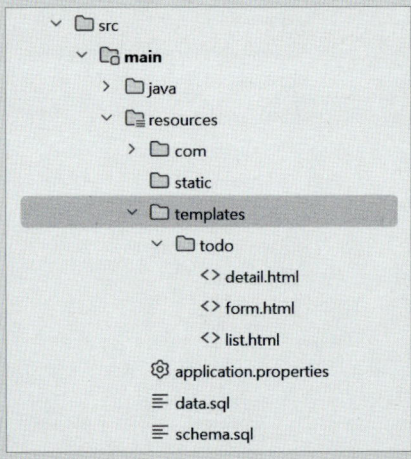

그림 15.C 변경된 폴더 구조

menu.html 파일의 내용을 예제 15.2와 같이 작성합니다.

예제 15.2 menu.html

```
001: <!DOCTYPE html>
002: <html xmlns:th="http://www.thymeleaf.org">
003: <head>
004:   <title>메뉴</title>
005: </head>
006: <body>
007:   <h2>메뉴 화면</h2>
008:   <hr>
009:   <a th:href="@{/todos}">ToDo 목록으로 가기</a>
010: </body>
011: </html>
```

9번째 줄에 ToDo 목록 화면으로 이동하는 링크가 포함돼 있습니다.

03 동작 확인

webapp 프로젝트를 실행합니다. 브라우저를 실행하고 `http://localhost:8080/`을 입력하면 메뉴 화면이 나타납니다(그림 15.2).

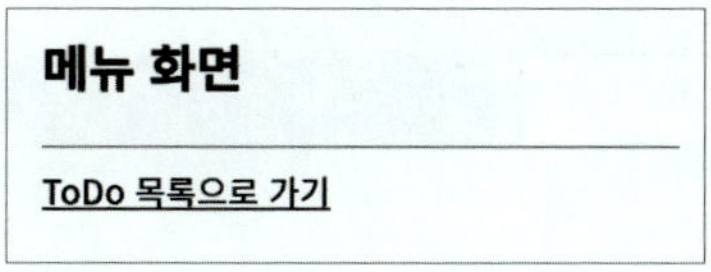

메뉴 화면

ToDo 목록으로 가기

그림 15.2 메뉴

SECTION 15-2 스프링 시큐리티 도입하기

스프링 부트 프로젝트에 스프링 시큐리티를 도입하려면 `build.gradle`에 의존성을 추가합니다.

15-2-1 스프링 이니셜라이저로 의존성 추가하기

`https://start.spring.io/`에 접속해 스프링 이니셜라이저를 표시합니다.

화면 오른쪽의 [Dependencies] 옆에 있는 [ADD DEPENDENCIES]를 클릭합니다.

'spring security'를 입력하고 표시된 'Spring Security'를 클릭합니다(그림 15.3).

![spring security - Spring Security SECURITY - Highly customizable authentication and access-control framework for Spring applications.]

그림 15.3 ADD DEPENDENCIES 1

화면 하단의 [EXPLORE]를 클릭합니다(그림 15.4).

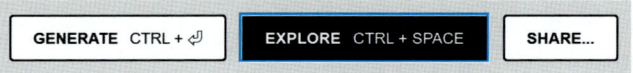

그림 15.4 ADD DEPENDENCIES 2

표시된 화면의 `dependencies` 블록에 주목해서 `implementation 'org.springframework.boot:spring-boot-starter-security'`와 `testImplementation 'org.springframework.security:spring-security-test'`를 복사합니다(그림 15.5).

```
20  dependencies {
21      implementation 'org.springframework.boot:spring-boot-starter-security'
22      testImplementation 'org.springframework.boot:spring-boot-starter-test'
23      testImplementation 'org.springframework.security:spring-security-test'
24      testRuntimeOnly 'org.junit.platform:junit-platform-launcher'
25  }
```

그림 15.5 ADD DEPENDENCIES 3

implementation 'org.springframework.boot:spring-boot-starter-security'는 스프링 부트 애플리케이션에 보안 기능을 쉽게 추가하기 위한 의존성입니다. 이 의존성을 프로젝트 빌드 설정에 추가하면 애플리케이션 내에서 스프링 시큐리티의 기능을 사용할 수 있게 됩니다. 적절한 보안 설정을 통해 애플리케이션을 보호할 수 있습니다.

또한 testImplementation 'org.springframework.security:spring-security-test'는 스프링 부트 프로젝트에서 스프링 시큐리티와 관련된 테스트를 할 때 사용되는 의존성입니다. 이 의존성은 테스트를 실행할 때만 필요하며, 주로 보안 기능을 포함한 애플리케이션의 테스트를 지원하기 위해 사용됩니다(이 책에서는 스프링 시큐리티의 테스트에 대한 자세한 내용은 다루지 않습니다).

스프링 이니셜라이저 사용이 끝났다면 해당 화면을 닫습니다. 다음으로 IntelliJ IDEA로 되돌아와 webapp 프로젝트에서 build.gradle 파일 내 dependencies 블록에 방금 복사한 아래의 두 줄을 추가합니다(예제 15.3).

예제 15.3 build.gradle

```
001: dependencies {
002:     implementation 'org.springframework.boot:spring-boot-starter-thymeleaf'
003:     implementation 'org.springframework.boot:spring-boot-starter-validation'
004:     implementation 'org.springframework.boot:spring-boot-starter-web'
005:     implementation 'org.mybatis.spring.boot:mybatis-spring-boot-starter:3.0.3'
006:     implementation 'org.springframework.boot:spring-boot-starter-security'
007:     compileOnly 'org.projectlombok:lombok'
008:     developmentOnly 'org.springframework.boot:spring-boot-devtools'
009:     runtimeOnly 'org.postgresql:postgresql'
010:     annotationProcessor 'org.projectlombok:lombok'
011:     testImplementation 'org.springframework.boot:spring-boot-starter-test'
012:     testImplementation 'org.springframework.security:spring-security-test'
013:     testImplementation 'org.mybatis.spring.boot:mybatis-spring-boot-starter-test:3.0.3'
014: }
```

6번째 줄의 implementation 'org.springframework.boot:spring-boot-starter-security'를 통해 스프링 부트 애플리케이션에 보안 기능을 내장합니다.

12번째 줄의 testImplementation 'org.springframework.security:spring-security-test'는 보안 기능을 포함한 애플리케이션의 테스트를 지원하기 위한 의존성입니다.

위 항목을 추가하고 나면 `build.gradle`을 새로고침해서 설정을 업데이트해야 합니다. IntelliJ IDEA의 우측에 표시된 Gradle 아이콘을 클릭하거나 메뉴에서 [보기] → [도구 창] → [Gradle]을 차례로 선택해 Gradle 도구 창을 엽니다. 그러고 나서 Gradle 도구 창의 맨 왼쪽에 있는 새로고침 아이콘을 클릭해 Gradle 프로젝트를 다시 로드합니다. 이 작업을 통해 설정이 업데이트되고 프로젝트 내에서 스프링 시큐리티의 유효성 검사 기능을 사용할 수 있게 됩니다.

15-2-2 기본 설정 확인

스프링 시큐리티를 프로젝트에 의존성으로 추가하면 몇 가지 기본적인 보안 기능이 자동으로 활성화됩니다. 이 기능들을 실제로 구동하면서 확인해 봅시다.

01 로그인

폼 기반 인증은 웹 애플리케이션에서 널리 사용되는 인증 방법 중 하나입니다. 이 방법은 사용자가 웹 페이지의 폼에 사용자 이름과 비밀번호를 입력하고 이를 통해 시스템에 로그인하는 방식입니다.

스프링 시큐리티를 프로젝트 의존성에 추가하면 자동으로 기본 로그인 화면이 생성되어 폼 기반 인증이 가능합니다.

webapp 프로젝트를 실행합니다. 이후 브라우저에서 `http://localhost:8080/login`에 접속하면 기본 로그인 화면이 표시됩니다(그림 15.6). 스프링 시큐리티가 사용하는 기본 사용자명은 `user`입니다.

그림 15.6 기본 로그인 화면

비밀번호는 콘솔에 무작위로 생성된 문자열로 표시됩니다(그림 15.7).

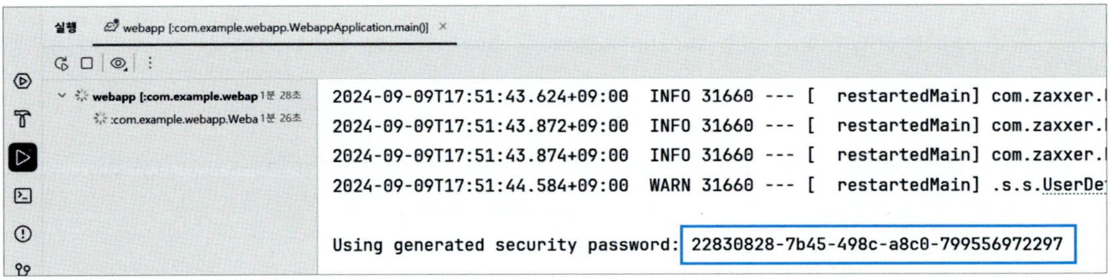

그림 15.7 기본 비밀번호

그림 15.8은 기본 인증의 동작 방식을 보여줍니다.

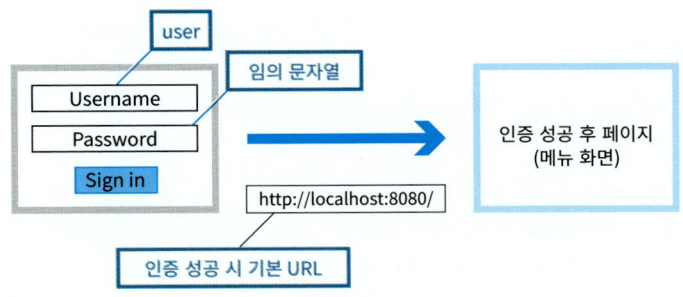

그림 15.8 기본 인증의 동작 방식

기본 로그인 화면에서 username란에 'user'를, password란에 터미널에 표시되는 임의의 문자열을 입력하고 [Sign in] 버튼을 클릭합니다. 사용자 이름과 비밀번호로 로그인에 성공하면 `http://localhost:8080/`으로 리디렉션됩니다.

그러면 앞서 생성한 메뉴 화면이 표시됩니다.

02 로그아웃

스프링 시큐리티는 기본적으로 로그아웃 기능을 제공합니다. 로그아웃하려면 `/logout` URL에 POST 요청을 보내면 됩니다. 그러면 로그아웃 처리가 이뤄집니다.

다음으로, 이 로그아웃 기능을 메뉴 화면에 통합해 봅시다.

수정 내용

파일 위치	webapp/src/main/resources/templates
파일명	menu.html

menu.html의 내용을 예제 15.4와 같이 수정합니다.

예제 15.4 menu.html

```
001: <!DOCTYPE html>
002: <html xmlns:th="http://www.thymeleaf.org">
003: <head>
```

```html
004:    <title>메뉴</title>
005:    </head>
006:    <body>
007:    <h2>메뉴 화면</h2>
008:    <hr>
009:    <a th:href="@{/toDos}">ToDo 목록으로 가기</a>
010:    <br/>
011:    <!-- 로그아웃 -->
012:    <form th:action="@{/logout}" method="post">
013:      <input type="submit" value="로그아웃">
014:    </form>
015:    </body>
016:    </html>
```

12~14번째 줄에 /logout URL에 대한 POST 요청을 보내는 [로그아웃] 버튼을 추가합니다.

webapp 프로젝트를 실행합니다. 브라우저를 실행하고 http://localhost:8080/login을 통해 표시되는 기본 로그인 화면에서 username에 'user', password에 터미널에 표시된 임의의 문자열을 입력하고 [Sign in] 버튼을 클릭합니다. 로그아웃 버튼이 추가된 메뉴 화면이 표시됩니다(그림 15.9). 세션 상태에 따라 처음부터 메뉴 화면이 표시될 수 있습니다. 이 경우 [로그아웃] 버튼을 클릭해서 로그인 화면을 표시합니다.

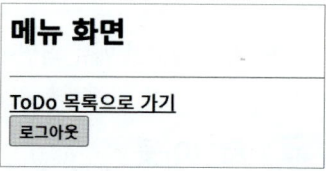

그림 15.9 로그아웃 1

로그아웃 버튼을 클릭하면 로그아웃이 실행되고 기본 로그인 화면으로 전환됩니다(그림 15.10).

그림 15.10 로그아웃 2

03 보안 점검

스프링 시큐리티를 프로젝트 의존성에 추가하면 기본 설정에 따라 애플리케이션의 모든 URL에 접근하기 위해서는 인증이 필요합니다. 인증되지 않은 사용자가 애플리케이션 URL에 접근하려고 하면 스프링 시큐리티는 보안 검사를 수행해서 로그인 페이지로 리디렉션합니다.

애플리케이션을 실행한 후 인증되지 않은 상태에서 ToDo 목록의 URL인 `http://localhost:8080/todos`에 접속해 봅시다. 그러면 리디렉션이 실행되어 기본 로그인 화면이 표시됩니다. 이 과정을 그림 15.11에 표시했습니다.

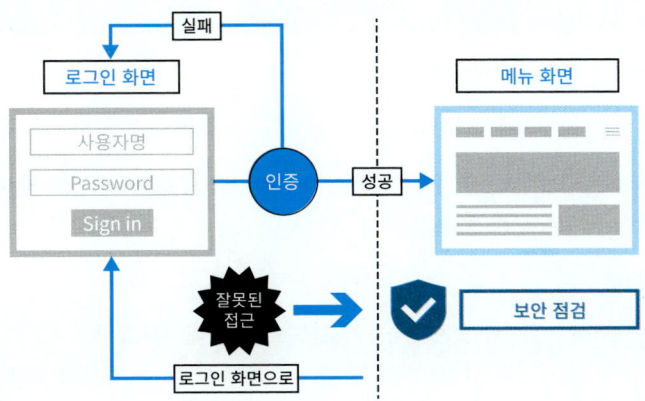

그림 15.11 보안 점검

지금까지 스프링 시큐리티의 기본 설정에 대해 설명했지만 실제로 스프링 시큐리티를 사용하다 보면 기본 설정이 애플리케이션의 요구사항을 완전히 충족하지 못하는 경우가 있습니다. 이럴 때는 실제 사용 상황에 맞게 보안 설정을 커스터마이징하는 것이 좋습니다.

15-2-3 커스터마이징 설정 개요

스프링 시큐리티의 커스터마이징은 애플리케이션의 보안 요구사항에 따라 다양한 보안 기능을 조정하는 데 중요합니다. 이러한 커스터마이징에는 URL 기반 접근 제어, 사용자 정의 로그인 폼 생성, 다양한 인증 메커니즘 설정 등이 포함됩니다.

초보자에게는 스프링 시큐리티의 커스터마이징 설정이 어렵게 느껴질 수 있지만, 이를 이해하기 위한 첫걸음으로 기억해야 할 중요한 키워드는 `UserDetails`와 `UserDetailsService`입니다. 많은 설정 항목이 있지만 우선 이 두 가지 키워드만 기억해두면 됩니다(표 15.2).

표 15.2 UserDetails와 UserDetailsService

용어	설명
UserDetails	인증되는 사용자의 정보를 나타내는 인터페이스
UserDetailsService	UserDetails 인증 서비스

이 책에서는 페이지 관계상 ToDo 앱에 커스터마이징 설정을 도입하는 내용을 설명할 수 없지만 이 책을 끝까지 읽는다면 위의 문제를 해결할 수 있으니 끝까지 읽어주세요.

> **칼럼 / 스프링 시큐리티의 중요성**
>
> 스프링 시큐리티의 중요성은 다음과 같습니다.
>
> - **인증 및 인가**
>
>   스프링 시큐리티는 사용자가 누구인지 확인하는 인증 프로세스와 사용자가 권한이 부여된 리소스에만 접근할 수 있게 하는 인가 프로세스를 제공합니다.
>
> - **안전한 비밀번호**
>
>   비밀번호를 안전하게 저장할 수 있는 해싱을 제공함으로써 보안을 강화합니다.
>
> - **세션 관리**
>
>   사용자 세션을 관리하고 세션 하이재킹(Session Hijacking)[※1] 등을 방지하는 기능을 제공합니다.
>
> - **커스터마이징 및 확장성**
>
>   특정 보안 요구사항에 맞게 설정 및 구현을 커스터마이징할 수 있습니다. 이를 통해 애플리케이션에 가장 적합한 보안 조치를 적용할 수 있습니다.
>
> - **CSRF(Cross Site Request Forgery) 보호**
>
>   불법 사이트의 의도치 않은 요청을 방지하는 보호 기능을 제공함으로써 애플리케이션의 보안을 강화합니다.
>
> ※1 세션 하이재킹이란 악의적인 사용자가 다른 사용자의 세션 ID를 훔쳐 그 사용자로서 웹 애플리케이션에 접근하는 공격을 말합니다.

인가 알아보기

SECTION 15-3

인가란 무엇일까요? 인가(authorization)는 사용자나 시스템이 특정 리소스에 대한 접근과 조작을 허용하는 과정을 말합니다. 스프링 시큐리티에는 인가를 간편하게 구현할 수 있는 기능이 있습니다.

15-3-1 스프링 시큐리티의 인가

스프링 시큐리티의 인가는 애플리케이션의 안전성과 편의성을 높이는 중요한 기능입니다. 적절하게 설정된 인가 규칙을 통해 사용자에게 필요한 권한만 부여함으로써 애플리케이션의 보안을 강화할 수 있습니다. 다음은 스프링 시큐리티의 인가 유형에 대한 설명입니다.

- **접근 제어**
  인가는 사용자가 특정 동작(버튼 누르기 등)을 수행할 수 있는 권한이 있는지 여부를 확인합니다.

- **권한 기반 접근 제어**
  사용자에게는 서로 다른 권한(관리자, 일반 사용자 등)이 부여되며, 이 권한에 따라 접근 권한이 결정됩니다.

- **애너테이션에 의한 인가**
  스프링 시큐리티는 메서드 수준에서 인가를 지원합니다. @PreAuthorize, @PostAuthorize, @Secured 등의 애너테이션을 사용해 특정 역할을 가진 사용자만 메서드를 실행할 수 있게 제한할 수 있습니다.

이 책에서는 애너테이션에 의한 인가에 대해서는 설명하지 않습니다.

15-3-2 인증과 인가의 차이점

인증(Authentication)은 사용자가 본인임을 확인하는 과정(쉽게 말해 로그인)이고, 인가(Authorization)는 사용자가 특정 리소스나 기능에 접근할 수 있는 권한이 있는지를 결정하는 과정(쉽게 말해 권한)입니다. 인증과 인가의 개념을 보여주는 이미지를 그림 15.12에서 확인할 수 있습니다.

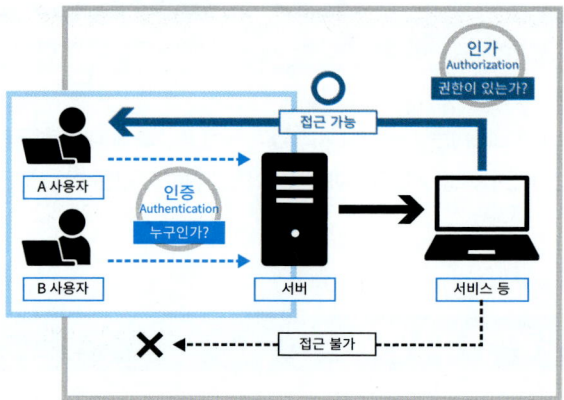

그림 15.12 인증과 인가

15-3-3 의존성 추가

인가의 기초를 이해했으니, 이제 애플리케이션에 인가 처리를 도입해 봅시다. 이번에는 템플릿 엔진으로 타임리프를 사용합니다. 먼저 `build.gradle` 파일에 스프링 시큐리티와 타임리프를 연동하는 데 필요한 의존성을 추가합니다.

webapp 프로젝트 내 `build.gradle` 파일의 `dependencies` 블록에 `implementation 'org.thymeleaf.extras:thymeleaf-extras-springsecurity6'`을 붙여넣습니다(예제 15.5).

예제 15.5 build.gradle

```
001: dependencies {
002:     implementation 'org.springframework.boot:spring-boot-starter-thymeleaf'
003:     implementation 'org.springframework.boot:spring-boot-starter-validation'
004:     implementation 'org.springframework.boot:spring-boot-starter-web'
005:     implementation 'org.mybatis.spring.boot:mybatis-spring-boot-starter:3.0.3'
006:     implementation 'org.springframework.boot:spring-boot-starter-security'
007:     implementation 'org.thymeleaf.extras:thymeleaf-extras-springsecurity6'
008:     compileOnly 'org.projectlombok:lombok'
009:     developmentOnly 'org.springframework.boot:spring-boot-devtools'
010:     runtimeOnly 'org.postgresql:postgresql'
011:     annotationProcessor 'org.projectlombok:lombok'
012:     testImplementation 'org.springframework.boot:spring-boot-starter-test'
013:     testImplementation 'org.springframework.security:spring-security-test'
014:     testImplementation 'org.mybatis.spring.boot:mybatis-spring-boot-starter-test:3.0.3'
015: }
```

7번째 줄의 **org.thymeleaf.extras:thymeleaf-extras-springsecurity6**은 타임리프 템플릿 엔진과 스프링 시큐리티 6를 통합하기 위한 라이브러리입니다. 이 라이브러리를 사용하면 타임리프 템플릿 내에서 직접 스프링 시큐리티의 인증 정보와 인가 규칙을 사용할 수 있습니다.

위 항목을 붙여넣은 후 **build.gradle**을 새로고침해서 설정을 업데이트합니다. IntelliJ IDEA의 우측에 표시된 Gradle 아이콘을 클릭하거나 메뉴에서 [보기] → [도구 창] → [Gradle]을 차례로 선택해 Gradle 도구 창을 엽니다. 그러고 나서 Gradle 도구 창의 맨 왼쪽에 있는 새로고침 아이콘을 클릭해 Gradle 프로젝트를 다시 로드합니다(그림 15.13).

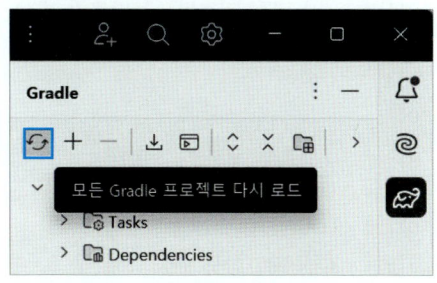

그림 15.13 Gradle 프로젝트 다시 로드

설정 내용을 업데이트하면 프로젝트 내 타임리프 템플릿에서 직접 스프링 시큐리티의 기능을 사용할 수 있게 됩니다.

사용해보기

인증 성공 후 표시되는 메뉴 화면을 수정해서 타임리프 템플릿에서 직접 스프링 시큐리티의 기능을 사용할 수 있게 된 것을 확인해 봅시다.

수정 내용

파일 위치	webapp/src/main/resources/templates
파일명	menu.html

menu.html의 내용은 예제 15.6과 같습니다.

예제 15.6 menu.html

```
001: <!DOCTYPE html>
002: <html xmlns:th="http://www.thymeleaf.org"
003:     xmlns:sec="http://www.thymeleaf.org/thymeleaf-extras-springsecurity6">
004: <head>
005:     <title>메뉴</title>
006: </head>
```

```
007: <body>
008:     <h2>메뉴 화면</h2>
009:     <hr>
010:     <a th:href="@{/toDos}">ToDo 목록으로 가기</a>
011:     <div sec:authentication="name">
012:         로그인 정보의 name 값으로 변경됨
013:     </div>
014:     <div sec:authorize="isAuthenticated()">
015:         인증된 경우에만 표시
016:     </div>
017:     <br/>
018:     <!-- 로그아웃 -->
019:     <form th:action="@{/logout}" method="post">
020:         <input type="submit" value="로그아웃">
021:     </form>
022: </body>
023: </html>
```

세 번째 줄의 xmlns:sec="http://www.thymeleaf.org/thymeleaf-extras-springsecurity6"은 HTML 문서 내에서 sec라는 네임스페이스를 사용할 것을 선언합니다. sec는 타임리프 템플릿에서 스프링 시큐리티와 관련된 기능을 이용할 때 사용합니다. 이 접두사를 정의하면 타임리프 템플릿 내에서 sec: 속성을 사용할 수 있게 됩니다.

11번째 줄의 sec:authentication="name"은 현재 로그인한 사용자의 이름(username)을 표시하기 위한 것으로, 스프링 시큐리티에서 인증한 사용자의 이름을 가져와 그 값으로 HTML 내 텍스트를 동적으로 대체합니다. 즉, 이 <div> 요소의 내용은 사용자가 로그인한 경우 해당 사용자의 이름으로 바뀝니다.

14번째 줄의 sec:authorize="isAuthenticated()"는 사용자가 인증(로그인)된 경우에만 표시되는 콘텐츠를 제어하기 위한 것입니다. 사용자가 인증됐는지 여부를 확인하고, 인증된 경우에만 이 div 요소 내의 콘텐츠를 표시할 수 있습니다.

sec 네임스페이스를 사용하면 스프링 시큐리티의 인증 정보를 기반으로 웹 페이지의 표시 내용을 동적으로 변경할 수 있습니다. 이를 통해 사용자의 로그인 상태에 따라 맞춤형 UX(사용자 경험)를 제공할 수 있습니다[20].

---

[20] UX(사용자 경험)는 사용자가 제품이나 서비스를 사용할 때 느끼는 전반적인 경험입니다. 여기에는 사용 편의성, 만족감, 좋은 인상 등 사용자가 느끼는 모든 것이 포함됩니다.

커스텀 오류 페이지란?

SECTION 15-4

웹 애플리케이션을 만들다 보면 사용자가 잘못된 페이지에 접속하거나 예상치 못한 오류가 발생하는 경우가 있습니다. 이럴 때 알기 쉬운 오류 페이지를 표시해서 사용자의 혼란을 방지할 수 있는데, 스프링에는 이러한 커스텀 오류 페이지를 쉽게 설정할 수 있는 기능이 있습니다(이 기능은 스프링 시큐리티의 기능이 아닙니다).

15-4-1 커스텀 오류 페이지 생성

발생 가능한 일반적인 오류(예를 들어, 404 '페이지를 찾을 수 없음')에 대해 사용자가 좀 더 이해하기 쉬운 오류 페이지를 제공하면 UX(사용자 경험)를 개선하는 데 도움이 됩니다. 여기서는 이러한 오류 페이지를 직접 만드는 방법을 간단한 단계로 설명합니다.

☐ 생성 방법

스프링 부트에서는 애플리케이션에서 오류가 발생했을 때 표시되는 오류 페이지를 쉽게 생성할 수 있습니다.

오류 페이지를 생성하려면 `src/main/resources/templates` 디렉터리 아래에 `error` 폴더를 생성하고, 그 안에 '오류코드.html' 파일을 배치합니다. 예를 들어, `404.html`은 HTTP 404 오류(페이지를 찾을 수 없음)에 대응하고, `500.html`은 HTTP 500 오류(서버 내부 오류)에 대응합니다.

☐ 커스텀 오류 페이지 만들기(404 '페이지를 찾을 수 없음')

상태 코드 404에 해당하는 커스텀 오류 페이지를 생성하겠습니다.

설정 내용

파일 위치	`src/main/resources/templates/error`
파일명	`404.html`

`404.html`의 내용은 예제 15.7과 같습니다.

예제 15.7 404.html

```
001: <!DOCTYPE html>
002: <html xmlns:th="http://www.thymeleaf.org">
003: <head>
004:     <title>404</title>
005: </head>
006: <body>
007:     <h2>404 - 페이지를 찾을 수 없음</h2>
008:     <div>
009:         해당 페이지가 존재하지 않습니다.
010:     </div>
011:     <a th:href="@{/}">메뉴로 이동</a>
012: </body>
013: </html>
```

상태 코드 404에 해당하는 페이지가 존재하지 않는다는 것을 알 수 있도록 레이아웃을 구성했습니다.

동작 확인

webapp 프로젝트를 실행합니다. 브라우저를 실행하고 http://localhost:8080/login으로 이동한 후 기본 로그인 화면에서 username에 'user', password에 터미널에 표시되는 임의의 문자열을 입력하고 [Sign in] 버튼을 클릭해 로그인(인증)에 성공합니다.

브라우저의 주소 표시줄에 http://localhost:8080/unknown을 지정합니다. 지정한 URL에 대해 페이지를 찾을 수 없다는 커스텀 오류 페이지가 표시됩니다(그림 15.14).

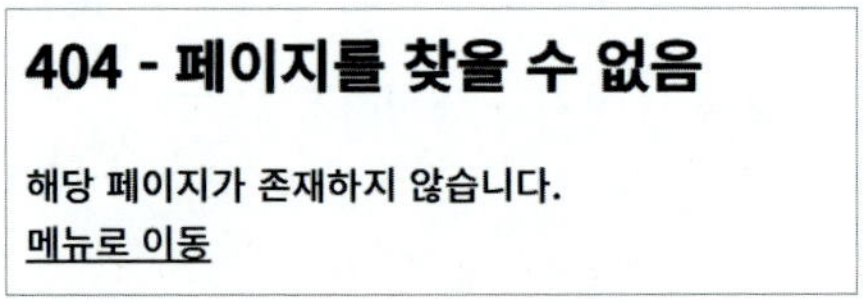

404 - 페이지를 찾을 수 없음

해당 페이지가 존재하지 않습니다.
메뉴로 이동

그림 15.14 404.html

15-4-2 마무리

스프링 시큐리티는 초보자에게는 상당히 고급스러운 내용을 담고 있습니다. 따라서 이 책 한 권 분량에 맞먹을 정도로 다양한 설정 옵션이 존재합니다. 앞에서 만든 ToDo 앱에 스프링 시큐리티를 이용한 사용자 지정 로그인 설정이나 인가 기능을 도입하는 것은 이 책의 분량을 크게 초과하기 때문에 본문에서 자세히 설명하지 못했습니다.

하지만 이 책에서는 초보자도 스프링 시큐리티의 기초를 이해하고 학습할 수 있도록 애썼습니다. 그래서 부록으로 ToDo 앱에 스프링 시큐리티를 이용한 사용자 지정 로그인 설정, 인가 기능을 도입하는 내용을 준비했습니다.

> **칼럼 / 일반적인 오류 페이지**
>
> 스프링 MVC에서 일반적으로 준비하는 커스텀 오류 페이지에는 다음과 같은 것들이 있습니다. 이러한 오류 페이지를 준비하면 오류가 발생했을 때 사용자가 더 나은 경험을 할 수 있도록 도와줍니다.
>
> - **404 Not Found**
>   - 파일명: 404.html
>   - 개요: 사용자가 존재하지 않는 페이지에 접속했을 때 표시됩니다.
>   - 사용법: '찾으시는 페이지를 찾을 수 없습니다'라는 메시지와 함께 홈페이지 링크나 사이트맵 링크를 제공하는 것이 일반적입니다.
>
> - **403 Forbidden**
>   - 파일명: 403.html
>   - 개요: 사용자가 접근 권한이 없는 리소스에 접근하려고 할 때 표시됩니다.
>   - 사용법: 접근 권한이 없음을 알리고, 필요에 따라 로그인 페이지 링크를 제공할 수 있습니다.
>
> - **500 내부 서버 오류**
>   - 파일명: 500.html
>   - 개요: 서버 내부에서 오류가 발생했을 때 표시됩니다.
>   - 사용법: '서버 내부에서 오류가 발생했습니다. 문제를 해결하고 있습니다.'라는 메시지를 표시하고, 사용자에게 사이트 관리자에게 연락하는 방법이나 나중에 다시 시도해 보도록 안내할 수 있습니다.

예제 파일의 사용법

프로그래밍을 배우기 시작하면 새로운 개념, 도구, 코드 작성법 등 배워야 할 것이 많습니다. 예제 파일을 효율적으로 활용함으로써 오타로 생기는 프로그램 오류로 인한 스트레스에서 벗어나 프로그래밍에 집중할 수 있습니다.

예제 파일 다운로드

위키북스 홈페이지나 깃허브 리포지터리에서 예제 파일을 다운로드한 후 압축을 풉니다. 압축이 풀린 폴더에는 예제 폴더와 완성된 프로젝트 폴더가 있습니다(그림 A.1).

- 책 홈페이지: https://wikibook.co.kr/spring-2nd/
- 깃허브 리포지터리: https://github.com/wikibook/spring-2nd

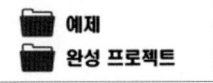

그림 A.1 예제 파일의 폴더 구성

- **'예제' 폴더**

    책에 설명된 모든 예제가 제공됩니다. 책 내에서는 부분적으로 설명된 경우에도 예제 파일에는 전체 코드가 제공되며, 책 내에서 설명하는 부분은 주석으로 강조돼 있습니다.

    직접 프로젝트나 파일을 생성한 후, 해당 코드를 복사 및 붙여넣기해서 파일을 완성하세요.

- **'완성 프로젝트' 폴더**

    각 장별로 생성한 프로젝트가 제공됩니다. 처음부터 예제 프로젝트의 최종 동작 방식을 확인하고 싶다면 완성 프로젝트를 IDE로 임포트해 보세요. 프로젝트를 가져오는 방법은 책에서 소개하는 스프링 이니셜라이저로 만든 프로젝트를 가져오는 방법과 동일합니다.

맺음말

필자는 IT 강사를 생업으로 하고 있습니다. 마지막으로 수강생분들께 매번 말씀드리는 내용을 전해드리고자 합니다.

"토끼와 거북이"라는 동화에는 가슴에 남는 교훈이 담겨 있습니다. 이야기는 자신감이 넘치는 토끼와 꾸준히 달리는 거북이의 경주에서 시작됩니다. 토끼는 자신의 속도를 과신하고 중간에 휴식을 취합니다. 반면 거북이는 한 걸음 한 걸음 꾸준히 앞으로 나아갑니다. 결국 토끼가 깨어났을 때 거북이는 이미 결승점에 도착해 있었습니다.

이 이야기에서 우리는 다른 사람과 비교하지 않고 자신만의 속도로 꾸준히 나아가는 것이 중요하다는 것을 배웁니다. 사람마다 배우는 방식이 다르고, 어떤 사람은 빠른 속도로, 또 어떤 사람은 천천히 시간을 들여서 배우기도 합니다. 중요한 것은 그 과정에서 자신의 성장을 느끼는 것입니다.

이 교훈은 프로그래밍을 배울 때도 마찬가지입니다. 다른 사람과 비교하지 않고, 자신만의 속도로 꾸준히 실력을 쌓아가는 것이 중요합니다. 제가 생각하는 효율적인 학습 방법은 다음과 같습니다. 초보자들이 한 걸음 한 걸음 앞으로 나아가는 데 도움이 됐으면 합니다.

자신의 학습 스타일을 이해한다

사람마다 효과적인 학습 방법은 다릅니다. 시각적으로 학습하는 사람, 청각적으로 학습하는 사람, 실제로 손을 움직여 학습하는 사람 등 자신에게 맞는 학습 스타일을 찾아보세요.

- **목표 설정**

    학습 목표를 명확히 설정해서 동기부여를 유지하세요.

- **반복적인 복습**

    새로운 정보를 뇌에 새기기 위해서는 반복적인 복습이 필요합니다. 학습한 내용을 반복적으로 복습해서 이해도를 높이세요.

- **ChatAI 활용**

    ChatAI는 질문에 대한 답을 제공하거나 새로운 주제에 대한 정보를 제공함으로써 효율적인 학습을 지원합니다. 적극적으로 사용해보세요.

- **휴식**

    효율적인 학습을 위해서는 적당한 휴식도 필요합니다. 휴식을 통해 머리를 리셋하고 새로운 정보를 흡수할 수 있도록 준비하세요.

이 책이 초보자분들이 프로그래밍을 학습할 때 도움이 됐으면 합니다. 끝까지 읽어주셔서 감사합니다.

A 부록

스프링 시큐리티

- **A-1** 스프링 시큐리티를 복습하자
- **A-2** 커스터마이즈 설정을 해보자
- **A-3** 권한 처리를 프로그램에 적용해보자
- **A-4** 커스텀 에러 페이지를 만들어보자
- **A-5** 커스텀 속성을 추가해보자

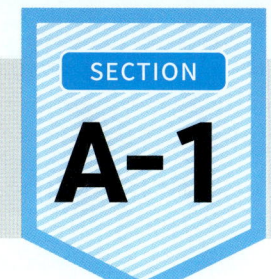

스프링 시큐리티를 복습하자 SECTION A-1

이 책을 끝까지 읽어주셔서 감사합니다. 여기서부터는 본문에 담지 못한 'ToDo 애플리케이션'에 대한 스프링 시큐리티를 활용한 '커스텀 로그인 설정' 및 '인가 기능' 도입에 대해 설명하겠습니다.

A-1-1 스프링 시큐리티 돌아보기

스프링 시큐리티는 인증과 인가, 그리고 기타 여러 보안 기능을 쉽게 구현할 수 있는 스프링 프로젝트가 제공하는 프레임워크입니다(그림 A.1). 스프링 시큐리티는 다양한 기능을 제공하기 때문에 초보자에게는 다소 진입장벽이 높다고 알려져 있습니다.

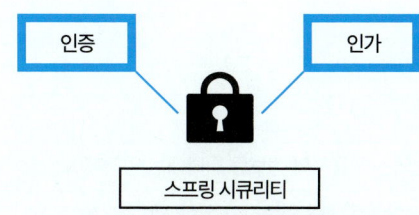

그림 A.1 스프링 시큐리티

○ 인증과 인가

스프링 시큐리티에서 제공하는 '인증'과 '인가'에 대해 표 A.1에서 정리했습니다.

표 A.1 인증과 인가

용어	설명
인증(Authentication)	사용자가 자신의 신원을 증명하는 방법. 간단히 말해서 '로그인'입니다.
인가(Authorization)	인증된 사용자가 특정 리소스에 접근할 수 있는지 여부를 결정하는 방법. 간단히 말해서 '권한'입니다.

A-1-2 커스터마이즈 설정의 개요

스프링 시큐리티의 기본 설정을 본문에서 설명했지만 실제로 스프링 시큐리티를 사용할 때 기본 설정만으로는 애플리케이션의 요구사항을 완전히 충족시키지 못할 수 있습니다. 그럴 때는 실제 사용 상황에 맞춰 보안 설정을 커스터마이즈합니다.

스프링 시큐리티의 커스터마이즈는 애플리케이션의 보안 요구사항에 따라 다양한 보안 기능을 조정하기 위해 중요합니다. 이러한 커스터마이즈 설정에는 URL 기반 접근 제어, 커스텀 로그인 폼 생성, 다양한 인증 메커니즘 설정 등이 포함됩니다.

초보자에게는 스프링 시큐리티의 커스터마이즈 설정이 어렵게 느껴질 수 있지만 가장 먼저 기억해야 할 중요한 키워드는 UserDetails와 UserDetailsService입니다. 많은 설정 항목이 있지만 우선 이 키워드를 기억해 두세요(표 A.2).

표 A.2 UserDetails와 UserDetailsService

용어	설명
UserDetails	인증되는 사용자의 정보를 나타내는 인터페이스
UserDetailsService	UserDetails를 인증하기 위한 서비스

커스터마이즈 설정을 해보자

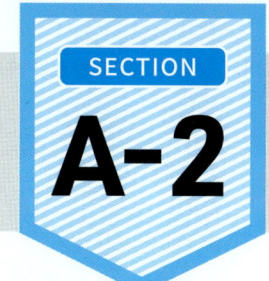
SECTION A-2

스프링 시큐리티의 기본 설정은 기본적인 보안 요구사항에 대해 학습하기에 적합하지만 많은 애플리케이션에서는 좀 더 구체적인 커스터마이즈가 필요합니다. 기본 설정을 커스터마이즈함으로써 애플리케이션의 보안을 강화할 수 있습니다.

A-2-1 커스터마이즈 설정: 로그인 화면 표시

자신만의 로그인 화면(커스텀 로그인 화면)을 만들고, 데이터베이스에 저장된 데이터를 사용해 인증을 수행하기 위해 스프링 시큐리티의 설정을 기본 설정에서 커스터마이즈 설정으로 변경해봅시다.

이를 위해 뷰 → 폼 → 컨트롤러 → 설정 순서로 진행합니다.

01 로그인 화면

커스텀 로그인 화면을 만듭니다.

설정 내용

파일 위치	webapp/src/main/resources/templates
파일명	login.html

※ 기타 항목은 기본 설정 그대로 유지합니다.

login.html의 내용은 예제 A.1과 같습니다.

예제 A.1 login.html

```
001:    <!DOCTYPE html>
002:    <html xmlns:th="http://www.thymeleaf.org">
003:    <head>
004:        <title>로그인</title>
005:    </head>
006:    <body>
007:        <h2>로그인 화면</h2>
008:        <!-- 에러 표시 -->
```

```html
009:    <div th:if="${param.error}">
010:      <p style="color: red;">사용자명이나 비밀번호가 올바르지 않습니다.</p>
011:    </div>
012:    <!-- 로그아웃 표시 -->
013:    <div th:if="${param.logout}">
014:      <p style="color: blue;">로그아웃했습니다.</p>
015:    </div>
016:    <form th:action="@{/authentication}" method="post" th:object="${loginForm}">
017:      <div><!-- 사용자명 -->
018:        <label for="usernameInput">사용자명</label>
019:        <input type="text" th:field="*{usernameInput}">
020:      </div>
021:      <div><!-- 비밀번호 -->
022:        <label for="passwordInput">비밀번호</label>
023:        <input type="password" th:field="*{passwordInput}">
024:      </div>
025:      <div>
026:        <input type="submit" value="로그인">
027:      </div>
028:    </form>
029:  </body>
030: </html>
```

9번째 줄의 `<div th:if="${param.error}">`는 스프링 시큐리티의 기본 동작을 기반으로 합니다. 인증에 실패하면 리디렉션된 로그인 페이지의 URL에 ?error라는 파라미터가 추가되므로 이를 이용해 에러 메시지를 화면에 표시합니다. 타임리프는 이 요청 파라미터를 감지하고, 에러 메시지를 표시하기 위해 `param.error`를 사용합니다.

10번째 줄에서는 '사용자명 또는 비밀번호가 올바르지 않습니다.'라는 일반적인 에러 메시지를 표시합니다. 구체적인 이유를 보여주는 대신 이러한 일반적인 메시지를 사용함으로써 공격자[21]에게 불필요한 정보를 제공하지 않을 수 있습니다.

13번째 줄에 있는 `<div th:if="${param.logout}">`의 경우 사용자가 스프링 시큐리티의 표준 동작에 의해 로그아웃에 성공하면 리디렉션된 로그인 페이지의 URL에 ?logout이 추가됩니다. 타임리프는 이 요청 파라미터를 감지하고, 적절한 메시지를 표시하기 위해 `param.logout`을 사용합니다.

---

21 로그인 화면을 공격하는 공격자는 무단으로 접근 권한을 획득하는 것이 목적입니다.

16번째 줄의 th:action="@{/authentication}"에는 사용자 인증 처리를 수행할 URL을 지정합니다. th:object="${loginForm}"에서는 백엔드의 loginForm 객체의 속성(이 예제에서는 usernameInput과 passwordInput)을 19번째 줄의 사용자명 필드와 23번째 줄의 비밀번호 필드에 타임리프의 th:field 를 이용해 바인딩합니다.

02 폼 생성

커스텀 로그인 화면에서 사용할 폼을 생성합니다.

설정 내용

패키지	com.example.webapp.form
이름	LoginForm

LoginForm 클래스의 내용은 예제 A.2와 같습니다.

예제 A.2 LoginForm

```
001: package com.example.webapp.form;
002:
003: import lombok.Data;
004:
005: @Data
006: public class LoginForm {
007:     /** 사용자명 */
008:     private String usernameInput;
009:     /** 비밀번호 */
010:     private String passwordInput;
011: }
```

03 컨트롤러 생성

커스텀 로그인 화면을 표시하는 컨트롤러를 생성합니다.

설정 내용

패키지	com.example.webapp.controller
이름	LoginController

LoginController 클래스의 내용은 예제 A.3과 같습니다.

예제 A.3 LoginController

```
001: package com.example.webapp.controller;
002:
003: import org.springframework.stereotype.Controller;
004: import org.springframework.web.bind.annotation.GetMapping;
005: import org.springframework.web.bind.annotation.ModelAttribute;
006: import org.springframework.web.bind.annotation.RequestMapping;
007:
008: import com.example.webapp.form.LoginForm;
009:
010: @Controller
011: @RequestMapping("/login")
012: public class LoginController {
013:
014:     @GetMapping
015:     public String showLogin(@ModelAttribute LoginForm form) {
016:         // templates 디렉터리의 login.html 반환
017:         return "login";
018:     }
019: }
```

15번째 줄의 `@ModelAttribute LoginForm form`으로 커스텀 로그인 화면의 입력 데이터가 담긴 `LoginForm` 객체를 메서드의 인수로 지정합니다. 이를 통해 커스텀 로그인 화면의 입력 필드와 `LoginForm` 클래스의 속성이 자동으로 연결됩니다.

04 보안 설정

커스터마이즈 설정에서 사용할 보안 설정을 생성합니다.

설정 내용

패키지	com.example.webapp.config
이름	SecurityConfig

SecurityConfig 클래스의 내용은 예제 A.4와 같습니다.

예제 A.4 SecurityConfig

```
001: package com.example.webapp.config;
002:
003: import org.springframework.context.annotation.Bean;
004: import org.springframework.context.annotation.Configuration;
005: import org.springframework.security.config.annotation.web.builders.HttpSecurity;
006: import org.springframework.security.config.annotation.web.configuration.EnableWebSecurity;
007: import org.springframework.security.web.SecurityFilterChain;
008:
009: @Configuration
010: @EnableWebSecurity
011: public class SecurityConfig {
012:
013:   // SecurityFilterChain의 빈 정의
014:   @Bean
015:   public SecurityFilterChain filterChain(HttpSecurity http) throws Exception {
016:     http
017:       // * HTTP 요청에 대한 보안 설정
018:       .authorizeHttpRequests(authz -> authz
019:         // /login은 인증이 필요하지 않음
020:         .requestMatchers("/login").permitAll()
021:         // 그 밖의 요청은 인증이 필요
022:         .anyRequest().authenticated())
023:       // * 폼 기반 로그인 설정
024:       .formLogin(form -> form
025:         // 커스텀 로그인 페이지 URL 지정
026:         .loginPage("/login")
027:       );
028:     return http.build();
029:   }
030: }
```

이 클래스는 스프링 시큐리티를 이용해 웹 애플리케이션의 보안 설정을 커스터마이즈하기 위한 설정 클래스입니다. 이 클래스에서 어떤 URL에 접근하기 위해서는 인증이 필요하고, 로그인 처리를 어떻게 할지 등 보안 관련 설정을 커스터마이즈하고 있습니다.

9번째 줄의 `@Configuration`은 이 클래스가 스프링의 설정 클래스임을 나타냅니다. 10번째 줄의 `@EnableWebSecurity`는 스프링 시큐리티를 활성화하고, 웹 보안 설정을 커스터마이즈할 것임을 의미합니다. 즉, 이 두 개의 애너테이션을 클래스에 지정함으로써 이 클래스가 보안 커스터마이즈 설정을 담당한다는 것을 나타냅니다.

14~29번째 줄에서는 `SecurityFilterChain`의 빈을 정의함으로써 HTTP 요청에 대한 보안 설정을 수행합니다. `SecurityFilterChain`은 웹 요청이 서버에 도달할 때 일련의 보안 체크를 수행합니다.

17~22번째 줄은 HTTP 요청에 대한 보안 설정입니다.

18번째 줄의 `.authorizeHttpRequests(authz -> authz`는 어떤 HTTP 요청에 인증이 필요한지를 정의합니다. `authz -> authz` 부분은 람다식입니다. 람다식(Lambda Expression)은 자바 8에서 도입된 기능으로, 간결하게 코드를 작성하기 위한 방법입니다.

20번째 줄의 `.requestMatchers("/login").permitAll()`은 `/login`에 대한 접근은 인증을 필요로 하지 않음을 나타냅니다. 즉, 로그인 페이지에는 누구나 접근 가능합니다.

22번째 줄의 `.anyRequest().authenticated()`는 그 밖의 모든 요청에는 인증이 필요하다는 것을 나타냅니다.

23~27번째 줄에서는 폼 기반 로그인 설정을 하고 있으며, `.formLogin(form -> form.loginPage("/login"))`으로 커스텀 로그인 페이지의 URL을 설정합니다. 28번째 줄의 `return http.build();`는 보안 설정을 구축하고, 최종적인 `SecurityFilterChain` 객체를 반환합니다.

05 동작 확인

webapp 프로젝트를 시작합니다. 브라우저를 실행해 `http://localhost:8080/`으로 이동하면 커스텀 로그인 화면이 표시됩니다(그림 A.2).

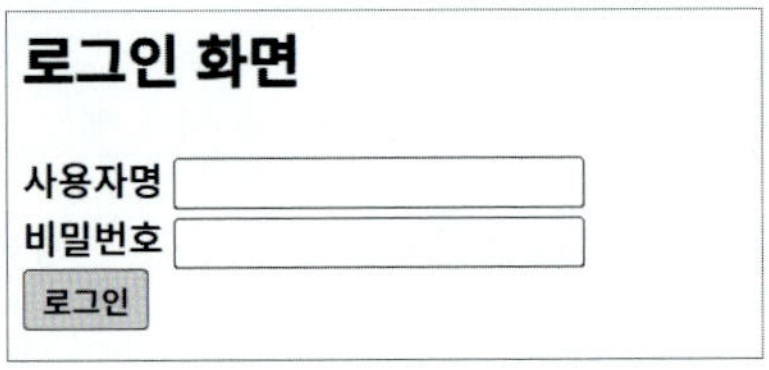

그림 A.2 커스텀 로그인 화면

A-2-2 커스터마이즈 설정: 인증 처리 ①

자체 제작한 커스텀 로그인 화면을 표시할 수 있게 됐으므로 다음으로 커스텀 로그인 화면에서 기본 인증 처리를 실행할 수 있도록 수정해봅시다.

01 인증 처리의 수정

자체적인 로그인 처리를 추가하기 위해 보안 설정을 수정합니다.

수정 내용

패키지	com.example.webapp.config
이름	SecurityConfig

SecurityConfig 클래스의 내용을 예제 A.5와 같이 수정합니다.

예제 A.5 SecurityConfig

```
001: 기존 코드
002: ...
003:     // * 폼 기반 로그인 설정
004:     .formLogin(form -> form
005:         // 커스텀 로그인 페이지의 URL 지정
006:         .loginPage("/login")
007:         // 로그인 처리 URL 지정
008:         .loginProcessingUrl("/authentication")
009:         // 사용자명의 name 속성 지정
010:         .usernameParameter("usernameInput")
011:         // 비밀번호의 name 속성 지정
012:         .passwordParameter("passwordInput")
013:         // 로그인 성공 시 리디렉션할 URL 지정
014:         .defaultSuccessUrl("/")
015:         // 로그인 실패 시 리디렉션할 URL 지정
016:         .failureUrl("/login?error")
017:     );
018: return http.build();
019: ...
020: 기존 코드
```

7번째 줄부터 16번째 줄이 수정한 부분입니다. 수정한 각 부분에 대해 설명하겠습니다.

○ 로그인 처리 URL 지정

8번째 줄의 `.loginProcessingUrl("/authentication")`은 사용자가 로그인 폼을 제출할 때 사용할 URL을 지정합니다. 즉, 인증 처리를 수행할 URL을 지정합니다. 아무것도 설정하지 않으면 스프링 시큐리티는 기본적으로 `/login`을 로그인 처리 URL로 사용하며, 여기서는 커스텀 설정으로 `/authentication` URL로 변경했습니다.

○ 사용자명과 비밀번호의 name 속성 지정

10번째 줄의 `.usernameParameter("usernameInput")`은 로그인 폼 내의 사용자명 입력 필드의 name 속성을 지정합니다. 아무것도 설정하지 않으면 스프링 시큐리티는 기본적으로 `username`을 name 속성으로 사용하며, 여기서는 `usernameInput`으로 변경했습니다.

12번째 줄의 `.passwordParameter("passwordInput")`은 로그인 폼 내의 비밀번호 입력 필드의 name 속성을 지정합니다. 아무것도 설정하지 않으면 스프링 시큐리티는 기본적으로 `password`를 name 속성으로 사용하며, 여기서는 `passwordInput`으로 변경했습니다.

○ 로그인 성공 시와 실패 시의 리디렉션 대상 지정

14번째 줄의 `.defaultSuccessUrl("/")`은 로그인에 성공했을 때 리디렉션될 대상을 지정합니다. 기본적으로 스프링 시큐리티는 로그인하기 전에 사용자가 접근하려고 했던 페이지로 리디렉션하지만 여기서는 메뉴 화면을 표시하는 `/` URL을 설정하고 있습니다.

16번째 줄의 `.failureUrl("/login?error")`는 로그인에 실패했을 때 리디렉션될 대상을 지정합니다. 기본적으로 로그인에 실패할 경우 로그인 페이지로 리디렉션되지만 여기서는 에러 파라미터인 `error`를 추가함으로써 로그인에 실패했음을 사용자에게 알리는 메시지를 뷰 측에서 표시할 수 있습니다.

02 동작 확인

webapp 프로젝트를 시작합니다. 브라우저를 실행해 `http://localhost:8080/`으로 이동하면 커스텀 로그인 화면이 표시됩니다.

커스텀 로그인 화면에서 사용자명으로 'user', 비밀번호로 터미널에 표시된 임의 문자열을 입력하고, [로그인] 버튼을 클릭하면 앞에서 만든 보안 설정대로 메뉴 화면이 표시됩니다. 그림 A.3은 인증 실패 시 표시되는 화면입니다.

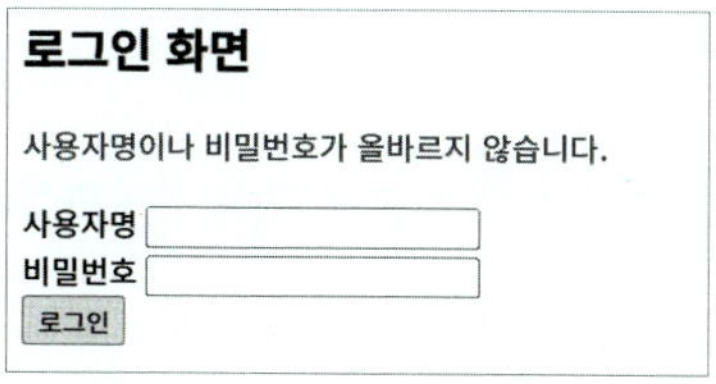

그림 A.3 인증(에러 화면)

03 로그아웃 처리의 수정

독자적인 로그아웃 처리를 추가하기 위해 보안 설정을 수정합니다.

수정 내용

패키지	com.example.webapp.config
이름	SecurityConfig

SecurityConfig 클래스의 내용을 예제 A.6과 같이 수정합니다.

예제 A.6 SecurityConfig

```
001:    기존 코드
002:    ...
003:        // 로그인 성공 시 리디렉션할 목적지를 지정
004:        .defaultSuccessUrl("/")
005:        // 로그인 실패 시 리디렉션할 목적지를 지정
006:        .failureUrl("/login?error"))
007:        // ★로그아웃 설정
008:        .logout(logout -> logout
009:        // 로그아웃을 처리할 URL을 지정
010:        .logoutUrl("/logout")
011:        // 로그아웃 성공 시 리디렉션할 목적지를 지정
012:        .logoutSuccessUrl("/login?logout")
013:        // 로그아웃 시 세션을 무효화
014:        .invalidateHttpSession(true)
```

```
015:         // 로그아웃 시 쿠키를 삭제
016:         .deleteCookies("JSESSIONID")
017:     );
018:     return http.build();
019: ...
020: 기존 코드
```

6~16번째 줄이 수정한 부분입니다. 수정한 각 부분에 대해 설명하겠습니다.

○ 로그아웃 URL 지정

10번째 줄의 .logoutUrl("/logout")은 로그아웃 처리를 수행하기 위한 URL을 커스터마이즈합니다. 기본적으로 스프링 시큐리티는 /logout URL을 로그아웃 처리를 위한 URL로 사용하지만 여기서는 이해하기 쉽도록 설정을 명시적으로 지정했습니다.

○ 로그아웃 성공 시의 리디렉션 목적지

12번째 줄의 .logoutSuccessUrl("/login?logout")은 사용자가 로그아웃에 성공한 후 리디렉션될 URL을 지정합니다. 기본적으로 스프링 시큐리티는 로그인 페이지로 리디렉션하지만 여기서는 쿼리 파라미터인 logout을 추가함으로써 로그아웃했음을 사용자에게 알리는 메시지를 뷰 측에서 표시할 수 있습니다.

○ 세션 무효화

14번째 줄의 .invalidateHttpSession(true)는 로그아웃 시 HTTP 세션을 무효화하는 설정입니다. 이는 보안의 모범 사례이며, 세션 하이재킹[22]을 방지하는 데 도움이 됩니다. 기본 설정에서는 이 동작이 활성화돼 있지만 이해하기 쉽도록 설정을 명시적으로 지정했습니다.

○ 쿠키 삭제

16번째 줄의 .deleteCookies("JSESSIONID")는 로그아웃 시 특정 쿠키(여기서는 JSESSIONID)를 삭제하는 설정입니다. JSESSIONID[23]는 세션 식별용 쿠키로, 로그아웃 시 이를 삭제함으로써 오래된 세션이 재사용되는 것을 방지합니다.

---

[22] 세션 하이재킹은 공격자가 사용자의 세션 ID를 탈취해서 해당 사용자로 웹 애플리케이션에 접속하는 공격을 말합니다.
[23] JSESSIONID는 자바 기반 웹 애플리케이션에서 자주 사용되는 쿠키입니다.

04 동작 확인

애플리케이션을 실행하고, 커스텀 로그인 화면에서 사용자명으로 'user', 비밀번호로 터미널에 표시된 임의 문자열을 입력하고, [로그인] 버튼을 클릭해 표시된 메뉴 화면에서 [로그아웃] 버튼을 클릭해 보안 설정에 기술한 내용대로 로그아웃 처리가 실행되는 것을 확인할 수 있습니다.

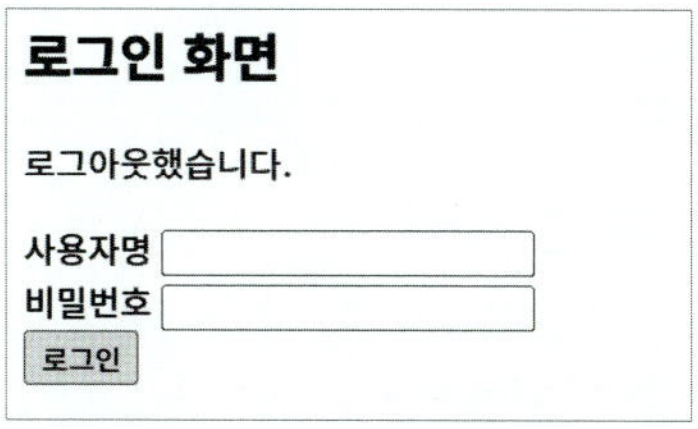

그림 A.4 로그아웃

A-2-3 커스터마이즈 설정: 인증 처리 ②

커스터마이즈된 인증 설정에서 중요한 것은 UserDetails와 UserDetailsService라는 두 가지 키워드입니다. 이 개념들을 다시 확인한 후 구현을 진행해 봅시다.

☐ UserDetails와 UserDetailsService

○ UserDetails

UserDetails는 스프링 시큐리티에서 사용되는 인터페이스로, 사용자의 인증 정보를 나타냅니다. 이 인터페이스는 인증 과정에서 사용자를 식별하고, 그 권한을 관리하기 위해 스프링 시큐리티에 의해 사용됩니다. 개발자는 UserDetails 인터페이스를 구현함으로써 애플리케이션 고유의 사용자 인증 정보를 정의할 수 있습니다.

○ UserDetailsService

UserDetailsService는 특정 사용자명을 기반으로 사용자 정보(UserDetails의 구현 클래스)를 데이터베이스나 다른 데이터 소스에서 가져와 인증 과정에 이용하기 위한 서비스를 제공합니다.

01 UserDetails 구현 클래스 생성

사용자의 인증 정보를 나타내는 UserDetails 구현 클래스를 만들어 봅시다.

webapp의 src/main/java 폴더에서 다음과 같은 설정 내용을 참고해서 LoginUser 클래스를 생성합니다.

설정 내용

패키지	com.example.webapp.entity
클래스	LoginUser

LoginUser 클래스의 내용은 예제 A.7과 같습니다.

예제 A.7 LoginUser

```java
package com.example.webapp.entity;

import java.util.Collection;

import org.springframework.security.core.GrantedAuthority;
import org.springframework.security.core.userdetails.User;

/**
 * 사용자의 인증 정보를 나타내는 UserDetails 구현 클래스
 */
public class LoginUser extends User {
    /** 최소한의 정보만 담은 UserDetails 구현 클래스인
     * User를 생성 */
    public LoginUser(String username,
        String password,
        Collection<? extends GrantedAuthority> authorities) {
        super(username, password, authorities);
    }
}
```

6번째 줄의 import org.springframework.security.core.userdetails.User;는 스프링 시큐리티가 제공하는 UserDetails 인터페이스를 간단히 구현한 클래스입니다. UserDetails 인터페이스를 구현해서 인증용 클래스를 만들 경우 다양한 메서드를 오버라이드해야 합니다. 이번에는 필요한 최소한의 기능을 이용하기 위해 스프링 시큐리티가 제공하는 User 클래스라는 간단한 버전을 이용합니다. 그래서 11번째 줄에서 extends User를 지정했습니다.

17번째 줄의 super(username, password, authorities);는 User 클래스의 생성자를 호출합니다. 생성자의 각 인수를 표 A.3에 정리했습니다.

표 A.3 생성자의 인수

타입	인수	설명
String	username	사용자명
String	password	비밀번호
Collection <? extends GrantedAuthority>	Authorities	사용자에게 할당된 권한 목록. 권한은 사용자가 실행 가능한 작업이나 접근 가능한 리소스를 정의하는 데 사용됩니다. 즉, 인가에 사용됩니다.

02 UserDetailsService 구현 클래스 생성

인증 서비스를 제공하는 UserDetailsService 구현 클래스를 만들어 봅시다.

webapp의 src/main/java 폴더에서 다음과 같은 설정 내용을 참고해서 LoginUserDatailsServiceImpl 클래스를 생성합니다.

설정 내용

패키지	com.example.webapp.service.impl
클래스	LoginUserDatailsServiceImpl

LoginUserDatailsServiceImpl 클래스의 내용은 예제 A.8과 같습니다.

예제 A.8 LoginUserDatailsServiceImpl

```
001: package com.example.webapp.service.impl;
002:
003: import java.util.Collections;
004:
005: import org.springframework.security.core.userdetails.UserDetails;
006: import org.springframework.security.core.userdetails.UserDetailsService;
007: import org.springframework.security.core.userdetails.UsernameNotFoundException;
008: import org.springframework.stereotype.Service;
009:
```

```
010:   import com.example.webapp.entity.LoginUser;
011:
012:   /**
013:    * UserDetailsService 구현 클래스
014:    */
015:   @Service
016:   public class LoginUserDatailsServiceImpl implements UserDetailsService {
017:     @Override
018:     public UserDetails loadUserByUsername(String username)
019:         throws UsernameNotFoundException {
020:       // 사용자명으로 "minsoo"가 입력되면 UserDetails 구현 클래스를 반환
021:       if (username.equals("minsoo")) {
022:         // 대상 데이터가 존재
023:         // UserDetails의 구현 클래스를 반환
024:         return new LoginUser("minsoo",
025:                             "pass",
026:                             Collections.emptyList());
027:       } else {
028:         // 대상 데이터가 존재하지 않음
029:         throw new UsernameNotFoundException(
030:           username + " => 사용자명이 존재하지 않습니다.");
031:       }
032:     }
033:   }
```

16번째 줄의 implements UserDetailsService를 지정했으므로 UserDetailsService 인터페이스의 인증 메서드인 UserDetails loadUserByUsername(String username) throws UsernameNotFoundException을 재정의해야 합니다.

인증 처리를 위해 사용자명(username)을 받고, 현 시점에서는 고정값으로 사용자명(minsoo)과 비밀번호(pass), 그리고 권한이 없는(Collections.emptyList()) 사용자 인증 정보를 담당하는 UserDetails 구현 클래스를 반환합니다. 반환된 UserDetails 구현 클래스를 이용해 스프링 시큐리티가 인증을 수행합니다.

UsernameNotFoundException은 사용자를 찾을 수 없음을 나타내는 예외입니다.

03 PasswordEncoder 생성

인증 서비스에서 사용할 비밀번호 인코더를 생성하겠습니다. 비밀번호 인코더는 사용자의 비밀번호를 안전하게 보관하기 위해 비밀번호를 인코딩(해시화)하기 위한 메커니즘입니다.

webapp의 src/main/java 폴더에서 다음과 같은 설정 내용을 참고해서 PasswordConfig 클래스를 생성합니다.

설정 내용

패키지	com.example.webapp.config
이름	PasswordConfig

PasswordConfig 클래스의 내용은 예제 A.9와 같습니다.

예제 A.9 PasswordConfig

```
001: package com.example.webapp.config;
002:
003: import org.springframework.context.annotation.Bean;
004: import org.springframework.context.annotation.Configuration;
005: import org.springframework.security.crypto.password.NoOpPasswordEncoder;
006: import org.springframework.security.crypto.password.PasswordEncoder;
007:
008: @Configuration
009: public class PasswordConfig {
010:   @Bean
011:   public PasswordEncoder passwordEncoder() {
012:     // 인코딩 설정
013:     return NoOpPasswordEncoder.getInstance();
014:   }
015: }
```

8번째 줄에서 @Configuration 애너테이션을 사용함으로써 이 클래스가 스프링의 설정 클래스임을 나타냅니다. 이 애너테이션에 의해 스프링은 이 클래스 내의 메서드에서 빈(스프링에 의해 관리되는 객체)을 생성하고, 그것을 애플리케이션의 컨테이너에 등록합니다.

10번째 줄의 @Bean 애너테이션은 해당 메서드가 빈을 생성한다는 것을 나타냅니다. 스프링은 이 메서드가 반환하는 객체를 의존성 주입(DI)의 대상으로 취급합니다.

13번째 줄의 `return NoOpPasswordEncoder.getInstance();`에서는 NoOperation(아무것도 하지 않는) 비밀번호 인코더를 사용하고 있으며, 이에 따라 비밀번호는 변환되지 않고 그대로의 형태로 저장됩니다. `NoOpPasswordEncoder`를 실제 애플리케이션에서 사용하는 것은 권장되지 않습니다. 이 경우 비밀번호가 평문으로 저장되기 때문에 보안 위험이 매우 높아지지만 지금은 내용 이해를 돕기 위해 사용하고 있습니다.

04 보안 설정 수정

보안 설정에 방금 만든 `LoginUserDatailsServiceImpl`과 `PasswordEncoder`를 사용하도록 소스코드를 수정합니다.

수정 내용

패키지	com.example.webapp.config
이름	SecurityConfig

SecurityConfig 클래스에 대한 수정 내용은 예제 A.10과 같습니다.

예제 A.10 SecurityConfig

```
001:    기존 코드
002:    ...
003:
004: @Configuration
005: @EnableWebSecurity
006: @RequiredArgsConstructor
007: public class SecurityConfig {
008:
009:    /** DI 대상이 존재할 경우 DI를 통해 사용 */
010:    private final UserDetailsService userDetailsService;
011:    private final PasswordEncoder passwordEncoder;
012:
013:    ...
014:    기존 코드
```

6번째 줄의 @RequiredArgsConstructor와 10번째 줄과 11번째 줄의 final을 사용하고 있는 필드에서 UserDetailsService와 PasswordEncoder가 생성자 주입을 통해 주입되어 커스터마이즈된 인증 방법이 적용됩니다.

여기까지 진행한 내용을 이미지를 통해 살펴봅시다(그림 A.5).

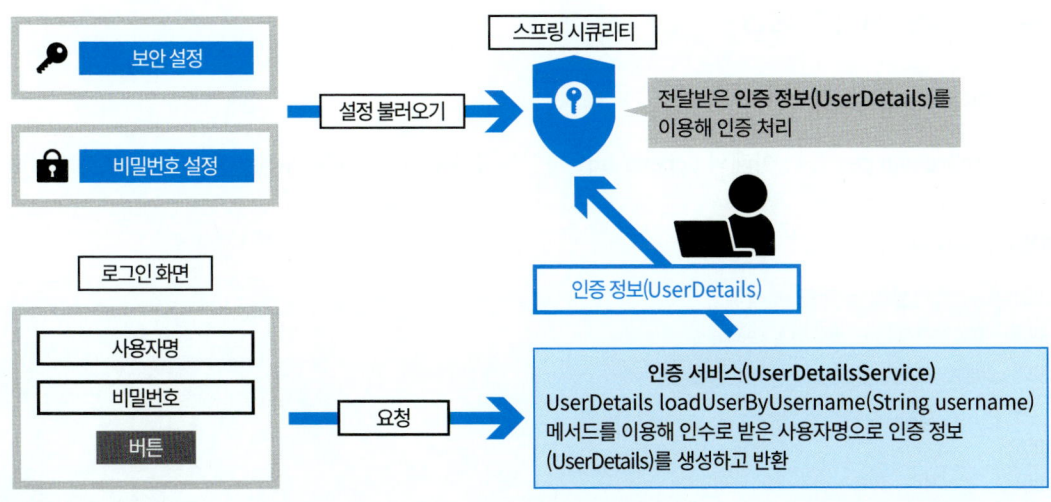

그림 A.5 커스텀 인증

05 동작 확인

애플리케이션을 실행하고, 커스텀 로그인 화면에서 사용자명으로 'minsoo', 비밀번호로 'pass'를 입력하고(그림 A.6), [로그인] 버튼을 클릭해서 표시된 메뉴 화면에서 [로그아웃] 버튼을 클릭해 로그아웃 처리가 수행되는 것을 확인합니다(그림 A.7).

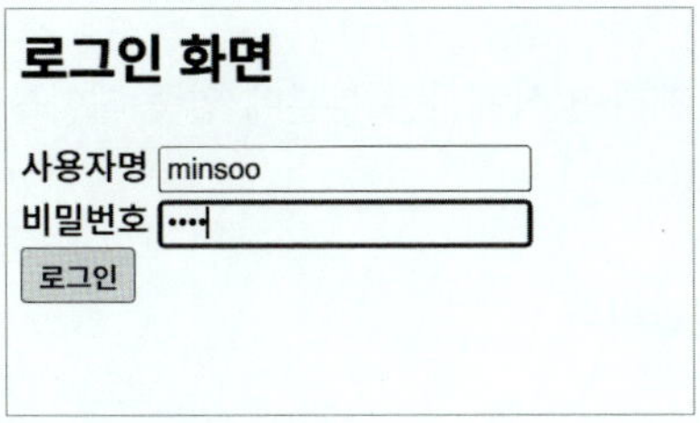

그림 A.6 커스텀 인증

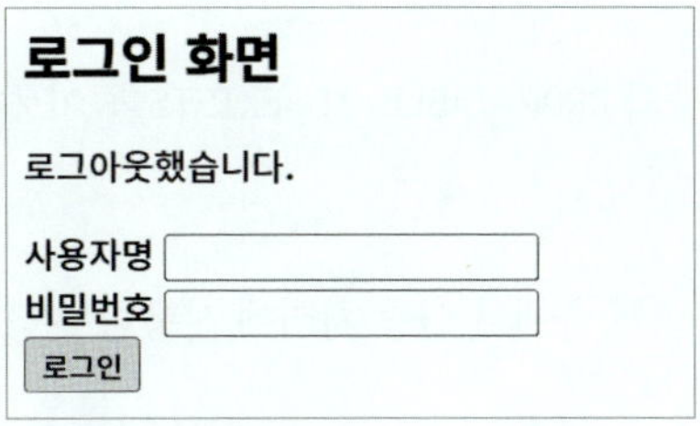

그림 A.7 로그아웃

A-2-4 커스터마이즈 설정: 데이터베이스에서의 취득

다음으로 데이터베이스에 인증 전용 테이블을 만들고, 그 데이터를 사용해 인증을 실행하도록 커스터마이즈 설정을 해봅시다.

01 인증용 테이블 생성

○ schema.sql 생성

src/main/resources 폴더 아래의 schema.sql 파일을 수정합니다. 수정 내용은 예제 A.11과 같습니다.

예제 A.11 schema.sql

```sql
-- 테이블이 존재하면 삭제
DROP TABLE IF EXISTS todos;
DROP TABLE IF EXISTS authentications;

    ...
    기존 코드
    ...

-- 인증 정보를 저장하는 테이블
CREATE TABLE authentications (
    -- 사용자명
    username VARCHAR(50) PRIMARY KEY,
    -- 비밀번호
    password VARCHAR(255) NOT NULL
);
```

3번째 줄의 DROP TABLE IF EXISTS를 이용해 테이블이 존재하면 삭제하는 부분에 인증 테이블을 추가합니다.

10~15번째 줄에서 인증 처리에 사용할 인증 테이블을 생성합니다.

ER 다이어그램은 그림 A.8과 같습니다.

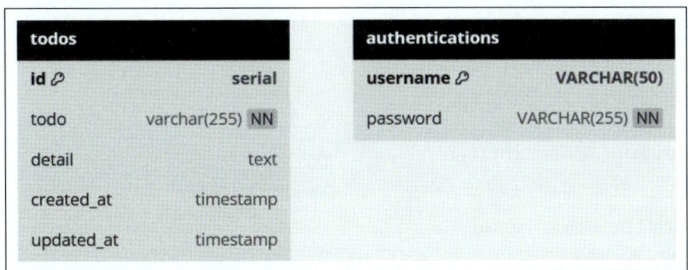

그림 A.8 ER 다이어그램

○ data.sql 생성

src/main/resources 폴더 아래의 data.sql 파일 끝에 인증 테이블에 대한 더미 데이터 등록을 위한 구문을 추가합니다. 수정 내용은 예제 A.12와 같습니다.

예제 A.12 data.sql

```
001:    ...
002:    기존 코드
003:    ...
004:
005:    -- 인증 테이블에 더미 데이터를 추가
006:    INSERT INTO authentications (username, password) VALUES ('admin', 'adminpass');
```

schema.sql에서 생성한 인증 테이블에 더미 데이터를 등록하는 INSERT 문을 추가했습니다.

02 엔티티 생성

인증 정보용 엔티티 클래스를 만들어 봅시다.

webapp의 src/main/java 폴더에서 다음과 같은 설정 내용을 참고해서 Authentication 클래스를 생성합니다.

설정 내용

패키지	com.example.webapp.entity
클래스	Authentication

Authentication 클래스의 내용은 예제 A.13과 같습니다.

예제 A.13 Authentication

```
001: package com.example.webapp.entity;
002:
003: import lombok.AllArgsConstructor;
004: import lombok.Data;
005: import lombok.NoArgsConstructor;
006:
007: @Data
008: @NoArgsConstructor
009: @AllArgsConstructor
010: public class Authentication {
011:     /** 사용자명 */
012:     private String username;
013:     /* 비밀번호 */
014:     private String password;
015: }
```

사용자명과 비밀번호를 필드로 가지고 있습니다.

03 리포지터리 생성

리포지터리는 인터페이스로 생성합니다. 이 리포지터리에서는 인증 테이블의 데이터 조작 메서드를 정의합니다(구현 내용은 기술하지 않습니다). 인증 테이블용 리포지터리를 생성해봅시다.

webapp의 src/main/java 폴더에서 다음과 같은 설정 내용을 참고해서 AuthenticationMapper 클래스를 생성합니다.

설정 내용

패키지	com.example.webapp.repository
클래스	AuthenticationMapper

AuthenticationMapper 클래스의 내용은 예제 A.14와 같습니다.

예제 A.14 AuthenticationMapper

```
001: package com.example.webapp.repository;
002:
003: import org.apache.ibatis.annotations.Mapper;
004:
005: import com.example.webapp.entity.Authentication;
006:
007: @Mapper
008: public interface AuthenticationMapper {
009:
010:   /**
011:    * 사용자명으로 로그인 정보를 조회
012:    */
013:   Authentication selectByUsername(String username);
014: }
```

사용자명으로 로그인 정보를 조회하는 메서드를 정의했습니다.

04 매퍼 파일 생성

webapp의 src/main/resources 폴더에서 다음과 같은 설정 내용을 참고해서 AuthenticationMapper.xml 파일을 생성합니다.

설정 내용

파일 위치	webapp/src/main/resources/com/example/webapp/repository
파일명	AuthenticationMapper.xml

AuthenticationMapper.xml 파일의 내용은 예제 A.15와 같습니다.

예제 A.15 AuthenticationMapper

```
001: <?xml version="1.0" encoding="UTF-8"?>
002: <!DOCTYPE mapper PUBLIC "-//mybatis.org//DTD Mapper 3.0//EN" "http://mybatis.org/dtd/mybatis-3-mapper.dtd">
003: <mapper namespace="com.example.webapp.repository.AuthenticationMapper">
004:   <!-- 사용자명으로 인증 정보를 조회 -->
005:   <select id="selectByUsername" resultType="com.example.webapp.entity.Authentication">
```

```
006:        SELECT username, password FROM authentications WHERE username = #{username}
007:    </select>
008: </mapper>
```

5번째 줄의 `resultType`에는 인증 테이블에 해당하는 엔티티인 `Authentication` 클래스를 FQCN으로 설정합니다.

6번째 줄의 `username = #{username}`에서 사용하는 `#{필드명}`은 MyBatis의 플레이스홀더입니다.

05 UserDetailsService 구현 클래스의 수정

인증 서비스를 제공하는 `UserDetailsService` 구현 클래스를 앞에서 생성한 인증 테이블에서 데이터를 가져오도록 수정해봅시다.

수정 내용

패키지	com.example.webapp.service.impl
이름	LoginUserDatailsServiceImpl

`LoginUserDatailsServiceImpl` 클래스의 수정 내용은 예제 A.16과 같습니다.

예제 A.16 LoginUserDatailsServiceImpl

```
001: package com.example.webapp.service.impl;
002:
003: import java.util.Collections;
004:
005: import org.springframework.security.core.userdetails.UserDetails;
006: import org.springframework.security.core.userdetails.UserDetailsService;
007: import org.springframework.security.core.userdetails.UsernameNotFoundException;
008: import org.springframework.stereotype.Service;
009:
010: import com.example.webapp.entity.Authentication;
011: import com.example.webapp.entity.LoginUser;
012: import com.example.webapp.repository.AuthenticationMapper;
013:
014: import lombok.RequiredArgsConstructor;
015:
016: /**
```

```
017:   * 커스텀 인증 서비스
018:   */
019:  @Service
020:  @RequiredArgsConstructor
021:  public class LoginUserDatailsServiceImpl implements UserDetailsService {
022:    /** DI */
023:    private final AuthenticationMapper authenticationMapper;
024:
025:    @Override
026:    public UserDetails loadUserByUsername(String username)
027:        throws UsernameNotFoundException {
028:      // 인증 테이블에서 데이터를 가져옴
029:      Authentication authentication = authenticationMapper.selectByUsername(username);
030:
031:      // 대상 데이터가 있으면 UserDetails의 구현 클래스를 반환
032:      if (authentication != null) {
033:        // 대상 데이터가 존재
034:        // UserDetails의 구현 클래스를 반환
035:        return new LoginUser(authentication.getUsername(),
036:                             authentication.getPassword(),
037:                             Collections.emptyList()
038:                            );
039:      } else {
040:        // 대상 데이터가 존재하지 않음
041:        throw new UsernameNotFoundException(
042:            username + " => 사용자명이 존재하지 않습니다.");
043:      }
044:    }
045:  }
```

20번째 줄의 @RequiredArgsConstructor와 23번째 줄의 final을 사용하는 필드로부터 AuthenticationMapper가 생성자 주입을 통해 주입되어 인증 정보를 데이터베이스에서 가져오는 처리 내용이 추가됐습니다.

29번째 줄의 authenticationMapper.selectByUsername(username);에서는 username을 사용해 데이터베이스에서 인증 정보를 가져옵니다.

35~38번째 줄에서는 인증 테이블에서 가져온 데이터를 이용해 사용자의 인증 정보를 나타내는 UserDetails 구현 클래스를 생성하고 반환값으로 반환합니다.

○ 동작 확인

애플리케이션을 실행하고, 커스텀 로그인 화면에서 사용자명으로 'admin', 비밀번호로 'adminpass'를 입력한 후(그림 A.9), [로그인] 버튼을 클릭해 메뉴 화면을 표시함으로써 데이터베이스에서 인증 정보를 가져와 로그인할 수 있음을 확인합니다(그림 A.10).

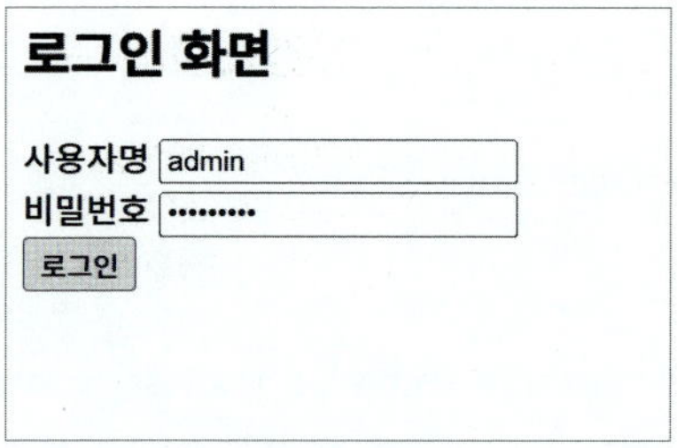

그림 A.9 데이터베이스에서 인증 정보 가져오기

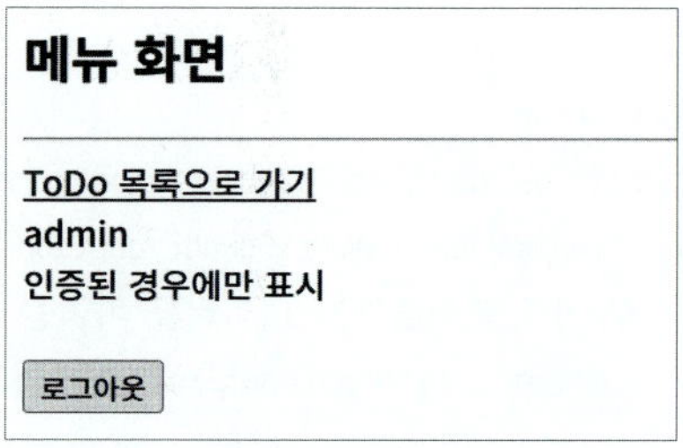

그림 A.10 인증 성공

06 PasswordEncoder 수정

현재 평문으로 비밀번호를 저장하는 것은 큰 보안 위험을 초래합니다. 해시화된 비밀번호를 사용하도록 수정해서 보안을 강화해 봅시다.

수정 내용

패키지	com.example.webapp.config
이름	PasswordConfig

PasswordConfig 클래스의 수정 내용은 예제 A.17과 같습니다.

예제 A.17 PasswordConfig

```
001: package com.example.webapp.config;
002:
003: import org.springframework.context.annotation.Bean;
004: import org.springframework.context.annotation.Configuration;
005: import org.springframework.security.crypto.bcrypt.BCryptPasswordEncoder;
006: import org.springframework.security.crypto.password.PasswordEncoder;
007:
008: @Configuration
009: public class PasswordConfig {
```

```
010:    @Bean
011:    public PasswordEncoder passwordEncoder() {
012:      // 인코딩 설정
013:      return new BCryptPasswordEncoder();
014:    }
015: }
```

13번째 줄의 `return new BCryptPasswordEncoder();`는 스프링 시큐리티에서 비밀번호를 안전하게 해시화하기 위해 사용되는 클래스 중 하나입니다. 여기서는 BCrypt라는 특정 해시 함수를 사용해 비밀번호를 해시화합니다. 이 설정으로 해시화된 비밀번호를 인증할 수 있게 됩니다.

07 비밀번호 생성

해시화된 비밀번호를 생성하는 클래스를 만들어봅시다. 이번에 만들 부분은 애플리케이션의 기능과는 관계없지만 이 클래스로 생성된 해시화된 문자열을 인증 테이블의 비밀번호 값으로 사용합니다.

webapp의 src/main/java 폴더에서 다음과 같은 설정 내용을 참고해서 utility 패키지와 PasswordGenerator 클래스를 차례로 생성합니다.

설정 내용

패키지	com.example.webapp.utility
클래스	PasswordGenerator

PasswordGenerator 클래스의 내용은 예제 A.18과 같습니다.

예제 A.18 PasswordGenerator

```
001: package com.example.webapp.utility;
002:
003: import org.springframework.security.crypto.bcrypt.BCryptPasswordEncoder;
004:
005: /**
006:  * 해시화된 문자열을 반환하는 클래스
007:  */
008: public class PasswordGenerator {
009:   public static void main(String[] args) {
010:     // BCrypt 인스턴스화
```

```
011:        BCryptPasswordEncoder encoder = new BCryptPasswordEncoder();
012:        // 입력값
013:        String rawPassword = "adminpass";
014:        // 비밀번호 해시화
015:        String encodedPassword = encoder.encode(rawPassword);
016:        // 출력
017:        System.out.println("해시화된 비밀번호: " + encodedPassword);
018:    }
019: }
```

13번째 줄에서 평문 문자열을 설정하고, 15번째 줄의 BCryptPasswordEncoder의 encode 메서드를 사용해 해시화한 문자열을 생성하고, 17번째 줄에서 해시화한 문자열을 출력합니다.

PasswordGenerator 파일을 선택하고, 마우스 오른쪽 버튼을 클릭한 후 ['PasswordGenerator. main()' 실행]을 선택해(그림 A.11), 평문인 'adminpass'를 해시화합니다(그림 A.12).

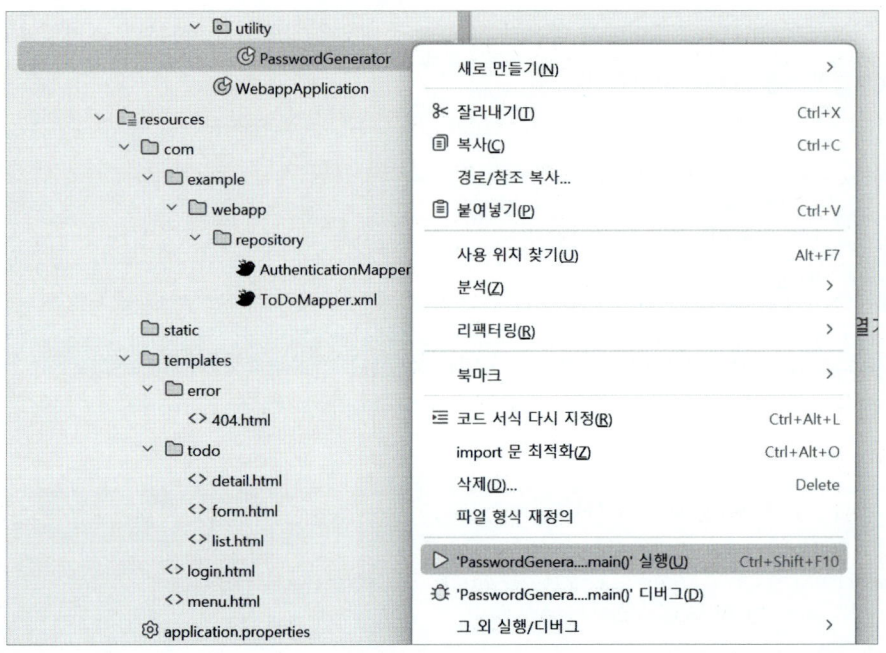

그림 A.11 실행

```
해시화된 비밀번호: $2a$10$fa/eWuZbim0hYenmFSrL3.U0BB8hwgBvhOnAdOVMS.miRUVWMn8i6
```

그림 A.12 해시화

이번에는 인증 정보의 CRUD 처리를 만들 수 없지만 인증 테이블에 비밀번호를 등록할 때 평문을 해시화한 값을 인증용 테이블에 INSERT해야 합니다.

○ 해시화된 비밀번호 설정

해시화한 문자열을 인증 테이블의 비밀번호로 사용해봅시다. `src/main/resources` 폴더 아래의 `data.sql` 파일의 인증 테이블에 더미 데이터를 등록하도록 수정합니다. 수정 내용은 예제 A.19와 같습니다.

예제 A.19 data.sql

```
001:        기존 코드
002:        ...
003:
004:    -- 인증 테이블에 더미 데이터를 추가
005:    INSERT INTO authentications (username, password) VALUES
006:    ('admin', '$2a$10$fa/eWuZbim0hYenmFSrL3.U0BB8hwgBvhOnAdOVMS.miRUVWMn8i6');
```

`PasswordGenerator` 파일에서 만든 해시화된 문자열을 `password`에 등록합니다.

웹 애플리케이션을 실행하기 위해 `WebappApplication`을 실행하고, 커스텀 로그인 화면에서 사용자명으로 'admin', 비밀번호로 'adminpass'를 입력한 후, [로그인] 버튼을 클릭해 메뉴 화면을 표시함으로써 데이터베이스에 등록돼 있는 해시화된 비밀번호를 이용해 로그인할 수 있음을 확인합니다.

칼럼 / 스프링 시큐리티를 사용할 때의 주의점

스프링 시큐리티를 사용할 때 주의해야 할 점은 주로 다음과 같습니다.

- **호환성**
  사용 중인 스프링 프레임워크나 스프링 부트 버전에 맞는 적절한 스프링 시큐리티 버전을 선택해서 사용합니다. 호환되지 않는 버전을 사용하면 예기치 않은 오류나 문제가 발생할 수 있습니다.

- **지원 중단 기능 및 새로운 기능이나 기술 방식**
  새 버전에서는 이전 버전의 기능이 지원 중단되고 새로운 기능이 추가되는 경우가 있습니다. 또한 기술 방식도 버전에 따라 변경됩니다. 이러한 변경 사항을 이해하고 적절하게 코드를 업데이트해야 합니다.

- **문서와 릴리스 노트 확인**
  버전을 업그레이드할 경우 변경 사항이나 새로운 기능, 개선된 보안 대책에 대해 공식 문서나 릴리스 노트를 확인합니다.

버전 확인

이 책을 집필하는 시점의 스프링 프레임워크 버전은 6.1.12, 스프링 부트 버전은 3.3.3, 스프링 시큐리티 버전은 6.3.3입니다. 버전을 확인하는 방법은 여러 가지가 있지만 여기서는 프로그램으로 확인해 보겠습니다.

각 라이브러리의 버전을 확인하는 클래스를 만들겠습니다.

webapp의 src/main/java 폴더를 폴더에서 다음과 같은 설정 내용을 참고해서 SpringVersionCheck 클래스를 생성합니다.

설정 내용

패키지	com.example.webapp.utility
클래스	SpringVersionCheck

SpringVersionCheck 클래스의 내용은 예제 A.20과 같습니다.

예제 A.20 SpringVersionCheck

```java
package com.example.webapp.utility;

import org.springframework.boot.SpringBootVersion;
import org.springframework.core.SpringVersion;
import org.springframework.security.core.SpringSecurityCoreVersion;

public class SpringVersionCheck {
  public static void main(String[] args) {
    // 스프링 프레임워크 버전
    String springVersion = SpringVersion.getVersion();
    System.out.println("스프링 프레임워크 버전: " + springVersion);
    // 스프링 부트 버전
    String bootVersion = SpringBootVersion.getVersion();
    System.out.println("스프링 부트 버전: " + bootVersion);
    // 스프링 시큐리티 버전
    String securityVersion = SpringSecurityCoreVersion.getVersion();
    System.out.println("스프링 시큐리티 버전: " + securityVersion);
  }
}
```

스프링 프레임워크, 스프링 부트, 스프링 시큐리티의 버전을 확인합니다.

`SpringVersionCheck` 파일을 선택하고, 마우스 오른쪽 버튼을 클릭한 후 ['SpringVersionCheck.main()' 실행]을 선택하면 버전을 확인할 수 있습니다(그림 A.13).

```
스프링 프레임워크 버전: 6.1.12
스프링 부트 버전: 3.3.3
13:30:49.565 [main] INFO org.springframework.security.core.SpringSecurityCoreVersion
스프링 시큐리티 버전: 6.3.3
```

그림 A.13 버전 확인

지금까지 스프링 시큐리티의 커스터마이즈 설정을 사용해 인증 처리를 구현할 수 있었습니다. 다음으로 스프링 시큐리티의 인가를 구현해 봅시다.

지금까지 진행한 상황은 다음과 같습니다(그림 A.14).

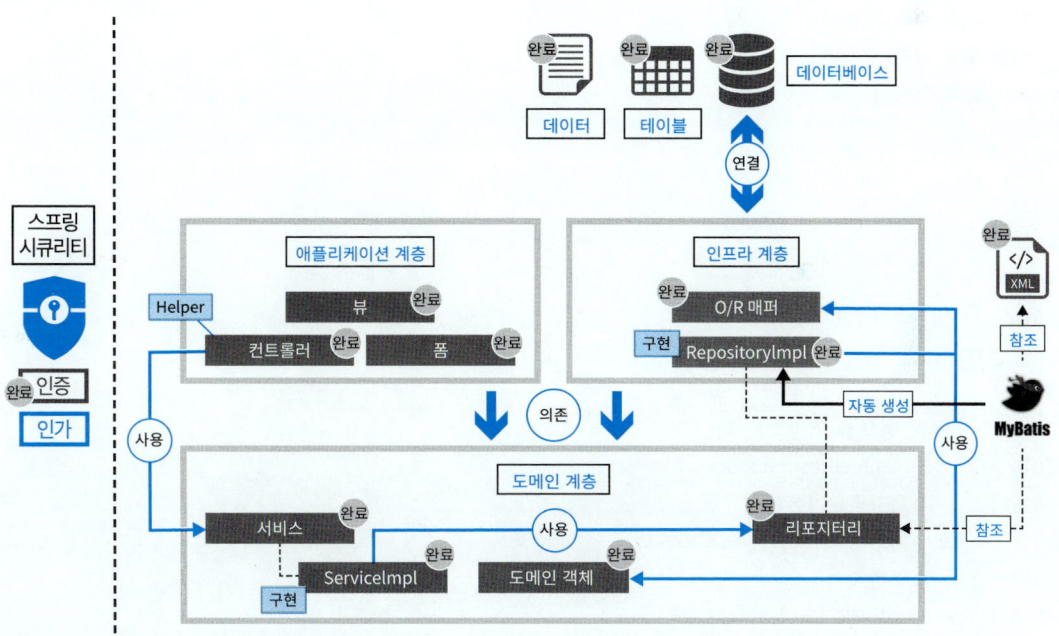

그림 A.14 지금까지의 진행 상황

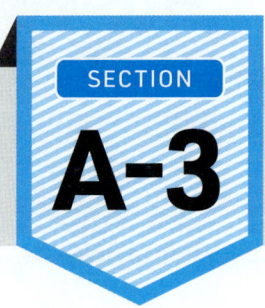

인가 처리를 프로그램에 적용해보자

인가(authorization)는 사용자나 시스템이 특정 리소스에 대한 접근이나 조작을 허용하는 프로세스를 말합니다. 즉 '권한'입니다. 이번 절에서는 인가 처리를 애플리케이션에 적용해 봅시다.

A-3-1 권한 추가

01 schema.sql 수정

src/main/resources 폴더 아래의 schema.sql 파일을 수정합니다. 수정 내용은 예제 A.21과 같습니다.

예제 A.21 schema.sql

```sql
001: -- 테이블이 존재하면 삭제
002: DROP TABLE IF EXISTS todos;
003: DROP TABLE IF EXISTS authentications;
004: DROP TYPE IF EXISTS role;
005:
006: ...
007:     기존 코드
008: ...
009:
010: -- 권한용 ENUM 타입
011: CREATE TYPE role AS ENUM ('ADMIN', 'USER');
012:
013: -- 인증 정보를 저장하는 테이블
014: CREATE TABLE authentications (
015:     -- 사용자명: 기본키
016:     username VARCHAR(50) PRIMARY KEY,
017:     -- 비밀번호
018:     password VARCHAR(255) NOT NULL,
019:     -- 권한
020:     authority role NOT NULL
021: );
```

이번에 추가할 ENUM 타입을 삭제하는 부분을 4번째 줄에 추가합니다.

11번째 줄의 CREATE TYPE role AS ENUM ('ADMIN', 'USER');에서는 role이라는 새로운 ENUM 타입을 생성합니다. ENUM 타입은 제한된 일련의 값을 가지는 데이터 타입입니다. 예제의 경우 role은 ADMIN과 USER라는 두 가지 값을 가질 수 있습니다.

20번째 줄의 authority role NOT NULL은 권한을 저장하는 칼럼을 나타냅니다. 여기서는 11번째 줄에서 생성된 role이라는 ENUM 타입을 사용하고 NOT NULL 제약을 설정합니다. 이는 authority 칼럼에 role로 정의된 ADMIN과 USER만 설정 가능하다는 것을 의미합니다.

02 data.sql 수정

src/main/resources 폴더 아래의 data.sql 파일을 수정합니다. 수정 내용은 예제 A.22와 같습니다.

예제 A.22 data.sql

```
001: ...
002:     기존 코드
003: ...
004:
005: -- 인증 테이블에 더미 데이터를 추가
006: -- password: adminpass
007: INSERT INTO authentications (username, password, authority) VALUES
008:     ('admin', '$2a$10$fa/eWuZbim0hYenmFSrL3.U0BB8hwgBvhOnAdOVMS.miRUVWMn8i6', 'ADMIN');
009: -- password: userpass
010: INSERT INTO authentications (username, password, authority) VALUES
011:     ('user', '$2a$10$/jar9xXQ6lrnVjLvLGv5BepFkLnGIO49RrGx42p2i.1hQt1BZ/7E2', 'USER');
```

authority 칼럼에는 ENUM 타입의 role로 설정한 ADMIN과 USER를 설정합니다.

03 엔티티 수정

인증 정보용 엔티티 클래스에 권한 필드를 추가하겠습니다. 해당 권한 필드에 설정하기 위한 ENUM 클래스를 생성합니다.

webapp의 src/main/java 폴더에서 다음과 같은 설정 내용을 참고해서 Role 열거형을 생성합니다. 이때 [새로 만들기] → [Java 클래스]를 선택한 후에 [새 Java 클래스] 대화상자에서 이름으로 'Role'을 입력하고 하단의 타입에서 '열거형'을 선택합니다.

설정 내용

패키지	com.example.webapp.entity
열거형	Role

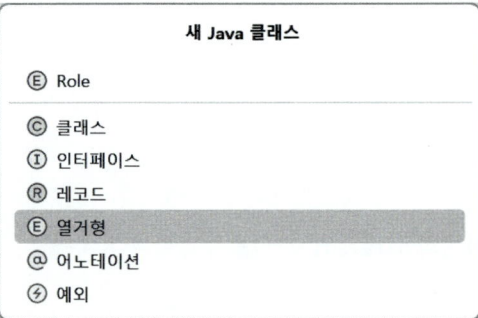

그림 A.15 열거형 생성

Role 열거형의 내용은 예제 A.23과 같습니다.

예제 A.23 Role

```
001: package com.example.webapp.entity;
002:
003: public enum Role {
004:     ADMIN, USER
005: }
```

자바의 열거형(Enum)은 고정된 상수 집합을 표현하기 위해 사용되는 특별한 클래스 타입입니다. 열거형은 특정 값 그룹(예를 들어, 월화수목금토일 등의 요일이나 동서남북 등의 방향)을 한정된 그룹으로 정의하는 데 적합합니다. 이번 예제에서는 권한에서 사용할 ADMIN, USER를 열거형으로 정의합니다.

다음으로, 인증용 엔티티인 Authentication에 대해 Role 열거형의 필드를 추가합니다.

수정 내용

패키지	com.example.webapp.entity
클래스	Authentication

Authentication 클래스의 수정 내용은 예제 A.24와 같습니다.

예제 A.24 Authentication

```
001: package com.example.webapp.entity;
002:
003: import lombok.AllArgsConstructor;
004: import lombok.Data;
005: import lombok.NoArgsConstructor;
006:
007: @Data
008: @NoArgsConstructor
009: @AllArgsConstructor
010: public class Authentication {
011:   /** 사용자명 */
012:   private String username;
013:   /** 비밀번호 */
014:   private String password;
015:   /** 권한 */
016:   private Role authority;
017: }
```

Role 열거형을 지정한 권한 필드를 추가합니다.

04 매퍼 파일 생성

인증용 매퍼 파일을 수정합니다.

수정 내용

파일 위치	webapp/src/main/resources/com/example/webapp/repository
파일명	AuthenticationMapper.xml

AuthenticationMapper.xml 파일의 수정 내용은 예제 A.25와 같습니다.

예제 A.25 AuthenticationMapper

```
001: <?xml version="1.0" encoding="UTF-8"?>
002: <!DOCTYPE mapper PUBLIC "-//mybatis.org//DTD Mapper 3.0//EN" "http://mybatis.org/dtd/mybatis-3-mapper.dtd">
003: <mapper namespace="com.example.webapp.repository.AuthenticationMapper">
```

```
004:    <!-- 사용자명으로 인증 정보를 조회 -->
005:    <select id="selectByUsername" resultType="com.example.webapp.entity.Authentication">
006:      SELECT username, password, authority FROM
007:          authentications WHERE username = #{username}
008:    </select>
009:  </mapper>
```

권한에 해당하는 authority 필드를 SELECT 문에서 가져올 수 있도록 수정합니다.

05 LoginUserDatailsServiceImpl 수정

인증 서비스를 제공하는 LoginUserDatailsServiceImpl에서 권한을 설정하도록 수정합니다.

수정 내용

패키지	com.example.webapp.service.impl
이름	LoginUserDatailsServiceImpl

LoginUserDatailsServiceImpl 클래스의 수정 내용은 예제 A.26과 같습니다.

예제 A.26 LoginUserDatailsServiceImpl

```
001:      기존 코드
002:  ...
003:
004:      if (authentication != null) {
005:        // 대상 데이터가 존재
006:        // UserDetails의 구현 클래스를 반환
007:        return new LoginUser(authentication.getUsername(),
008:                    authentication.getPassword(),
009:                    getAuthorityList(authentication.getAuthority())
010:        );
011:      } else {
012:        // 대상 데이터가 존재하지 않음
013:        throw new UsernameNotFoundException(
014:            username + "=> 사용자명이 존재하지 않습니다.");
015:      }
016:    }
```

```
017:
018:     /**
019:      * 권한 정보 목록에서 권한 정보 가져오기
020:      */
021:     private List<GrantedAuthority> getAuthorityList(Role role) {
022:       // 권한 리스트
023:       List<GrantedAuthority> authorities = new ArrayList<>();
024:       // 열거형에서 권한을 가져옴
025:       authorities.add(new SimpleGrantedAuthority(role.name()));
026:       // ADMIN 역할인 경우 USER 권한도 부여
027:       if (role == Role.ADMIN) {
028:         authorities.add(
029:           new SimpleGrantedAuthority(Role.USER.toString()));
030:       }
031:       return authorities;
032:     }
033:   }
```

9번째 줄에서 호출하는 getAuthorityList 메서드는 특정 사용자의 권한 정보를 기반으로 해당 사용자가 가진 권한을 리스트 형식으로 반환합니다.

21번째 줄에서 사용하는 Role은 예제 A.23에서 생성한 Role 열거형입니다.

23번째 줄의 GrantedAuthority는 스프링 시큐리티가 제공하는 권한을 표현하기 위해 사용되는 인터페이스입니다.

25번째 줄의 SimpleGrantedAuthority는 스프링 시큐리티가 제공하는 GrantedAuthority 인터페이스를 간단히 구현한 클래스입니다.

27~30번째 줄에서 사용자가 ADMIN 권한(관리자)을 가진 경우 USER 권한도 리스트에 추가합니다. 이로 인해 관리자는 ADMIN 권한과 USER 권한을 모두 가집니다(그림 A.16).

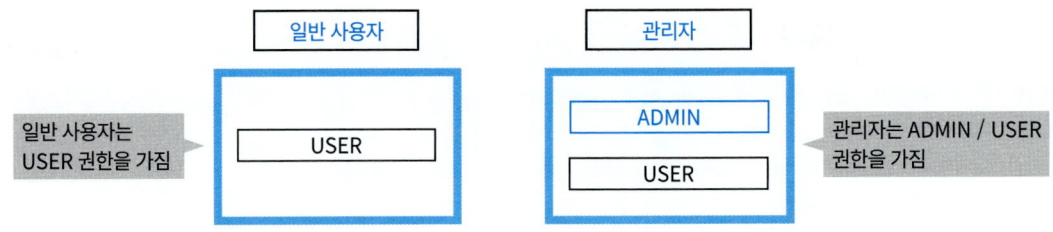

그림 A.16 권한

06 메뉴 화면에 링크 추가

로그아웃 버튼이 메뉴 화면에만 있어서 ToDo 목록 화면에 메뉴 화면으로 연결되는 링크를 추가합니다.

수정 내용

파일 위치	webapp/src/main/resources/templates/todo
파일명	list.html

ToDo 목록 화면을 표시하는 `list.html`의 수정 내용은 예제 A.27과 같습니다.

예제 A.27 list.html

```
001:  ...
002:      기존 코드
003:  ...
004:      </table>
005:      <a th:href="@{/todos/form}">새 할일 등록</a>
006:      <br>
007:      <!-- 메뉴 화면 링크 -->
008:      <a th:href="@{/}">메뉴 화면으로</a>
009:  </body>
010:  </html>
```

A-3-2 접근 제어

이제 데이터베이스의 인증 테이블에서 권한을 가져올 수 있게 됐습니다. 가져온 권한을 이용해 접근 제어를 설정합니다. 접근 제어란 시스템에서 리소스에 대한 접근을 제어 및 관리하는 프로세스를 말합니다.

01 타임리프에 설정

권한에 따른 접근 제어를 메뉴 화면에 추가합니다.

수정 내용

파일 위치	webapp/src/main/resources/templates
파일명	menu.html

menu.html의 수정 내용은 예제 A.28과 같습니다.

예제 A.28 menu.html

```
001:  <!DOCTYPE html>
002:  <html xmlns:th="http://www.thymeleaf.org"
003:        xmlns:sec="http://www.thymeleaf.org/thymeleaf-extras-springsecurity6">
004:  <head>
005:    <title>메뉴</title>
006:  </head>
007:  <body>
008:    <h2>메뉴 화면</h2>
009:    <hr>
010:    <a sec:authorize="hasAuthority('ADMIN')" th:href="@{/todos}">
011:      ToDo 목록
012:    </a>
013:    <br>
014:    <div sec:authorize="hasAuthority('USER')">
015:      【 일반 권한으로 표시되는 부분 】
016:    </div>
017:    <div sec:authentication="name">
018:      로그인 정보의 name 값으로 변경됨
019:    </div>
020:    <div sec:authorize="isAuthenticated()">
021:      인증된 경우에만 표시
022:    </div>
023:    <br>
024:    <!-- 로그아웃 -->
025:    <form th:action="@{/logout}" method="post">
026:      <input type="submit" value="로그아웃">
```

```
027:      </form>
028:    </body>
029: </html>
```

10번째 줄의 sec:authorize="hasAuthority('ADMIN')"은 로그인 중인 사용자가 ADMIN 권한을 가지고 있는 경우에만 감싼 콘텐츠(예제에서는 'ToDo 목록' 링크)를 표시하기 위해 사용합니다. 사용자가 ADMIN 권한을 가지고 있는지 여부를 체크하는 것은 스프링 시큐리티에 의해 수행됩니다.

14번째 줄의 sec:authorize="hasAuthority('USER')"도 마찬가지로 로그인 중인 사용자가 USER 권한을 가지고 있는 경우에만 감싼 콘텐츠(예제에서는 '【 일반 권한으로 표시되는 부분 】')를 표시합니다. 이 문자열에는 특별한 의미가 없고 인가 처리를 확인하기 위한 용도로 사용하고 있습니다.

02 동작 확인

애플리케이션을 실행하고, 커스텀 로그인 화면에서 사용자명으로 'admin', 비밀번호로 'adminpass'를 입력한 후, [로그인] 버튼을 클릭해 메뉴 화면을 표시합니다.

사용자명이 admin인 사용자는 관리자 권한을 가지고 있습니다. 관리자 권한은 일반 사용자 권한도 포함하므로 메뉴 화면에는 'ToDo 목록'으로 연결되는 링크와 일반 사용자 권한으로 표시되는 문자열이 표시됩니다(그림 A.16).

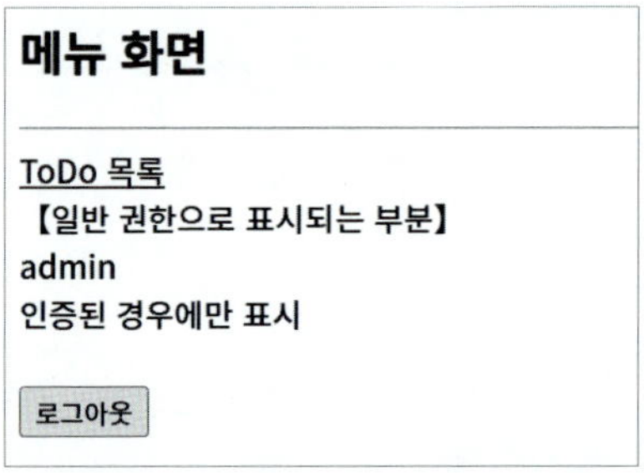

그림 A.17 메뉴 화면(관리자 권한)

로그아웃을 실행한 후 로그인 화면에서 이번에는 사용자명으로 'user', 비밀번호로 'userpass'를 입력한 후, [로그인] 버튼을 클릭해 메뉴 화면을 표시합니다. 사용자명이 user인 사용자는 일반 사용자 권한을 가지고 있습니다. 따라서 메뉴 화면에는 문자열이 표시됩니다(그림 A.17).

그림 A.18 메뉴 화면(일반 사용자 권한)

타임리프를 사용해 권한을 기반으로 표시 내용을 제어할 수 있음을 확인했습니다. 그러나 브라우저의 주소 표시줄에 http://localhost:8080/todos를 입력하면 일반 사용자 권한을 가진 사용자도 본래 관리자 권한만이 접근할 수 있어야 할 ToDo 목록 화면이 표시되어 버립니다(그림 A.18).

이 문제를 해결하기 위해 보안 설정을 수정해 봅시다.

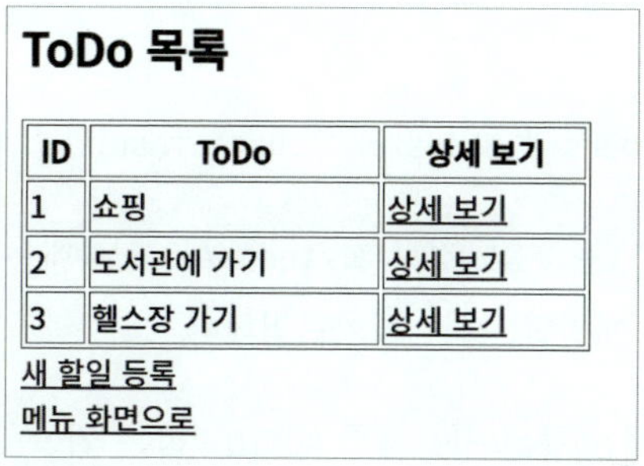

그림 A.19 ToDo 목록

03 보안 설정 수정

보안 설정에 접근 제어를 추가해 봅시다.

수정 내용

패키지	com.example.webapp.config
이름	SecurityConfig

수정된 SecurityConfig 클래스의 내용은 예제 A.29와 같습니다.

예제 A.29 SecurityConfig

```
001: 기존 코드
002:     ...
003: // SecurityFilterChain의 빈 정의
004: @Bean
005: public SecurityFilterChain filterChain(HttpSecurity http) throws Exception {
006:   http
007:     // *HTTP 요청에 대한 보안 설정
008:     .authorizeHttpRequests(authz -> authz
009:       // /login은 모든 사용자에게 허용
010:       .requestMatchers("/login").permitAll()
011:       // 【관리자 권한 설정】 /todos/**에는 관리자만 접근 가능
012:       .requestMatchers("/todos/**").hasAuthority("ADMIN")
013:       // 그 밖의 모든 요청은 인증이 필요함
014:       .anyRequest().authenticated())
015:     ...
016: 기존 코드
```

12번째 줄에서는 .requestMatchers("/todos/**").hasAuthority("ADMIN")을 추가합니다.

requestMatchers("/todos/**")는 URL 경로가 /todos/로 시작하는 모든 요청을 가리킵니다. **는 이 디렉터리 아래의 모든 경로에 매칭되는 와일드카드입니다.

hasAuthority("ADMIN")은 현재 인증된 사용자가 ADMIN이라는 권한을 가지고 있는지 체크합니다. 이 설정으로 /todos/ 이하의 URL에는 관리자(ADMIN 권한을 가진 사용자)만이 접근할 수 있게 됩니다.

04 동작 확인

애플리케이션을 실행하고 커스텀 로그인 화면에 접속합니다. 여기서 사용자명으로 'user', 비밀번호로 'userpass'를 입력하고, [로그인] 버튼을 클릭해 메뉴 화면을 표시합니다. 그 후, 브라우저의 주소 표시줄에 http://localhost:8080/todos를 입력합니다. 일반 사용자 권한을 가진 사용자가 이 URL에 접근하면 403 상태 코드가 페이지에 표시됩니다(그림 A.19).

403 상태 코드는 HTTP 응답 상태 코드 중 하나로, Forbidden(금지됨)을 의미합니다. 이 상태 코드가 웹 서버에서 클라이언트로 전송되면 클라이언트가 요청한 리소스에 대한 접근이 허용되지 않았음을 나타냅니다.

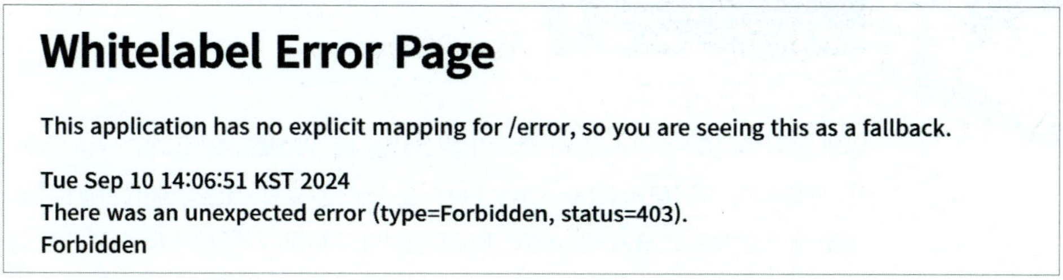

Whitelabel Error Page

This application has no explicit mapping for /error, so you are seeing this as a fallback.

Tue Sep 10 14:06:51 KST 2024
There was an unexpected error (type=Forbidden, status=403).
Forbidden

그림 A.20 상태 코드: 403 페이지

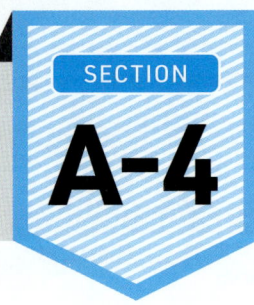

커스텀 에러 페이지를 만들어보자

앞의 동작 확인에서 403 상태 코드가 발생했을 때 'Whitelabel Error Page'라는 화면이 표시됐습니다. 이 'Whitelabel Error Page'는 스프링 부트 애플리케이션에서 에러가 발생했을 때 기본적으로 표시되는 에러 페이지입니다. 하지만 사용자가 더 이해하기 쉽도록 이 'Whitelabel Error Page'를 커스텀 에러 페이지로 대체해 봅시다.

A-4-1 커스텀 에러 페이지 생성

스프링 부트에서는 애플리케이션에서 에러가 발생했을 때 표시되는 에러 페이지를 쉽게 만들 수 있습니다.

이를 생성하는 방법은 `src/main/resources/templates` 디렉터리 아래에 `error` 폴더를 만들고, 그 폴더 내에 '에러코드.html' 파일을 배치합니다. 예를 들어, `404.html`은 HTTP 404 에러(페이지를 찾을 수 없음)에 대응하고, `500.html`은 HTTP 500 에러(서버 내부 에러)에 대응합니다.

01 커스텀 에러 페이지 생성

403 상태 코드에 대응하는 커스텀 에러 페이지를 만듭니다.

설정 내용

파일 위치	webapp/src/main/resources/templates/error
파일명	403.html

`403.html`의 내용은 예제 A.30과 같습니다.

예제 A.30 403.html

```
001:  <!DOCTYPE html>
002:  <html xmlns:th="http://www.thymeleaf.org">
003:  <head>
004:    <title>403</title>
005:  </head>
006:  <body>
```

```
007:    <h2>403 - 접근 권한이 없습니다</h2>
008:    <div>
009:      요청한 페이지에 접근할 권한이 없습니다.
010:    </div>
011:    <a th:href="@{/}">메뉴 화면으로</a>
012:  </body>
013: </html>
```

403 상태 코드(접근 거부)에 대해 이해할 수 있도록 레이아웃을 구성했습니다.

02 동작 확인

애플리케이션을 실행하고 커스텀 로그인 화면에 접속합니다. 여기서 사용자명으로 'user', 비밀번호로 'userpass'를 입력하고, [로그인] 버튼을 클릭해 메뉴 화면을 표시합니다. 그 후, 브라우저의 주소 표시줄에 http://localhost:8080/todos를 입력합니다. 일반 사용자 권한밖에 가지고 있지 않으므로 방금 만든 커스텀 에러 페이지인 403.html이 표시됩니다(그림 A.20).

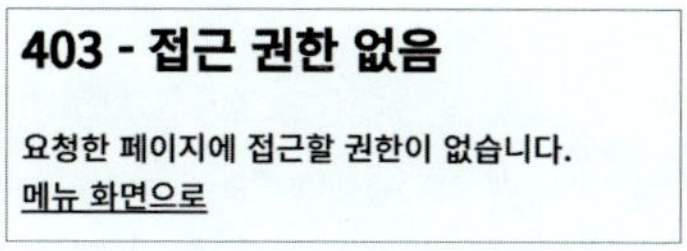

403 - 접근 권한 없음
요청한 페이지에 접근할 권한이 없습니다.
메뉴 화면으로

그림 A.21 403.html

이렇게 해서 스프링을 사용한 웹 애플리케이션에 인가 처리를 적용할 수 있었습니다.

지금까지의 진행 상황은 다음과 같습니다(그림 A.21).

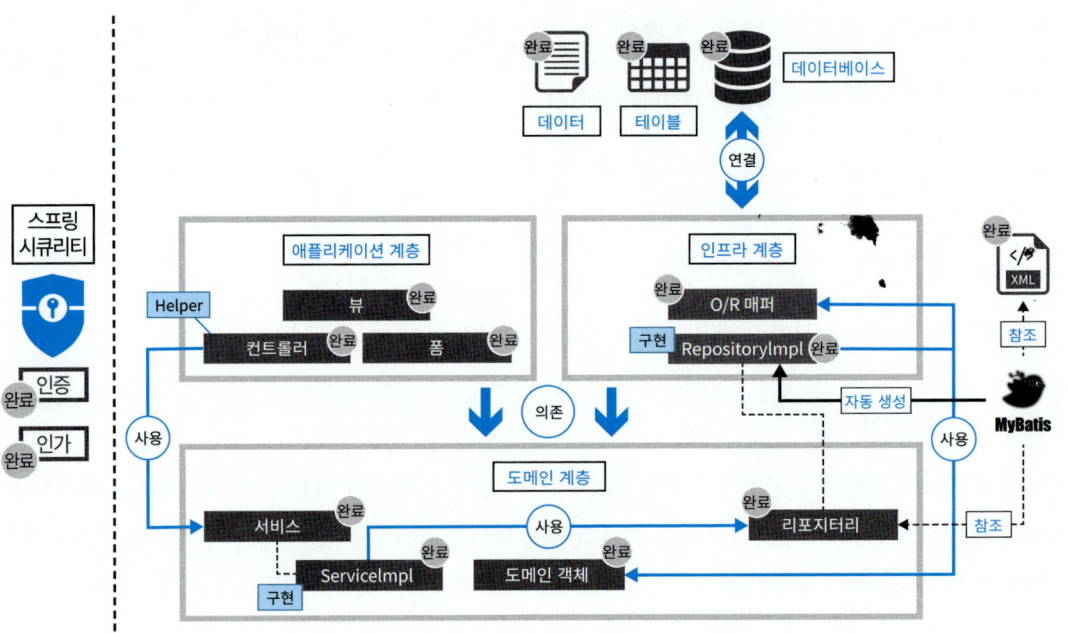

그림 A.22 지금까지의 진행 상황

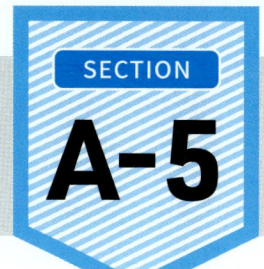

SECTION A-5 커스텀 속성을 추가해보자

스프링 시큐리티는 애플리케이션의 보안을 관리하기 위한 강력한 프레임워크입니다. 사용자가 애플리케이션에 로그인할 때 스프링 시큐리티는 해당 사용자의 상세 정보를 보유하기 위해 `UserDetails` 인터페이스를 사용합니다. 기본적으로 `UserDetails`에는 사용자명, 비밀번호, 계정 상태(유효/무효), 권한 등의 기본적인 정보가 포함됩니다.

A-5-1 커스텀 속성이란?

대부분의 경우 애플리케이션에는 사용자의 이름이나 이메일 주소와 같은 표준 `UserDetails`에 포함되지 않는 추가 정보를 다룰 필요가 있습니다. 이러한 추가 정보를 이 책에서는 '커스텀 속성'이라고 부릅니다. 스프링 시큐리티에서 커스텀 속성을 다루려면 `UserDetails` 인터페이스를 구현한 자체적인 클래스를 만들고, 거기에 필요한 속성을 추가합니다.

A-5-2 커스텀 속성의 추가

01 schema.sql 수정

src/main/resources 폴더 아래의 `schema.sql` 파일을 수정합니다. 수정 내용은 예제 A.31과 같습니다.

예제 A.31 schema.sql

```
001: ...
002: 기존 코드
003: ...
004:
005: -- 인증 정보를 저장하는 테이블
006: CREATE TABLE authentications (
007:     -- 사용자명
008:     username VARCHAR(50) PRIMARY KEY,
009:     -- 비밀번호
010:     password VARCHAR(255) NOT NULL,
011:     -- 권한
012:     authority role NOT NULL,
```

```
013:     -- 표시명
014:     displayname VARCHAR(50) NOT NULL
015: );
```

화면에 표시하기 위한 displayname 속성을 14번째 줄에 추가합니다.

02 data.sql 수정

src/main/resources 폴더 아래의 data.sql 파일을 수정합니다. 수정 내용은 예제 A.32와 같습니다.

예제 A.32 data.sql

```
001: ...
002: 기존 코드
003: ...
004: -- 인증 테이블에 더미 데이터를 추가
005: -- password: adminpass
006: INSERT INTO authentications (username, password, authority, displayname) VALUES
007:     ('admin', '$2a$10$fa/eWuZbim0hYenmFSrL3.U0BB8hwgBvhOnAdOVMS.miRUVWMn8i6', 'ADMIN',
         '관리자');
008: -- password: userpass
009: INSERT INTO authentications (username, password, authority, displayname) VALUES
010:     ('user', '$2a$10$/jar9xXQ6lrnVjLvLGv5BepFkLnGIO49RrGx42p2i.1hQt1BZ/7E2', 'USER', '일반
         사용자');
```

displayname 속성에 값을 등록하도록 SQL을 수정합니다.

03 엔티티 수정

인증용 엔티티인 Authentication에 대해 표시명을 나타내는 displayname 필드를 추가합니다.

수정 내용

패키지	com.example.webapp.entity
이름	Authentication

Authentication 클래스의 수정 내용은 예제 A.33과 같습니다.

예제 A.33 Authentication

```
001: package com.example.webapp.entity;
002:
003: import lombok.AllArgsConstructor;
004: import lombok.Data;
005: import lombok.NoArgsConstructor;
006:
007: @Data
008: @NoArgsConstructor
009: @AllArgsConstructor
010: public class Authentication {
011:     /** 사용자명 */
012:     private String username;
013:     /** 비밀번호 */
014:     private String password;
015:     /** 권한 */
016:     private Role authority;
017:     /** 표시명 */
018:     private String displayname;
019: }
```

04 매퍼 파일 생성

인증용 매퍼 파일을 수정합니다.

수정 내용

파일 위치	webapp/src/main/resources/com/example/webapp/repository
파일명	AuthenticationMapper

AuthenticationMapper.xml 파일의 수정 내용은 예제 A.34와 같습니다.

예제 A.34 AuthenticationMapper

```
001: <?xml version="1.0" encoding="UTF-8"?>
002: <!DOCTYPE mapper PUBLIC "-//mybatis.org//DTD Mapper 3.0//EN" "http://mybatis.org/dtd/mybatis-3-mapper.dtd">
003: <mapper namespace="com.example.webapp.repository.AuthenticationMapper">
```

```
004:    <!-- 사용자명으로 인증 정보를 조회 -->
005:    <select id="selectByUsername" resultType="com.example.webapp.entity.Authentication">
006:      SELECT username, password, authority, displayname FROM
007:            authentications WHERE username = #{username}
008:    </select>
009: </mapper>
```

05 LoginUser 수정

인증용 클래스인 LoginUser에 커스텀 속성을 추가하는 필드를 추가합니다.

수정 내용

패키지	com.example.webapp.entity
이름	LoginUser

LoginUser 클래스의 수정 내용은 예제 A.35와 같습니다.

예제 A.35 LoginUser

```
001: package com.example.webapp.entity;
002:
003: import java.util.Collection;
004:
005: import org.springframework.security.core.GrantedAuthority;
006: import org.springframework.security.core.userdetails.User;
007:
008: /**
009:  * 사용자의 인증 정보를 나타내는 UserDetails 구현 클래스
010:  */
011: public class LoginUser extends User {
012:
013:    // 【추가 부분】 추가 필드
014:    private String displayname;
015:
016:    /** 최소한의 정보를 보유한 UserDetails의
017:     * 구현 클래스인 User를 생성 */
018:    public LoginUser(String username,
```

```
019:       String password,
020:       Collection<? extends GrantedAuthority> authorities,
021:       String displayname) { //【추가 부분】displayname 추가
022:     super(username, password, authorities);
023:     this.displayname = displayname;
024:   }
025:
026:   //【추가 부분】displayname의 게터
027:   public String getDisplayname() {
028:     return displayname;
029:   }
030: }
```

14번째 줄의 `private String displayname;`으로 로그인 시 사용하는 사용자명과는 별개로 화면에 표시할 이름을 저장하기 위한 필드를 추가합니다.

18~24번째 줄의 `LoginUser` 클래스의 생성자에서는 `User` 클래스의 생성자에 사용자명, 비밀번호, 권한 정보를 전달함으로써 기본적인 사용자 정보를 설정합니다. 또한 새로 추가한 커스텀 속성인 `displayname`도 인자에 추가함으로써 객체가 생성될 때 `displayname`을 설정합니다.

27~29번째 줄의 `getDisplayname` 메서드는 `displayname` 필드의 값을 가져오기 위한 것입니다. 이를 통해 `LoginUser` 인스턴스에서 표시 이름을 가져와 애플리케이션의 다른 부분에서 사용할 수 있습니다.

06 LoginUserDatailsServiceImpl 수정

인증 서비스를 제공하는 `LoginUserDatailsServiceImpl`에서 `UserDetails`의 구현 클래스를 반환하는 부분을 수정합니다.

수정 내용

패키지	com.example.webapp.service.impl
이름	LoginUserDatailsServiceImpl

`LoginUserDatailsServiceImpl` 클래스의 수정 내용은 예제 A.36과 같습니다.

예제 A.36 LoginUserDatailsServiceImpl

```
001:    ...
002:    기존 코드
003:    ...
004:        @Override
005:        public UserDetails loadUserByUsername(String username)
006:            throws UsernameNotFoundException {
007:          //"인증 테이블"에서 데이터를 가져옴
008:          Authentication authentication = authenticationMapper.selectByUsername(username);
009:          // 대상 데이터가 있으면 UserDetails의 구현 클래스를 반환
010:          if (authentication != null) {
011:            // 대상 데이터가 존재
012:            // UserDetails의 구현 클래스를 반환
013:            return new LoginUser(authentication.getUsername(),
014:                        authentication.getPassword(),
015:                        getAuthorityList(authentication.getAuthority()),
016:                        authentication.getDisplayname()
017:                    );
018:          } else {
019:            // 대상 데이터가 존재하지 않음
020:            throw new UsernameNotFoundException(
021:                username + " => 사용자명은 존재하지 않습니다.");
022:          }
023:        }
024:    ...
025:    기존 코드
026:    ...
```

13~17번째 줄에서 UserDetails의 구현 클래스인 LoginUser 클래스의 생성자에 커스텀 속성을 인자로 전달합니다.

07 메뉴 화면 수정

메뉴 화면에서 커스텀 속성을 표시하도록 수정합니다.

수정 내용

파일 위치	webapp/src/main/resources/templates
파일명	menu.html

ToDo 목록 화면을 표시하는 list.html의 수정 내용은 예제 A.37과 같습니다.

예제 A.37 menu.html

```html
001: <!DOCTYPE html>
002: <html xmlns:th="http://www.thymeleaf.org"
003:       xmlns:sec="http://www.thymeleaf.org/thymeleaf-extras-springsecurity6">
004: <head>
005:   <title>메뉴</title>
006: </head>
007: <body>
008:   <h2>메뉴 화면</h2>
009:   <hr>
010:   <a sec:authorize="hasAuthority('ADMIN')" th:href="@{/todos}">
011:     ToDo 목록
012:   </a>
013:   <br>
014:   <div sec:authorize="hasAuthority('USER')">
015:     【 일반 권한으로 표시되는 부분 】
016:   </div>
017:   <div sec:authentication="name">
018:     로그인 정보의 name 값으로 변경됨
019:   </div>
020:   <div th:text="${#authentication.principal.displayname}">
021:     새로 추가한 displayname 값으로 변경됨
022:   </div>
023:   <div sec:authorize="isAuthenticated()">
024:     인증된 경우에만 표시
025:   </div>
026:   <br>
027:   <!-- 로그아웃 -->
028:   <form th:action="@{/logout}" method="post">
029:     <input type="submit" value="로그아웃">
030:   </form>
031: </body>
032: </html>
```

20번째 줄의 `<div th:text="${#authentication.principal.displayname}">`에서는 스프링 시큐리티의 인증 정보에서 커스텀 속성을 가져옵니다. 이 내용을 나눠서 설명하겠습니다.

- `${}`

    타임리프에서 식을 표현하기 위한 표기법입니다. 이 식을 사용해 서버 사이드의 값을 HTML 템플릿에 포함시킬 수 있습니다.

- `#authentication`

    스프링 시큐리티의 인증 정보에 접근하기 위한 객체입니다. 이 객체를 통해 현재 인증된 사용자의 정보를 가져올 수 있습니다.

- `principal`

    인증 과정에서 확인된 사용자의 주요 정보가 담긴 객체입니다. 일반적으로 `UserDetails`의 구현 클래스의 인스턴스를 가리킵니다.

- `displayname`

    이번에 추가한 커스텀 속성입니다. 표준 `UserDetails`에 포함되지 않은 속성을 보유하고 싶은 경우 커스텀 속성을 만듭니다.

08 동작 확인

애플리케이션을 실행하고 커스텀 로그인 화면에 접속합니다. 여기서 사용자명으로 'admin', 비밀번호로 'adminpass'를 입력하고, [로그인] 버튼을 클릭해 메뉴 화면을 표시합니다.

커스텀 속성으로 추가한 `displayname`이 표시되는 것을 확인할 수 있습니다(그림 A.22).

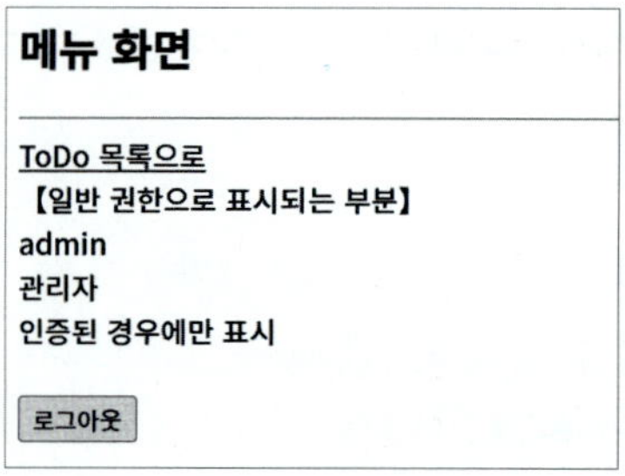

메뉴 화면

ToDo 목록으로
【일반 권한으로 표시되는 부분】
admin
관리자
인증된 경우에만 표시

[로그아웃]

그림 A.23 커스텀 속성 표시

A-5-3 정리

개발이 끝났으므로 애플리케이션을 실행할 때마다 실행되는 데이터베이스에 대한 테이블 삭제 및 생성, 데이터를 등록하는 부분을 해제합니다.

01 application.properties 수정

src/main/resources 폴더의 application.properties를 예제 A.38과 같이 수정합니다.

예제 A.38 application.properties

```
001: # DataSource
002: # PostgresSQL 드라이버 설정
003: spring.datasource.driver-class-name=org.postgresql.Driver
004: # 데이터베이스 연결 URL 설정
005: spring.datasource.url=jdbc:postgresql://localhost:5432/springdb
006: # 데이터베이스 연결을 위한 사용자명 설정
007: spring.datasource.username=springuser
008: # 데이터베이스 연결을 위한 비밀번호 설정
009: spring.datasource.password=p@ss
010: # SQL 스크립트의 초기화 모드 설정
011: #spring.sql.init.mode=always ← 주석 처리
012: # 로그 표시 설정
013: logging.level.com.example.webapp.repository=DEBUG
```

11번째 줄의 spring.sql.init.mode=always는 스프링 부트 애플리케이션이 시작할 때마다 SQL 스크립트를 실행하도록 하는 설정입니다. 이를 주석으로 처리해서 설정을 해제합니다.

《스프링 프레임워크 첫걸음(개정판)》과 이번 "부록: 스프링 시큐리티"를 통해 스프링 시큐리티의 기본 개념, 인증, 인가를 학습했습니다. 이러한 내용은 스프링 시큐리티를 이용해 보안이 강화된 웹 애플리케이션을 개발하는 출발점에 불과하지만 강력한 보안 기능을 가진 애플리케이션을 구축하기 위한 중요한 첫걸음이라고 생각합니다.

스프링 시큐리티를 학습하는 것은 복잡하고 어려우며, 도전적인 측면도 있지만 그러한 노력은 큰 가치를 가져다 줄 것입니다. 보안에 대한 깊은 이해는 애플리케이션을 안전하게 보호하고, 사용자로부터 신뢰를 얻기 위한 열쇠입니다. 계속해서 학습하고, 활용 가능한 기술을 넓혀가길 권장합니다.

기호

@After	108
@AfterReturning	108
@AfterThrowing	108
@AllArgsConstructor	48
@Around	108
@AssertTrue	214, 229
@Autowired	60
@Bean	81
@Before	108
@Component	56, 59
@Configuration	81
@Controller	59, 131
@CreditCardNumber	213
@Data	47
@Email	213
@EnableWebSecurity	398
@GetMapping	132
@Getter	46
@GroupSequence	238
@Length	213
@Max	212
@Min	212
@ModelAttribute	195, 224
@Negative	213
@NegativeOrZero	213
@NoArgsConstructor	48
@NotBlank	212, 214
@NotEmpty	212, 214
@NotNull	212, 214
@Override	14
@PathVariable	205, 209
@Pattern	212
@Positive	213
@PositiveOrZero	213
@PostAuthorize	381
@PostMapping	133
@PreAuthorize	381
@Range	213
@Repository	59
@RequestMapping	131
@RequestParam	180, 209
@RequiredArgsConstructor	98
@Secured	381
@Service	59
@Setter	46
@Size	212
@SpringBootApplication	68
@Transactional	119, 327
3계층 구조	35

A – L

addAttribute	141
After Advice	108
After Returning Advice	108
After Throwing Advice	108
AOP	53, 105
AOP 프락시	108
application.properties	243
AP 서버	33
Around Advice	108
Bean Validation	212
Before Advice	108
Controller	122
CRUD	257
CSRF	380
data.sql	246
DELETE	258
DI	53
DispatcherServlet	126
DI 컨테이너	55
Exception	327
execution 지시자	109
Form 클래스	180, 194
GET 메서드	34, 179
H2 Database	243
Hibernate Validator	212, 213
HTTP	33
HttpServletRequest	126
HttpSession	126
HTTP 요청	33
HTTP 응답	33
IDE	5
implements	14
INSERT	258
IntelliJ IDEA	5
interface	13
JSESSIONID	402
List	155

M – Z

Map	156
Model	122, 126, 147, 149
ModelAndView	148, 149
Model 인터페이스	141
MVC 모델	122
MyBatis	240
MyBatis Framework	243
O/R 매퍼	240, 300
parameterType	258
POJO	131
PostgreSQL	9
PostgreSQL Driver	295
POST 메서드	34, 179
PRG 패턴	335
RDBMS	9
RepositoryImpl	300
resultMap	268
resultType	258
RuntimeException	327
schema.sql	246
SELECT	258
ServiceImpl	300
SOLID 원칙	103
switch	154
th:fragment	159
th:object	155
UPDATE	258
URL 매핑	133
UserDetails	392, 403
UserDetailsService	392, 403
Validator 인터페이스	214, 234
View	122

ㄱ – ㅅ

값 결합	152
개방/폐쇄 원칙	103
계층	298
계층화	298
공통 레이아웃	160
관점지향 프로그래밍	53, 105
구현 클래스	31
권한 기반 접근 제어	381
그레이들	50
내추럴 템플릿	140, 146
다형성	31
단일 책임 원칙	103
단일 항목 검사	212
데이터베이스	9
도메인 객체	300, 306
도메인 계층	58, 298
도메인 주도 설계	58
등가	153
디자인 패턴	126
라우팅	134
라이브러리	37
롤백	326
롬복	37
리디렉션	335
리스코프 치환 원리	103
리터럴 치환	152
리포지터리	300, 308
매퍼 인터페이스	252
매퍼 파일	241, 255
모델	122
모킹	86
반복	156
반복 상태	157
변경 용이성	54
불변성	87, 103
뷰	122, 123, 126, 300
비교	153
비즈니스 로직	122, 126
빈	75
빌드	50
사용되는 쪽	15
사용하는 쪽	15
상관 항목 검사	212, 227
생성자 주입	87
서버	32
서비스	300

세션 하이재킹	380
세터 주입	86
순환 의존성 방지	103
스프링	2
스프링 데이터	3
스프링 배치	3
스프링 부트	3
스프링 시큐리티	3, 369
스프링 웹 MVC	130
스프링 이니셜라이저	38
스프링 프레임워크	2, 3
스프링 MVC	3, 126

ㅇ - ㅎ

애너테이션	37
애스펙트	106
애플리케이션 계층	58, 298
애플리케이션 소프트웨어	32
어드바이스	106
엔드포인트	134
엔티티	250, 306
요청	179
요청 라인	179
요청 범위	199
요청 본문	180
요청 파라미터	180
요청 헤더	180
웹 애플리케이션	32
유틸리티 객체	158
유효성 검사	211
유효성 검사기	211
의존성	15
의존성 역전 원칙	103
의존성 주입	53
인가	369
인라인 처리	151
인증	369
인터셉터	106, 107
인터페이스	13
인터페이스 분리 원칙	103
인터페이스 의존성	17
인프라 계층	58, 298
자바 컨피그	75
재사용성	54
접근 제어	381

조건부 분기	153
조건 연산자	153
조인포인트	106
중심적 관심사	53, 105, 120
지역 변수	152
직접 문자 삽입	151
참조	155
커밋	326
커스텀 속성	437
커스텀 오류 페이지	385
컨트롤러	122, 123, 126, 300
컴파일	14
컴포넌트	300
컴포넌트 스캔	75
클라이언트	32
클래스 의존성	16
타깃	106
타임리프	130, 140
테스트 용이성	54
템플릿 엔진	130
통합 개발 환경	5
트랜잭션	119, 326
트랜잭션 경계	326
포인트컷	106
포인트컷 식	109
폼	300
폼 기반 인증	376
폼 연동 빈	220
프래그먼트	159
프런트 컨트롤러 패턴	126
프레임워크	2
플래시 메시지	335
플레이스홀더	205
필드 주입	86
횡단적 관심사	53, 105, 120